アフター・テレビジョン・スタディーズ

After Television Studies

伊藤守・毛利嘉孝 編

ITO Mamoru MOURI Yoshitaka

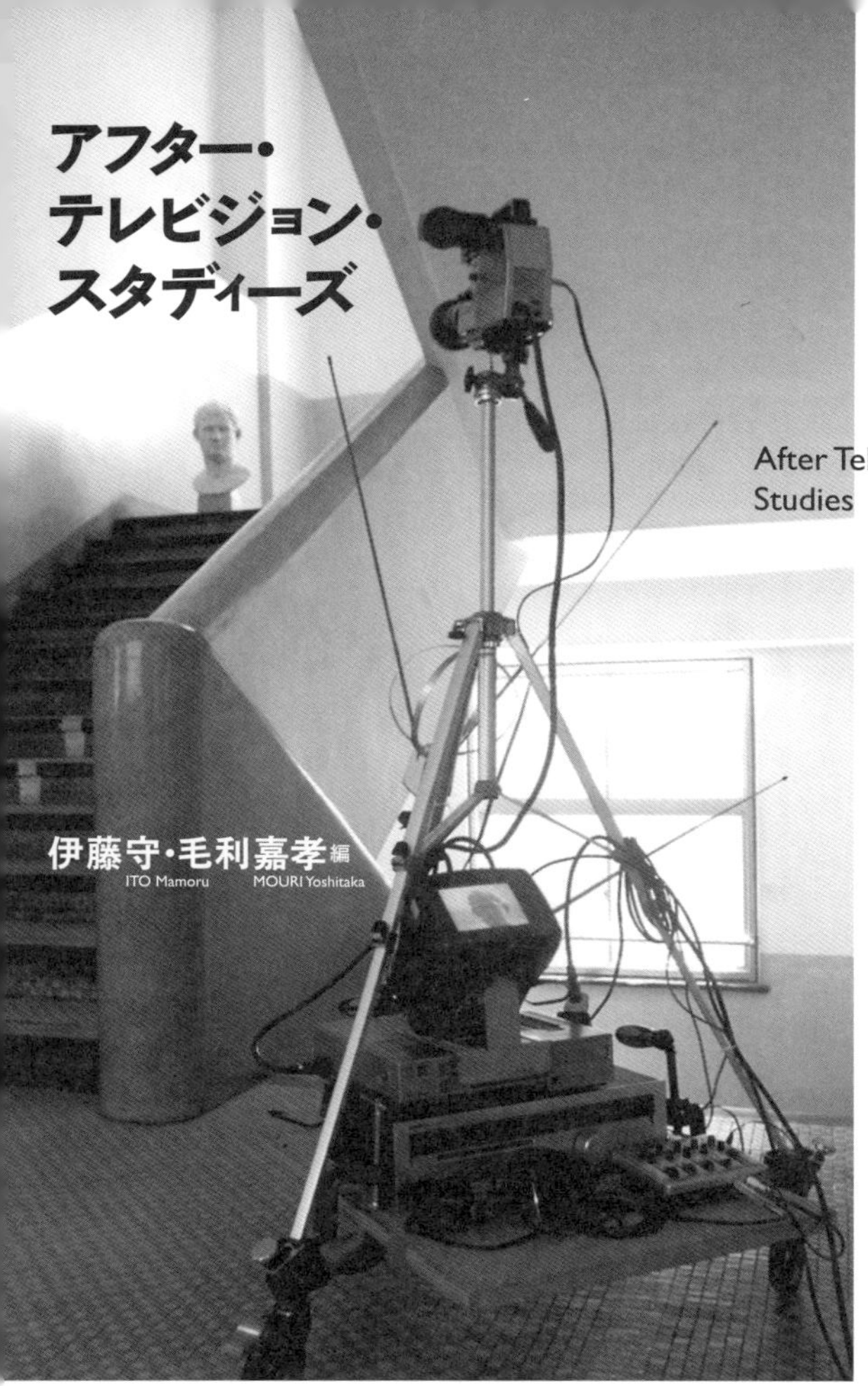

せりか書房

アフター・テレビジョン・スタディーズ　目次

第Ⅲ部　身体、情動、デジタルメディア

序　文

二〇〇〇年代に入ってメディアとその環境が大きく変容しつつある。とりわけデジタル技術の発展がもたらしたインターネットと携帯端末の普及は、テレビやラジオ、新聞や雑誌など既存のメディアに革命的と言ってもいいほどの変化をもたらした。メディアだけではない。冷戦構造の後、急激に進んだグローバル化とそれにともなう先進国における新自由主義的政策の浸透は、私たちの生活を一変させた。

こうした変化に対してメディア文化研究はどのように応えることができるのだろうか。本書『アフター・テレビジョン・スタディーズ』の問いは、まずここにある。とはいえ、本書は新しいメディアの登場を無批判に称揚したり、過度にその可能性を強調したりすることをめざすものではない。また、メディアの発展が新しい社会や政治、文化を生み出すという安易な技術決定論を主張するものでもない。ましてや、毎日のように登場する新しいメディア・テクノロジーを詳細に取り上げて、その可能性や問題点を議論するものではない。そうではなく、こうした急激の変化の中、あえて個別の事象に耽溺せずに、中長期に渡って参照可能なメディア文化理論の枠組みを提案しようというのが本書の目的である。

欧米でも、メディア環境の変化に対応した実証的研究のフレームを新たに構築する試みや理論的著作が刊行されている。*Television Studies After TV: Understanding Television in the post-Broadcast Era*(edited by Graeme Turner and Jinna Tay,2009,Routledge.)、*Television After TV: Essays on a Medium in Transition*(edited by Lynn Spiegel and Jan Olsson,2004, Duke University Press.)、さらにいくつか翻訳もなされているベルナール・スティグレール(Bernard Stiegler)の著作などがその代表的な例だろう。本書もこうした展開か

ら多くの示唆を受けている。

本書を編集するにあたって参照した書がある。それは、吉見俊哉編の『メディア・スタディーズ』(せりか書房)である。二〇〇〇年に発行されたこの本は、テレビを中心としながら階級やジェンダー、映画や広告、そしてマンガにいたるまで網羅的に議論した野心的なアンソロジーだった。編者の吉見俊哉の他、北田暁大、石田佐恵子、瓜生吉則、中村秀之、難波功士、若林幹夫といった執筆陣に加え、レイモンド・ウィリアムズ、ロジャー・シルバーストーン、デビッド・モーレー、イエン・アング、リン・スピーゲル、ミリアム・ハンセンなどあまり日本語では読むことができなかったメディア文化研究の代表的な論文の翻訳が収められている。本書の編者二人、伊藤守と毛利嘉孝も著者に名を連ねている。

序文で吉見は、「今日、マス・コミュニケーション研究の限界が誰の目にも明らかになるなかで、われわれはようやくメディアとテクスト、身体の政治学に、正面から取り組む態勢を整えつつある」と指摘し、「既存のマス・コミュニケーション研究やメディア論のパラダイムを内側から喰い破っていく試みとして、ここにメディア・スタディーズを構想したい」と述べている。『メディア・スタディーズ』の目的は、一九九〇年代半ばに日本に導入された文化研究(カルチュラル・スタディーズ)を中心に批判的メディア研究の枠組みを示すことだった。一九九六年にスチュアート・ホールやデビッド・モーレーなどが来日し、東京大学でシンポジウムが開催され、日本でも本格的に文化研究が導入された直後の熱気を反映している。文化研究の導入によって、メディア研究を狭義の「メディア」の研究に留めることなく、より横断的な「文化」という文脈で考えること、とりわけ「オーディエンス」や「空間」、そして「身体」や「言説」といった概念を中心に理論化して呈示することが『メディア・スタディーズ』の試みだったのだ。

ウィリアムズやシルバーストーン、モーレーなどの基本的な文献が網羅され、メディア研究を取り巻くトピックがバランスよく取り上げられていることもあり、『メディア・スタディーズ』はメディア文化研究の出発点となる基本書として、広く参照されてきた。けれども、それから一〇年以上が経ち、冒頭に述べたようにメディアとメディアを取り巻く環境が激変しつつあるなかで、『メディア・スタディーズ』もまた二〇一〇年代のメディア環境にあわせてヴァージョンアップする必要があるだろう。本書『アフター・テレビジョン・スタディーズ』の構想の出発点はここにある。

『メディア・スタディーズ』から『アフター・テレビジョン・スタディーズ』へ。この間に何が変化したのだろうか。

まずはこの二冊の相違点を論じる前に、一定の連続性があることが強調しておきたい。『メディア・スタディーズ』は「文化」を軸に論じることで、狭義のマス・コミュニケーション研究やメディア理論だけではなく、社会学や文化人類学、地域研究や文学思想研究まで横断的に結びつけようとした。つまり、フランクフルト学派以降の批判理論、言語学や記号論、（ポスト）構造主義やポストモダン理論、マクルーハン以降のメディア研究、そして一九七〇年代の文化研究以降の（ポスト）マルクス主義の交錯する流れの中に、「メディア文化」を位置づけたといえる。本書も、同様に、一つのディシプリンに留まることなく領域横断的なプロジェクトとして構想されている。

けれども、こうした理論的枠組みはこの一〇年の間に大きな変容を余儀なくされているといえる。これは、なによりもメディア・テクノロジーの進歩に伴うものであるが、同時にこうした技術の進歩が、さらにより広範な政治や経済、社会や文化の変化によってもたらされたものである。

技術的な変化として重要なのは、言うまでもなくインターネットに代表されるデジタル技術の進歩と普及、そして携帯端末の一般化である。『メディア・スタディーズ』が中心的に扱ったのはテレビだった。一九六〇年代から二〇〇〇年頃までテレビは、メディアの中心的な存在だった。二〇〇〇年以降のインターネットの普及によってコンピュータは、単なるスタンドアローンの情報処理機械から、情報ネットワークの端末のメディアへと進化した。メールやウェブ、ブログやソーシャルメディアは、私たちの生活の一部になり、新聞やラジオ、そしてテレビなど映像メディアもインターネットの一つのサービスへと移行しつつある。

もちろん、これはテレビがすべてインターネットに取って代わるということを意味しているわけではない。いくつもの調査が示しているようにインターネットの普及は、必ずしもテレビ視聴時間の短縮を意味しない。むしろ複数のメディアに同時に接触する新たなメディア環境が生まれつつあるのだ。

携帯電話やスマートフォン、タブレットなど携帯端末の普及もまた新しいメディア環境をもたらしつつある。私たちの日常生活は、場所にかかわらず二四時間メディアに浸食されつつある。けれども、私たちは受動的かつ一方的に情報に晒されているだけではない。情報端末は、情報の受信装置であると同時に発信装置である。それは、小さなスクリーンとスピーカだけではなく、カメラとマイクを備えている。新しいメディアは情報の流れを決定的に変化させたのだ。現代社会においては、ユビキタスなメディアが遍在し、身体がメディアと分ちがたく結びついている。メディアは、私たちの生活の隅々にまで入り込み、生活そのものを変容させせつつある。

もちろん、こうした社会の変容をメディア技術の変化のみで説明することはできない。むしろより広範な経済や政治の変化の文脈の中で理解することが必要だろう。

多くの論者が指摘するように、一九七〇年代の中頃から私たちの住んでいる社会は大きな変容を遂げた。それをポストモダンと呼ぶのか、ポスト産業社会と呼ぶのか、後期資本主義と呼ぶのか、情報化社会と呼ぶのか、それぞれ力点の違いはあるが、これが資本主義そのものの質的な変容に関わるという点では見解は共通している。この時代、近代資本主義の中心だった電気製品や自動車などの製造業の代わりに中心となるのは、金融や保険、サービスや情報、文化など非物質的商品の生産である。

フランスのレギュラシオン学派が「ポスト・フォーディズム」と呼ぶこの新しい生産様式は、今日の社会の基盤を形成している。さらに一九八九年のベルリンの壁の崩壊をきっかけとした東西冷戦構造の崩壊は、一九九〇年代に入ると資本主義のグローバリゼーションと先進国における新自由主義的経済の加速を促した。インターネットをはじめとするメディア・テクノロジーの発達は、このような社会や経済の変容に対応したものであって、単なる要因でない。

この過程の中で、メディアはもちろん、国民、国家、公共性、資本、労働、商品、階級、性、ジェンダー、エスニシティ、人種、身体、空間、放送、通信、視聴者、文化、社会といったメディア文化研究を取り巻く概念の編成が大きく変化した。もちろん、古い様式から新しい様式へとリニアに変化するのではないことは言うまでもない。それぞれの複雑な関係の中であるものは退行したり、迂回したりしながら新しい編成を形成し始めている。

『アフター・テレビジョン・スタディーズ』は、こうしたインターネットの登場によってメディアが融合し始めた現代的な変化やその変化を可能にした経済的・社会的・政治的な動向に対応したメディア文化研究の理論化の試みである。それは、この一〇年近い期間に、映像アーカイブの整備や歴史的資料の公開がようやく進むなかで、メディア史の分野の研究が活性化し、多くの若手研究者から魅力ある研究が産出される一方で、メディア文化理論の分野における研究がさほど進展してこなかったという現状を打破し、現在の変化を理論的に、原理的に考えるための複数の補助線を提示することでもある。したがって、ここで扱うのは、これまで以上に、狭義のメディアや文化の研究の領域を超えて、むしろ、社会学や政治学、文化人類学や文学、比較文化など隣接領域へと接続、横断する理論化の試みとなった。

本書は、大きく三部に構成されている。第Ⅰ部の「デジタルメディア・デモクラシー」は、デジタルメディアの発達によって、政治や経済とメディアの関係がどのように変化しているのか、そしてその変化に対してどのようなメディアの実践が可能なのかを議論している。

「ネットワーク文化の政治経済学——ポストメディア時代における〈共《コモン》〉のエコロジーに向けて」において水嶋一憲は、グーグルやフェイスブックに代表されるソーシャルメディアの時代の資本主義が、どのように権力を浸透させ、人々を収奪していくのかを論じている。「〈共《コモン》〉のエコロジー」とはそこから逃れる戦略である。編者の一人の毛利嘉孝は、「批判的クリエイティヴ産業論へ——社会的エンジニアリングに抗して」において、水嶋とほぼ同じ文脈の中で、アドルノとホルクハイマーの「文化産業論」の新しい時代の「批判的クリエイティヴ産業論」へのヴァージョンアップを試みている。この新しい時代においてはかつて文化産業論で示したイデオロギー批判だけではなく、実践的にメディアに関わり、前言語的な情動の生産に介入することが必要だと毛利は主張する。

林香里の論文「ポスト・マスメディア時代の〝ジャーナリズム〟研究——デジタル化時代における「公共圏の構造転換」の可能性とリスク」は、九〇年以降、特に一九九二年に発表した『事実性と妥当性』にみられるハーバーマスの「公共性」議論の変遷を検討しつつ、デジタル化時代の公共圏のあり方を論じたものである。林によれば、九〇年以降のハーバーマスの議論の中にポスト・マスメディア時代の公共性の可能性が呈示されている。その上でポスト・マスメディア時代には、これまで公共性を担っているとされてきた既存の「ジャーナリズム」の外側からジャーナリズムを語ることが必要だと言う。同じように公共圏を論じるロジャー・シルバーストーンは、9・11の経験を踏まえつつ、ハーバーマスではなく、ハンナ・アレントの公共性の議論の中に現代性を見いだしている（「現れの空間としてのメディアポリス」）。ここでシルバーストーンが「メディアポリス」と呼ぶ空間は、マスメディアがますます均質化する一方で排他的に機能する現状から、複数性と他者性をラディカルに肯定する「現れの空間」（アレント）を取り戻す場である。

第Ⅱ部の「デジタルメディアの物質性・媒介性」は、新しく登場したデジタルメディア、とりわけソフトウエアやアプリケーション、そしてシステムに焦点をあて、それらを単なる技術的生産物としてではなく新しい文化生産物として捉え、それが認識や知覚にどのような変容を与えたのかを論じたものだ。デジタルメディアの登場は、これまでのメディアやコンテンツ、形式や技術といったメディア論の基本的な概念の刷新を求めている。それは、全く新しいメディアの理解、メディア論の登場を必要としているのだ。レフ・マノヴィッチによる「カルチュラル・ソフトウエアの発明――アラン・ケイのユニバーサル・メディア・マシン」は、デジタルコンピュータの固有の文化史を解きほぐすことで、既存のメディア研究が扱ってきたメディアとは根本的にその性質を異にするデジタルメディアを「メタメディウム」という概念で特徴づけようという試みである。本論文は、マノヴィッチのニューメディア・スタディーズからソフトウェア・スタディーズの移行を示す論考である。この新しい動向については、訳者の大山真司が詳解によって文脈化している。

マーク・B・N・ハンセンは、既存のメディア論の、メディアに対する認識論、研究の方法論そのものの刷新を試みている（「メディアの理論」）。ハンセンによればこれまでのメディア論は、メディアの現象性（あるいはメディアによって生み出される経験）と物質性（経験を経験づける基盤）との間の振幅の中にあった。ハンセンは、この引き裂かれた二元論を埋めるものとしてのメディア論を構想しようとしている。本論文は、フリードリヒ・キットラーやマクルーハン、そして最近のマノヴィッチやスティグレールのメディア論をこの観点から再マッピングする手引として読むことができる。

若林幹夫「メディア論の長いまどろみ――マクルーハンは『人間拡張の原理＝メディア論』をなぜ「テレビ」で終わりにせず、さらに「兵器」と「オートメーション」について書いたのか？」は、このハンセンの議論とともにメディア論の解体と再構築の作業として読まれるべきだろう。この論考において、若林は「メディア論」と呼ばれるものの「メディアとはそもそも何か」ということを根源的に問い直している。

原宏之の問題意識は、デジタルメディアによるアーカイヴ化が進み、「デジタル・ユニヴァース」が出現する時代の「知識」や「理性」、「公共性」のあり方がどのように変化するのかということにある（「デジタル・アーカイヴの時代の「理性の公的使用」——本を棄てれば情報が増える？」）。ここで問われているのは、短期的なメディアの変化ではなく、より人類史的な文明の変化にほかならない。

第Ⅲ部「情動、身体、デジタルメディア」は、メディアと身体、そして権力の関係を新しいメディア環境の中で再考しようというものである。

メディアとジェンダー、セクシュアリティを語るにあたって、一九八五年に発表されたダナ・ハラウェイの「サイボーグ宣言」そして、それに続いて出版された『猿と女とサイボーグ』（一九九一年）は、長い間決定的な著作として読み続けられてきた。藤田結子の「サイバーフェミニズム——サイバースペースにおける身体とアイデンティティ」は、ハラウエイの「サイボーグ」概念にあらためて注目しながら、デジタルメディアの空間における女性のアイデンティティの構築と現実空間の関係について議論している。

マシュー・フラーの「レ／イ／デ／ィ／オ——海賊ラジオのメディア・エコロジー」は、ロンドンの海賊ラジオがどのように構築されているのかを論じたものである。ラジオという古いメディアを扱いながら、フラーは、メディアの形式と内容という二分法を拒絶し、海賊ラジオをより広範なさまざまなメディアの交錯点として位置づける。その上で、彼が「メディア・エコロジー」と呼ぶデジタルメディアの生態系における海賊ラジオの可能性を追求している。

近年のメディア文化研究のキーワードの一つは「情動」だろう。本書の最後の二つの論文は、いずれもメディア文化研究の「情動的転回」を示すものである。ブライアン・マッスミの「恐れ（スペクトルは語る）」は、９・11以降アメリカのブッシュ政権が導入したテロ警報システムを分析しながら、今日のメディアの政治学がいかに「恐れ」という情動を通じて人々の意識や行動を調整、制御するのかを論じている。同じ理論的関心の下で、編者の一人伊藤守は、モバイル・メディアを携帯する人々をどのように理解するべきかを議論している（「オーディエンス概念からの離陸——群衆からマルチチュードへ、移動経験の理論に向けて」)。伝統的メディア研究においては「オーディエンス」と名付けられたメディアの受信者は、新しいデジタル携帯メディアにおいては異なる社会的役割を与えられている。伊藤は、こうした人々をガブリエル・タルドの「群衆」に重ね合わせることで、新しいメディアと社会、個人の関係を見いだそうとしている。

『アフター・テレビジョン・スタディーズ』は、デジタルメディアの時代のメディア文化理論をあらためて構築しようという試みである。それは必ずしも体系的、普遍的なものではないかもしれない。また現在のメディア環境にのみ対応するアドホック的なものになるかもしれない。けれどもスチュアート・ホールが言うように、重要なのは理論化であって理論ではない。現在の複雑で変化の早いメディア環境に、いくつかの理解の軸を持ち込むこと。いささか野心的すぎる試みかもしれないが、今後のメディア研究や文化研究の議論の土台となれば幸いである。

伊藤守
毛利嘉孝

第I部　デジタルメディア・デモクラシー

ネットワーク文化の政治経済学

ポストメディア時代における〈共《コモン》〉のエコロジーに向けて

水嶋一憲

1　グローバルな制御社会と〈帝国〉の情動諸装置

アントニオ・ネグリとマイケル・ハートが二〇〇〇年に呈示した〈帝国〉という概念は、今日の世界とその現実について考える上でますます重要なプラットフォームになりつつある。[1] あえて一言でいうならば、〈帝国〉とは――あるる中心的な国家の主権とその拡張の論理にもとづく、かつての帝国主義とは異なり――、支配的な国民国家をもその節点《ノード》として組み込んでしまうようなネットワーク状のグローバル権力のことである。[2]

現在の世界は、「二極化」（冷戦構造）でも「一極化」（アメリカや中国といった超大国をその中心とするようなグローバル帝国主義）でも「多極化」（支配的な国民国家群の支配する世界）でもなく、「無極化」すなわち多種多様な権力がネットワーク状に結びついたグローバル権力（支配的な国民国家や、ＩＭＦ・世界銀行といった超国家的な政治的・経済的制度、諸種のＮＧＯやメディア・コングロマリットといった一連の権力のあいだの、不均等ではあるが広範な協力関係《コラボレーション》にもとづくもの）、端的にいって、中心も外部もない〈帝国〉の形成へと向かいつつある。こうした〈帝国〉との関係を抜きにして、グローバルな民主主義や未来の政治を構想することはすでに不可能となっている、と確言できるだろう。[3] 私たちはいま、すでに屍となった「帝国主義」と新たに現出しつつある〈帝国〉とのあいだの移行期を生きているのである。

帝国主義から〈帝国〉への移行は、規律（ディシプリン）社会からグローバルな制御（コントロール）社会への移行と重なり合うものとしても捉えることができる。その意味で〈帝国〉は、近代の規律社会からポスト近代の制御社会への移行および、制御社会のグローバル化によって特徴づけられる、ネットワーク状の主権形態である、と言えるだろう。よく知られているように、ネグリとハートが呈示したこうした見取り図は、ジル・ドゥルーズが一九九〇年に発表したごく短いエッセイのなかで示したプログラムを発展させたものにほかならない。[4]

　ドゥルーズによれば、かつての規律社会は、家族・学校・工場・病院・監獄といった「監禁の環境を組織する」ことによって稼働していた。そこにおいて諸個人は――家族から学校へ、学校から兵舎へ、兵舎から工場へ、というように――ある閉じられた環境から別の閉じられた環境へと、諸制度の壁を出入りしつつ、移行をくりかえしていたのである。しかし今日、規律社会を構成していた諸制度はことごとく危機に瀕し、それらの壁は崩れ落ちつつある。つまり、いまや私たちは、「あらゆる監禁の環境に危機が蔓延した時代を生きている」わけであり、またそのようにして「規律社会に取って代わろうとしているのが制御社会にほかならないのである」[5]。

　むろん、制御社会への移行は、規律じたいが終焉を迎え、消え去ったということを意味するわけではない。それどころか、制御社会において規律は、ヘビのうねりのような柔軟性と可動性をもって社会的領野の隅々にまで浸透しているのである。またそれと連動して権力は、人びとの生をくまなく包囲し、それに深く貫入するようになる。このような仕方で、いまや規律の論理は、諸制度の壁の崩壊にともない、社会的領野の全体に流動的なかたちで行き渡るようになったとみなすべきだろう。ドゥルーズが差し出した印象深いイメージを踏まえていいかえるなら、モグラの構造化されたトンネルが、ヘビの無限のうねりに置き換えられたわけである。規律社会が固定的かつ個別的な鋳物を鋳造するものであるのに対して、制御社会は柔軟かつ調整可能なネットワークをとおして機能するものなのである、「まるで、刻一刻と鋳型のかたちが変化しつづけてゆくような自己変形的な鋳造作業のごときもの、あるいはまた、網目の大きさがポイントごとに変化してゆくような篩《ふるい》のごときものであるかのように」[6]。

　このように、規律社会が「組織体に所属する各成員の個別性を型にはめる」ことへと向かうのに対し、制御社会はそのさまざまのレヴェルにおいて数多くのパラメーターを調整することを通じ、私たちの主体性やアイデンティティを絶えず分解しつつ再構成することへと向かう。ドゥルーズは言う、「いま目の前にあるのは、もはや個人と群れの対ではない。分割不可能だった個人（individus）は分割によってその性質を変化させる「分人」（dividuels）となり、群れのほうもサンプルかデータ、あるいはマーケットか「データバンク」に化けてしまう」、と。[7] 制御社会が私たちに指し示しているのは、個々人のアイデンティティが分散型の情報ネットワークへと流入し、融解してゆくという事態にほかならない。そこでは、固定されたアイデンティティを保証するものであった「署名」（とそれを記録する文書）が、あるサービスから別のサービスへと次々に接続するための示差的なアクセスを調節する「パスワード」（とそれを入力するコンピュータ）に取って代わられる。そして、そのようにして、グローバルな制御社会においては、個体化の分散的な様式が作動することになる。

　また同時にその様式は、個々人のクレジットカードの使用履歴やブラウジング履歴、信用評価や消費者プロファイル、医療記録や生体認証情報といった一連のマイクロなデータの流れや集積に応じて微細かつ無際限に変化しながら、調整されつづけることになる。制御社会におけるコントロールは、遠隔操作《リモート・コントロール》やコントロール・ルームといった言葉が連想させがちな、〈管理〉や〈操作（マニピュレイション）〉にかかわるものというよりは、脱中心化された分散的な〈調整（モジュレイション）〉にかかわるものなのである。

「規律社会」から「グローバルな制御社会」への移行を――主にドゥルーズやネグリとハートに即して――跡づけてきた私たちは、さらにそれと重ね合わせて、「国家のイデオロギー諸装置」から「〈帝国〉の情動諸装置」への移行についても考察しておく必要があるだろう。かつてルイ・アルチュセールは、その影響力のある論文「イデオロギーと国家のイデオロギー諸装置」（一九七〇年）のなかで、諸個人を安定し一貫した〈主体＝臣下（サブジェクト）〉へと成型し、規律化するためのイデオロギー的呼びかけとその国家装置のメカニズムについて、見事な分析を施した。[8] こうした「国家のイデオロギー諸装置」は依然として機能しつづけているが、現在のグローバルな制御社会の動態を的確に把握するためには、「〈帝国〉の情動諸装置」という視点の導入が必要であると考えられる。[9]

〈帝国〉の情動諸装置は国家のイデオロギー諸装置とは異なり、イデオロギーというよりも情動をとおして作動し、諸国家の領域を横断するグローバル資本と連動している。[10] またそれは、電子メディアのネットワークやブランドなどのマーケティング戦略によって織り上げられた、新しいグローバルな消費文化と一体になって、情動のフローを調整するマシーンでもある。[11]

国家のイデオロギー諸装置がフォーディズム的な「規律社会」に対応するものであったとするなら、〈帝国〉の情動諸装置はポストフォーディズム的な「制御社会」に対応するものである、と言えよう。〈帝国〉の情動諸装置は、評価プロファイル・選択リスト・個人識別番号・遺伝子情報といったものに凝集しているさまざまのポテンシャリティを微細に調整しつつ、情動やムードや潜在能力を絶えずコントロールすることを通じて、価値を生産し、捕獲することをめざすのである。

このように、国家のイデオロギー諸装置が諸個人を主体＝臣下として規律化するマシーンであるのに対し、〈帝国〉の情動諸装置は諸個人を「分人」へと分割しつつ、それらの微細な情動のフローを調整し、組織するマシーンなのである。この意味で、〈帝国〉的コントロールと情動にかかわるコミュニケーション・ネットワークは分かちがたく結びついている、という点を改めて確認しておく必要があるだろう。

2 コミュニケーション資本主義とソーシャル・メディア

今日の情報コミュニケーション・ネットワークは、基本的に情動の生産とそのフローの調整にかかわるものである。ネグリとハートの着想を敷衍していえば、安心感や満足、楽しみや興奮といった諸種の情動を生み出したり、調節したりする〈情動労働〉から、ブログやツイッター・YouTube・フェイスブックといった〈ソーシャル・メディア〉や〈ソーシャル・ネットワーキング・サービス〉による相互作用のフローにいたるまで、「あらゆるコミュニケーションの形態は……情報の生産と、情動の生産とを組み合わせているのである」[12]。

ネグリとハートの〈帝国〉論にとって、こうした情報と情動の生産にもとづくコミュニケーション・ネットワークはきわめて重要な意味をもつ。なぜなら、これまで見てきたように、〈帝国〉的コントロールと情報コミュニケーション・ネットワークは一体不可分の関係にあるからだ。グローバルな制御社会としての〈帝国〉にとって、コミュニケーション的生産はその不可欠のパートナーなのである。

したがってネグリとハートは、インターネットを始めとするニュー・メディアがたんに解放的な側面のみを有するものではなくて、根本的にはグローバルな制御社会と一体になって機能するものであるということをはっきりと見抜いているわけである。してみれば、次に引用する、『〈帝国〉』のなかのインターネットに関する記述は、制御社会とコミュニケーションのあいだの関係をめぐるネグリとハート自身のそうした明察とは齟齬をきたす、些か一面的かつ楽観的な分析である、と言わざるをえないだろう。

　民主主義的なネットワークは、完全に水平的で脱領土化されたモデルである。インターネットは……この民主主義的なネットワーク構造の主要な例である。そこでは不定形で、潜在的に無制限の数の、相互につながった節点《ノード》がコントロールの中心点ももたないままコミュニケートし合っている。……インターネットの……設計の基本要素、すなわち脱中心化は、また同時にネットワークのコントロールをきわめて困難にしているものでもある。……こうした民主的なモデルは、ドゥルーズとガタリがリゾームと呼ぶもの、すなわち非-階層的で非-中心的なネットワーク構造にあたるものである。[13]

インターネットに関するこのような記述は——現在のように〈ソーシャル・ネットワーク〉が普及する以前の〈情報ハイウェイ〉について論じられたパートのなかの一節であるという時代的な制約を考慮に入れるなら、やむをえない一面もあったと言えるかもしれないが、いずれにしても——精確さを欠く。というのも、インターネットは脱中心的ではなく分散的なネットワークからなり、またそれは高度にコントロールされているからである。メディア生態学者《エコロジスト》のアレクサンダー・ギャロウェイが的確に指摘するように、インターネットとはグローバルな分散型のコンピュータ・ネットワークのことであり、そのプロトコルとは、〈脱中心化の後でコントロールを作動させるための分散型マネジメント・システム〉のことなのである。[14] またそのさい、〈新たなコミュニケーション・テクノロジーは中心的な指令や階層的コントロールにもとづくものではないのだから、そこでは指令そのものが消失しているという、楽観的な見方〉（いわゆるサイバーユートピア主義の一類型）に抗する必要がある。私たちの生きている社会は、こうしたインターネットと相同の論理、いいかえれば、脱中心化の後に登場した分散という新たなダイアグラムによってその隅々までコントロールされているのだ。

　このように、ネグリとハートが呈示した〈帝国〉的〈または社会的な）コントロールの論理と、インターネットを始めとするニュー・メディアのプロトコル的（または技術的な）コントロールの論理とは相同であり、両者はコミュニケーションという概念を通じてしっかりと結び合わされ、互いにその力を強め合う関係にある、と捉えるべきだろう。じっさい、ネグリとハートは――そのインターネットに関する不精確な記述にもかかわらず――そうした結びつきや関係性を明確に把握しており、次のように言い切っている。

　コミュニケーションとは、資本主義的生産の形態である。その形態においてはあらゆるオルタナティヴな通路を封殺しながら、資本が完全かつグローバルに社会をその体制に従属させることに成功したのである。もしオルタナティヴが提起されうるとしたら、それは実質的に包摂された社会の内部から生じ、その心臓部であらゆる矛盾をはっきりとあぶり出すものでなければならないだろう。[15]

見られるとおり、かつて近代の政治理論家たちが唱えていた、民主化を促進するものとしてのコミュニケーションの働きは、いまや〈帝国〉の論理によって実質的に包摂されてしまったわけである。情報と情動が組み合わさったグローバルな生産と流通のネットワークの内部にあって、コミュニケーションそのものが〈帝国〉の指令として機能している、という側面を見逃してはならないだろう。

　この点に関して政治学者のジョディ・ディーンは、コミュニケーションじたいを資本主義的生産にとっての支配的形態とする、そのような編成のことを、「コミュニケーション資本主義」と呼んでいる。[16] ごく大まかにいって、「産業資本主義が労働力の搾取にもとづいていたのと同じように、コミュニケーション資本主義はコミュニケーションの搾取にもとづいているのだ」[17]。またそれゆえ、コミュニケーション資本主義におけるコミュニケーションは、かつてユルゲン・ハーバーマスが示唆したような、理解に到達することを志向する行為をさすものではない。[18] 別の言い方をすれば、ハーバーマスの呈示したコミュニケーション的行為のモデルにおいては、そのような指向性にもとづいたメッセージの使用価値こそが重要であったのに対し、現在のコミュニケーション資本主義においては、情動や情報の流れ《フロー》・流通《サーキュレーション》＝循環・共同利用《プール》に寄与すること、つまりはメッセージの交換価値の方がその使用価値よりも重視されるのである。

ブログやツイッター・YouTube・フェイスブック等々をとおして間断なく流通し、循環しつづける、さまざまの寄与——言葉やつぶやきや文章、音楽やサウンド、写真や動画、ゲームやヴィデオ、コードやウィルス、ボットやクローラー、等々——は、必ずしも自分が理解されることを必要とはしていない。むしろ、それらがぜひとも必要としているのは、反復され、複製され、転送されるという、サーキュレイションのプロセスそのものなのである。つまり、それらさまざまの微小な寄与は、作成され、アップロードされ、サンプリングされ、解体されながら、リンクからリンクへと転送されたり、コメントを付け加えられたり、ストアされたりするわけだが、そうしたプロセスのなかでそれらが望んでいるのは、メッセージの内容が理解されたり、応答が返されたりすることであるというよりも、それらの寄与がよりいっそう流通し、循環しつづけてゆくという絶え間ない運動状態それじたいなのである。このように、コミュニケーション資本主義における情報と情動のフローは、いまや終わりのない、果てしなくつづくループをかたちづくっている、と考えるべきだろう。ディーンが示唆するように、「それじたいのために存続する、こうしたエンドレスなループこそが、いわゆる「オールド」・メディアと「ニュー」・メディアのあいだの差異を際立たせるものである。オールド・メディアが諸々のメッセージを送り届けようと努めたのに対し、ニュー・メディアはたんにそれらを流通＝循環《サーキュレイト》させるのだ」[19]。

　ディーンが指摘するように、たとえば、オンラインの請願に署名したり、ブログやツイートを通じて憤りを表明したりすることは、じっさいには何の危険も冒さずに自己の良心を慰めながら、何かをしているという幻想によって現実のアクションを隠蔽し、回避する結果にしばしば陥りがちであると言わざるをえないかもしれない。人びとのつぶやきは、誰にも届かず、何にも影響を及ぼさないまま、ただエンドレスなループにのみこまれ、コミュニケーション資本主義の繁栄に寄与するだけであり、政治的アクティヴィズムは往々にしてたんにマウスをクリックするだけの「クリックティヴィズム」に縮減されてしまっている——人びとがアクティブなものと信じているコミュニケーション的行為は、じつのところ、「インタラクティヴィティ（双方向性／相互能動性）」というよりも「インタパッシヴィティ（相互受動性）」（スラヴォイ・ジジェク）の相において捉えられるべきものに変じてしまっているのではないか……。

コミュニケーション資本主義の概念にもとづく、こうした容赦ない批判は、〈コンピュータに媒介されたコミュニケーション（CMC）〉の基本的な側面の一つを明確に浮き彫りにするものではあるだろう。しかし同時にそれは、過度のペシミズムに彩られたものでもある、と指摘しておかざるをえない。インターネットを使って、そのサポーターたちがローカルな闘争をグローバルな運動へと転化していったかつてのサパティスタから、最近では、ハッシュタグのついたツイートを通じて憤激と共感のネットワークが具体的な行動へと進展し、イギリス全土へと拡大していった、公共サービスの予算削減等に反対する「UKアンカット（削るな英国）」の運動や、三・一一の原発事故のあと、ソーシャル・メディアを介して参加者が増加し、その動きが各地に飛び火していった反原発デモ、さらにはニューヨークの「ウォール街を占拠せよ（オキュパイ・ウォールストリート＝略称OWS）」を始めとする、二〇一一年の泊まり込み抗議運動の数々にいたるまで、デジタル・ネットワークをとおした結びつきや組織化、敵対性といったものは、すでに日々の生活や闘争の生地のなかに――プロトコルによる制御や非対称性とともに[20]――織り込まれているのである。

むろん、二〇一一年にバトンを手渡すようにして拡大していった「アラブの春」やOWS等の出来事や活動を、「ツイッター革命」や「フェイスブック革命」などと嬉々として名指す振る舞いは、ナイーヴなテクノロジー決定論を振りかざしながら、それらの叛逆や闘争に関する私たちの理解を脱政治化し、コミュニケーション資本主義に媚びへつらう働きをしているとみなすことができるだろう。と同時に、ブログ圏やフェイスブックをはじめとするソーシャル・ネットワークが、それらの蜂起や闘争のなかの新たなエレメントやフィールドとして確実に機能してきたことも紛れもない事実である。けれども、その場合に重要なのは、「革命」を企業ブランド名やテクノロジー決定論に従属させたり、ソーシャル・メディアをその社会的・技術的なアレンジメントから切り離して、その〈道具〉としての有用性を過大宣伝したりすることではないはずだ。仮に「ツイッター革命」や「フェイスブック革命」というフレーズが相応の意味をもつとするならば、それは、ソーシャル・メディアとソーシャル・ムーブメント（および革命のプロセス）のあいだの力動的な関係や連結について探究するための導入句としてそうした常套句が役立つ限りにおいてであろう。

そして、そのような探究を通じて私たちは、両者の関係性をめぐる核心的な問いへと導き入れられることになる。すなわち、その問いとは、社会メディアと社会運動を結ぶ〈ソーシャル〉の可能性は、あらかじめ構成された諸個人（「友達《フレンズ》」）やアイデンティティをノードとしてつなぐことのうちに求められるのではなくて、さまざまの特異性のあいだの相互作用をとおして〈共《コモン》〉を構成することのうちにこそ求められるべきではないのか、というものである。

ジル・ドゥルーズとフェリックス・ガタリはかつて、六八年五月という「出来事」について、次のように述べていた。「重要なことは、六八年五月に、ある透視力が出現したということ、この現象である。つまり、ひとつの社会がそこに含まれている何か耐えがたいことを突如として見出し、さらにはそれとは別の可能性をも見出したということである。それは、「可能なことを、さもないと息が詰まってしまう」といったかたちをとって現れた集合的現象である。可能なことはあらかじめ存在しているのではなく、出来事によって創り出されるのだ。……出来事は新たな存在を創り出し、新たな主体性（身体・時間・セクシュアリティ・環境・文化・労働等々といったものとの新たな諸関係）を産出するのである」。そして、ここでいう「出来事」とは、「さまざまの可能なことからなる新空間を開く不安定状態のことである。……出来事は可能なことを開くのだ。それは社会の深みや諸個人の内部に浸透してゆく」[21]。

このような仕方で、出来事によって諸々の可能なことが創り出され、またそれらを通じて諸々の〈特異性〉がかたちづくられるのである。〈特異性《シンギュラリティ》〉は、〈同一性《アンデンティティ》〉とは異なり、多数多様性や生成変化と不可分の関係にある。それぞれの特異性は、他のさまざまの特異性と関係するものであると同時に、それ自体の内部に多数多様性を抱えている。したがって、各々の特異性はつねに、いまとは違うものに生成変化するプロセスのただなかにあるわけだ。私たちはネグリとハートとともに、そのようなさまざまの特異性のあいだの相互作用をとおして織り上げられるプロセスのことを、〈共《コモン》〉と呼ぶことができるだろう[22]。逆にいうと、〈共《コモン》〉は多数多様性が自律的な仕方で展開してゆくためのフィールドでもある。このように、同一性と差異性が排他的な対立関係にあるのとは対照的に、特異性と〈共《コモン》〉はたんに両立可能であるという以上に、もっと積極的かつダイナミックなかたちで互いに構成し合う関係にある、という点を強調しておきたい。そしてソーシャル・メディアやCMCには、諸々の特異性と〈共《コモン》〉の相互構成を促進するための環境や方法を更新することのできる潜勢力が含まれているのである。しかし、そのような力を解き放ち、現勢化するためには、ソーシャル・メディアのプラットフォームや参加型のウェブ環境が中心となって作動させている、〈新たな価値の生産と捕獲の装置〉の仕組みを解析しておく必要があるだろう。

3 ネットワークの富と資本のコモニズム

周知のように、二〇〇一年のドットコム・バブルの崩壊のあと、ニューエコノミーは〈ソーシャル・ウェブ〉や〈ウェブ2・0〉へとその戦略をシフトさせた。フェイスブックやマイスペース、ミクシィやツイッターといったSNS（ソーシャル・ネットワーキング・サービス）の運営するプラットフォームから、グーグルの提供するアプリケーションにいたるまで、それらのサービスがビジネスとして成功を収めることができたのは、ひとえに、膨大な数のユーザーたちが織りなす社会的な諸関係や相互作用から剰余価値を引き出すのにそれらが長けていたからにほかならない。〈ウェブ2・0〉と総称されるものが呈示する経済モデルは、フォーディズム的な〈賃労働〉を周縁化しつつ、無数のユーザーたちの自発的な協働や〈フリー労働〉を貨幣化することをその価値生産の基盤としているのだ。

ここでいう〈フリー〉には、それが基本的に「無償／無給／不払い」の労働であるということと、そうした労働に対して規律を課したり、指令を下したりすることが困難であるということ——というよりもむしろ、「自由《フリー》でオープンな」コミュニケーションや社会的生産こそが「ネットワークの富」の源泉なのだから、そのような「自由」労働は資本蓄積にとっては基本的に奨励され、促進されるべきものであるということ——の、二重の意味が込められている。[23]

かつてマルクスは、大工業の発展につれて現実的な富の創造が、直接的な労働時間の量に依存するものから、「社会的頭脳の一般的生産諸力の蓄積」としての「一般的知性」に依存するものに移り変わってきている、ということを明示してみせた。[24] マルクスが産業資本主義の初期にすでに見通していたこのような傾向は、ポスト産業資本主義とも認知資本主義とも呼ばれる新たな価値の生産様式が現出している今日、いよいよ顕著なものとなっている。[25] いまや一般的知性は、かつてのように工場内に設置された固定資本としての機械のなかに吸収されてしまうのではなく、工場の壁を越えて社会全体へと広がり、大都市《メトロポリス》という社会化された工場内で協働する労働力の生きた身体に転位されるようになっている、とみなすべきだろう。ポスト産業資本主義／認知資本主義の鍵となる原理は、このように基本的に直接的生産過程の外部に存在する、しかも相対的に自律した「一般的知性」ないしは「大衆知性」を、生産的源泉として取り込み、領有することにある。

こうした新たな剰余価値の生産様式とその捕獲のメカニズムを明示するモデルとして、改めて検索エンジンのグーグルを取り上げておこう。[26] グーグルは、たんに上からのデータ管理装置（デジタルなパノプティコン／オーウェル的なデータ監視マシーンといった、一般的なイメージが示すような）であるばかりか、下からの価値生産装置（ページランクという——ウェブ上の各ノードの価値ランクを決定するための——精巧なアルゴリズムを通じて作動するような）でもある。要するにグーグルは、一般的知性や共同知性によって生産された価値を捕獲する装置でもあるわけだ。別の言い方をするなら、グーグルはグローバルな非物質的工場であり、そこでは、一般的知性という共有資源が人びとの注意《アテンション》＝注目を集めるネットワーク状の価値や富へと変換されながら、貨幣化・現金化されるのである。

かつての〈トヨタ・モデル〉が、市場のニーズをいち早く察知し、生産を消費に従わせることによって旧来のフォーディズム的論理を逆転させるものであったとするならば、今日、支配的な〈グーグル・モデル〉は、消費者じたいを生産者として働かせながら、無数の消費者やユーザーたちが〈フリー労働〉を通じて生み出す価値を捕獲する装置である、と言えるだろう。

さらに私たちは、このような〈グーグル・モデル〉を拡大・深化させたものとして、フェイスブックに代表されるソーシャル・メディアを取り上げることができる。〈グーグル・モデル〉を引き継いだ〈フェイスブック・モデル〉は、「コラボレイティブ・フィルタリング」や「ソーシャル・グラフ」といった新たな手法を駆使しながら、ユーザー間の情動にもとづく親密な社会的諸関係を剰余価値の諸形態へと変換しつつ、それらを制御し捕獲するためのプラットフォームの構築を——よりいっそう洗練・強化されたかたちで——めざしているのである。このように、ソーシャル・メディア時代の経済モデルは、ページランクによって測定されたリンクの価値にもとづく、グーグル型の〈リンク経済（link economy）〉から、「いいね《ライク》！」ボタンによって情動的につながった社会的諸関係にもとづく、フェイスブック型の〈ライク経済（like economy）〉に移り変わりつつあり、その傾向は今後ますます強まってゆくものと予想される。[27]

〈トヨタ・モデル〉から〈グーグル・モデル〉や〈フェイスブック・モデル〉へのこうした移行が顕著に示しているように、ポスト産業資本主義における新たな蓄積過程は、剰余価値の生産と捕獲の方式を徐々に転換していった。またそのようにしてそれは、〈賃金・レント（地代）・利潤〉のあいだの関係を大きく変化させ、それまで前資本主義的な遺制として周縁に追いやられていた〈レント（地代）〉をさまざまなかたちで復活させながら、利潤とレントの区別を不鮮明なものにしていったのである。[28]

一般的にいって、リカードからマルクスを経てネオ・リカーディアンにいたる経済理論では、レント（地代）は利潤とは区別されるカテゴリーとして扱われる。すなわち、利潤が生産と雇用の成長をもたらす「良き」生産的資本主義と結びついたものであるのに対し、レントは――地主や金融資本主義が労せずして手にする――非生産的で寄生的な収入にすぎない、といった仕方で。ところが、ポスト産業資本主義においては、利潤とレントの区別が曖昧になるばかりか、「利潤がレントになる」傾向がある。つまり、ポスト産業資本主義において利潤はレントのなかにある、または、レントこそがポスト産業資本主義における新たな利潤である、というわけだ。なぜか。ごく簡略化して述べるなら、ポスト産業資本主義ないしは認知資本主義においては、「一般的知性」や「大衆知性」をその生産手段とする〈共〉《コモン》が剰余価値の生じる場となっており、たとえばソーシャル・メディアやソーシャル・ネットワークのプラットフォームはそのような〈共〉《コモン》を捕獲する装置であり、それによって得られる利潤はレントというかたちをとるからだ。顕著な具体例をあげるなら、フェイスブックは、その膨大な数のユーザーたちが織りなす情動のネットワークを、自己のブランド価値をめぐる評判や評価へと変換することを通じて、その株式の時価総額を高騰させ、莫大な金融レントを得ているのである。[29]

利潤とレントの区別のこうした崩壊は、〈賃金・レント（地代）・利潤〉というマルクスの三位一体的定式が、二極構造へと新たに再編されているということを示唆している。すなわち、まず一方で賃金は、かつての工場内の規律労働と結びついたものから、大都市《メトロポリス》という社会化された工場内でのフレキシブルで不安定な《プリケアリアス》労働と結びついたものに移り変わってきており、またもう一方で利潤とレントの融合は、〈一般的知性〉や〈フリー労働〉を通じて生み出された価値を捕獲する装置の新たな出現を指し示しているのである。

ローレンス・レッシグの盟友としても知られる法学者、ヨハイ・ベンクラーは、その広く読まれている本『ネットワークの富（＝ネットワーク富論）――社会的生産はいかに市場と自由を変えるか』のなかで、近年、普及してきた、「フリーソフトウェアや分散コンピューティング、その他のピア生産の諸形態」の成功が顕著に示すような「ネットワーク情報経済」の発達のおかげで、「非市場的な生産」としての「社会的生産」が「有効」なものとなり、その生産性や効率性を高めている、という認識を示している。ベンクラーによると、そうした「社会的生産」や「コモンズ（共有財）にもとづくピア生産」の興隆は、「市場にもとづく生産」の低下を必ずしも伴うものではなく、むしろその逆に両者は「互いに強め合う関係」にあるものとして捉えられなければならない。[30]ここで「社会的生産」と呼ばれているものは、それまで市場の諸関係の外部にあるとみなされてきた社会的諸関係が資本主義的生産の内部に――富や価値の源泉として――取り込まれるようになったという近年の変化を映し出したものである。端的にいって、ベンクラーの目標は、「ウェブ2・0スタイルの自由市場リベラリズムを強化」するための理論的枠組みを設定することにある、と指摘することができるだろう。[31]

これと同様の批判的視点からメディア学者のティツィアナ・テッラノーヴァが解析しているように、ベンクラーの称揚するネットワーク情報経済においては、「社会的生と経済的生が収斂点を見出すことになるわけだから、社会的生はその表現をもっぱら市民社会の再生産領域においてのみ見出さずにすむようになり、経済的領域において直接的に生産的な働きをするようになるだろう」[32]。このように述べた上でテッラノーヴァは、「ネットワークの富（＝ネットワーク富論）」という視座が、非市場的な諸関係を通じて創り出された富を資本に流し込みながら、「社会的生産」に本来備わっている――「競争的市場を凌駕する」かもしれない――潜勢力を「新自由主義的な市場論理に従属させる」役割を果たしていると論じ、その批判を次のように締めくくる。「政治経済学の「反射プリズム」をとおすと、社会的生産は、根底的に異なる生の諸形態――新自由主義的な統治性と共存したり、競争したりすることなく、まさにその論理そのものを問いに付すような生の諸形態――を現実に生み出し、持続させることのできる潜勢力をいっさい失ってしまうことになる」[33]。別の言い方をすれば、ベンクラーは「政治経済学の「反射プリズム」をとお」して、〈フリー労働〉としての社会的生産が創出する〈共《コモン》〉を捕獲するための洗練された枠組みや装置を構築しようとしているわけである。つまるところ、ベンクラーの立場は――社会的生産や協働をとおして創出される「共有の富《コモンウェルス》」を「ネットワークの富」へと変換しつつ、それをレントというかたちで領有したり、資本主義経済のなかの飛び地に押し込めたりすることをめざす――「資本主義的コモニズム(capitalist commonism)」の構築に通じるものとして把握することができるだろう。[34]

4 ポストメディアの時代と〈共《コモン》〉のエコロジー

これまでさまざまな視角から検討してきたように、現在の資本主義の核心部に据えられているのは、〈共《コモン》〉の生産とその収奪＝収容(expropriation)にほかならない。今日、支配的な生産形態として機能している「生政治的生産」[35]においては、たんに物質的な「商品」というよりも社会的な生の諸形態や諸関係(知識や情報やノウハウ、情動やコミュニケーション、文化やアイデンティティ、生命や健康、等々)が「共有の富《コモンウェルス》」として生産されており、また資本はそのような「共有の富《コモンウェルス》」を収奪＝収容することをめざしている。

生政治的生産をとおして創り出される、そうしたコモンウェルスないしコモンは、資本主義と結びついた私的所有にも、社会主義と結びついた国家所有にも還元することのできない――いいかえれば、旧来の〈私〉対〈公〉という二項対立的な図式を突き崩す機能を担った――、共産主義《コミュニズム》のなかの〈共《コモン》〉と響き合うものとして捉えなおすことができるだろう。マイケル・ハートが指摘するように、コミュニズムは、たんに所有権の廃絶のみによって定義されるものではない。それは、〈共《コモン》〉の肯定――すなわち、オープンで自律的な生政治的生産の肯定や、自己統治にもとづく新たな人間性の連続的な創出――によっても定義されるものなのである。[36] このように生政治的生産という側面に光をあてたコミュニズムの定義は――一見すると意外な引用にみえるかもしれないが――、すでに初期マルクスによる『経済学・哲学草稿』のなかの次のような一節にも見出すことができるだろう。

〔私有財産の廃絶によって〕人間はみずからの全面的な本質を全面的なしかたで、したがってひとりの全体的人間としてわがものにするのである。見る、聞く、嗅ぐ、味わう、感じる、考える、直感する、感じとる、意欲する、活動する、愛するといった世界にたいする彼のすべての人間的な関係……が、人間的な現実をわがものにするものになる。[37]

ここでマルクスは、コミュニスト的領有を、私有財産というかたちで対象を領有することではなくて、主体性や人間的・社会的諸関係を領有することとして把捉しようとしている。しかし、その場合、「わがものにする」とか「領有する」といった表現を用いるのはミスリーディングの恐れがある、とハートは再考する――「なぜなら、マルクスは既存の何かを獲得することについて語っているのではなく、むしろ何か新しいものを創出することについて語っているからである。主体性の生産、新しい感覚器官や知覚中枢の生産こそが――ゆえに、じっさいには領有ではなくて生産こそが――、そこで語られている内容なのである。マルクスのテクストに立ち返るなら、彼がこの点を明確に呈示していることが判明するだろう。「これまでわれわれは、私有財産が積極的に廃絶されたという前提のもとでは、どのようにして人間が人間を、つまりおのれ自身とほかの人間を生産するようになるかを見てきた」（訳書、三五一頁）。読まれるとおり、マルクスの初期草稿におけるコミュニズム概念は、あらかじめ存在していたり、永遠に存在しつづけたりするような人間的本質をまったくあてにはしていない。したがってそれは、断じて人間主義《ヒューマニズム》ではないわけである。人間主義《ヒューマニズム》に代わって、私有財産の廃絶に対応するものとして差し出される、コミュニズムの積極的な内容とは、人間による主体性の自律的生産、人間による人間性の生産――新しい仕方で見ること、聞くこと、考えること、愛すること――なのである」[38]。

さらにハートは、マルクスによるこうしたコミュニズムの定義と、今日における「経済の生政治的転回」[39]を、照応関係ないし近接関係にあるものとして把えようとする。なぜなら、両者はともに、人間性・社会的諸関係・生の諸形態を〈共〉《コモン》として生産することを指向するものであるからだ。また先に引いた、〈人間が人間を生産する〉という――一見、奇異な印象をあたえはするが、含意に富む――『経済学・哲学草稿』の一節は、両者の近しさに宿された破壊と創造の潜勢力を開示するものでもある。この点に関しては、ミシェル・フーコーの鋭利な分析を参照するにしくはないだろう。

われわれはここで、マルクスによる一つの言葉《フラーズ》のまわりを回っているのです。人間が人間を生産するという言葉のまわりを。これをどのように了解すべきなのでしょうか。私にとって、生産されなければならないのは、自然が描いたような人間、人間の本性が規定するような人間ではありません。われわれは、まだ存在せず、どのようなものになるかわからない何かを生産しなければならないのです。

……この〈人間による人間の生産〉が、価値の生産、富とか経済的使用の対象の生産、こうした生産のようにおこなわれると了解する人びとには賛成できません。それは、現にあるわれわれの破壊でもあり、完全に他なるものの創造であり、完全なる革新でもあるからです。[40]

ここでフーコーは——自然からの疎外とその克服という物語をきっぱりとしりぞけながら——、〈人間による人間の生産〉という生政治的プロセスにはらまれた破壊と創造の潜勢力にその焦点を合わせている。ハートが指摘するように、「生政治的プロセスは、社会的関係としての資本の再生産に限定されるものではなく、資本を破壊して、まったく新しい何かを創造することのできる自律的プロセスのための潜勢力を呈示するものでもある。搾取と資本主義的制御の新たなメカニズムが生政治的生産に含まれているのは明白だが、しかし同時にわれわれは、フーコーの直感にしたがって、いかにして生政治的生産が——とくに絶えず〈共〉《コモン》と関わりをもちながら、資本主義的諸関係の限界を超えようとするそのやり方において——労働に対して自律性の増大を認め、またそれに対して自由《リベレーション》への生成というプロジェクトのなかで駆使しうる道具と武器を授けることができるのかをはっきりと理解する必要がある」[41]。

むろん、だからといって、資本主義が共産主義《コミュニズム》へと直線的に発展していったり、生政治的生産がただちに解放をもたらしたりするというわけではまったくない。けれども、今日の資本主義がますます〈共〉《コモン》に依拠するようになっており、また他方で〈共〉《コモン》が共産主義《コミュニズム》にとっての本質的要素であるとするならば、コミュニケーション資本主義による制御や捕獲を逃れながら〈共〉《コモン》をダイナミックに創出するための条件やタイミングはすでに整えられている、とは考えられないだろうか[42]。〈人間による人間の生産〉にはらまれた破壊と創造の潜勢力は、諸々の特異性と〈共〉《コモン》の相互構成に向けて共産主義《コミュニズム》のプロジェクトを発動させ、〈共〉《コモン》のエコロジー〉へと私たちを導き入れることになるだろう。

伝統的な考え方が〈共《コモン》〉を社会の外部にある自然界としてとらえるのに対し、生政治的な〈共《コモン》〉の概念は生の全領域に等しく浸透し、入り込む。それは、大地や空気といった基本元素や動植物の生に関連するものであるだけでなく、共通の言語や慣習、身振りや情動やコードといった人間社会を構成するさまざまな要素にも関連する。……これは〈共《コモン》〉のエコロジーとも呼べるものだ。すなわちそれは自然と社会、人間と非人間界に等しく焦点をあわせるエコロジーであり、それらの間では依存関係や配慮《ケア》や相互変容のダイナミックな動きが織りなされるのである。[43]

ネグリとハートが指し示す〈共《コモン》〉のエコロジーは、たんに〈共《コモン》〉の保存や保護を唱えるだけのものではない。それは、〈共《コモン》〉の創造的な生産のための諸条件をめぐる闘争と分かちがたく結びついたものでもあるのだ。このように生政治的生産という観点から〈共《コモン》〉にアプローチする立場からすると、エコロジー運動や気候変動運動（これらの運動にとっての〈共《コモン》〉は、主として、大気・海洋・河川・森林およびそれらと交わる生の諸形態を含めた、地球とそのエコシステムである）と、反資本主義的な社会運動（これらの運動にとっての〈共《コモン》〉は、主として、知識・アイディア・イメージ・コード・情動・社会的諸関係といった、人間の労働と創造性の産物としての共有の富《コモンウェルス》である）は、両者のあいだのアンチノミーを超えた「潜勢的な相補性」において捉えられるべきものとして映ることになる。[44]この点に関してフェリックス・ガタリは、すでに一九八〇年代終わり頃から、「環境と社会的諸関係と人間的主観性という三つの作用領域」に関わる「三つのエコロジー」[45]や「生態哲学《エコソフィー》」を理論的・実践的に追究しながら、〈共《コモン》〉のエコロジーの先駆けとなるヴィジョンを提出し、次のような巨大な問いを投げかけていた。

こうして問いは、繰り返される嘆きのように回帰してきます。……人類の生き残りだけでなく、この惑星上のすべての生――動物や植物の種の生と同じく、音楽・芸術・映画・時間との関係・他者に対する愛と同情・宇宙における融和の感情といった、非物体的な種の生をも含めた――の未来に対する責任感を可能にする社会的実践を発明しなおすにはどのようにするのか。[46]

ガタリがその遺著のなかで提起した、こうした巨大な問いは、現在、ますます切迫した響きを帯びたリフレインとして聴き取られるべきものとなっており、ネグリとハートはそれを〈共《コモン》〉のエコロジーという問いのかたちで新たに反復し、変奏してみせた、と考えることも可能だろう。いずれにしても、今日のコミュニケーション資本主義による〈共《コモン》〉の制御や捕獲に抗して、生政治的な〈共《コモン》〉を再領有するためには、出来事の生成と諸々の特異性のあいだの出会いを組織することを通じて、諸種の境界を突き破りつつ、「非物体的な種の生」も含めた「この惑星上のすべての生」が織りなすダイナミックな動きに応答する、さまざまの特異的かつ集団的な「社会的実践」を再発明することがぜひとも必要である。このような立場から、ガタリは――メディア・テクノロジーの進化と変容が急速に進みはじめた――一九九〇年代初めに、〈ポストメディア時代に向けた〉ヴィジョンを次のように鮮明に打ち出していたのだった。

> いま私たちの目の前で進行しているのは、テレヴィジョン・情報通信《テレマティーク》・情報処理《インフォルマティーク》が合流しているという事態である。……この事態は次のような希望の端緒となりうるものだ。すなわち、それは、現代の主観性を押しつぶしているマスメディアの権力が再編されることへの希望であり、そしてまた、情報・コミュニケーション・知性・アート・文化の諸機械を個体的かつ集団的に再領有し、それらをインタラクティヴな仕方で使用することのできるような、ポストメディア時代に入ることへの希望である。[47]
>
> 旧来のイデオロギーや伝統的な社会的・政治的実践の価値を根底から切り下げてしまった現在の歴史的な状況に適するように、集団活動と協議の方法を構成しなおすのが妥当であるのは確かでしょう。これについては、情報処理の新しいツールが集団活動の準備や実施のための方法を更新する可能性はいささかも排除されていないと指摘しておきます。しかし情報処理のツールがそのままで、建設的な展望を展開しうる意識を目覚めさせるための中核となるような、創造的な閃光を放つことはありません。断片的な企て、しばしばまだ十分強固になっていない脆い試み、手探りの実験などにはじまり、言表行為の集合的アレンジメントを捜し求める作業が開始されつつあります。別様に世界を見て別様に世界を作る仕方、別様の在り方、生活の様態を別様に更新する仕方が、一つひとつ現れ、互いに潤しあい豊かになっていくでしょう。[48]

このようなかたちでガタリは、情報コミュニケーション・ネットワーク社会の揺籃期に含まれていた諸傾向や潜勢力を把捉しようと努めながら、〈ポストメディア時代に向けた〉ヴィジョンを力強く打ち出していたのだった。いうまでもなく、ガタリのこうした分析と展望は、楽観的なテクノロジー決定論にもとづくものとして捉えられてはならない。そうではなくて私たちは、ガタリが一九九二年に急逝する直前まで精力的に試みつづけていた、「創造的な閃光を放つ」「実験」の軌跡と、彼の死後、世紀をまたいで加速度的に展開されてゆくことになるポストメディア時代に向けた複合的な動きをともに踏まえて振り返るとき、ガタリのこの「希望」に満ちた最期のヴィジョンが、七〇年代後半のイタリアとフランスにおける自由ラジオ運動への積極的な参加活動に裏打ちされたものであったということ[49]、また同じくそれが、のちのコミュニケーション資本主義の諸装置による捕獲のリスクを内蔵したものであったということを見出すのである。

今日のデジタル・ネットワーク文化は、いかなる仕方でガタリのヴィジョンを引き継ぎ、更新しながら、新たな「言表行為の集合的アレンジメント」を創出することができるのだろうか。またそれは、いかなる仕方でコミュニケーション資本主義のエンドレス・ループに亀裂を入れながら、〈帝国〉の情動諸装置によるコントロールから逃れることができるのだろうか。これらの問いに応えるためには、ポストメディア時代における〈共《コモン》〉のエコロジー構想を押し進めるとともに、ガタリの「三つのエコロジー」をベースにしたメディア・エコロジーの理論と実践をさらに練り上げてゆく必要があるだろう。[50]そのようなメディアと〈共《コモン》〉のエコロジーと提携した、特異的かつ集団的な構成プロセスや実験作業の数々こそが、ソーシャル・メディアによる情動的かつ社会的な諸関係の制御や捕獲をすり抜けながら、資本のコモニズムが下す指令を、ポストメディア時代の〈共《コモン》〉の未来に向けてしっかりと反転させてゆくものであるにちがいない。

注

1 アントニオ・ネグリ、マイケル・ハート『〈帝国〉』水嶋一憲・酒井隆史・浜邦彦・吉田俊実訳、以文社、二〇〇三年。これ以後、『マルチチュード――〈帝国〉時代の戦争と民主主義（上）（下）』幾島幸子訳、水嶋一憲・市田良彦監修、NHK出版、二〇〇五年につづき、『コモンウェルス（上）（下）』水嶋一憲監訳、幾島幸子・古賀祥子訳、NHK出版、二〇一二年が刊行され、ネグリとハートの〈帝国〉三部作は一応の完結をみた。

2 〈帝国〉の概念が提起する理論的・実践的諸問題をめぐる、より詳細な分析については、拙稿「帝国とマルチチュード」、井上俊・伊藤公雄編『社会学ベーシックス第9巻政治・権力・公共性』、世界思想社、二〇一一年、一三五―一四四頁や、同「〈新〉植民地主義とマルチチュードのプロジェクト」、西川長夫・高橋秀寿編『グローバリゼーションと植民地主義』、人文書院、二〇〇九年、四三―六二頁などを参照。

3 マイケル・ハート「グローバルな管理社会」拙訳、『思想』第九一四号、岩波書店、二〇〇〇年、三〇―四六頁を参照。

4 ジル・ドゥルーズ「追伸――管理社会について」宮林寛訳、『記号と事件』、河出文庫、二〇〇七年、三五六―三六六頁。なお、ドゥルーズの“les sociétés de contrôle”は、これまで一般的に「管理社会」と訳されてきたが、本稿では、北野圭介氏の提案を踏まえて、「制御社会」と訳すことにする（北野圭介『制御と社会――欲望と権力のテクノロジー』〔人文書院、近刊〕を参照）。その理由は、「管理」という語が、官僚制的な上からのリジッドな統制という含意を色濃く帯びているのに対し、「制御」という語は、（技術的には）サイバネティクス的なコントロール、（社会的には）分散型のダイアグラムにもとづく柔軟なネットワークの調整やマネジメントといったものと密接に関連しているからである。ドゥルーズ自身は“contrôle”という語を、ウィリアム・バロウズから借用したと述べているが、アレクサンダー・ギャロウェイも指摘するように、その「真の出所《ソース》」が、「サイバネティクス、システム理論、セル・オートマトン、グラフ理論、その他の関連領域」であることは明白である。Alexander R. Galloway, “The Poverty of Philosophy: Realism and Post-Fordism”, *Critical Inquiry* 39（2）, The University of Chicago Press, 2013, p.362. を参照。

5 ドゥルーズ、前掲、三五七―三五八頁。

6 同、三五九頁。

7 同、三六一頁。

8 ルイ・アルチュセール「イデオロギーと国家のイデオロギー諸装置」西川長夫・伊吹浩一・大中一彌・今野晃・山家歩訳、『再生産について』、平凡社、二〇〇五年、三一九—三七八頁。

9 Adam Arvidsson, *Ethical Economy*, Chapter 3, 2008, <http://p2pfoundation.net/Affective_Apparatuses>［二〇一三年九月にアクセス］を参照。

10 ネグリとハートらによる〈帝国論の新展開〉と、近年の人文・社会諸科学における〈情動論的転回〉との動的な交錯については、拙稿「情動の帝国——探究のためのノート」、『Juncture 超域的日本文化研究』第二号、名古屋大学大学院文学研究科附属日本近現代文化研究センター、二〇一一年、二四—三五頁を参照。

11 グローバルな消費文化と密接不可分の関係にあるポスト産業資本主義における〈ブランド〉の論理とその作動様式については、拙稿「〈魂の工場〉のゆくえ——ポストフォーディズムの文化産業論」、『アジアのメディア文化と社会変容』斉藤日出治・高増明編、ナカニシヤ出版、二〇〇八年、一六四—一九三頁を参照。

12 ネグリ、ハート『マルチチュード（上）』、前掲、一八五—一八六頁。

13 ネグリ、ハート『〈帝国〉』、前掲、三八四—三八五頁。

14 Alexander R. Galloway, *Protocol: How Control Exists after Decentralization*, The MIT Press, 2004 を参照。

15 ネグリ、ハート『〈帝国〉』、前掲、四三六頁。

16 Jodi Dean, *Democracy and other neoliberal fantasies*, Duke University Press, 2009 や、*Blog Theory*, Polity, 2010 を参照。

17 Dean, *Blog Theory*, p.4.

18 ユルゲン・ハーバーマス『コミュニケーション的行為の理論（上）（中）（下）』平井俊彦・藤沢賢一郎・丸山高司ほか訳、未来社、一九八五—一九八七年を参照。

19 Dean, *Blog Theory*, p.121.

20 分散型の制御装置としてのプロトコルとネットワークの機能については、Alexander R Galloway and Eugene Thacker, *The Exploit : A Theory of Networks*, University of Minnesota Press, 2007 を参照。

21 ジル・ドゥルーズ、フェリックス・ガタリ「六八年五月［革命］は起こらなかった」杉村昌昭訳、ジル・ドゥルーズ『狂人の二つの体制 1983-1995』、河出書房新社、二〇〇四年、五一—五二頁。

22 さしあたり、ネグリ、ハート『コモンウェルス（下）』、前掲、一八六—二二六頁を参照。

23 〈フリー労働〉に関するより詳細な検討は、Tiziana Terranova, *Network culture : politics for the information age*, Pluto Press, 2004 を参照。

24 カール・マルクス『資本論草稿集②』資本論草稿集翻訳委員会訳、大月書店、一九九七年、四七一—五〇四頁を参照。

25　認知資本主義については、さしあたり、Yann Moulier Boutang, *Le Capitalisme Cognitif*, Éditions Amsterdam, 2008 や Andrea Fumagalli, *Bioeconomia e capitalismo cognitivo*, Carocci editore, 2007 および、拙稿『金融コミュニケーション資本主義からコモンのエコロジーへ』など、『現代思想』第三九巻三号（「特集＝認知資本主義とは何か」）、青土社、二〇一一年に掲載された諸論考を参照。但し、ネグリとハートは、肉体労働と精神労働という因襲的な区分をともすれば連想させがちな、認知資本主義や認知労働者階級《コニタリアート》という用語よりも、身体的諸力と精神的諸力の混交に照準した「生政治的生産」や、より包括的な階級概念としての「マルチチュード」という用語を重視している。

26　グーグルのメカニズムをめぐるより広範な視角からの分析については、マッテオ・パスキネッリ「グーグル〈ページランク〉のアルゴリズム——認知資本主義のダイアグラムと〈共通知〉の寄食者」長原豊訳、白石嘉治「グーグル小作人たちの新しいラッダイトのために」など、『現代思想』第三九巻一号（「特集＝Googleの思想」）、青土社、二〇一一年に掲載された諸論考を参照のこと。

27　Carolin Gerlitz & Anne Helmond, "Hit, Link, Like and Share : Organizing the Social and the Fabric of the Web in a Like Economy", Paper Presented at the DMI mini-conference, Amsterdam, 24-25 January, 2011 を参照。なお、すでにグーグルも、総合的なソーシャル機能の取り入れをめざして、「グーグル＋（プラス）」のプロジェクトを始動させている。

28　Carlo Vercellone,"La nouvelle articulation salaire, profit, rente dans le capitalisme cognitif", *European journal of economic and social systems* 20（1）, 2007, pp.45-64 や、アンドレア・フマガッリ／サンドロ・メッザードラ編『金融危機をめぐる10のテーゼ　金融市場・社会闘争・政治的シナリオ』（朝比奈佳尉／長谷川若枝訳、以文社、二〇一〇年）に収められた諸論文を参照。

29　金融をその中心とする新たな蓄積体制をめぐる、より一般的かつ詳細な分析については、クリスティアン・マラッツィ『資本と言語』柱本元彦訳・水嶋一憲監修、人文書院、二〇一〇年を参照。

30　Yochai Benkler, *The Wealth of Networks : How Social Production Transforms Markets and Freedom*, Yale University Press, 2006, pp.122-123.

31　Joss Hands, *@ is for Activism : Dissent, Resistance and Rebellion in a Digital Culture*, Pluto Press, 2011, pp.178-179.

32　Tiziana Terranova, "Another Life : The Nature of Political Economy in Foucault's Genealogy of Biopolitics", *Theory,*

Culture & Society 26 (6), SAGE, 2009, p.251.

33 Ibid., p.252.

34 J. Martin Pedersen, ***Property, Commoning and the Politics of Free Software***, <http://www.commoner.org.uk/N14/jmp-essay-full-the-commoner.pdf>, 2010, p.132［二〇一三年九月にアクセス］.

35 生政治的生産についてのより詳細な分析は、ネグリとハートの〈帝国〉三部作、前掲を参照。

36 Michael Hardt, "The Common in Communism", in Costas Douzinas and Slavoj Žižek eds., ***The Idea of Communism***, Verso, 2010, p.144.

37 カール・マルクス『経済学・哲学草稿』村岡晋一訳、『マルクス・コレクション I』、筑摩書房、二〇〇五年、三五四―三五五頁。

38 Hardt, "The Common in Communism", p.141.

39 クリスティアン・マラッツィ「機械＝身体の減価償却」多賀健太郎訳、『現代思想』第三五巻第八号、青土社、二〇〇七年、五二―六九頁および、拙稿「追伸――〈金融〉と〈生〉について」、マラッツィ『資本と言語』、前掲、一六七―一八九頁を参照。

40 「ミシェル・フーコーとの対話」増田一夫訳、『ミシェル・フーコー思考集成Ⅷ』、筑摩書房、二〇〇一年、二三八頁。

41 Hardt, "The Common in Communism", p.143.

42 エティエンヌ・バリバールは、ハートとネグリが表明するこうした現状認識について、「希望的観測」にもとづくものではないか、という懸念を示している。この懸念は、今日の重層状況のなかで、どのようにコミュニズムを理解し、またそれを実践するのか、という重大な問いをめぐる、バリバールとネグリ両者の見解の一致と相違にも関わるものである。これらの点については、「コモンとコミューンの諸形態」をテーマに掲げたシンポジウムのなかで交わされた、バリバールとネグリの対話（"On the Common, Universality, and Communism : A Conversation between Étienne Balibar and Antonio Negri", ***Rethinking Marxism*** 22 (3), Routledge, 2010, pp.312-328）を吟味しつつ、さらに掘り下げて考察する必要がある。

43 ネグリ、ハート『コモンウェルス（上）』、前掲、二七三頁。

44 「いまとは別の世界は可能だ」というスローガンを掲げるオルター・グローバリゼーション運動と、「惑星Bなど存在しない」というスローガンを掲げるエコロジー運動や気候変動運動とのあいだの「差異」と「出会い」については、Hardt, "Two Faces of Apocalypse:A Letter from Copenhagen", ***Polygraph*** 22, 2010, pp.265-274を参照。

45 フェリックス・ガタリ『三つのエコロジー』杉村昌昭訳、

平凡社ライブラリー、二〇〇八年。

46 フェリックス・ガタリ『カオスモーズ』宮林寛・小沢秋広訳、河出書房新社、二〇〇四年、一九〇頁。

47 Félix Guattari, "Vers une ère postmédia," *Terminal* 51, octobre-novembre 1990, <http://www.revue-chimeres.fr/drupal_chimeres/files/termin51.pdf>［二〇一三年九月にアクセス］.

48 ガタリ『カオスモーズ』、前掲、一九〇―一九一頁。

49 フェリックス・ガタリと自由ラジオ運動との緊密な関係については、「潜在する無数のアリーチェ」杉村昌昭訳、『分子革命』、法政大学出版局、一九八八年、一〇九―一一八頁を始めとする、ガタリ自身による一連の論考を参照。

50 Matthew Fuller, *Media Ecologies : Materialist Energies in Art and Technoculture*, The MIT Press, 2007 や Jussi Parikka, *Insect Media : An Archaeology of Animals and Technology*, University of Minnesota Press, 2010 および、ガタリやフラーの仕事を基軸にして、パリッカらによって編まれた『ファイバーカルチャー』誌の〈メディア・エコロジー〉特集（*The Fibreculture Journal* 17 : Unnatural Ecologies, 2011, <http://seventeen.fibreculturejournal.org/>［二〇一三年九月にアクセス］）を参照。

＊日本語訳からの引用に関して、文脈に応じて訳文を適宜変更させていただいたことをお断りしておく。

批判的クリエイティヴ産業論へ

社会的エンジニアリングに抗して

毛利嘉孝

はじめに

二〇〇〇年代に入ってから、「クリエイティヴ産業」という言葉がにわかに使われるようになった。またそれと呼応するように「クリエイティヴ都市」(ランドリー 2003)、「クリエイティヴ経済」(Howkins 2001)、「クリエイティヴ階級」(フロリダ 2007, 2008)など、「クリエイティヴ(創造)」を接頭語とする造語が次々と生み出されては、一種の流行語として流通している。

クリエイティヴ産業とは何だろうか? これは新しい産業なのか? 関連する既存の産業、たとえば文化産業やメディア産業、そして情報産業とクリエイティヴ産業はどのような関係があるのだろうか? それは、まったく新しい概念なのか? それとも、既存の概念の言い換えにすぎないのだろうか?

本稿は、クリエイティヴ産業をメディア研究の観点から考察しようというものである。クリエイティヴ産業という語は、語る人によってさまざまな意味を与えられている。本稿では、クリエイティヴ産業についてのいくつかの議論を整理しながら、この語が用いられるそのイデオロギー背景を考える。その一方で、クリエイティヴ産業をもたらした後期資本主義の変容を踏まえた上で、批判的な「クリエイティヴ産業論」を提案しようというものである。

ここで出発点にしたいのは、アドルノとホルクハイマーの有名な「文化産業論」である。彼らは、複製技術がもたらした映画やレコード産業など新しい「文化産業」の中に、二〇世紀になって発達しつつあった資本主義の論理を見いだした。自動車や電化製品のように文化を大量生産する文化産業は、既存の資本主義を維持・強化するだけではなく、その頃ヨーロッパを席巻しつつあったファシズム的な心性を生むイデオロギー的な装置と考えたのである（ホルクハイマー／アドルノ 2007）。

興味深いのは、彼らがドイツに吹き荒れたナチズムをドイツ固有の現象としてみなすのではなく、アメリカの消費社会の中に同根の問題を見いだしたことだ。マスメディアが生み出す均質な大衆文化は、人々の意識を画一化することで資本主義的労働に組み込むと同時に、異質なものを徹底的に排除するファシズムへと人々を向かわせると彼らは考えたのである。この文化産業論は、戦後の批判的なメディア文化研究の出発点としてたえず参照されてきた。私がここで試みようとしているのは、この文化産業論をクリエイティヴ産業論にいわばバージョンアップすることと言えるかもしれない。

けれども、その一方で今日私たちは、アドルノやホルクハイマーが批判をしたマスメディアや大衆文化が、単に国家や資本家の支配の道具ではなく、二〇世紀を通じてさまざまな形で対抗的な文化を生み出したことを知っている。それは、国家のイデオロギー装置であると同時に、ともすれば特権的なエリート層によって独占されてきた知識や情報の民主化の道具でもあったのである。一方的に新しい産業の危険を指摘するのではなく、アドルノの盟友だったベンヤミンが主張するように、新しいテクノロジーが生み出した新しい生産手段は知識や情報を民主的に解放する道具にもなりうるのだ（ベンヤミン 1995）。二一世紀のクリエイティヴ産業論は、そのイデオロギー的な問題を批判するだけではなく、同時にその民主的な利用の可能性もまた考察するものになるだろう。

本稿は、文化産業からクリエイティヴ産業へという移行が何を意味しているのか、その社会的、経済的、政治的背景を考察しようというものである。そのために今日活発に交わされているクリエイティヴ産業論と、それに付随するクリエイティヴ階級論やクリエイティヴ都市論を俯瞰する。その上で、日本におけるクリエイティヴ産業論、経済産業省が設置したクリエイティヴ産業課と彼らが進めるクールジャパンプロジェクトにおいてメディアや文化産業と国家の役割がどのように変化したのかを考える。そして、クリエイティヴ産業が持っているそのイデオロギー的な問題を批判的に考察し、メディア研究、文化的な観点からクリエイティヴ産業を分析するための新しい理論的枠組みを提案したい。

Think Different

クリエイティヴ産業とは何だろうか。ジョン・ハートレーは、『クリエイティヴ産業』と題されたアンソロジーの中で、クリエイティヴ産業を次のように定義している。

> 「クリエイティヴ産業」という概念は、クリエイティヴな技能（個人の才能）と（マススケールの）文化産業が、新たに登場したインタラクティヴな市民ー消費者の利用のために、「新知識経済」における「新しいメディア技術（ＩＣＴ）」の文脈の中で概念的にも実際的にも融合していることを描き出そうとしたものである。(Hartely 2005: 5)

後に述べるように、クリエイティヴ産業という概念は論者によって異なっているが、ハートレーの定義は中心となるキーワードを挙げているという点でとりあえずの出発点とすることができる。それは、クリエイティヴな技能、才能、インタラクティヴ、市民ー消費者、新知識経済、新しいメディア技術（ＩＣＴ）といった一連の語である。

このクリエイティヴ産業という概念のひとつの例として、まず初めに一九九七年のアップルのキャンペーン「Think Different」を見てみよう。[1]これは、しばらく低迷を続けていたアップルのＣＥＯにスティーヴ・ジョブズが復帰したことをきっかけに、アップルが新たな会社イメージを作り上げることを目指した一連の広告のキャンペーンである。よく知られている通り、スティーヴ・ジョブズ復帰後アップルはそれまで主製品だったパソコン、マッキントッシュをカラフルなラインナップにモデルチェンジし、さらにはｉＰｈｏｎｅ、ｉＰｏｄ、そしてｉＰａｄと立て続けに新商品を発表し、それまでの一コンピューターメーカーから脱却し、二一世紀の代表的なクリエイティヴ産業のブランドとなった。

「Think Different」のテレビ広告は次のようなナレーションが入っている。

> クレージーな人がいる。
> 反逆者、厄介者と呼ばれる人たち。
> 四角い穴に丸い杭を打ち込むように、物事をまるで違う目で見る人たち。
> …（中略）…
> 彼らはクレージーと言われるが　私たちは天才だと思う。
> 自分が世界を変えられると本気で信じる人たちこそが本当に世界を変えているのだから。（アイザックソン 2011:75）

この刺激的なナレーションとともに紹介されるのは、アインシュタイン、ボブ・ディラン、マーティン・ルーサー・キング、リチャード・ブランソン、ジョン・レノン、バックミンスター・フラー、エジソン、モハメド・アリ、テッド・ターナー、マリア・カラス、ガンディー、アメリア・イアハート、ヒッチコック、マーサ・グレアム、ジム・ヘンソン、フランク・ロイド・ライト、そしてピカソといった二〇世紀のアイコン的な人々である。そして、広告にはいずれも「Think Different」という共通のスローガンが用いられた。

言うまでもなく、スティーヴ・ジョブズもまたこうした二〇世紀的なアイコンの最後尾に位置づけるというのがこのキャンペーンのもう一つのメッセージである。六〇年代カウンターカルチャーの洗礼を受け、DIY(DO IT YOURSELF)と呼ぶべき精神でアップルを起業したジョブズもまた「クレージーな人」だった。そして、それがゆえにジョブズは二一世紀初頭のカリスマ経営者になったのだった。[2]

このキャンペーンが示唆的なのは、「クリエイティヴ」という人文・芸術概念と「産業」という経済概念が組み合わされていることである。広告で取り上げられている面々は、いずれも「天才」と呼ぶべき才能の持ち主で、規範からはずれた「クレージーな人」である。ビジネスの世界とは完全に無縁ではないかもしれないが、決して中心的な人々ではない。かつて、アドルノとホルクハイマーが、「文化」という人類の知的営みが「産業」という言葉と結びついたことに戸惑いを感じたように、私たちもまた「クリエイティヴ」という芸術的営みが「産業」という言葉と結びつき、回収されたことにあらためて驚くべきだろう。「Think Different」のキャンペーンは、これまで産業の外部に存在した「クリエイティヴ」という概念が今では産業の中心的な概念になっていることを示したものである。

「Think Different」というコピーは、文化産業からクリエイティヴ産業へという変化を象徴的に示している。先に述べたように、アドルノやホルクハイマーが文化産業を批判したのは、それが均質化された文化を工業生産物のように生産すると考えたからだった。均質化された文化は人々を平準化し、工場労働者へと再編する。アドルノとホルクハイマーが文化産業を批判した四〇年代は、フォード式の生産様式が導入され、「科学的管理法」やオートメーション、分業体制、労働の脱スキル化が一気に浸透した時代だった。

一九七〇年代に入ると、資本主義生産の中心が製造業から新しく生まれた第三次産業へと移行する。金融やサービス、情報や文化、メディアといった非物質的生産が先進国の資本主義経済の中心となり、ポストフォーディズムと特徴づけられる新しい生産様式が支配的になる（ハーヴェイ 1999）。

ここで重要な概念になるのは、流動性や柔軟性、多様性である。「Think Different」（異なった考え方をしよう）というメッセージは、この新しい時代のスローガンだ。大量生産・大量消費の代わりに、多様な趣味に対応する少量生産・少量消費が登場する。大衆文化やメディアが人々の意識を均質化・統合し、究極的には「国民」という集団意識を形成するだけではなく、セグメンテーション化された複数の集団に向けてマーケティングが行われる。七〇年代から八〇年代にかけて、国民的なテレビドラマやヒット曲が減少し、世代やジェンダー、趣味嗜好によってメディアや文化の消費が多様化したのも、この大きな変化に対応している。

その一方で、あらゆる職種の生産様式、労働の現場も劇的に変化した。労働力の流動性を確保するために、正規雇用に代わって、アルバイトやパート、派遣社員などの非正規雇用が増大し、その雇用形態も多様化する。同時に、仕事のアウトソーシングがグローバルな規模で進み、生産ラインは断片化され、たえず再編されるようになる。先進国においては非物質的生産の割合が増大し、物質的生産を担う製造業の多くは国際分業の結果途上国に割当てられるようになる。その結果、均質化された労働力の代わりに、状況に応じた個性的な労働力が求められることになるのだ。クリエイティヴ産業の基本的な枠組みは、このポストフォーディズム的な生産様式の登場によって形成された。アドルノとホルクハイマーが批判した文化産業や資本主義は、フォーディズムの時代の終焉とともにその性格を変えてしまったのである。

実際、八〇年代を通じて中心的な産業へと発展するメディアや広告、ファッションなどの新しい産業領域において、クリエイティヴという言葉が積極的な意味を伴って頻繁に使われるようになる。八〇年代の終わりに登場した「フリーター」という労働様式は、その初期において「仕事に縛られず自分らしい自由な行き方を追求する」という肯定的な意味を持っていたが、この新しい労働様式のおかげで、音楽や演劇、映画など創造的な活動を学校卒業後も続けることが可能になったのだ（毛利 2009a）。

文化産業から情報産業へ、そして情報産業からクリエイティヴ産業へ

とはいえ、フォーディズムからポストフォーディズムへという生産様式の移行が、そのまま文化産業からクリエイティヴ産業へという変化へと対応しているわけではない。文化産業からクリエイティヴ産業への移行の前史に情報産業の時代が存在している。

「情報」という概念は，ごく最近まで社会科学の中で重要な役割を果たしていた。一九七〇年代半ばから始まった第二次産業から第三次産業への移行は、社会の「脱工業化」（ベル 1975）や「第三の波」（トフラー 1982）、「情報化」（林 1969=2007）をもたらした。

文化産業から情報産業へという推移を理解するために再びジョブズに登場してもらおう。ジョブズは、一九八四年にアップルが量産型の家庭用パソコンの初代マッキントッシュを発表した際に、やはり伝説的なCMを制作している。それは、リドリー・スコット監督の、ジョージ・オーウェルのディストピア小説『一九八四』をテーマにした広告だ。大型の巨大スクリーンに投影された男が、無表情のまま座る囚人のような男たちに語りかけているところに、女性アスリートが乱入し、ハンマーを投げて巨大スクリーンを破壊する。キャッチコピーは「一月二四日にアップルはマッキントッシュを発表します。そして、なぜ一九八四年が（オーウェルの）『一九八四年』のようにならないのかを知ることになるでしょう」。この映像は、前年末のジョブズのアップルのスピーチで紹介された後スーパーボウルの試合中に一度だけ放送され、大きな反響を呼び、その年の多くの広告賞を受けた。

言うまでもなく大型のスクリーンは、ＩＢＭを象徴的に指している。ＩＢＭは、メインフレームの大型コンピュータによって企業や大学のコンピュータ市場を圧倒的に支配していた。それに対して個人が自分自身で扱うことなることができるパーソナルコンピュータは、その概念からしてカウンターカルチャー的であり、反権力的な商品だったのである。

同時に今日的な視点からは、一方的に情報を送り続けるマスメディアに対する批判としても見ることができる。一九八四年は、まだインターネット以前の時代であり、コンピュータは「思考のための道具」（ラインゴールド 1987）ではあったが、メディアや情報端末としてはほとんど意識されていない。しかし、巨大スクリーンを見つめる男たちはアドルノとホルクハイマー批判した文化産業によって洗脳

された大衆のようでもある。「一九八四」のCMは、パソコンが情報発信のツールになる現在を予兆していたかのようでもある。

ジョブズは、この広告の直後にアップルを追われる。マッキントッシュは、デザイナーやミュージシャンなどクリエイティヴな専門家からは高い評価を受けるものの、パソコンメーカーとしては低迷を続けることになる。アップルの代わりにパソコンメーカーを制したのは、ハードメーカーではなく、ビル・ゲイツのマイクロソフトだった。

一九八〇年代半ばから一九九〇年代の終わりまで、マイクロソフトがコンピュータ産業の中心だった時代を情報産業の最盛期として扱うことができるだろう。巨大なシステムとハードウエアを中心とするIBMから、オペレーションソフトとアプリケーションを中心とするマイクロソフトへという主役の交代は、製造業から情報産業へという産業転換を示す象徴的なできごとだった。しかし、マイクロソフトは、あくまでもビジネス中心の実用的なOSを作る会社であり、クリエイティヴというイメージからは遠かった。クリエイティヴ経済の登場は、ジョブズのアップルの復帰と躍進を待たなければならなかったのである。

『クリエイティヴ経済』の作者であるジョン・ホーキンスは、「クリエイティヴ」という語を「情報」という語と比較して次のように述べている。

もし私がデータでできているのなら、情報社会と呼ばれる世界に住んでいることで満足するだろう。けれども、思考する、感情的で、クリエイティヴな存在として――それはいずれにしてもすばらしいことだが――私はよりよい存在になりたい。……私たちに情報は必要だ。けれども、同時に私たちは、この情報を批判的に扱うために行動的で、賢明で、粘り強くある必要がある。私たちは独創的で、懐疑的で、論争的で、しばしばひねくれていたり、時には徹底的に否定的だったりする必要があるのだ。それは一言でいえば、クリエイティヴである必要があるということだ（Howkins 117-118）。

ここでホーキンスが指摘しているのは、「情報社会」から「クリエイティヴ社会」への移行である。ホーキンスによれば、情報技術や電信技術、メディア、金融サービス業の隆盛の象徴だった「情報社会」は「私たちの想像力を把握できなくなっており、実際には終焉しつつあるかもしれない」。その代わりに登場したのが「アイデアと個人的な表現が、よりプライオリティをもった」クリエイティヴ社会である。

増殖するクリエイティヴ産業

クリエイティヴ産業という言葉は、一九九〇年代からオーストラリアで使われ始め、その後イギリスやアメリカなど英語圏で広がって行った(Howkins 118)。その後、この語が影響力を持つようになったのは、一九九七年に誕生したイギリスのトニー・ブレア政権がその文化政策「クールブリタニア」の核にクリエイティヴ産業という語を使い始めてからである。中でもイギリスの文化・メディア・スポーツ省(DCMS=Department of Culture, Media and Sports)が発表した「クリエイティヴ産業マッピングドキュメント」は、その後の各国の政策に大きな影響を与えた。

「クリエイティヴ産業マッピングドキュメント」が示した創造産業は次の一三業種である(表1)。

1	広告
2	建築
3	美術とアンティーク市場
4	工芸
5	デザイン
6	ファッション
7	映画・ビデオ
8	ゲーム(インタラクティヴ娯楽ソフト)
9	音楽
10	舞台芸術(パフォーミング・アーツ)
11	出版
12	ソフトウェアとコンピュータサービス
13	テレビ・ラジオ

表1　(DCMS 2001)

一見してわかるとおり、ここで取り上げられている業種は、メディアやコンテンツから建築、デザインにいたるまで知的財産に関わる産業だ。報告書によれば、英国のクリエイティヴ産業の総売上は一兆一二五〇億ポンド、雇用者は約一三〇万人。貿易収支には、一〇八億ポンドの貢献をしており、GDP全体では五%以上を占めているとされる。ここで何よりも注目されるのは、その成長率である。一九九七年〜九八年の英国経済全体の成長率が六%以下であるのに対し、クリエイティヴ産業は一六%を越えているという(数字は全て二〇〇〇年現在　DCMS 2001:10)。

この定義は、日本のクリエイティヴ産業政策にも引き継がれている。二〇一〇年に経済産業省製造産業局の依頼を受けて博報堂が行った調査は、基本的にイギリスの上記のデータをもとに日本の産業を当てはめたものである。その報告にしたがえば、日本のクリエイティヴ産業の売上高は約四五兆二三五五億円、全産業の中に占める割合は七・三％、クリエイティヴ産業の雇用者は約二一五万人ということである（数字は二〇〇四年現在。博報堂 2010）。

けれども、クリエイティヴ産業を定義する際に、既存の産業の枠組みを基準にするとクリエイティヴ産業の特異さの本質を見失うことになるかもしれない。たとえば、先述のホーキンスは、イギリスのＤＣＭＳの定義が狭すぎると批判している。ＤＣＭＳがメディアや文化を管轄としているので、それ以外の重要なクリエイティヴ産業――たとえば、科学技術の調査研究やマーケティングなど――を含んでいないというのがその主張である。

ホーキンスによれば、クリエイティヴ産業は「頭脳労働」が主要な労働であり、その生産物が知的財産である」産業として定義される。この定義にしたがえば、上記の一三業種にクリエイティヴ産業は限られるものではなく、あらゆる産業にクリエイティヴ産業が遍在していることになる。とりわけ、特許、著作権、意匠権などの形で存在する知的財産は、アメリカをはじめとする先進国の重要な産業になりつつある。

この定義によれば、科学者や技術者の研究開発を創造産業として含むために、その産業規模はＤＣＭＳや日本の経済産業省の試算よりもはるかに大きなものになる。ホーキンスの試算によれば、世界中で創造産業が生み出す収益は二・二四兆ドルだが、アメリカだけで九六〇〇億ドル、全体の四〇％を占めることになる（Howkins 2001: 116 数字はいずれも一九九九年現在）。

またさらに別の観点から、リチャード・フロリダは、業種ではなく、個人の労働の様式がクリエイティヴであるかどうかという観点からクリエイティヴ産業を定義している（この定義の違いにもかかわらず、彼は産業規模についてはホーキンスとほぼ見解を共有している）（フロリダ 2008: 59）。

フロリダは、クリエイティヴ産業のアメリカ国内の経済をクリエイティヴ産業、サービス業、製造業と大きく三つに分けている。それによれば、アメリカ国内でおよそ四〇〇〇万人の労働者、つまり労働者全体の約三〇％が創造産業に従事しており、総所得は二兆ドルにも達し、全雇用者所得のほぼ半分を占めるというのだ（フロリダ 2007: 38）。

フロリダの主張するクリエイティヴ産業という概念には、かつて、フリッツ・マッハルプやピーター・ドラッカーが提案した知識産業という概念が含み込まれている。フロリダによれば、知識や情報は新しい経済にとって重要だが、それはあくまでも経済を動かす材料にすぎない。実際に経済を発展させる鍵は「クリエイティヴィティ」だというのだ。

ここで、クリエイティヴ産業の領域を厳密に定義するのは、本稿の目的ではない。むしろ、私は、ホーキンスやフロリダの議論を踏まえつつ、このクリエイティヴ（創造的）という概念が、メディアや文化を中心とする狭義の意味でのクリエイティヴ産業だけではなく、今や経済全体を覆ってしまっていることを指摘したい。たとえば、一九九六年に経団連が行った政策提言「創造的な人材の育成に向けて～求められる教育改革と企業の行動～」では、日本の経済全体が「創造的」にならなければならないと主張している。

> 来るべき二一世紀において、豊かで魅力ある日本を築くためには、社会のあらゆる分野において、主体的に行動し自己責任の観念に富んだ創造力あふれる人材が求められる。
>
> しかし、わが国の現状を見ると、教育制度はもとより、企業の人事システムなど社会全般においても、このような創造的人材が育ちにくい状況にあり、このままでは世界における指導的国家の一つとして、活力ある日本を築くことは不可能といわざるをえない。
>
> （強調は筆者。日本経済団体連合会 1996）

ここで経団連が期待する「創造性」という内実はともかく、興味深いのは「創造的」という、メディアや文化産業で用いられていた言葉を産業全体に適用しようとしていることである。そして、ここにこそクリエイティヴ産業の特徴がある。全産業の中ある部分をクリエイティヴ産業が占めているのではなく、農林水産業や製造業、金融や保険、サービス業といったあらゆる産業がクリエイティヴ産業を一つの生産モデルとして再編されていることなのだ。

たとえば、アップルは伝統的な意味では製造業に属するかもしれない。けれども、アップルを特異な企業に仕立て上げているのは、アップルが提供するサービスやコンテンツ、デザイン、製品イメージ、広告、マーケティング、ブランディングといった非物質的な生産物である。純粋な製造の工程は、より人件費の安価な途上国へと外部化されている。そして、外部化にあたっても品質管理や人事マネジメントなどクリエイティヴで非物質的なノウハウの蓄積が決定的な役割を果たしている。このような産業のクリエイティヴ化は、文化産業やメディア産業に限定してみられる傾向ではなく、農林水産業のような一次産業から製造業まで先進国では幅広く見られる現象である。

狭義のクリエイティヴ産業は、文化産業やメディア産業、エンターテインメント産業の延長線上にある。しかし、クリエイティヴィティが産業を超えたキーワードになりつつある現在、これを特定の産業として分類することがますます困難になりつつある。むしろここで確認したいのは、文化産業からクリエイティヴ産業への語彙の移行が単に文化やメディア、情報に関わる産業の変容ではなく、資本主義の生産様式、国家や都市、文化やメディア、そして身体やライフスタイルの大きな変化を示しているということである。

「階級」の変容：クリエイティヴ階級？

文化産業からクリエイティヴ産業の移行を階級概念の変化から捉え直してみよう。先述のフロリダは、『クリエイティヴ階級の出現 The Rise of Creative Class（邦題＝クリエイティヴ資本論）』と題された書籍の中で、「クリエイティヴ階級」なる概念を提唱している。

フロリダによれば、クリエイティヴ階級は二つの構成要素からなる。ひとつは、彼が「スーパー・クリエイティヴ・コア」とよぶ中核集団であり、そこには「科学者、技術者、大学教授、詩人、芸術家、エンターテイナー、俳優、デザイナー、建築家のほかに、現代社会の思潮をリードする人、たとえばノンフィクション作家、編集者、文化人、シンクタンク研究員、アナリスト、オピニオンリーダー」や「ソフトウエアのプログラマーないし技術者、映画製作者」などが含まれる。もうひとつはこのスーパー・クリエイティヴ・コアのまわりに位置する「クリエイティヴ・プロフェッショナル」である。そこに属するのは、ハイテク、金融、法律、医療、企業経営など、さまざまな知識集約型産業で働く人々であるとされる（フロリダ 2008: 85）。

フロリダは、次のように定義する。

> クリエイティヴ階級の基礎は経済である。私はクリエイティヴ階級を経済的階層と定義し、その経済的機能がクリエイティヴ階級の社会的・文化的な選択や、ライフスタイルの選択の基礎となり、かつ判断材料になると考えている。クリエイティヴ階級は、クリエイティヴィティを通じて経済的価値を付加する人々から成り立っている。したがって、大勢の知識労働者、シンボリック・アナリスト、専門的・技術的労働者が含まれているが、強調しているのは経済における真の役割である。私の階層の定義では、経済的機能に基づいて社会的集団や共通のアイデンティティが形成される点を重視している。社

会的・文化的な嗜好、消費習慣、購買習慣、社会的アイデンティティは、すべてそこから生まれるのである（フロリダ 2008: 84）。

クリエイティヴ階級とは、経済の中で「クリエイティヴィティを通じて経済的価値を付加する人」であるから、土地や資本などの生産手段の有無や家族や所得によって規定されるのではない。端的にクリエイティヴな経済活動をしているかどうかによって規定されるのであり、それゆえに、「社会的・文化的な嗜好、消費習慣、購買習慣、社会的アイデンティティ」つまりは、彼らのライフスタイルはこの階級的特性によって大きく依存するというのである。

このクリエイティヴ階級の概念をこれまでの批判理論やメディア研究の階級をめぐる議論の文脈においてみよう。もちろん、ここでいうクリエイティヴ階級は、多分にマルクス主義的なニュアンスのある「階級」という用語を含んではいるが、伝統的なマルクス主義の階級概念とはずいぶんと異なっている。けれども、あえて重ね合わせることで、階級と文化、メディアやイデオロギーとの関係の変化を浮き上がらせたい。

（俗流）マルクス主義の理解では、階級という概念は基本的に経済的な生産関係に関わっている。あらかじめ生産手段を所有している者は資本家階級となり、自らの労働力を売って生活をするほかの選択肢がない者はプロレタリアートとなる。マルクスは、資本主義の発展とともに階級間の対立、矛盾が激化し、プロレタリアート革命が起ると予言したが、二〇世紀の前半には先進国においてはマルクスの予想に反し中流階級の層が膨らんだ。

アドルノとホルクハイマーの「文化産業論」は、この中流階級の拡大、あるいは労働者階級の中流階級化に対応したものである。レコードや映画など複製技術と新聞や雑誌、ラジオなどのマスメディアは、新しく登場した階級に対して比較的廉価で入手しやすい文化を提供するようになった。それに対して、アドルノとホルクハイマーは、この新しい文化を労働と余暇の資本主義への編入の装置とみなした。大衆文化を通じて、人々の意識が均質化、標準化され、結果的に資本主義が望む労働者、消費者へと閉じ込められると二人は考えたのである。ここでは、イデオロギーの領域に属する文化はあくまでも経済によって決定される領域として捉えられている。

一九七〇年代になるとマルクス主義的な文化理論、批判理論の発展の中で、こうした悲観的な大衆文化論のオルタナティヴな流れとして、バーミンガム学派と呼ばれるイギリスの文化研究が登場する。バーミンガム大学の現代文化研究センター（ＣＣＣＳ）の所長を務めたスチュアート・ホールたちが始めた文化研究は、アントニオ・グラムシのヘゲモニー論やルイ・アルチュセールの「国家のイデオロギー装置」や「重層的決定」といった概念を積極に用いることを通じて、文化を単に経済によって決定される領域ではなく、さまざまな対立する階級的利害が交渉する場所として位置づけ直した。

このことはイギリスの階級の捉え方の特異性とも深く結びついている。イギリス固有の文脈もあり、イギリスにおける労働者階級とは単なる経済的なカテゴリーではない。文化研究の先駆者として知られるエドワード・P・トムソンやリチャード・ホガートが示すように（トムソン 2003、ホガート 1986）、イギリスの「労働者階級」とは、労働者階級文化という集合的意識を持った文化的主体だった。

文化研究は、階級を従来の経済的な生産関係だけではなく、これまでマルクス主義が積極的に論じてこなかった人種やジェンダーというカテゴリーと重層的に決定するものと考えた。同じ階級や人種、ジェンダーの内部に引かれるそれぞれのカテゴリーの問題を積極的に捉えることによって、「政治」や「経済」の領域を拡張しようとしたのである。文化やメディアがヘゲモニーをめぐる「政治」の場として発見されたのは、男性＝白人＝西洋中心的な伝統的代議制政治の中からは終焉してきた人種的、性的マイノリティをあらためて中心に位置づける試みでもあったのだ。

メディアの生産ではなく、消費、つまりオーディエンスに対する関心もここから生まれている。人種的、性的マイノリティは、しばしば文化の生産の現場から排斥されている。けれどもだからといって、このことは送り手のイデオロギーを受け手がゾンビのように受けとめることを意味しているわけではない。メディアは国家や経済から「相対的に自律している」からこそ、その臨界点において送り手が予想しないような交渉や抗争、反転が生まれる(Hall 1973)。文化をめぐるヘゲモニー闘争は、ライフスタイルや日常生活における「抵抗」として捉えられたのである。

ところで、文化研究が発展した一九七〇年代から八〇年代のイギリスはサッチャリズムの時代でもある。サッチャリズムは同時代のレーガノミクスと並んで、冷戦終了後に急速に広がった新自由主義の原型となったポスト福祉国家的経済政策だが、今日のクリエイティヴ産業の源泉をここに見いだすことができる。それは、市場競争における自由競争の確保と規制緩和、民営化を背景とした起業家精神の重視である。

とりわけ、イギリスという文化的土壌は独特の起業家精神のモデルを生み出した。その象徴的な存在が、ヴァージン・グループのリチャード・ブランソンだろう。一九七〇年代初頭にプログレッシヴロックや実験音楽のレーベルとして始まったヴァージン・レコードは、セックス・ピストルズやカルチャー・クラブなどパンクやニューウェイヴのレコード会社として大成功を収める。その成功をベースにブランソンは、航空会社や携帯電話会社、鉄道会社、飲料品会社へと一気に多角化し、イギリスを代表するビジネスマンとなった。冒険好きで知られ、その破天荒なライフスタイルは、アメリカのスティーヴ・ジョブズと並んで常に話題の中心だった。フロリダの言うクリエイティヴ階級のイメージを形成したという点では先駆的な存在である。

今日的な視点から見ると、イギリスの起業家精神が、文化研究が「抵抗」と呼んださまざまな文化的実践さえも巧妙な形で新自由主義的資本主義の中に取り込んでいったといえる。インディーズとして始まったレーベルはいつしか音楽産業の中心となり、そして、イギリスの経済の中心になった。同じように、セックス・ピストルズの初期のファッション・デザインを手がけたヴィヴィアン・ウエストウッドは、イギリスを代表するデザイナーになった。マット・メイソンが「パンク資本主義」と名付けた、実験的でアウトローの文化実践は中心的な経済活動になったのである（メイソン 2012）。

階級という観点では、この当時すでに階級と文化の強い絆はゆっくりとほころびを見せ始めていた。サブカルチャーは、もはや主流の文化に属さないマイノリティの人々の専有物ではなくなっていた。音楽社会学者のサイモン・フリスが指摘するように、労働者階級文化を標榜するロックを実際に支持していたのはアッパーミドルクラスの大学生たちだった。（フリス 1991）あるいは、ディック・ヘブディジが『サブカルチャー』で示しているように、イギリスのカリブ系コミュニティの音楽として広がったレゲエに飛びついたのは、サッチャリズム前夜に行き場を失った労働者階級のパンクスたちだった（ヘブディジ 1986）。自ら属する階級の外部にロマンティックな自己投影の対象を見いだすことは、破壊転覆的な文化実践でもあったのだ。

その意味でバーミンガム学派の文化研究的な理論的な枠組みが最も有効だったのは、やはり一九七〇年代のサッチャリズム前夜から冷戦構造が崩壊する一九八〇年代末までだったのかもしれない。ベルリンの壁の崩壊とともにグローバルな新自由主義的市場経済が一元的に君臨するようになると、新しく登場した資本主義が、あらゆるラディカルな文化実践を包摂し始めるのである。

一九九〇年以降のクリエイティヴ階級の登場は、この起業家精神の全面化に対応している。クリエイティヴ階級は、しばしば「ノーカラー」と呼ばれる。これは、旧来のエリートである「ホワイトカラー」と労働者階級を示す「ブルーカラー」を乗り越える存在として描かれる。これまでのエリートは、スーツを着こなす「ホワイトカラー」の企業人だった。そうでなければ作業服を着る労働者階級だった。クリエイティヴ階級は、スーツも作業服も着ない。Tシャツやセーターにジーンズといったラフなファッションに身を包んだ彼らは、襟の付いたシャツを着ることのない「ノーカラー」のクリエイティヴ階級である（ジョブズのトレードマークのイッセイミヤケの黒いTシャツを思い出そう）。

クリエイティヴ階級のエリートたちは、かつてであれば芸術家や音楽家が楽しんだようなボヘミアン的な生活を楽しんでいる。クリエイティヴ階級は、過去のブルジョア階級のようにぜいたくを楽しむ一方で、同時代の若者のように先端的なストリート文化も求めている。映画やコンサート、展覧会、クラブやレストランといった文化レジャー施設はクリエイティヴ階級の必需品である。彼らは、かつてサブカルチャーと呼ばれたものを貪欲に吸収しようとする。反体制的な思想や文化、身振りさえもしばしば彼らの嗜好品である。あらゆる階級的差異、人種的差異、ジェンダー的差異は、彼らの文化資源であり、貧困、搾取、差別、破壊衝動、エコロジー、反戦、革命、左翼的イデオロギー、嫉妬、欲望も、クリエイティヴ階級にとっては取り替え可能なアイデンティティの一項目なのだ。

このクリエイティヴ階級を、どのように旧来の階級概念のどこに位置付けることができるか。これは新しいブルジョアジーなのだろうか。

ここでクリエイティヴ階級の議論を、最近の（ポスト）マルクス主義の議論に重ね合わせてみよう。一九七〇年代以降の産業構造の変化の中で、生産関係と階級構造が変化してきたということについては、多くの議論が合意している。（俗流）マルクス主義の労働者のイメージが、主として製造業に関わる男性の工場労働者をモデルにしてきたこと、そして正規雇用者を中心に組織化された労働組合を基盤に労働運動が形成されてきたことは確認するまでもない。急速に進んだ新自由主義的市場原理の浸透とグローバル化は、これまでの労働のモデルを流動化・分散化させた。組織化されない女性や移民、外国人、学生や子どもが労働市場に編入され、その一方で正規雇用者の労働条件も徹底的に切り下げられた。その結果、福祉国家政策を採用してきた先進国の中流階級は空洞化し、世界は二つの極に引き裂かれた。

二〇一一年から急速に拡大したオキュパイ運動のスローガン「私たちは99％だ」は、端的にこの状況を訴えたものである。米議会予算局によれば、一九七九年から二〇〇七年に上位一パーセントが全国民の所得に占める割合は、八％から一七％に上昇した。この数字は一九二九年の大恐慌直前に迫る。二〇世紀を通じて進められた所得の再分配のプロジェクトは、二一世紀に入り終焉しつつある。行き過ぎたグローバル新自由主義政策は、富める者をますます富ませ、貧しき者をますます貧しくさせているのである。

クリエイティヴ産業も例外ではない。フロリダは、クリエイティヴ階級を「スーパー・クリエイティヴ・コア」と「クリエイティヴ・プロフェッショナル」の二つに類型化し、それぞれの例として「科学者、技術者、大学教授、詩人、芸術家、エンターテイナー、俳優、デザイナー、建築家、ノンフィクション作家、編集者、文化人、シンクタンク研究員、アナリスト、オピニオンリーダー、ソフトウエアのプログラマーないし技術者、映画製作者」、「ハイテク、金融、法律、医療、企業経営など、さまざまな知識集約型産業で働く人々」を挙げているが、このリストにおいても多くの労働者たちは安定した定収を得るまで熾烈な競争に巻き込まれており、成功を収めるのはほんの一握りに過ぎない。スティーヴ・ジョブズやリチャード・ブランソンは、クリエイティヴ階級の象徴的な存在だが、実のところ彼らはあくまでも例外的な存在なのだ。

とりわけ「スーパー・クリエイティヴ・コア」に類型化されている大学研究者や芸術家、作家や俳優、映画製作者などの絶対的多数は、きわめて不安定な経済的状況におかれている。天文学的な報酬を得ている人々がいる一方で、そのまわりにはそのクリエイティヴィティを支える人々が存在する。競争の激しいクリエイティヴ産業内部に留まることがしばしば目的化するために、多くの人々の収入が徹底的に切り詰められる。クリエイティヴ産業の中の仕事では生活ができないために、他の産業の安価な労働力として組み込まれていることも少なくない。クリエイティヴ産業の中で成功を収めるのは本当に一握りの人々であり、限りなくギャンブル的要素をはらむようになる。[3]

けれども、この二極化構造は、マルクス主義的な階級闘争へとは結びつかない。クリエイティヴ階級の内部の二極化は、資本家と労働者の二極化のように生産手段の所有の有無によって生まれるのではなく、究極的にはクリエイティヴ力の有無によって生まれるからだ。成功しないのは、自分に才能がないからだと人々は納得させられるのである。

深刻な問題は、クリエイティヴ階級内部の二極化のロジックが広く他の産業でも流用されていることである。先に述べたように、クリエイティヴ産業はもはや狭義のメディア文化産業に留まらず、あらゆる産業がある種のクリエイティヴ産業化しつつある。それに伴って、さまざまなクリエイティヴィティ、才能やコミュニケーション力、人間的魅力や情動が労働の重要な構成要素となっている。これは、農林水産業のような第一次産業や製造業から金融や情報産業まで広く見られる。クリエイティヴ力の有無が産業を超えた階級の二極化へと結びつけられるのだ。先進国の非クリエイティヴ産業部門の一部は、より労働コストの低い途上国へと外部化され、国内に残された人々はグローバルなコスト競争に晒されるようになる。

結局のところ、クリエイティヴ階級という概念は、階級の実態を表すものではなく、現在のグローバル資本主義に対応したイデオロギー装置なのだ。確かに、クリエイティヴ階級に属するためには、階級も人種もジェンダーも関係がない。それどころか、むしろマイノリティであることは肯定的にさえ捉えられる。このこと自体は嘘ではない。けれどもそれはごく例外的な成功者にのみあてはあるのであって、クリエイティヴ産業はグローバルに拡大した階級格差や貧困を解決したり、人種やセクシャルマイノリティの差別を解消したりするわけではない。実際にはグローバル階級という概念は、クリエイティヴィティをグローバル資本の力によって再編することを通じて、階級の分化を徹底的に個人の能力の責任に帰し、階級的対立を不可視化する強力なイデオロギーとして機能しているのである。

これを踏まえた上であえて、マルクス主義的な文脈の中でクリエイティヴ階級を最後に考えよう。かつて共産主義のプロジェクトは、資本家が独占している生産手段をプロレタリアートが取り返すことを目指した。これになぞらえれば、批判的クリエイティヴ産業は、クリエイティヴィティをクリエイティヴ資本階級に独占させることなく、広く人々に解放することを目指すことになるだろう。クリエイティヴィティとは、文化と同様に、すべての人が固有の形で持っているものであり、同時に社会の中で共有されるべきなのだ。

クリエイティヴ都市と社会包摂

グローバル化は都市の役割を一変させた。これまで国家の政治、経済、文化の中心だった都市は、一九九〇年代以降資本主義経済のグローバル化にともなって国際的なネットワークのハブであるグローバル都市（サッセン 2008）へと変貌した。ロンドンやパリ、ニューヨーク、そして東京といった都市がその代表的な例である。それは、金融業を中心に高度に情報が集約した情報都市（カステル 1999）でもある。

それに対してクリエイティヴ都市は、こうしたグローバル都市／情報都市と比較するとやや小さい中規模の都市として登場した。アメリカのサンフランシスコやインドのバンガロール、日本の横浜や金沢が例として挙げられる。それは、高度情報都市がその発展の中で失ってしまった文化的側面（その中にはローカルな文化も含まれる）に光をあて、クリエイティヴな人々を引きつけるような創造的な環境を提供する都市なのだ。

興味深いのは、中規模都市の生存戦略だったクリエイティヴ都市戦略が、今では巨大なグローバル都市の戦略として採用されつつあることだ。ロンドンやパリ、ニューヨークやパリもまた国際間競争の中でクリエイティヴ都市としての戦略を打ち出し始めている。グローバル都市の多くはクリエイティヴ都市となりつつあるのだ。

この時に主役になるのは、自治体でも民間企業でもなく、その都市の住民やＮＰＯやＮＧＯなどの非営利組織である。住民はクリエイティヴ階級と交錯しながらも、グローバルで均質的な文化ではない、ローカルで他の都市には見られない独自の文化を作り出すことを求められるのだ。

なぜ住民なのか。行政や企業が提供できる魅力的な文化資源は、自ずと限界がある。というのも、文化は行政にも企業にも属さない膨大な公的な領域から自発的に生成するものだからだ。文化には、政治や経済の論理を越えた自律的で自発的な情動が必要とされる。逆に地域住民の積極的な情動がない都市は決してクリエイティヴ都市にはなりえない。さまざまな文化活動を自ら実践し、独自の都市文化を形成しようとする人々の情動は、しばしば郷土愛やコミュニティに対する愛着に根ざしたものである。

同時に、クリエイティヴ都市において、文化とはさまざまな社会問題を解決する処方箋と捉えられる。それは、これまでさまざまな形で地域社会から周縁化され、時には排斥されていた人々や空間を、文化の名の下に包摂する技術でもあるのだ。多くのグローバル都市の再開発において、エスニック・コミュニティなどマイノリティの文化を積極的に活用し、新しい都市の活力に変えていこうというのはしばしば見られる手法である。また場所の負の遺産や否定的なイメージもクリエイティヴな都市の形成にとって必ずしもネガティヴに働くものではない。[4]

ランドリーによれば、クリエイティヴ都市は文化を通じてオルタナティヴな価値観を作り上げるものである。文化とは「ある場所が固有のものであり特有のものであることを示す一連の資源」であり、「過去の資源は人を元気づけ、未来に対する自信を与える事ができる」だというのだ（ランドリー 2003: 8）。現在社会がもたらしたさまざまな問題を解決する鍵が文化であり、その文化を資源として活用するのがクリエイティヴの力だというのだ。

ランドリーがその著書『創造的都市』の中で実例として挙げるクリエイティヴ都市の例はどれも魅力的だ。ホームレスの人々を販売員として活用することで、その問題解決を図ろうとしたイギリスの週刊誌「ビッグ・イッシュー」。貧しいゴミ収集者にリテラシーを身につけさせて廃品回収者として再教育するインド、バンガロールのプロジェクト。貧しい田舎の工場を改築し、世界最大の現代芸術・視覚芸術のセンターに作り替えたマサチューセッツ現代芸術美術館（MASS MoCA）……ここで扱われている文化は、単に過去の遺産ではない。むしろ、これまで社会から阻害されたり、排斥されたりしていた人々を、文化の力を通じて社会の中で新しい役割を与えることが必要だ、というのがランドリーの主張である。

こうした議論を引き継ぎながら、フロリダは、クリエイティヴ経済の成長の条件として三つのTを挙げている。それは、技術（テクノロジー）、才能（タレント）、そして寛容性（トレランス）である（フロリダ、2007:48）。特にフロリダが重要性を強調するのは、最後の寛容性という概念である。というのも、これまでの経済学は最初の二つのT、技術と才能ばかりを注目し、寛容性にはほとんど関心を払ってこなかったからだ。フロリダの研究によれば、「移民、芸術家、ボヘミアン、人種的融和などへの寛容性を持つ地域と、高い経済成長を経験している地域との間に強い相関関係がある（同上、50）」という。

ランドリーやフロリダのクリエイティヴ都市の魅力を認める一方で、新自由主義批判の立場からその議論の問題点を指摘することは、それほど難しくない。社会的包摂とは、社会的に排斥されている人々を現行の制度の中に組み込んで回収していくことでもある。しかし、それは、同時により深刻な排斥も生み出す。たとえば「ビッグ・イッシュー」を売ることとさえできないホームレスの人々は、より不可視の存在に追いやられる。社会的包摂というプロジェクトは、グローバル化とともにこの二〇年間に拡大した新自由主義的なイデオロギーの産物である。それは、福祉国家がカバーできなくなった領域を新しい経済が産業化し補完するというものである。その担い手は市民やＮＧＯ、社会的企業といった新しい組織とされる。

とりわけ、フロリダの３Ｔの議論の中に潜む経済主義は批判的に理解する必要がある。異文化に対する寛容性が、経済成長の鍵になるという議論は、逆にもし寛容性が経済成長に貢献しないとすればそれを認めるべきではない、という結論にも陥りかねない。またこうした社会的包摂の議論は、包摂可能な異質性と不可能な異質性――再び排斥される人々――とをより過酷な条件の下で分断していく。

現在のクリエイティヴ都市論の問題は、ランドリーやフロリダなどのクリエイティヴ都市論が現実の政策に落とし込まれる際に、社会的排除や貧困、移民、多文化主義、ジェンダー等々の社会的問題の代わりに経済発展戦略が前景化していることである。たとえば横浜市をはじめとする日本のクリエイティヴ都市構想の中でも文化や市民、地域住民の役割が強調されている（横浜市、2007）。けれども、ここで想定されている「市民」は多くの場合ミドルクラス的な存在で、残念なことにランドリーやほかのクリエイティヴ都市の議論の中で論じられてきた社会的に排除された人やマイノリティの問題はほとんど抜け落ちてしまっている。

むしろ、重要なのはクリエイティヴ都市というバナーの下で不可視化される人々を絶えず可視化するような批判的クリエイティヴ都市論をどのように構築していくのかということである。それは、社会包摂のプロジェクトにおけるより過酷な排除の問題に目を向けることにほかならない。

クリエイティヴ産業と新国家資本主義の到来

クリエイティヴ産業の特徴は、それが政策立案と結びついた行政的な用語であるということである。そして、この事実は、国家や行政と文化やメディアの新しい関係が登場したことを示している。先に述べたように、クリエイティヴ産業という言葉は、イギリスのブレア政権下における「クールブリタニア」という産業政策によって積極的に用いられるようになった。その成功を受けて、韓国でもやはり積極的に映画やテレビドラマ、K－POPなどの輸出振興政策が取られて一定の成功を収めたのはよく知られた通りである。

日本でも、その流れを受けて、ポピュラー文化を輸出産業として見直すようになる。二〇一〇年六月八日、経済産業省は、製造産業局の下にクールジャパン室を設置、その英語組織名を「クリエイティヴ産業プロモーション室(Creative Industries Promotion Office)」と名付けた。さらに二〇一一年七月一日付けで組織改編を行い、商務情報制作局の下に生活文化創造産業課を設置、対外的にはこの新設された課を表すのにあらためて「クリエイティヴ産業課」の名称を使用することを発表した。

経済産業省によれば、これは「日本の戦略産業分野である文化産業（＝クリエイティヴ産業：デザイン、アニメ、ファッション、映画など）の海外進出促進、国内外への発信や人材育成等の政府横断的施策の企画立案及び推進」することを目的としている。

この動向は一つの大きな変化を意味している。そもそもこの組織の設置はクールジャパン室の設置とともに発表された「新成長戦略」と「産業構造ビジョン２０１０」を受けて作られたものである。これは、第一にこれまで日本の基幹産業だった自動車や家電のような製造業から、比較的小規模産業であるメディアや文化、情報、デザインなどの産業への転換を示そうとしたものだった。

しかし、これは単に政府がこうした産業を支援するということを意味しているだけではない。これは、国家と文化、メディアの関係を再編しようという試みである。これまで、文化やメディア産業は、放送など一部の免許事業を除いて、国家からの支援をほとんど受けることなく、民間セクターとして一定の自律性をもって経済活動を行ってきた。国家の介入は、公共の福祉や道徳的規範、検閲など相対的に自律した領域に限定されてきたのである。クリエイティヴ産業政策の新しさは、これまでは経済の中心と考えられていなかったメディアや文化、情報産業に対して、国家が産業育成と海外展開に積極的に介入しようとしていることだ。

これをどのように捉えればいいのか。国家の積極的な介入は、レッセフェール的な自由主義経済からの後退の危険な徴候なのだろうか？　表現の自由に対する干渉なのだろうか？　それは、（しばしばクールジャパン政策が批判されているように）文化やメディア、そしてグローバル化の本質を理解しない政府の的外れな政策なのだろうか？

一般に、多国籍企業に代表される民間セクターのグローバルな経済活動が進むに連れて、国家の役割は相対的に縮小していくと考えられてきた。けれども、これは一九九〇年代末までの情報社会のグローバリゼーションのイデオロギーである。

けれども私たちが現在目の当たりにしているのは、グローバル化の進展の中でより激化する国家間の経済競争である。人・金・モノの流動性の上昇とともに、都市で見た議論と同様に国家もまた厳しい競争にさらされつつある。

この過程の中で、国家には新しい経済的役割が与えられる。国家は、単なる政治行政機構でも、軍事－警察権力を統括する組織ではない。さらに言えば、公共投資を通じて経済発展を安定させつつ、国民間の富の再配分を計るケインズ主義的な福祉国家でもない。グローバルなネットワークを張り巡らせた多国籍企業とともにブランドイメージを構築し、その国を中心に活動する多国籍企業の最大利益の確保を計る重要な経済セクターの一つになりつつある。

この経済活動に積極的に介入する国家のありようを新国家資本主義と呼ぶことができるかもしれない。[5]この新国家資本主義の雄は、言うまでもなく中国である。そして、現在二一世紀の国際経済を牽引していくと考えられているＢＲＩＣｓ（ブラジル、ロシア、インド、中国）は、いずれも広大な国土と人口を有し、多かれ少なかれ新国家資本主義的傾向を備えている（ブレマー 2011）。

けれども、しばしば誤解されているように一方で進んだ自由主義的資本主義があり、他方にそれから遅れた新興国の国家資本主義が存在するのではない。新国家資本主義は、レッセフェール的なグローバル自由主義資本主義が軒並み危機に陥る中で、次世代の資本主義の様式として急浮上しているのだ。

したがって、この新国家資本主義の傾向は、これまで自由主義的と考えられていた国家の中でも今でははっきりと認められる。その代表的な国はほかでもないアメリカである。アメリカは、国際協定や条約、政策を通じて文化やメディアから、著作権や知的財産にいたる自国のクリエイティヴ産業の保護と育成を計り、クリエイティヴ産業を通じて自国の経済全体の底上げを行なっている。このことは、国際社会におけるアメリカの相対的な地位の低下に対する一つの反応でもある。けれども、中国やロシアとは違ったかたちであれ、これもまた一つの新国家資本主義的政策の導入なのである。

ここで、アドルノとホルクハイマーが、ファシズムや全体主義と同じロジックを、表面的には全く違ったように見えるアメリカの大衆文化の中に見いだしたことを私たちは思い出す必要があるだろう。東西冷戦期は、自由主義陣営の指導的な役割を果たしていたアメリカは、冷戦崩壊後は一国主義的傾向をますます強めつつある。アメリカの主導している自由は、アメリカの経済に最大限の利益をもたらすための自由である。とりわけインターネットに代表されるメディア情報産業育成には、国家がさまざまな形で関わっている。イギリスの「クールブリタニア」や韓国の「韓流」もこの文脈で把握する必要がある。クリエイティヴ産業政策は、これまで国家が介入してこなかった産業の領域の重要な経済セクターとしての役割を国家が果たすようになった点が新しいのである。

この新国家資本主義においては、国家と文化の関係が新しく再編成される。第一に、文化はもはやその国民国家の起源にかかわる伝統的なものではない。むしろグローバルな規模で流通することが可能な商品であることが必要な条件となる。クールジャパン政策は、これまで日本政府が文化の名の下に紹介されてきた伝統文化からアニメやマンガ、ゲームやファッションなどポピュラー文化へと軸を移すプロジェクトだった。かつては、国内向けの文化商品だったポピュラー文化を輸出向けの商品に組み替えるとともに、日本イメージを表象するものとされたのである。

第二に、この過程において「ナショナルなもの」がグローバルな関係性の中で組み替えられる。それは多くの場合、主流の文化の外側にあったサブカルチャーや対抗的文化を包摂しつつ、新しい雑種的で消費可能な「ナショナルなもの」を再発明するのである。したがって、クリエイティヴ産業は多文化主義とは親和性が高い。多文化主義は、それがグローバルな新国家資本主義に組み込み可能な限りにおいては、称揚されるのだ。

しかしその一方で、表面的な寛容さにもかかわらず、クリエイティヴ産業に包摂不可能な多様性には不寛容になる。無限に文化の包摂を求めるが、包摂できない残余は徹底的には排除されるのだ。その結果、サブカルチャーや対抗的文化に寛容な新国家資本主義は皮肉なことだが原理主義的なナショナリズムの色彩を帯びることになる。これが、第三の特徴である。

クリエイティヴ産業時代のメディア研究

さて、最後にクリエイティヴ産業時代のメディア研究はどうなっていくのかを、これまでの議論を踏まえて考えたい。

アドルノとホルクハイマーの文化産業論はその当時発達しつつあったマスメディア、出版や新聞、ラジオや映画をその分析の対象としてきた。一九六〇年以降、メディアの中心はテレビへと移行したが、引き続き文化産業論は一定の説得力を有していた。

クリエイティヴ産業において中心となるメディアは、パソコンやスマートフォンなどの情報端末であり、ツイッターやフェイスブック、YouTubeやユーストリームなどのソーシャルメディアである。しかし、これを単にテレビからインターネットへ、あるいはマスメディアからソーシャルメディアへの移行としてのみ捉えると問題を見誤ることになるだろう。実際のところ、インターネットやソーシャルメディアの普及は、圧倒的な影響力を誇ったテレビなどのマスメディアを相対化するけれども、完全に取って代わるものではない。時に旧来のマスメディアと融合したりしながら、共存しているのである。しかし、その過程でテレビはその役割を大きく変更しつつある。

文化産業が人々の意識を画一化したのに対して、アップルのキャンペーン「Think Different」に見られるようにクリエイティヴ産業は人々を差異化する。差異化を通じてクリエイティヴ経済の中で適切な場所をあてがうのである。ここでは、もはや労働の疎外は起こらない。そうではなく、人々の自発性や欲望がクリエイティヴ資本の流れに合致するように巧妙に調整される。労働は、娯楽、趣味、やりがいといった自発的な行動と交錯するが、このことは搾取がなくなることを意味するわけではない。クリエイティヴ産業に従事する圧倒的多数は、自身の労働力を維持する最低限度の、あるいはしばしば限度以下の賃金を支給されるだけで、産業内格差は拡大する。その一方でクリエイティヴ都市においては、NPOやNGO、社会的企業などが自発的な労働力が動員されるので、労働の輪郭は曖昧になる。

ソーシャルメディアにおける情報の発信者は、マスメディアと違って生産手段を独占している人々に限らない。もちろん、これまでどおり専門的な情報の発信者は存在する。その大部分はマスメディア産業を引き継いだ者である、と同時にそれ以上に非専門的な人々のボランティアな発信が重要な役割を果たすことになる。これまで情報の一方的な受信者だった人が発信者になることが可能になるのだ。

ソーシャルメディアに代表される新しいメディアは、単なる「国家のイデオロギー装置」（アルチュセール）ではない。ソーシャルメディア内のメッセージは、支配的なイデオロギーとともに対抗的なイデオロギーやイデオロギー批判も存在する。ソーシャルメディアは、矛盾するさまざまな言説が交錯するである。ここではイデオロギーもイデオロギー批判もともに相対化されるために、ひとつのイデオロギーで覆い尽くすことは不可能であり、矛盾した言説群として表れる。

しかし、このことはこのメディア空間が、あらゆる価値判断から中立的であることを意味しない。なぜなら、オリジナルの情報を発信できるノウハウは、依然として既存の文化メディア産業に蓄積されており、そうした産業はグローバルな多国籍企業や国家の規制によって支えられている。非専門的な人々の発信の情報源は、既存の文化メディア産業に大きく依拠しているのだ。したがって、そこには現実の世界の政治や経済の不均衡が、現実の世界と同じように、時にはそれ以上にいびつな形で持ち込まれている。

ソーシャルメディアは、技術的には世界中のいたるところとネットワークを張り巡らせることができるが、実際には文化や政治、社会や経済などの条件によって細かくクラスターと呼ばれる集団に分断されている。異なるクラスターは交わることは少ないが、多くの人々は一つのクラスターに属するため複数のアイデンティティを使い分けることが可能になる。

断片的で流動的なメディアネットワークは、人々の日常生活や身体の隅々にまで浸透している。ここで重要になるのは、メディアの内容ではなく、メディアが生み出す触覚や質感、感情や情動といった前言語的なコミュニケーションそのものである。

しかし、ソーシャルメディアは単に人々を断片化し、個人化するだけではない。むしろ前言語的なコミュニケーションを通じて、再びより大きな共同性へと結びつける。それは、しばしば、非合理的で非理性的で、原理主義的で排外的な形をとり、世界の「再魔術化」とでも呼ぶべき意識の再編を行う。近年世界中で見ることができる原理主義的なネオナショナリズムの広がりは、こうしたソーシャルメディア時代の権力の浸透の一つの例である。

このような時代にメディア研究は、どのような形式を取ることができるのか。もちろん、この時代のイデオロギーを分析することは急務だろう。かつてアドルノとホルクハイマーが、文化産業の中にその当時広がりつつあった資本主義とファシズムのイデオロギー的結託を見いだしたように、クリエイティヴ産業の中にグローバル資本主義とネオナショナリズムの結びつきを見いだすことはむずかしくない。

しかし、クリエイティヴ産業の本質を考えるとイデオロギー批判だけでは不十分である。というのも、この新しいメディア化された社会は、人々がメディアの外部に立って批評することをもはや許さないからである。イデオロギー批判がどのような形式でなされるにしても、それはすべてメディアの中に取り込まれ、断片化され、再編集されてしまう。

アドルノとホルクハイマーは、『啓蒙の弁証法』の「文化産業」の章に「大衆欺瞞としての啓蒙」という副題を付けたが、今では大衆はズタズタに分断されており、グローバル資本によって包摂／排除のプロセスの中で絶えず再編成に巻き込まれている。そこで働いているのは、マルクス主義的な大衆の虚偽意識としてのイデオロギーではなく、人々の意識を身体レベルで細かく調整し、適応させる社会的なエンジニアリングである。

とすれば、必要なのは、単なるイデオロギー批判ではなく、同時に実践的にメディアに介入し、自ら情報を発信する仕組みをつくることである。映像やメディアに対する批判的な実践は、言語テキストだけではなく、映像メディアによってもなされるべきなのだ。

クリエイティヴ産業は、幸いなことにメディアをめぐる新しい知識の生産の手段も提供しつつある。インターネットを用いた批判的ジャーナリズムも、少しずつではあるが広がっている。これからのメディア研究は、研究対象から独立した存在ではなく、好むと好まざるとにかかわらず積極的に関わらざるをえないだろう。それは、産業や資本、経済の中に包摂されつつあるクリエイティヴィティをメディア文化研究の側が取り戻し、確保する試みとなるべきなのだ。

注

1　Think Different のキャンペーンを担当したのは、TBWA／シャイアット／デイのクリエイティヴディレクター、リー・クロウ。アップルの「一九八四」のコマーシャルも彼の手になる。文法的には Think Differently が正しいが、ジョブズの強い主張によって Different を名詞として使うことにした。キャンペーンには、テレビコマーシャルだけではなく、ポスターや雑誌などグラフィックバージョンがある。Think Different というスローガンは、キャンペーン終了後もパッケージング等で用いられた（アイザックソン 2011）。

2　アイザックソンの『スティーブ・ジョブズ』は、ジョブズが若い頃からいかにヒッピー的なライフスタイルを信奉し、社会に対して反逆的な態度を持っていたのかが劇的に描いている。こうした公式伝記自体が、アップルのブランディングを特徴づけている。

3　この典型的な例としてアニメ産業を挙げることができるだろう。一九七〇年代以降グローバル化したアニメ産業は、国内においてはアニメーターの厳しい労働条件を生み出した。毛利（2009b）参照。

4　ここで私が念頭においている例は、一九八〇年代以降のニューヨークやロンドンなど都市部の湾岸開発やエスニック文化の再利用である。一九八〇年代前半には、湾岸部やエスニックコミュニティは治安の悪化を象徴するものとして扱われたが、八〇年代に始まった都市のジェントリフィケーションは、そうしたイメージをもまた刺激として商品化しつつ、都市の周縁から始まったサブカルチャー、ヒップホップやグラフィティ、そして料理やファッションに代表されるさまざまな文化を都市計画の重要な要素として活用した。

5　国家資本主義という用語自体の歴史は古く、かつて社会主義国家が採用した統制経済体制を指す。今日の国家資本主義の特徴は、多国籍企業がグローバルな活動を活発化する上で、新たな経済的アクターとしての役割を求めている点である。

参考文献

アルビン・トフラー（1982）『第三の波』徳岡孝夫監訳、中央公論新社

チャールズ・ランドリー（2003）『創造的都市：都市再生のための道具箱』後藤和子訳、日本評論社

ダニエル・ベル（1975）『脱工業社会の到来——社会予測の一つの試み』内田忠夫他訳、ダイヤモンド社

デヴィッド・ハーヴェイ（1999）『ポストモダニティの条件』青木書店

ディック・ヘブディジ（1986）『サブカルチャー――スタイルの意味するもの』山口淑子訳、未来社
DCMS (2001), *Creative Industries Mapping Document 2001* (2 ed.), London, UK: Department of Culture, Media and Sports,http://webarchive.nationalarchives.gov.uk/+/http://www.culture.gov.uk/reference_library/publications/4632.aspx
エドワード・P・トムスン（2003）『イングランド労働者階級の形成』、市橋秀夫、芳賀健一訳、青弓社
博報堂（2010）『平成21年度中小企業支援調査（生活文化産業支援のあり方に関する調査）』調査結果報告書 http://www.meti.go.jp/policy/mono_info_service/mono/creative/hakuhodo_itaku.pdf
Hall, Stuart (1973) 'Encoding and Decoding in the Television Discourse', *Centre for Cultural Studies Stencilled Paper No.7*, University of Birmingham, Birmingham:pp. 507–17.
Hardt, Michael and Negri Antonio (2012) *Declaration*, New York: Argo Navis
Hartely, John (2005) 'Creative Industries' in *Creative Industries* edited by Hartley John, Oxford: Blackwell Publishing pp.1-40
ハワード・ラインゴールド（1987）『思考のための道具――異端の天才たちはコンピュータに何を求めたか?』青木真美ほか、パーソナルメディア
Howkins, John (2001) *The Creative Economy: How People Make Money from Ideas*, London: Penguin
林雄二郎（1969=2007）『情報化社会：ハードな社会からソフトな社会へ』オンブック
イアン・ブレマー（2011）『自由主義の終焉：国家資本主義とどう闘うか』有賀裕子訳、日本経済新聞出版社
マニュエル・カステル（1999）『都市・情報・グローバル経済』大澤善信訳、青木書店
マット・メイソン『海賊のジレンマ――ユースカルチャーがいかにして新しい資本主義をつくったか』玉川千絵子他訳、フィルムアート社
マックス・ホルクハイマー／テオドール・アドルノ（2007）『啓蒙の弁証法：哲学的断想』徳永恂訳、岩波書店
毛利嘉孝（2009a）『ストリートの思想：転換期としての一九九〇年代』ＮＨＫ出版
――（2009b）「アニメ産業にみる国際分業とグローバリゼーション：日本と中国を中心に」『放送メディア研究』ＮＨＫ放送文化研究所　六九―九一頁
日本経済団体連合会（1996）『創造的な人材の育成に向けて〜求められる教育改革と企業の行動〜』http://www.keidanren.or.jp/japanese/policy/pol083/index.html
リチャード・フロリダ（2008）『クリエイティブ資本論：新たな

経済階級の台頭』井口典夫訳、ダイヤモンド社
――（2007）『クリエティブ・クラスの世紀：新時代の国、都市、人材の条件』井口典夫訳、ダイヤモンド社
リチャード・ホガート（1986）『読み書き能力の効用：新装版』香内三郎、晶文社
サッセン・サスキア（2008）『グローバルシティ：ニューヨーク、ロンドン、東京から世界を読む』伊豫谷登士翁監訳、筑摩書房
サイモン・フリス（1991）『サウンドの力　若者・余暇・ロックの政治学』細川周平、竹田賢一訳、晶文社
ヴァルター・ベンヤミン（1995）「複製技術時代の芸術作品」『ベンヤミン・コレクション1　近代の意味』所収　浅井健二郎編訳ほか、ちくま学芸文庫
ワルター・アイザックソン（2011）『スティーブ・ジョブズ』、講談社
横浜市開港一五〇周年・創造都市事業本部創造都市推進課（2007）『クリエイティヴシティとは』http://www.u-factory.co.jp/www/demo/150/souzou/outline/index.html

ポスト・マスメディア時代の〝ジャーナリズム〟研究

デジタル化時代における「公共圏の構造転換」の可能性とリスク

林　香里

1　九〇年代以降のジャーナリズム研究

マスメディアの凋落が叫ばれて久しい。広告収入減や若者のテレビおよび新聞への接触率低下などのデータが、その事実を裏付けている。こうした状況に鑑みて、本論では、ポスト・マスメディア時代のジャーナリズムをテーマに論じてみたい。それは、現在は経済的規模においても、社会的影響力においても、ジャーナリズムの境界領域として論じられているかもしれないが、実は従来のマスメディア・ジャーナリズム中心のあり方を揺るがすポテンシャルをもつ領域である。とはいえ、筆者の立場は、マスメディア・ジャーナリズムが将来消滅するなどと強弁するものではない。しかしながら、マスメディアの相対的地位の低下およびその質的変化には、技術革新にとどまらない、より包括的な社会変動が背後にあり、それによってジャーナリズムという営為も少しずつ変化していると考えられる。本論は、その点についての考察である。

そのためにまず、九〇年代以降、J・ハーバーマスが辿った「もはやマスメディアを中心としない公共圏」という公共圏の再定義を私たちの研究の方向性への示唆として取り上げたい。ハーバーマスは九〇年代以降、『公共性の構造転換』時に論じた、「〈マスメディア＝公共圏の中心的担い手〉の構図によってもたらされた公共圏の劣化」という考え方から決別し、九二年に出版した『事実性と妥当性』では、市民社会によるコミュニケーションを中心とする新しい公共圏概念を構想し、新たな民主主義理論を提示している。この修正には大きく分けて、二つの転換が見て取れる。

一つは、公共圏のアクターを政治システムと生活世界を媒介する多様な市民社会として把握すること。二つめには、このアクターは、親密圏や私的領域との透過性をもつ生活の実践者であること。この二点である。ハーバーマスはこの二つの観点から、公共圏を産業資本によってシステム化されたマスメディアの専有領域ではなく、一般市民によってつくられる多様な言論・表現領域であると結論づけた。以下では、それを順に見ていく。こうしたハーバーマスの新しい公共圏の診断はしかし、デジタル情報化の揺籃期に書かれたものだ。つまり今日のような高速ブロードバンドが格段に普及する時代以前に主張されていた点に注目したい。

　さらに、このように「マスメディア・ジャーナリズムのみによっては規定され得ないジャーナリズム的公共圏」が問題提起された以上、今後、私たちのジャーナリズム・メディア研究者の課題は、「ジャーナリズム」とは何かという点について、これまで以上に真剣に考えていかなければならない。そこで最後に、「ジャーナリズム」を定義するメタ・ディスコースの課題について、考えてみたい。

2　九〇年代の「公共圏の構造転換」

2―1　ミクロな政治、ミクロな公共圏へ

　本論に入る前に、「公共圏」概念について、おおまかではあるが、ここでこれまでの議論を振り返って定義しておこう。「おおまか」というのは、筆者の事情というよりは、この概念はハーバーマスが一九六二年に『公共性の構造転換』を公刊して以降、彼自身修正を重ねてきていることによる。とはいえ、まず、最大公約数として「公共圏（public sphere)」とは、国家でもなく、市場でもない、市民団体あるいは市民が設営する主体的で自由な言論・表現空間を指すと考えておけばよいだろう。市民革命以降の近代国家におけるこうした社会空間を同定し、民主化から大衆化へ向かう歴史の変動とつき合わせていった論考が、ハーバーマスによる『公共性の構造転換』であった。ハーバーマスは同書の最後で、近代に誕生した「議論する公衆」が生み出したリベラルな政治的公共圏が、現代社会ではマスメディアに支配され消費文化と広報活動のための空間へと劣化したと批判している。『公共性の構造転換』における批判は、消費文化を享受し、福祉を享受する受動的市民とその結果引き起こされた公共圏の衰弱、ならびに脆弱な民主主義のあり方に向けられていた。

　しかし、ハーバーマスは『公共性の構造転換』出版から

年月を経るにつれて、公共圏におけるマスメディアの特権的な地位を大きく相対化していく。一九九二年に発表した『事実性と妥当性』においては、「公共圏は、マスメディアと大規模な広告代理店によって監視され、市場調査と世論調査の諸機関によって調査され、政党や団体の広報活動、プロパガンダ、広告宣伝が乱立している」（Habermas 1992:444）ことが特徴的だと認める一方で、そうした政治や企業システムからは一方的には支配され得ない、市民に開かれた連帯と討議に基づく空間に民主主義理論の希望を見出している。彼は、『事実性と妥当性』以前の一九九〇年に出版した『公共性の構造転換』の新版序文においても、次の点を認めている。

　要するに、政治にかかわる活動的な公衆から私生活中心主義的な公衆へ、〈文化に共振する公衆から文化を消費する公衆へ〉と直線的に展開するという私の診断は、事態の把握として十分ではない。文化的習慣の面で階級という枠組みから抜け出し、多元的で、内部では高度に細分化された大衆からなる公衆がもつ抵抗能力や、とりわけ批判のポテンシャルについて、当時私は悲観すぎる判断を下していた。（Habermas 1990: 30）[1]

そして、彼は、後年出版した『事実性と妥当性』において、政治および経済システムから直線的には連続しないような、以下のような別の公共圏の構造を指摘し、それが現代的言論の豊穣を保障する構造をもっていることを強調している（cf. 日暮 2008:119ff.）。

　たしかに、公共圏は、行為、行為者、グループ、集団などと同様の基本的な社会的現象である。しかしそれは、社会秩序に関する通常の概念からは逸脱している。公共圏は、制度としてはもちろん、組織としても捉えられはしない。そもそもそれは、権限の分化や役割の分化、構成員資格の規制などを備えた規範構造体ではない。また、システムを表すわけでもない。（中略）公共圏とはせいぜい、話の中身と態度表明、つまり意見についてのコミュニケーションのためのネットワークだと記述できるにすぎない。（Habermas 1992: 435-6　傍点は原文より）

このように、個人の市民やさまざまな団体が自在にネットワークを形成し、そこから発信される情報は、マスメディア・ジャーナリズムと較べれば、短期間のうちに政治システムを効率的に突き動かすほどの影響力もなければ、決定事項に修正や変更を加えるような高い専門性もないかもしれない。しかし、ハーバーマスは、そのような微小な影響力しかもたない「弱い公衆」(Habermas 1992:373) さえも、公論の担い手として公共圏の構成要素として決して無視することのできない現象だと指摘する。なぜならば、現代社会そのものが複雑化し、入り組んだ構造をしている以上、政治システムと生活世界の細やかな網目とを媒介するのは、むしろミクロな公共圏のほうであり、それらは今後も多数必要なのだと主張するのである（Habermas 1992:451）（日暮 2008:129）。

ハーバーマスの公共圏概念は、市民一人ひとりの活動を基盤とした「原生的複合体であり、全体としては組織されていない構造」で、しかしそうあるがゆえに議会などの制度化された公共圏とは異なり、「無制限のコミュニケーションの媒体として長所をもつ。それは、新たに生まれる問題状況を敏感に察知し、自己了解への討議が、広い範囲で、かつ豊かな表現とともに展開し、集合的アイデンティティや欲求への解釈を誰に強制されることもなく発話できる空間である」（Habermas 1992:374）と主張し、未分化状態、未組織状態での百花絢爛の情報発信とコミュニケーション活動に積極的な評価を与えていくようになった。つまり、現代の公共圏は、「専門化されることなく社会全体に敏感に反応するセンサーがついた警報システム（Warnsystem）」であり、政治システムや法制定過程に参入する以前に現れる生活世界が抱える直截的な課題を吸い上げ、権力に橋渡しをする機能なのだ、と。

こうして、『事実性と妥当性』に表現される公共圏は、驚くほど身近なものである。偶然居合わせた居酒屋やカフェの会話、道でばったり出会った者同士の井戸端会議、あるいはもう少し準備をして運営される演劇、そしてＰＴＡの集まり、ロックコンサート、政党の集会、教会のミーティングなどだ（Habermas 1992:452）。九〇年代に入って、ハーバーマスは、社会の多様な成員が議論をすることによって合意に一層の正当性を調達する民主主義のありかたを、「討議倫理（討議民主主義）」理論として発展させていったが、彼はその基盤を市民たちの日常的対話に見出している。

ところで、そのように日常生活や社会運動などさまざまなシーンから生まれ出た公共圏という「警報システム」を、現実的にどのような様式で作動（Modus der Einwirkung）させるのかは課題だ。未分化でかつ原生林のように多様で、虹のごとく、雨あがりに一瞬だけ姿を現すような、儚い市民的公共圏が一方にあり、それとは対照的な、厳格に区画整備されたアスファルトの道にそびえ立つ、頂上の見えない摩天楼のごとき官僚的政治システムとを、いかに接続・媒介するのか。この両者の齟齬を克服する困難さは、我々の多くが知るところであろう。ハーバーマスによると、それはかつてのような革命によるシステムの転覆と権力の掌握という方式では決して実現しない。それは、むしろ、市民のコミュニケーション力による「包囲 Belagerung」（Habermas 1992:626）と表現されるような、監視機能を中心とする間接的な統治様式だとする。

こうした議論は、J・デューイが提唱した参加型民主主義（共和主義）と自由主義的法治国家の仕組みとを架橋するイメージとして描かれるのだが、この点にはさまざまな困難が予想される。これらの点については後述することにしよう。

しかし、ここからも、「マスメディアが公共圏の中心から権力を睥睨・監視する」という構図は相対化されており、新しい空間的なメタファーに依拠した、別の様式がイメージされていることがわかる。それは、革命時に活躍する一部の英雄たちの功績に限定されるのではなく、一定数以上の一般の人が集まって「包囲すること」が「市民的公共圏」であるという、複合的、多層的空間イメージで語られているのである。

2―2 「生活世界」に根差す主体

『事実性と妥当性』における「公共圏」概念でもう一つ特徴的な点は、生活世界とのインターフェースを重視していることである。ここで、ハーバーマスは、公共圏を市民社会と言い換えながら、「生活世界という私的核心領域との結合を失ってはいない市民社会（ツィヴィール・ゲゼルシャフト）」というものの重要性、そしてその領域を「憲法上の基本権〔強調は本文より〕」（Habermas 1992:445）であることが現代社会構造の解明の第一歩だとしている。

ここで、彼が「公共圏」を「市民社会（ツィヴィールゲゼルシャフト）」と言い換えていることに注意したい。日本語では Zivilgesellschaft は通常「市民社会」と翻訳されるが、ここでは英語の civil society の語感に近い、「市民団体」とほぼ同義語である。すなわち、この言葉には空間のメタファーというよりも具体的な社会のアクターが示唆されていると見てよい。彼によると、Zivilgesellschaft という言葉は、「国家でもなく、経済的でもない自由意志に基づく団体や連合体であり、そこにある公共圏のコミュニケーション構造は、生活世界の社会的構成の諸要素に根差すもの」（Habermas 1992: 443）と定義されている。[2] マスメディア・ジャーナリズムによって構造化され、組織化されていた国家レベルでの単一の公共圏 die Öffentlichkeit のイメージは、より多元的、多層的な Öffentlichkeiten（複数）となり、しかも生活世界に根差し、私的領域との透過性をもった空間へと書き換えられた。また、その活動の主体を、私的領域との接点をもつ「市民団体」というアクターに求めているわけである。それは、かつての労働運動や学生運動に見られたような、イデオロギー的だったり、夢想的だったり、時に厭世的であったりするようなアクターを指してはいない。あくまでも生活世界での経験と実践に根差して問題提起する団体を問題にしている。

こうしたアイディアの着想には、ハーバーマスが『公共性の構造転換』における公共圏概念が、その自由主義的モチーフによって、女性を本質的に排除していた点をフェミニストたちから厳しく批判されたこととも関係するだろう（フレイザー 1992=1999）。近代の歴史で、自由主義的な公共圏が成立・発達するダイナミズムにおいては、第一義的には価値や感情の世界である親密圏との連続性をいかに遮蔽するかが課題だった。そのことは、女性の参加を排除することによって達成されてきたとも言い換えられる。憲法で男女平等が保障され、女性の政治参加が要請されたとしても、社会の構造が自由主義思想の中で公共領域と私的領域の分離を規範とする限りは、女性の排除は永続的となる。

ところで、こうした一連の議論には、西欧社会における自由主義と民主主義の根底にある、深い思想的相克が観察できる。西欧の歴史では、「公私」の分離は、自由主義思想の流れに連なる。西欧社会では、中世以降、キリスト教会が政治統治に権限をもち、統治者の選定や領土の分配をめぐって国家を凌駕する重要な役割を果たしてきた。そのような教会の圧力に対して、国家は主権国家という概念を確立するために教会の上位に立って民衆の支配を目指し、その際、民衆の側は国家から信仰の自由を主張した。こうした教会と国家の戦いの歴史から、今日私たちが享受する「思想の自由」という権利概念が生まれた。そして、公共圏という、価値や信仰の問題からは自由な社会空間の要請も、ここに源流をもつ。

政治学者のJ・キーンによると、「民主主義の歴史における大きな皮肉は、プレスの自由という近代の分権政府・政治において守られてきた礎石が、もっとも信仰深い人間たちによってつくられたことだ。彼らにとっては、「民主主義」などという言葉は、縁もなく、むしろ不快でさえあった」（Keane 2009:238）。つまり、公私の領域の区別は、民主主義の思想とは異なる次元―すなわち自由主義―において生み出され、それが後に国家との契約概念としての憲法において「思想・言論の自由」という人権概念として保障され、民主主義の核心となっていくという順番になるのである。しかし、こうした経緯で生まれた「思想・言論の自由」の保障は、企図せぬとはいえ、重大な帰結を生んだ。それが近代の「世俗主義」である。世俗主義は、理性と合理性によって制御され、普遍性を追求する公的領域をつくること、それに対して、信仰や愛情に支配される領域は私的な性格のものであり、公共の領域から隔離するべきだとする思考様式を有する。それによって、信仰の問題は国家からの介入を受けずにすむ。主権国家と思想の自由との調整は、こうした形で始まっていったのだった。

近代に始まった世俗主義には、信仰にかかわる「価値」の問題は私的領域に編入させる傾向をもつ。つまり、西欧社会では、「信仰の自由」を保障することと、信仰や価値観を親密圏の問題として囲い込むことが、同義となった。さらに、後年には、いわゆる「善の構想」を私的領域に閉じ込めることによって、公共領域における多元性と寛容を担保しようとするというリベラリズム思想を擁護する流れへと発展した。こうした見方に従えば、親密圏とは、公共圏の後景に退くものとなる。この考え方はさらに、制度や秩序によって整備された公的領域が、混沌で未分化状態の私的領域より優位に立つとする公私の階層化という考え方を主流化させることにもつながった。それらは、結局、個人の性や出自、文化や価値の問題を隠蔽、あるいは過小評価する社会を生み出した。

今日までジャーナリズムの世界で女性の排除がさほど大きな問題とならないのは、ジャーナリズムそのものが、以上のような自由主義倫理に実践の正当性を見出してきたことと深い関係がある。ジャーナリズムでは、個人的な価値観や親密圏における日常の出来事は、公的人物のものでない限りは報道価値の少ない、公共性の薄いもの、公開されるべきではないものとされてきた。そして、もしもその部分に立ち入るならば、公開する際に考えられる限りのコンフリクトを回避するために、あらかじめルール設定をすることが、基本的なアプローチである。つまり、親密圏、生活世界に関する問題は、「本流の」ジャーナリズムにとっては手間がかかり、取り扱いに注意を要する例外的テーマという軛《くびき》を負っている。

今日、生活世界や女性の問題を排除する自由主義およびリベラリズム思想は、民主主義と大きく矛盾するとフェミニストたちから批判されている（たとえば、キティ 1999=2010）。

その批判は、ハーバーマスの公共圏概念にも向けられた。つまり、実際に世界各地にくすぶる紛争の火種は、信仰や価値をめぐる私的領域においても見出されるのであり、公私の分離による「公」の側だけでは、世界の苦悩は何も見えてこない。むしろ、公的領域のみを政治と見なすことは、現状の男性中心の権力構造の再生産ではないか、と批判されてきたのである（フレイザー 1992=1999）。ハーバーマスは、こうした批判を受けとめ、「生活世界に根差す公共圏」という構想を打ち出したのであった。自由主義思想を正統として不問に付してきたジャーナリズムの実践も、ハーバーマスの軌道修正を真剣に受け止める必要があるだろう。

3 〈代議制民主主義&マスメディア・ジャーナリズム〉構図の書き換え

以上のようなハーバーマスの新しい公共圏理論から得られるジャーナリズム研究に対する示唆をまとめるならば、次のようになるだろう。

細分化されグローバル化される現代社会では、マスメディアが担っていた多くのジャーナリズム機能は、市民団体（市民社会）や市民たちによる言説空間によって担われていくだろう。

一般市民によるネット言論によって政治が動くことを知る今日でこそ、多くの人がこうした主張を当たり前と思うかもしれない。しかし、ハーバーマスは、インターネットや携帯電話もそれほど普及していない一九九〇年代初めに、ここまで徹底的な「公共性の構造転換」を提示していた。つまり、ハーバーマスの新たな公共圏の診断は、技術変革によって動機付けられていたのではない。ということであれば、ハーバーマスはミクロな公共圏の誕生、そして公共圏と親密圏との相互浸透や二元思考の脱構築という新たな公共圏の構造変動の着想をどこから得ていたのだろうか。

おそらく、ハーバーマスはこうした動きを一九九〇年代以降の東欧市民革命、続いてヨーロッパ連合統一による国民国家機能の後退という現象を通して構想していただろう（Eder/Kantner 2000）。この二つの社会変革の文脈では、かつてのマスメディア・ジャーナリズムが前提としてきた権力装置としての「国家」も、またその権力装置が線引きした国境に合わせて発達したジャーナリズム（マスメディア・ジャーナリズム）も、前提とはなっていないのである。[3]

そして、さらに九〇年代の社会主義の終焉、そして加速化するグローバル化の圧力を目の当たりにし、一七世紀以来発達した国民国家を単位とする「代議制民主主義[4]（representative democracy）」への閉塞感を打破するべく、よりローカルな単位で繰り広げられる、きめ細かな、かつてＪ・デューイが述べたような、個人の生活様式に浸透している、思想としての「過程重視の民主主義（デューイ 1939=1951:184）」の構想を描いていることもまちがいない。[5]

一九世紀後半から二〇世紀初頭にかけて、欧米で発達した代議制民主主義の構図の下では、政府と社会の意思疎通を媒介すべきはマスメディア・ジャーナリズムだと考えられてきた。選挙キャンペーンをはじめ、マスメディアは市民と政治を媒介するパイプ役となって自由な言説空間を押し広げていく役割を担うはずだった。そのために、各国でさまざまなメディアが制度的に保障されていった。[6] しかし、一九八〇年代後半から九〇年代以降の社会状況を見ると、代議制民主主義の核となる選挙は膨大なカネがかかる一大スペクタクルと化し、企業やロビイストたちが選挙の行方を左右する一方、一般市民は政治との回路を失い、「民主主義」という言葉に対する偽善的感情が静かに蓄積されていった。こうして、いつのまにか「国民主権」という言葉は形骸化し、社会には「統治する側」と「統治される側」へと分解されていく状況が自明視されるようになり、ほとんどの先進諸国では、「民主主義の危機」が叫ばれる事態となっている。

また、二一世紀に入ると、９・11事件、世界金融危機（リーマン・ショック）、さらに福島第一原子力発電所事故など、世界を揺さぶった一連の重大危機が起こったが、そのたびに、マスメディアの監視が機能しなかったことが露呈した。国民国家を超える規模で開発される高度なテクノロジー、およびグローバル化に伴う不測のリスクに対しては、国家単位で編成されてきたマスメディアはいずれも無力であり、多くの一般市民の生活世界が破壊されることを座視する状況だった。結局、マスメディアに頼るだけでは、権力の監視は十分できないことを、私たちは現実において目の当たりにしている。

4　民主主義のイノベーションとジャーナリズム

ところで、以上のような代議制民主主義の限界という状況とともに、その歴史で一体となって発達していった自由主義思想を見直す「ポスト・リベラリズム」の動きがさかんだ。ここではそれぞれを詳述しないが、共同体主義（コミュニタリアニズム）、多文化主義（マルチカルチュラリズム）、フェミニズム、討議民主主義などが、それである（有賀・伊藤・松井 2007）。そして、筆者の考えでは、ジャーナリズムにも、そうしたポスト・リベラルな思想に同伴する新たな実践が出始めている。

たとえば、共同体主義に関しては、その思想をジャーナリズムの実践として再構成するパブリック・ジャーナリズムの試みが提案された（林 2002, 畑仲 2013）。あるいは、グローバル化を逆照射するかのごとく、世界各地でアイデンティティ・ポリティクスを推進するエスニック・メディア運動も広がっている（リン 2011）。こうして、これまでのマスメディアとは異なったジャーナリズムのアクターが存在感を強めている。また、筆者は、フェミニズム倫理と見なされてきた「ケアの倫理」（Gilligan 1982）をジャーナリズムの倫理に応用することを試み、ジャーナリズムの世界における「ケア」の価値の積極的意義を問題提起した（林 2011）。九〇年代以降の代議制民主主義への不満は、民主主義のイノベーション諸理論を発展・深化させるとともに、ジャーナリズムにも新しいイノベーションを着想させていると見てよいだろう。こうした動向は、おおまかには、次頁のような表としてまとめられる。

この表の最後にハーバーマスらが提唱する「討議倫理（討議民主主義）」を入れておいた。ハーバーマスは、『公共性の構造転換』を発表した後に、一部の科学技術に代表されるような、破壊的かつ非人道的な所業さえ生み出してきた近代の「道具的理性（instrumentelle Vernunft）」を、了解志向性を追求する「コミュニケーション理性（kommunikative Vernunft）」という、他者とのディスクルスを希求する倫理的能力として再定式化した。つまり、ハーバーマスは、他者とのコミュニケーションを通して相互了解を取り付け、他者と共有する間主観的合意形成行為を、人間の理性という能力に託し、そこからよりよき民主主義社会の構想を打ち立てたのだった。それは、理性が「私的論議の公共的競合の中で、一般的利益のために実質最低限必要なものに関する合意を形成する」（Habermas 1990:153）という、『公共性の構造転換』執筆時の自由主義的思想を継承しつつも、同時に人間をディスクルスの共同体へと導き、連帯を実現させる価値共同性の思想創出の試みであった。このようなハーバーマスの「コミュニケーション的行為」の思想が、後年の「討議倫理」の議論へと発展していく。「空間的には、国際関係、国家、地域、地方自治体、サブカルチャーなど

民主主義理論	ジャーナリズムの実践例	主導価値
代議制民主主義	マスメディア・ジャーナリズム	平等、自由
共同体主義 (コミュニタリアニズム)	パブリック(シヴィック)・ジャーナリズム	共同性、つながり 集合(団)的アイデンティティ
多文化主義	エスニック/オルターナティブ・ジャーナリズム	承認
フェミニズム	ケアのジャーナリズム[7]	ケア
討議倫理 (討議民主主義)	多元的市民団体組織による情報発信、生活世界で展開するソーシャル・ネットワーク	連帯 エンパワーメント

の互いに重なりあう多数のアリーナによって構成された、高度に複合的なネットワークを表す。また、内容的には、機能的観点、主題の重点、政策領域、などによって多かれ少なかれ専門化されており、しかし素人からなる公衆にとってはなお接近可能な公共圏(中略)に分節化されている」(Habermas 1992:452)として、国際会議からサブカルチャーのサークルまで、素人から専門家まで、議論の網目を結んで広がっていくような共同空間を新しい公共圏の構造として披露している。

だからこそ、討議倫理では、特定のメディアおよびジャーナリズムのジャンルやカテゴリーがあてはまりそうもない。確かなことは、この理論のための公共圏のアクターには、低コストでネットワーク形成を可能にする双方向型デジタル情報化技術が利用されることによって、大きなポテンシャルが生まれるということであろう。他方、こうした新しい民主主義のイノベーションに根差すジャーナリズムは、課題も多い。マスメディア・ジャーナリズムは中心的公共圏を形成し、民主主義社会を機能させると考えられていた単線的情報発信時代から、市民社会(市民団体)が様々に関与し、複数のジャーナリズムのあり方が競合する時代へ。とりわけ、親密圏と公共圏からの情報発信が相互浸透している現在、市民社会によって設営されるさまざまな監視機能はプライバシーの問題はもちろん、情報が技術によって一元的に管理され、それが安々と権力の手に渡る可能性もあり、効率的な検閲や監視の手段へと転化する。[8] そこで、最後に、こうしたデジタル技術による新しいジャーナリズムの限界について概観してみよう。

5 デジタル情報化と公共領域

ここまで、デジタル技術やインターネットの普及については、努めて抑制的に論じてきたつもりだ。いわゆる「非決定論的立場」からすると、技術変革が社会変革を導くのではなく、むしろ社会変動が新たな技術を生み出して行く相互の循環を重視する。インターネット技術が未来を拓くのではなく、私たちの社会の変動とともにインターネットの利用様式や開発方針が左右され、技術として定着していく。その点から考えても、以上のような、市民のミクロな活動を重視する新しい民主主義の萌芽は、デジタル技術やインターネットの行方と相まって、育てられていくだろう。いま、さまざまなデジタル通信機器の普及によって、団体を結成・組織し、管理するコストは、ハーバーマスが『事実性と妥当性』を出版した一九九二年に較べものにならないほど下がった。「組織なき組織化(organizing without organizations)」(Shirky 2008)、あるいは自己組織的なやり方で、市民たちはマスメディアに頼ることなく情報を交換し、自分たちのネットワークを拡げ、新たな団体を組織していくことが可能になった。ツイッターやフェイスブックなど、いわゆる「ソーシャルメディア」や、Wikileaksなどの内部告発サイトならびにYouTubeなどの動画プラットフォーム、さらに個人のブログやメーリングリストなど、さまざまなツールが多くの市民に利用可能となっている。また、こうしたツールを活用しながら集まっては解散するフラッシュ・モブズという新たな運動集合体も出現している(Shirky 2008, 伊藤 2011)。そのあり方はまさに『事実性と妥当性』の公共圏で描かれていたように「脱中心的で、原生的」である。そして、時に当人たちの予想以上に影響力を奮い、政治を動かすこともある。[8] つまり、インターネットというツールは、統治者と非統治者という溝を埋めてどこまでもフラットな空間を形成し、国家という装置さえ覆すようなネットワークを組織することも可能な、民主主義の体制を深化させるポテンシャルを提供する。[10]

こうして、もはや、ハーバーマスが理想として描いた公共圏は、楽観論でも理念語りでもなく、身近な可能態であり、一層手軽な現実となっている。私たちは、マスメディア企業でなくとも、プロフェッショナルなジャーナリストでなくとも、日常の様々な場から情報発信することによって政治システムを包囲し、権力を監視する。こうした市民の権力監視と意見形成の営為全体を「ジャーナリズム」と再定義することも、荒唐無稽ではなかろう。

また、ハーバーマスがフェミニズムからの批判を受けて修正した「生活世界に根差す公共圏」概念にしても、情報環境が理念を追い越しているように見える。というのも、インターネットの普及により、自由主義者たちが設けた公共圏／親密圏の仕切りおよび段差は徐々に取り払われており、いまやこの二つは接続を考えるまでもなく、「誰もが見られる領域からあまり人目に触れない領域へと目盛りがついた段階方式へと変化」（カルドン 2010=2012:79）している。今日、ネット空間では、私的な生活世界から生まれる会話と公共的な討論が同一の地平に広がって相互に融解、連続、交換可能となっており、内容や媒体を指標にした公私の峻別は難しい。これまで、「プロ」であるジャーナリストたちがゲートキーパーとなって、未公開の情報の中から「公共領域」にふさわしい内容を選定してきた。社会では、この前提を共有してきたからこそ、公共圏を押し広げ、それをすべての人々に可視化するべきだという主張をなしえた。しかし、親密圏とシームレスに続く現代の公共圏は、急速に可視化と開放領域が拡大したがゆえに、新たな倫理的困難に直面している。

こうして、一般市民の集合的な知によって成立しているネットの公共的空間は、私的で気ままなおしゃべりが政府の公式見解などと混ざり合う「デジタル情報化の豊穣と混沌」（水越 2011: 96）が常態化している。しかし、こうした流れでは、これまで外部の視線から守られてきた親密な領域を、いかなる理由付けによって、どのようなテクノロジーで守っていくことができるだろうか。

つまり、私たちの眼前にある現実では、かつてないほど多くの人が公と私の両極につながる連続領域を融通無碍に参加し、移動している。ネットが普及したいま、情報の公開の仕方は、「まず公開、つぎに選別（publish, then filter）」(Shirky 2008)という順番が幅を利かせ、しかも選別作業は選ばれた特定の者たちの手によるのではなく、「集積(aggregate)」という自己組織的論理によって決定される。たとえば、個人的なおしゃべりがネット上で公開された場合、その閲覧数が増えなければそのまま親密圏に留まるが、閲覧数が増えて可視化されれば公的領域へと選別され、ときに政治を動かし、社会に大きな影響を及ぼすことになる。[11] この影響は公正な多数決という手続きを辿ったわけでもなければ、誰か特定の専門家や政治家といった主体や行為者が決定を下したのではないのにもかかわらず、内容によっては国家の存亡にもかかわり、人間の生命の行方さえ決定するかもしれない。

したがって、ある情報が公と私の境界線のどのあたりに位置し、その価値がどのくらいのものか、それは果たして公共圏の「ジャーナリズム」に値するのかを決定するのは、情報提供者の素性だけではなく、また情報そのものの内容だけでもなく、情報提供者の普段からの社会的行動、時代的文脈など複数のパラメーターが絡み合う複雑な方程式を解かなければならない。また、見方を変えるならば、今日、影響力を獲得するポテンシャルのある言論は、これまで以上に親密圏に近く、個人の意志とは無関係に散在するがゆえに、その実体は拡散し、移ろいやすく、同定しにくい。

規模も影響力も異なる言論が同一次元に並列的に存在する状況では、個別の言葉や表現のもつ効果や影響力は、一層予測が困難となる。こうした偶発性と不可知性こそが現代社会のジャーナリズムの可能性とリスクであろう。いまのところ、これらの問題は、具体的な個別ケース単位を通してのみ、検証可能だ。

6　ジャーナリズムの外側に出よ：メタ・ディスコースの過少

ここまでは、市民社会と民主主義とジャーナリズムの三者の関係をハーバーマスの議論を中心に概観してきた。こうした議論を検討した後にこれまでの日本のジャーナリズム研究の状況を振り返ってみると、そこには方法論に関して重大な無自覚と空白があったのではないかということに気づかされる。

これまでのところ、日本における多くのジャーナリズムの規範の語りは、個別の歴史的時間軸を失い、さらに空間軸や場所感覚までをも失い、あたかも普遍的な営為への希求として語られることが多かった。日本の場合、「ジャーナリズム」は敗戦後に自由主義、ならびに民主主義国家として再出発した際、GHQに米国型「客観中立報道」を指導され、その影響を強く受けているし（林 2011）、公共放送では明らかにBBCをモデルとしているのだが、多くの評論家たちの語りの中では、米国型プレスやBBC的公共放送が「ジャーナリズム」のあり方として世界共通の普遍性と正統性をもつと見なされる傾向がある。また、ジャーナリズム研究では、産業構造分析、内容分析、教育の開発など、視点こそさまざまではあるが、いずれも拠って立つ対象そのものについて再帰的に検討されることが少ない。むしろ、そこにはジャーナリズムという確固とした営為が客観的に外側に「ある」と想定されてきた。

　つまり、ジャーナリズム研究の規範論は、米国型・英国型のマスメディア・ジャーナリズムを「普遍的正統」と見なしてそのモデルに依拠しつつ、議論の枠組みや基底となる方法論的省察にはあまりエネルギーが注がれることはなかったように思う。しかし、今日のようにジャーナリズムが多様化し拡散する現在、ジャーナリズムという営為を観察する方法論の欠如には、一層自覚的になるべきだろう。つまり、従来の「ジャーナリズム」という擬似的普遍理論は、「場所－空間－文化」を一緒くたにしたイソモルフィズム（同型性）を前提とするために、国家や地域の境界領域に生まれる国籍のないジャーナリズムや、企業や組織といった主体が特定できない個人的ジャーナリズム、あるいは場所が同定不可能なサイバー・ジャーナリズム、そして新しいデジタル・テクノロジーが媒介するソーシャル・ネットワークによる暫定的ジャーナリズムが生み出すポテンシャルなどを見逃してしまう。

　九〇年代以降の研究シーンを振り返ってみると、文化人類学やカルチュラル・スタディーズは、ジャーナリズム研究とは異なる道筋を歩んだ。たとえば、一九九二年に、グプタとファーガソンが文化人類学における「文化」という言葉の自明性を問題にしたのをはじめ（Gupta and Ferguson 1992）、カルチュラル・スタディーズの分野からはM・フーコーやS・ホールなどが参照されつつ、国民国家批判、都市文化論、エスニシティ理論、地域文化論、ディアスポラ文化論など、文化をめぐる領域が次々と枝分かれし、研究領域が発展していった。これらの分野の先鋒たちは、統一した規範の相対化、そして現実の構成主義的立場からの「文化」批判こそが、西欧中心主義、本質主義、ナショナリズム、文化帝国主義、科学技術至上主義を批判する方法論だと考えていた。

　ところが、そうしたメタ理論への関心が集中し、多元的かつ相対化した研究へと枝分かれする文化研究の動向とは対照的に、ジャーナリズム研究では「ジャーナリズム」という言葉について大きな論争が出ないばかりか（Zelizer 2004）、とりわけ日本では、むしろ二〇〇〇年代に入って、

「プロフェッショナルな」、つまり「ほんものの」ジャーナリストを養成するための「ジャーナリズム教育」とそのカリキュラムの整備のほうに学界の関心が集まっていった。

しかし、ある特定の社会事象を「普遍」や「ほんもの」として語る語り方は、多くの場合、現状の支配的アクターとその権力や利害への無批判的態度につながりかねない。結局、ジャーナリズム研究もジャーナリズムという実践の普遍性を強調するあまり、従来の「ジャーナリズム＝現存する日本のマスメディア・ジャーナリズム」という等式を暗黙裡に支持し、ジャーナリズムをジャーナリズムの外側から定義する試みが手薄になっており、ジャーナリズムのイノベーションに敏感なアンテナを十分に張り巡らすことができなかったのではないだろうか。

言い換えれば、これまで、多くのジャーナリズム研究では、基本的には「ジャーナリズム」という概念が自己言及性のループの中で定義され議論され続けてきた。すなわち、「（マスメディア・）ジャーナリズムがジャーナリズムと指示したから、ジャーナリズムとなるのだ」と。しかし、現代のジャーナリズムのダイナミズムを捉えようとするならば、この自明性の自己言及ループの外側に出る必要がある。そのためには、これまでつながっていた〈マスメディア・ジャーナリズム→ジャーナリズム〉のループを説明するためのメタ言説、つまり、ニクラス・ルーマン的に言うならば「ジャーナリズム」という概念の二次的観察――現代のジャーナリズムはなぜそれを「ジャーナリズム」として表象し、それ以外を「非ジャーナリズム」と見なしてきたのか――を考察する「ラディカルな構成主義」的態度が必要となろう。こうして、ジャーナリズムをジャーナリズムの外側から語ることによって、ジャーナリズムははじめて社会の現象のひとつとして社会学的に考察され、時代ごとの革新を浮かび上がらせるだろう。ポスト・マスメディア時代のジャーナリズム研究はまさにこの困難な課題を背負っている。

注

1 本稿では、ハーバーマスの著作は、すべて私訳を採用した。

2 この言葉が、ヘーゲル哲学やマルクス主義の薫陶を受けた「ブルジョア社会（bürgerlicheGesellschaft, bourgeois society）」という利潤追求型のリベラルな経済関係を中心に案出された「市民社会」概念とは異なることに留意されたい（日暮 2008:118）。

3　ヨーロッパ連合の公共圏については、たとえば、Eder and Kanter 2000を参照されたい。

4　代議民主制の「代議」という特殊な政治構想も、キリスト教の影響を強く受けている。政治学者のJ・キーンによると、もともとキリスト教にとって統治とは、神から人間（人格）に仮託された期限付き「ポスト」によって執行されるのだという思想がある。ここから「役職に就く（office-holding）」という考え方が生まれていったことは「代理 representative」という概念の形成に強く影響した。つまり、この意味でキリスト教の発想は、「統治を代行する」という発想を西欧社会に植え付け、代議制という制度的仕組みづくりの後押しをしてきた（Keane 2009: 209）。このような代議制の考え方は、近代の統治の理解、つまり、君主による「布告」や「勅令」という形の支配から「法律」という一定の普遍性、持続性、公開性をもつ規則による理性の統治に転換させるというダイナミズムと合致して、民主主義の制度的核となっていった。

5　ちなみに、ハーバーマスは、デューイの*The Public and its Problem*を引用しながら多数決原則によって硬直した民主主義決定過程に疑義を挟み、討議倫理が民主主義に果たす正当性を強調している（Habermas 1992: 368-369）。

6　たとえば、公共放送制度、新聞助成金、再販制度、第三種郵便物許可制度など。

7　フェミニズム的思想から着想を得た「ケアのジャーナリズム」については林（2011、とくに第2章）ならびに林（2013）を参照されたい。

8　近年ではイランの例。TORという送信経路を隠すことによって匿名で発信できる検閲回避ソフトは、二〇〇九年のイラン大統領選挙後にイランからの利用が急増したとされるが、後にイラン政府は対抗措置を開発している。https://blog.torproject.org/blog/new-blocking-activity-iran（二〇一一年九月二六日閲覧）。

9　たとえば、二〇一一年初めに起きた一〇〇万人規模と言われるエジプトの反政府デモ。言論の自由のない同国では、フェースブックやツイッターなどのソーシャル・メディアが政府を監視し、運動の拡大を促したとされた。これに伴って、政府は国内のインターネット・プロバイダーの業務を停止させた。このとき米国のオバマ大統領は、エジプト政府に対し、国民に暴力を控えることを呼びかけるとともに、米国政府はエジプト国民の人権が守られるように支援することを誓った。「その権利とは、平和的な集会と結社の自由、表現の自由、ならびに国家の将来を自らで決める権限である。そしてエジプト政府側に申し上げる。二一世紀の時代、人間をつなげるインターネットや携帯電話サービス、そしてソーシャルネットワークへのアクセスを妨害するような政策を撤回してほしい。」こうして、オバマ大統領は、国家の危機管理と人権保護の文脈において、ソーシャルメディアに言及した初の米国大統領となった。九〇年代の東欧革命では、各国のマスメディアの自由実現が、全体主義の終焉と自由主義の勝利のシンボルとなっていた。しかし、二〇一一年のアラブ革命は、「自由で抑制のない言論活動」の実現は、必ずしも「マスメディアの自由」という文脈において象徴化されなくなったという事例であった。

10 たとえば、二〇一一年の「アラブの春」は、その例とされる。

11 たとえば、二〇一一年夏にロンドンで起きた暴動は、ソーシャルメディアが拡大の一端を担ったとされるが、その際のアクターは普段はマスメディア・ジャーナリズムの世界の外に置かれている貧困層、とくに移民二世、三世たちであった。

参考・引用文献

有賀誠、伊藤恭彦、松井暁編（2007）『ポスト・リベラリズムの対抗軸』ナカニシヤ出版

カルドン、ドミニク（2010=2012）『インターネット・デモクラシー』林香里、林昌宏訳、トランスビュー出版

デューイ、ジョン（1939 = 1951）『自由と文化』細野武男訳、法律文化社

Eder, Klaus/Cathleen Kantner (2000): Transnationale Resonanzstrukturen in Europa. Eine Kritik der Rede um Öffentlichkeitsdefizit. In: Maurizio Bach (Hrsg.), *Die Europäisierung nationaler Gesellschaften. Kölner Zeitschrift für Soziologie und Sozialpsychologie. Sonderheft 40*. Wiesbaden: Westdeutscher Verlag, S.306-331.

フレイザー、ナンシー（1992=1999）「公共圏の再考：既存の民主主義のために」『ハーバーマスと公共圏』山本啓・新田滋訳、未来社、一一七―一五九頁

Gilligan, Carol (1982, 1993) *In a Different Voice. Psychological Theory and Women's Development*. Harvard University Press.

Gupta, Akhil; James Ferguson (1992) Beyond “Cuture”: Space, Identity, and the Politics of Difference. In. *Cultural Anthoropology*, Vol. 7, No.1, .6-23.

Habermas, Jürgen (1990) *Strukturwandel der Öffentlichkeit : Untersuchungen zu einer Kategorie der bürgerlichen Gesellschaft: mit einemVorwort zur Neuauflage 1990*, Suhrkamp.（＝邦訳、『公共性の構造転換―市民社会の一カテゴリーについての探究』細谷貞雄、山田正行訳、未来社、一九九四年）

――(1992): *Faktizität und Geltung. Beiträge zur Diskurstheorie des Rechts und des demokratischen Rechtsstaats*. Frankfurt a.M.: Suhrkamp.（＝邦訳、『事実性と妥当性―法と民主的法治国家の討議倫理にかんする研究』（上・下）河上倫逸・耳野健二

訳、未来社、二〇〇二、二〇〇三年）
畑仲哲雄（2013）「ジャーナリズムにおける〈地域〉という立脚点――地域紙とＮＰＯの「協働」に関する事例研究」東京大学大学院学際情報学府博士学位論文
林香里（2002）『マスメディアの周縁、ジャーナリズムの核心』新曜社
――（2011）『〈オンナ・コドモ〉のジャーナリズム―ケアの倫理とともに』岩波書店
――（2013）「Giving Voice to the Voiceless 声なき人たちに声を与える」内藤正典・岡野八代編『グローバル・ジャスティス新たな正義論への招待』ミネルヴァ書房、六〇―八二頁
Hepp Andreas, Couldry Nick (2009) What Should Comparative Media Research be Comparing? Towards a Transcultural Approach to 'Media Cultures'. in: Thussu, D K (ed.) *Internationalizing Media Studies*. Oxon, UK; New York, Routledge, 32-48.
日暮雅夫（2008）『討議と承認の社会理論 ハーバーマスとホネット』勁草書房
伊藤昌亮（2011）『フラッシュモブズ――儀礼と運動の交わるところ』ＮＴＴ出版
Keane, John (2009) *The Life and Death of Democracy*. Norton.（＝邦訳、『デモクラシーの生と死』（上・下）森本醇訳、二〇一三年、みすず書房）
キテイ、エヴァ・フェダー（1999＝2010）『愛の労働 あるいは依存とケアの正義論』岡野八代・牟田和恵監訳 白澤社／現代書館）
リン・イーシェン（2011）「放送制度とエスニシティの矛盾相克――台湾のエスニック・メディア研究」東京大学大学院人文社会研究科博士学位論文
ルーマン、ニクラス（1996＝2005）『マスメディアのリアリティ』林香里訳、木鐸社（*Realität der Massenmedien*. 2., erweiterte Auflage. WestdeutscherVerlag.）
水越伸（2011）『21世紀メディア論』放送大学教育振興会
Shirky, Clay (2008) *Here Comes Everybody. The Power of Organizing Without Organizations*. Penguin.（＝邦訳、『みんな集まれ！ ネットワークが世界を動かす』岩下慶一訳、筑摩書房、二〇一〇年）
Barbie Zelizer (2004)When Facts, Truth, and Reality are God-terms: on Journalism's Uneasy Place in Cultural Studies, in: *Communication and Critical/Cultural Studies*, 1:1,100-11

現れの空間としてのメディアポリス

ロジャー・シルバーストーン[1]　藤田結子訳

イギリス人、アメリカ人、フランス人、イタリア人らの人質の姿が世界中のテレビ画面に映し出され、彼らが命乞いをし、政策の変更や、収監中の犯罪者の解放を政府に懇願する様子が伝えられる。このような光景は、イラク侵攻後の数ヶ月のうちに、その恐ろしさにもかかわらず、ありふれた、陳腐なものとなった。実際、おそらくその陳腐さのために、すぐに多くのリアリティ番組――グローバルな画面に現れる世界の邪悪さの一つの形、私たちの一時的な楽しみのために放映される、人間の残酷さを示す一つの形――に吸収されていった。この映像制作者は、映像が政治闘争の武器、つまり彼らの闘争を地球の隅々まで行き渡らせる武器になると考えたのだろう。これが世界中に届くか否かは、世界のメディアが彼らの企みに加担するか否かにかかっている。そして良い理由と悪い理由により――一方は公平な報道という理由、もう一方は恐ろしい出来事への興味という理由により――、この映像制作者が落胆することはないだろう。だがこういった映像もすぐに新鮮さを失い、継続的に注目を集めることは難しい。メディアは日々、いとも簡単に、人々の感覚を麻痺させるような方法で、非日常的な出来事を日常的な報道や表象へと変えていくのだ。

テロの現代的なレトリックに関して言えば、その直接性は劇的だが、文脈性に乏しい。そしてそれは、メディアが独自にもたらす政治空間で注目を集めようとする。つまり、見るかもしれない、反応するかもしれない、判断するかもしれない、さらには見て理解したことに基づき行為するかもしれない、世界中の視聴者から反応を得ようとする。もちろん、テロは「パブリシティの酸素[2] (the oxygen of publicity)」と呼ばれるものに依存している。だがそれはテロに限らない。すべての公的生活はそういったものに依存している。画面上に、あるいはメディアの語り手を通して、現れたり演じられたりすることなしには、政治は想像されることも持続することもないのだ。

異常は、ときに正常を知る手段となる。つまり、邪悪な行為をよく見れば、正常なものの見方がわかる。私はここで主張したい。耐えがたい悲惨さや残酷さを伝える映像や音は、「メディアは文明性と人間性のための場となりうる」と信じるための出発点へと私たちを導くだろう、と。これは単に必然的なものから美徳を生み出そうとする以上のことである。萌芽しつつある美徳から必然的なものを生み出すこともできるのだ。そうして、メディアが作り出す空間——偏在し、不滅で、儚く、容赦なく、分裂し、取り囲み、侵入する、メディアを介した空間——が、まさに公共空間となる。おそらく、これが今日のグローバルな政治の世界やつながりのなかで唯一、利用可能で将来性のある公共空間である。それは現れに基づいた公共空間であり、ジョン・トンプソンが「new visibility」と呼ぶものである。[3]私は本章で、現れの空間について考察し審問したい。グローバルな市民社会の未来のために、その意義、可能性、示唆を理解すべきだと主張したい。

物事は現れる。物事は、家族写真に写る子供たちのように、前に押し出される。あるときには歓迎されず、あるときには画面上に引っ張り出される。欧米の主流メディアはこういったイメージと共謀する。殺人や斬首の映像を放送したとしても、ほかに選択肢がなかったと言うだろう。主流メディアがその映像を伝えなければ、ほかのメディアが伝えるだろうし、(少なくともインターネットやグローバルな衛星放送は)実際にそうしている。そのような映像はメディア空間のどこかで入手可能である。言い換えれば、どこでも入手可能なのだ。

一度メディアが世界に見えるように扉を開いたら、私たちは物事がそこにないという振りはできない。だがアクセス権や知る権利に関わる主張や期待には、聞き反応する責任が伴われるべきであり、実際それに条件づけられる。見ることは、信じることでも知ることでもない。映像に文脈性がなく、審問されることもなければ、真実にたどり着くことはできない。より適切に言えば、理解する手段でさえない。現れは、単なる現れ以上のものにならなければならない。見るだけでは十分ではない。見えることは始まりにすぎない。

人や物事の現れ、とくにメディアを介した現れを通して、世界性が構成される。すなわち、私たちがこの世界に存在する手段が与えられる。そのような世界性は、かつて私たちが慣れ親しんでいたものとは異なる。それは人々が直接対面する世界性以上のものであり、それ以下のものでもある。それ以下であるというのは、明らかに、匂いや手触りを感じながら物事を問う必要がないからである。それ以上であるというのは、これも明らかであるが、経験を高めたり補ったりするつながりや、物質を象徴――あたかも触れることができるようなもの――に変えるつながりを生むからである。

このように世界性をもたらす状況、共有できる世界をもたらす状況が、あらゆるメディア・コミュニケーション技術とサーヴィスにわたって広がっている。常時利用可能、アクセス可能であるという点において新奇な、かつ集約的な方法で、世界を共有することができる。メディアを介したつながりや相互のつながりは、地球上の社会的・政治的・経済的生活を行うための支配的インフラストラクチャーを決定づける。インターネットを利用して地球上の離れた場所にいる家族や友人と会話する可能性、取引先や同僚とリアルタイムで情報を共有する可能性、地球の裏側や街角で何が起きているのかを知る可能性。これらが、多種多様なメディアを通して（大半とはいえなくとも）多くの相互行為が起こる、世界の構成要素なのである。そしてこのような世界においてメディアへの依存は限りない。

世界は共有可能であるが、必ずしも共有されるわけではない。コミュニケーションがうまくいかないというだけでなく、明らかに、構造的な欠陥がある。生放送や長距離電話、ウェブキャストは直接的であるが、隔たりは存在しつづける。雑音と偽り、誤りと不足、偏見と誇張が存在する。排除が存在する。対面式コミュニケーションには欠点があるにもかかわらずいまだコミュニケーションの標準的方法とされているが、すべてのメディアを介したコミュニケーションには（多くの利点もあるのだが）欠点がある。ほかのコミュニケーションの世界と同様、メディアを介したコミュニケーションの世界において、私たちはそのような不完全さと共に生きていることを知るべきである。私たちはその欠点を克服しなければならない。そして、おそらく知らず知らずのうちに、また構造的に、その欠点を大きくしてしまう私たちの傾向も変えていかなければならない。

だがグローバルにメディアを介したコミュニケーションの世界は、私たちに他人と共に参加する条件をもたらし、またある程度それを決定する。物事が現れるとき、つまり苦悩や危機や喜びの映像が――日常生活における物事のありふれた映像だが――紙面・画面上に現れるとき、私たちはそれに注目する。注目がなければ意味も効果もない。世界を媒介するには視聴者が必要である。だが視聴者となるためには、くつろいで座りながら、キーボードを打ち、マウスをクリックするだけでは十分ではない。参加や関与が不可欠である。この過程における自分自身の役割に責任を持つべきなのだ。

　メディア文化は、後期近代の現れの空間として定義することができたし、実際にここではそう定義される。これは、世界が現れる場所という意味であり、また現れそれ自体が世界を構成するという意味でもある。この二重性、重層的決定がメディアの絶対的な特殊性および権力への希求をもたらす。

　ワールド・トレード・センターへの攻撃は、グローバル・メディアの画面上に現れた。この大惨事の近くに暮らす人々を除けば（おそらくそのような人々の多くにとっても）、画面に映し出され現れたものが現実を構成する。しかし世界史上の決定的瞬間は、メディア文化の決定的瞬間とはならなかった。メディアではよくある描写と受け取られるようなことが、強烈に表現されたにすぎなかった。日常生活の経験を形づくるうえでメディアは欠かせない。メディアが直接性をもたらすのだ。

　先に述べたように、私たちは自分たちとは異なる人々と共にこの世界に生きている。しかし同時に、それは差異という共通性が共有された世界でもある。そうして複数性としての世界が成り立っている。何世代にも渡って、おそらく、私たちはこういった複数性を避け、偽り、否定してきた。かつて人々は、少なくとも村や共同体での対面式コミュニケーションを越える規模においても、このような問題に直面せずに日常生活を送っていた。しかし今日、私たちは問題に直面している。メディアを介したこの世界において、差異を覆っていたヴェールが剥がされ始め、もはやこれを避けることはできない。日々、差異が見聞きされている。そして問題なのは、グローバル化されたメディアは、このようにヴェールを剥がす一方で、この差異を理解し反応するための情報をほとんど伝えず、適切に表象しないことである。このような表象を繰り返すことで、世界の無関心や敵意が生まれてしまう。これは否定の戦略である。もしメディアが――それはある意味定義上そうであるのだが――、私的世界と公的世界を、社会的なものと私的なものをつなぐ架け橋であるならば、メディアの限界、狭量さ、非協力的態度に寛容であってはならない。問題は山積みである。

本章では、グローバル・メディアを道徳的空間として理解するために、これまでの観察から得た示唆を基に考えたい。それはまた、常日頃私たちの注目を求める現実を取り巻き、その現実に関与する市民文化が現れるうえで（十分とはいえなくとも）必要な場として、グローバル・メディアを理解するためでもある。そこでつぎに、政治理論家かつ哲学者であるハンナ・アレントの著作を検討したい。

全体主義の経験とユダヤ系亡命者であることに特徴づけられるアレントの著作は、メディアの同質性と陰険さを批判的に論じている以外には、直接的にはメディアを扱っていない。彼女の知識人としての立場は、彼女の時代と経験に基づいた独特なものである。だが国家の起源とその脅威についての彼女の分析、およびホロコースト後の世界におけるコミュニケーション、言論、行動をめぐる問題への彼女のアプローチは、今現れつつある対立するグローバル文化にとって現代的な意義がある。実際、彼女の著作の大半は批判的な、ときにかなり悲観的な実践である。それは、人間のコミュニケーションとその責任、その弱さの分析であり、また公的生活と公的道徳を可能にも不可能にもするコミュニケーションの成功と失敗に関する示唆でもある(Cmiel 1996)。[4]

これが彼女と私の関心をつなぐ糸である。最も重要で明白な違いは、グローバル・メディアの存在だろう。それは単に社会的なものや政治的なものの補完物としてのグローバル・メディアの存在ではない。アレントがそう見るかもしれないように、その主要な構成要素の一つなのである。メディアの遍在は、公的なもの、政治的なものから――それがファシズムと共産主義に叩かれた後に――残されたものを、独自の表象のフレームワークに吸収してきた。アレント自身による批判は、アテネ政治への（全く無批判ではないが）明らかな是認と、彼女の時代における政治的な空間・行為の弱さを並置した。そしてその時代とは、コミュニケーション・インフラ――その大衆性が新奇で害をもたらす――を徴用する能力が重要であることを、支配的政治機関が明らかにした時代だといってよいだろう。だが現在の世界ではそれらの位置が逆になっており、公的なものと政治的なものの存在と性質を探求し審問するならば、私たちはまずメディアそれ自体から始める（そしておそらく終える）必要がある。

そのためには、メディアを介した公共圏は存在するのかしないのかというお馴染みの質問をすること、つまりメディア研究者によって繰り返されてきた議論以上のことに取り組まなければならない（これに関するレビューはDahlgren 1995を参照）。[5] ナショナル・メディアやトランスナショナル・メディアが公共圏を分裂へと導いた結果、市民である人々から権利を奪い無力にした、という議論に切り込んでいかなければならない。しかし同時に、今日のメディアは民主主義化を根本的に進めるような意義深い方法でコミュニケーションの範囲を道徳的に広げている、という反対の主張も否定すべきだろう。この推論はどちらも正しくなく、間違っていない。両方が正しく、両方が間違っている。

ここで私が指摘する重要点は、好むと好まざるとにかかわらず、メディアは世界の公共性を構成しているという事実である。そしておそらく、メディアのほかにそのようなものはない。よって、これがどのような公共性なのか、利点と欠点は何か、何が重要なのか、どのような責任があるのか、何が変化していくのかという点を私たちは審問しなければならない。これが本章の目的であり、本書（『*Media and Morality*』）全体の目的である。

メディアポリス

ギリシャのポリスとは、エリートが対面式コミュニケーションを行う公共空間であり、アテネの人口の大半を排除し搾取することで、議論し判断することが可能であった。このポリスは、いかなる点においても、現在の政治生活に適切なモデルではないという。だが本当にそうなのだろうか。

今日のメディアによって、（その違いはあまり重要ではないが）ブロードキャスト形式でもインタラクティブ形式でも、言論と行為が同時になされる対面式コミュニケーションの状態が可能になった。そして、メディアを介した表象の象徴的領域において、（もちろんそれは高度技術によるメディアを介した形式においてであるが）議論や判断を行うポリスの空間を再現する。ポリスのように、このメディアを介した空間はたいてい、実際にはほとんど、エリート的で排他的である。世界とその関与者はメディアに現れ、私たちの多くにとっては、それらが現れる唯一の場所がメディアである。現れ自体が、そのことばの両方の意味で、世界となる。

そして、判断と意思決定の空間を公的に構成しているわけではないが、メディアを介した現れの空間では、そういった判断や決定が、行われ、表象され、議論され、ときには事実上、生まれる場がもたらされる。現代社会において公的生活とみなされるものは、多かれ少なかれ画面上で起きている。そして画面上で起こることは政治的利益によって争われる。これにはメディア自体も含まれ、メディアの継続的な権力や影響力はまさしくその現れによるのである。その現れは、政治的地位あるいはほかの地位の高さになる。政治的地位は、その現れに応じて、評価される。地位は影響力に、影響力は権力に結びつく（もちろん逆もまた然り）。（ナショナルな、あるいはグローバルな）主流政治と、影響力を行使したいと強く願う人々の政治――恵まれない人々、周縁化された人々、マイノリティである人々の政治――の両方がその見え方に左右される。その見え方を通して、判断が下され、決定がなされ、行為が始まる。それは、参加者と視聴者を構成する人々の間において行われ、視聴者の姿が見えなくとも見聞きしたものへの反応は常に物質的である。

もちろん、古典的なポリスと同じく、このメディアを介した現れの空間は次から次へとあらゆる物事をもたらす。その原型に関してハンナ・アレントが矛盾や逆説をよく理解していなかったように、メディアが公的生活を表象し構成する方法について論じている今日の批評家たちも、この矛盾や逆説をよく理解していないようである。しかし、もしそのような空間が存在し、公的生活の営みのなかでますます顕著になるならば、鍵となる問題は（それが組織的であってもなくても）包含と排除、および公開討論の実現可能性である。私たちがその可能性を実現しようとするならば、どのようにすればよいのか、どのように他者を理解できるのか、批判的かつ前向きに検討しなければならない。

本章において、また本書（『*Media and Morality*』）を通して、いくぶん躊躇しつつ私がメディアポリスと呼ぶものを分析したい。これはメディアを介した公共空間のことである。それは、ナショナルなレベルとグローバルなレベルの両方において、現代の政治的な生がますます依存する場所である。さらに、（主に）電子コミュニケーションを介した公共的な言論と行為を通して、世界の物質性が構築される場所である。もちろん、現代のメディアポリスは元のポリスそのままの姿ではない。文化的差異と、コミュニケーションの不足によって、メディアポリスが構成する公共空間は分裂している。また同様に、グローバル・テレビの均質化、およびグローバルな出来事・危機・災害への（一時的だとしても）集合的関心によって、その公共空間は分裂している。アルジャジーラの視聴者は明らかにFOXの視聴者とは異なる世界を眺めている。この差異は明白であり、害をもたらす。だが人々はメディアを通してそのような世界を見ており、かなりの程度、私たちは皆そうなのだ。

したがって、デリバリー・プラットフォーム、チャンネル、そしてグローバル・メディア文化が明らかに分裂しているにもかかわらず、私はメディアポリスを単数形としたい。そしてメディアポリスを、記述的かつ規範的カテゴリーとして提案したい。なぜなら、そうすることによって、メディア文化全体を視覚化し、その弱点と可能性の両方を審問することができるからだ。メディアポリスはメディアを介した現れの空間である。そしてここに世界が現れ、その世界性により世界が構成され、誰が私たちに似ていて誰が似ていないかについて知ることができる。メディアポリスで行われるコミュニケーションを通して、私たちは人間となる（あるいはならない）。そして、メディアポリスを通して、すべてのレベルの政体に、公共的・政治的な生が現れるようになる（あるいはならない）のだ。

メディアポリスは特定の場所に存在しない。それはもはや、異質なものを推測することよりも、同質なものを推測することが重要であった街の広場と同じではない。メディアポリスは国民国家を必要としないし、依存もしない。そして間違いなく、ある特定の国家機関による規則を必要としないし、依存もしない。メディアポリスは、メディアを介した現れの空間において、人間の相互行為のなかに出現する。そして、この脱領域化された、しかし強度に社会的な環境のなかで、少なくともハンナ・アレント自身が理解していたように、ポリス的な何かを再現する。彼女はつぎのように言う。

> 正確にいえば、ポリスというのは、ある一定の物理的場所を占める都市＝国家ではない。むしろそれは、共に活動し、共に語ることから生まれる人々の組織である。そして、このポリスの真の空間は、共に活動し、共に語るというこの目的のために共生する人々の間に生まれるのであって、それらの人々が、たまたまどこにいるかということとは無関係である。…この空間は、最も広い意味の現れの空間である。すなわち、それは、私が他人の眼に現れ、他人が私の眼に現れる空間であり、人々が単に他の生物や無生物にように存在するのではなく、その現れをはっきりと示す空間である。
>
> ……人間にとって世界のリアリティは、他人の存在によって、つまり他人の存在が万人に現れていることに

よって保証される。「なぜならば万人に現れているもの、これをわれわれは存在と呼ぶからである」。そしてこの現れを欠いているものはすべて夢のように現れ、消滅するのであって、それがどれだけ親しみ深く、完全に私たち自身のものであろうと、やはりリアリティを欠いているのである。(Arendt 1958=1994:320)[6]

世界のリアリティ――定義上共有されている世界のリアリティ――は、現れの空間における他人の存在によって保証される。メディアポリスの空間は媒介された空間であり、現れの空間はスクリーンとスピーカーを通して生まれる。これは独占的な空間ではない。世界に存在するものはますますそのような現れに依存しているけれども、ほかにも生活が営まれ、触れることのできる物質的空間――制度的・日常的な生活空間――は存在し、現実がそこに有り続ける。つまり、メディアポリスは経験の世界に代わるものではない。(ボードリヤールはそう見るかもしれないが)対面式コミュニケーションの有効性や物質性を否定するものでもない。だがメディアポリスはそのようなものを形づくることにおいて、集合的行為の可能性を解き放つ。この可能性とはまさに心に描かれるものである。インターネットに、あるいはメディアを介した新しい形式の討議的民主主義の可能性に、新しい形のネットワーキングやオルタナティヴな政治的言論・行為の機会を見出す人々がいる。このような人々が、集合的行為の可能性を心に描くのである。

苦悩と希望、闘争と協調を伝えるさまざまな物語と映像を通して、また議会・上院・特別委員会を映す直接的表象を通して、メディアは、男女が互いに姿を現すような空間を、実体的で明示的なものとする。メディアを介した現れ、他人やよそ者や隣人の可視性、対話の可能性と不一致の明示、オルタナティヴな視点の存在、視聴者を得るための競争は、メディアポリスの公共性を構成する。またメディアを介した現れは、人前にいることが原則的かつ理想的にある種の自由を可能にする、という主張に根拠を与える。

ここで生じる問い――アレントは、ギリシャのポリスとその後の異なる歴史状況において現れの空間が不完全に実現したことを分析したが、その際の中心的な問い――は、現れがもたらす権力の性質である。アレントは権力について独自の考えを持っている。権力は、暴力とは異なるものであり、言論と行為が共になされるときに現れる。また権力は、公共空間において、共に行為する男女の間に現れる。ここでアレントを再び引用しよう。

> 権力は行為し語る人々の間に現れる潜在的な現れの空間、すなわち公共領域を存続させるものである。権力とは、つねに潜在的能力であって、実力や体力のような不変の、測定できる、信頼できる実態ではない。体力が独居にある個人の自然的特質であるのに対し、権力は人々が共同で行為するとき人々の間に生まれ、人々が四散する瞬間に消えるものである。(Arendt 1958=1994:322)

したがって、現れの空間は、言論と行為が共になされる理想世界に存在する。言論と行為がなされるときに、世界がその物質性のなかに現れる。だがアレントによれば、そのような存在自体は物質性を保証せず、その可能性のみを保証する。メディアを介した現れの空間は、せいぜい潜在的能力と可能性の空間にすぎない。最悪の場合、表現の自由が規制され否定されるとき、あるいは複数の声が表象のなかでかき消され改変されるとき、それは専制となり、権力は強制となる。私たちはこのことを知っている。複数の声の断片化によって、不信と敵意という虚しい無理解によって、必ずもたらされる無力さ——今日のグローバル・コミュニケーションを特徴づける無力さ——について私たちが知っているように。

メディアの権力、およびメディアを通して行使される権力は同様に大きな争点である。メディアを介した現れの空間は、かつての対面式の空間もそうであったように、信頼の失墜、権力の濫用、欺きや暴力を招きやすい。また、他人に対して自己が現れるとき、自己に対して他人が現れるとき、それは平等でも同等でもなく、非対象である。メディアポリスはすべての人々を含まないし、含むことができない。権力は、原則的には共有されるべきだが、実際には共有されない。だがメディアポリスで手に入れることのできる権力——「言論と行為」が共に行われるなかに、言論の誠実さと行為の容易さのなかに出現する権力——は、実態的で追求可能なものである。私たちは、教育や法規、読み書き能力や職業的慣習のなかに、その可能性を実現する方法や、制度的・個人的な資源を見出さなければならない。そうしてこそ、メディアが生む公共空間は、人間の条件に反するものではなく、役立つものになる。

現時点のメディアポリスは明らかに萌芽期にあり、完全なものではない。その可能性についても、十分に実現可能なものとして想像できない。しかしより有力なグローバルな市民空間を創造するためには、必要な出発点である。ある意味、ほかに選択肢がない、グローバルな市民空間を創造するためのほかの場がない、と私は訴えたい。しかしまた、私たちがグローバル・コミュニケーションの性質に関して見るもの、知るもののなかに知的かつ政治的に十分な何かがあり、少なくともこの点は主張できる、と私は言いたい。

メディアポリスは、ユルゲン・ハーバーマスのよく似た概念である「公共圏」の古典的な公式化とは異なる。もちろん、この公共的参加と市民生活に関する二つのモデルには類似点——ハーバーマスの理論もアレントを参考にしており、彼もある程度は認めると思われる類似点——がある。だが相違点もある。とくにメディアの理論化において、この相違点は重要だ。ハーバーマスにとってもアレントにとっても、近代的なメディアは、貪欲な資本主義と拡張する国家権力にはさまれた時代において、ハーバーマスが「再封建化」と呼ぶより大きなゲームの駒であった。メディアの民主主義的役割を検討するとき、このような視点は（経験的に正当化するにしても）絶望的である。

ハーバーマスの公共圏は、十分に公正で平等な参加を前提としている。また、理性的な討論・議論への——純粋で不可欠な——コミットメントを前提としている。これは大変ユートピア的であり、誤解も生みやすい。なぜなら、たった一つの理性——単数形の、狭義の理性——のみが言論の実現性と行為の可能性を決定する空間は、世界の人々のコミュニケーションの可能性と限界を正しく伝えることができないからである。それはまた、国家と市場による暴力的行為から生き残るために、早計な批判を生みやすく、公的にメディアを介した空間、すなわち公共圏の失敗についての誤った表象を生みやすい。

他方、メディアポリスは、ハーバーマス的な公共圏以上のものであり、それ以下のものでもある。それ以上であるというのは、メディアポリスにおいて、コミュニケーションは複合的であり、複合的に屈折するからである。イメージのなかに理性はなく、物語のなかにたった一つの理由は存在しない。レトリックとパフォーマンスはともに、論理の単純な秩序を転覆する。政治的なもの、すなわちメディアを介した表象の市民的空間は、複雑なコミュニケーションを記号化する・解読する能力に、グローバルに、ナショナルに、ローカルに依存している。そしてそのコミュニケーションは、たった一つの理性が可能にする以上に複雑なものである。生きるものと存在するもののなかにある世界はそう抑制的ではない。それを表現し説明する公的な言論もそうであるはずがない。

またメディアポリスは、その野心と希望のために、公共圏以上である。メディアポリスは、遠慮という点においては、公共圏以下である。メディアポリスは、十分に効果的なコミュニケーションの必要条件が、コミュニケーションの始まりに責任を負う人々、それに誠意をもって貢献しようとする人々によって満たされる、などと期待しているわけではない。それどころか必要とされるのは、（構造上、権力の差が生じてしまうが）送り手と受け手の間の責任の相互性であり、また（その過程はどうしても不完全なものになってしまうが）コミュニケーションに参加するすべての人々による再帰性である。ここでまた必要とされるのは、文化的差異の認識である。メディアポリスは、広がっていくグローバルな可能性であり、世界の経験的な多様性の表現でもあるのだ。

では、メディアポリス——メディアを介した現れの空間において、どのような現実が創り出されるのだろうか。どのような公共性が創り出されるのだろうか。メディアポリスのなかで、私たちは互いに、どのように現れるのか、あるいは現れないのか。つぎに複数性 (plurality) の概念を検討したい。

複数性

ハンナ・アレントにとっても、ジョン・デューイにとっても、社会的・政治的な生の可能性を決定するのはコミュニケーションである。コミュニケーションは、何を共有しているのか、何によって差異がもたらされているのかを理解している人々にのみ、意義深いものとして出現する。これは対面式の場合でも、グローバルなコミュニケーションの場合でも同じである。

実際アレントは、人間の条件を審問するとき、つぎのようにシンプルだが意義深い観察から始めている。

> たしかに言論を越えた真理も存在しよう。そしてそれらの真理は、単数者として存在する人、いいかえると、他の点はともかく少なくとも政治的存在でない人にとっては、大いに重要であろう。しかし、この世界に住み、行為する多数者としての人間が、経験を有意味なものにすることができるのは、ただ彼らが相互に語り合い、相互に意味づけているからにほかならないのである。
>
> (Arendt 1958=1994:14)

政治的な生は、複数性に依存している。つまり、世界において他人が存在すること、コミュニケーションを通してその存在を認識することの両方に依存している。そしてそのコミュニケーションは、知識を得ること、理解すること、究極的には世界で行為が正当化されることを求めている。政治的行為は、アレントが「出生(natality)」と呼ぶものに依存する。それは、誕生と到来によってもたらされる、継続的な、かつ継続的に挑戦的な新奇性であり、継続的な、かつ継続的に予測不可能な行為の性質である。そしてそれは常に新しく不可逆である。人間の条件の複数性は人間性を保証する。アイザイア・バーリンは、アレントに関して下手な意見を述べているにもかかわらず、似たような議論をしている。全体主義は差異を拒否し、同質性という名のもとに差異を破壊する。これによって、全体主義は専制政治を含むほかのどの政治形態からも区別される。

複数性は、事実としても可能性としても、離れてつながるものである。そして親しみのあるものと見知らぬものの間の空間、自己と他人の間の空間が、現れの空間であり、(私たちがすでに知っているようにそれは可能性でしかないが)公的生活と政治的行為の可能性を保証する空間である。アレントが『全体主義の起源』の最後で主張するように、「一人の人間ではなく複数形の人間が地球上に暮らしている」のである(Arendt, 1994: 476)。[7] ここでアレントは、共通性の原則、共通の常識を主張している。また同時に、人間の権利とその原則――権利を持つ権利――を確立するための前提条件として、人間の複数性を主張している。

この複数性は何に依拠するのか。これは差異から始まるかもしれないが、単なる差異の問題ではない。さまざまな形の文化多元主義によくみられるが、共有可能なアイデンティティを認識しない差異は、孤立や具象化につながる。孤立する個人は、私益と政治的に無力な私的世界に追い込まれ、恐怖に弱い(Arendt 1994:474)。複数性は公衆を構成し、公衆の前で行為はなされる。そのとき認識しなければならないのは、行為者の現れが世界に効果的に関与するための前提条件をつくるような共有空間である。そのような関与こそが、世界に物質性や現実性をもたらす。アレントのメタファーは、私たちを関係づけたり切り離したりするような、私たちが周りに席を占めるテーブルである。このテーブルは共通世界、私たちが共有している物質世界のメタファーであり、これは私たちの共通性――必ずしも共同体とは限らないが、私たちの直感、常識を支える共通性――の前提条件である。常識の崩壊――個人の孤立による常識の急激な崩壊――に対して、全体主義は非常に効果的であった。そして、二一世紀における私たちの共通性や常識の前提条件になるのは、メディアの存在とその物質性である。

共通性と他者性の弁証法は、そのすべての抽象概念にとって、非常に重要である。後期近代の世界では、ますます他者性——自分自身にある他者性と他人の他者性——の認識が、共通性を構成している。これはおそらく、メディアが表現すべき本質的なパラドックスだろう。なぜならそれは、私たちの世界性の前提条件である彼らの世界性であるからだ。アレントにとって、人間性の特徴の根本的な定義は、ほかの人間の間にある私たちの存在である。そしてそれはメディアによって可能にも不可能にもなる存在である。彼女はつぎのように述べる。「現れの空間がなく、共生の様式としての行為と言論への信頼がなければ、自分自身のリアリティ、自分自身のアイデンティティも、周りの世界の現実も樹立できないことは疑いがないからである」(Arendt, 1958=1994:208)。メディアを介したコミュニケーションは、共有される意識の共通性によって可能になる。他者像のなかに自己を見る機会があるが、私たちはその見方を知らなければならない。

アレントは、全体主義後の世界において常識が失われたこと、常識がその内面化によって明らかに失われたことを嘆いた。個人と私的なもののなかに引きこもってしまったことを嘆いた。彼女によれば、いま共通となっているものは世界ではなく私たちの心の構造である。しかし「厳密に言って」それを共通に持つことはできない(Arendt 1958=1994: 283)。彼女の批判は、独特でしばしば批判される公的なものと私的なものの区別を前提としている——公的なものとは、政治的行為と言論によって効果的な判断と行動がなされる場であり、私的なものとは、自己と他人を区別することができず複数性も存在しない家庭と私益の領域である。近代は、私的なもの（私益、私有財産）による公的なものの植民地化——これこそがアレントが「社会」と呼ぶもの——と、私的な家庭の安心、「家庭の温かさ、家庭生活の限られたリアリティ」(Arendt 1958=1994: 59) への脅威の両方に苦しんできた。大衆社会はその元凶だといえる。

アレントの複数性に関する議論では、公的領域と永続性が結びつく。永続性は強く望まれるものであり、また公的生活への参加を通してときに達成されるものである。さらに、個人よりも長く生きのびる物事や制度、長く生きることによって個人的世界よりもむしろ共通するものを維持する物事や制度を構築することで、永続性は達成される。公的領域は、無数の視野が同時に存在することによって可能となり、保証される。

なぜなら、なるほど共通世界は万人に共通の集会場ではあるが、そこに集まる人々は、その中で、それぞれ異なった場所を占めているからである。……他人によって、見られ、聞かれるということが重要であるというのは、すべての人がみなこのようにそれぞれに異なった立場から見聞きしているからである。……物がその正体を変えることなく、多数の人々よってさまざまな側面において見られ、したがって、物の周りに集まった人々が、自分たちは同一のものをまったく多様に見ているということを知っている場合にのみ、世界のリアリティは真実に、そして不安げなく、現れることができるのである。(Arendt 1958=1994:85)

これは優れた議論である。しかしまた挑戦――メディアを介した公的領域のあらゆる概念に対する根本的な挑戦――でもある。これは、多様性の見え難さ、表象の儚さに対する挑戦である。もちろん、それは公的・私的空間の区別とその境界が、メディアにおいて明らかに浸食されていることへの挑戦でもある。そして最後に、おそらく最も困難であるが、表象の不平等と継続的になされる排除に対する挑戦である。メディアポリスは、この不平等と排除によって、資本と国家がメディア権力を行使する場所として特徴づけられる。そしてそのメディアの権力は、内省的とはいえない報道や物語の、イデオロギー的かつ偏向したフレームのなかで行使されている。

私たちは著しく不完全なものに取り組んでいる。同質性、儚さ、信頼と安心の喪失を決定的特徴とする大衆社会の誕生においてマスメディアが果たす役割については、これまでもよく論じられ、ありふれた議論が繰り返されてきた。しかしこの議論自体を放棄するのは時期尚早であり自滅的である。それはメディアポリスが道徳的・効果的なものであるからではない。むしろ反対である。それはメディアポリスが存在するからであり、グローバルな市民社会の出現は、私たちがどのような形を想像し実際に望むにせよ、メディアポリスにかかっているからである。この意味で、グローバルなあるいはナショナルな公共文化のなかで、メディアポリスが破壊的な力ではなく建設的な力となりうるか、審問されなければならない。

考えること、話すこと、聞くこと、行為すること

したがって現れは、メディアポリス出現の必要条件ではあるが、必ずしも十分条件ではない。現れは、媒介作用が単なる媒介作用ではないように、単なる現れではない。なぜならその両方が、考える人、聞く人、話す人、行為する人としての人間の積極的な参加を必要とするからだ。現れは創造されなければならない。媒介作用は、制作者、被写体、視聴者が共に参加する実践である。

考えること、話すこと、聞くこと、行為すること――これらは世界の生の基本的な構成要素であり、公共性を構築するための前提条件である。アレントの考えでは、人間が互いに関して、また互いのために、考え、話し、行為するときにのみ、現れの空間は意味や効果をもつ。そのような必要条件は、メディアを介した環境でも変わらない。それなのに、それらはしばしば見過ごされたり、実際には行われなかったりする。現れや媒介は、人々のアイデンティティと差異を通して他人を認識することなしには不可能である。その両方が、コミュニケーションへのコミットメントと、そのようなコミットメントに付随する責任と相互性に関わっている。そして考えること、話すこと、行為することはまた、メディアを介した世界と現実の世界の間のつながりであり、公的なものと私的なものとのつながりでもある。なぜなら、媒介作用は、画面上の現れの前と後に続くからである。先に述べたとおり、メディアポリスの公共性は、排他的な公共性すなわちメディア空間にのみ存在する排他的な公共性ではなく、より広い領域における政治的行為の世界に依存しているのである。

だがこのようなことは今起きているわけではない。今日のメディアを介した現れの空間では不調和と分裂が深刻である。善と悪の戦い、さまざまなラディカルな原理主義の戦いは、紙面や画面を通して十分に批判されないまま補強されているようである。一方では報道の分極化、他方では蔓延する個人主義、セレブリティ化、弱者・少数者の周縁化が進んでいる。これらは、アレントが（全体主義的世界でないとすれば）全体主義的社会の要因として、また、アテネ文明以後のより長い期間において、真に公共的・政治的な空間を形成する可能性を弱める要因として、認識したものをよく表している。

ここに挑戦がある。人間の条件を人間的にするものは可能性であり、究極的には、思考と行為、言論、判断の結合の必然性である。思考、行為、言論、判断のための能力は、私たちの間の公共性の存在にかかっている。そして、私た

ちの間の公共性の存在は、私たちの空間や世界において眼前に現れ無視することができない他人を認識し、その他人に対して責任を持つことができるかによる。それはまた、どんなにこれが信心深く聞こえようとも、私たちが互いのために行うコミュニケーションの正直さと誠実さにかかっている。

　現れの空間は言論と行為の空間であるが、その前提は思考である。なぜなら思考や革新的な問い、常識に対する批判がなければ、私たちの言論と行為の能力は第一段階にも達しない。アレントは、アドルフ・アイヒマンによる悪の陳腐さを分析したが、その根底にあるものは思考の欠如だという。それが陳腐であるのは、熟慮や動機によるのではなく、思考の欠如を奨励しそれに依存するような支配体制への完全な共犯・共謀によるのである。彼女いわく、思考は、そういった共犯・共謀を避けるために私たちが行うことである。思考は、全体主義的な強制から自分自身を自由にするために行うことである。思考——自由で批判的な思考——がなければ、人間性もない。

　そして思考がなければ、言論も、行為も、世界において創造的であるための能力を効果的に認識することも、他人の記号的・物質的存在や世界の複数性を認識することもない。ここに行為と言論の本質的で力強い関係がある。

> 　権力が実現されるのは、ただ言葉と行為とが互いに分離せず、言葉が空虚でなく、行為が野獣的でなく、言葉が意図を隠すためでなく、リアリティを暴露するために用いられ、行為が関係を侵し破壊するのではなく、関係を樹立し新しいリアリティを想像するために用いられる場合だけである。(Arendt 1958=1994:322)

　アレントの権力の概念——善意の権力——には、思考、言論、行為の間の一致が不可欠である。それはすでに見たように、暴力や強制力から区別されなければならない。権力は行為するための一般化された力であり、それは複数性と多様性のなかで、男女が共に行為を行うことに依存している。そしてこの行為するための一般化された力——他人の視点と関心を進んで受け入れ、利益を共通の目標へと変える意思——は、アレントがそう理解するように、政治的な生の前提条件である。実際、アレントは利益(interest)を inter-est、定義上、間に存在する、共有される何かだと考えた(Arendt 1958=1994:182)。権力とコミュニケーションは密接に関係しているのである。

Title　*Media and Morality:on the rise of the mediapolis*
Author：Roger Silverstone

Title Chapters：Chapter 2,Mediapolis or The Space of Appearance?
Author：Roger Silverstone

注

1　Silverstone, Roger, 2007, *Media and Morality*, London: Routledge, pp.25-40. シルバーストーンの英語の文体は一文が長く難解で、言い回しも非常に独特である。この独特の文体ができるだけ読み手に伝わるよう、訳文が原文に近い文体となるよう心がけた。

2　イギリスのマーガレット・サッチャー元首相は、メディアがテロリストの活動を報道することで、テロリストに「パブリシティの酸素」が与えられる効果を指摘し、批判した。

3　Thompson, John B., 1995, *The Media and Modernity: A Social Theory of the Media,* Cambridge: Polity Press.

4　Cmiel, Kenneth, 1996, On Cynicism, Evil, and the Discovery of Communication in the 1940s, *Journal of Communication*, 46:88-87

5　Dahlgren, Peter, 1995, *Television and the Public Sphere: Citizenship, Democracy, and the Media,* London: Sage.

6　引用箇所はハンナ・アレント『人間の条件』（志水速雄訳、一九九四年、筑摩書房）を参照した。原著は、Hannah Arendt, 1958, *The Human Condition,* University of Chicago Press.

7　Arendt, Hannah, 1994, *Eichmann in Jerusalem*：A Report on the Banality of Evil, New York: Penguin Books

解題

本論文は、ロンドン・スクール・オブ・ポリティカルエコノミクス(LSE)のメディア研究科の教授を務め、一九八〇年代から二〇〇〇年代にかけてのメディア研究、とりわけテレビジョン研究、オーディエンス研究の分野でもっとも活躍した研究者の一人である、Roger Silverstone の *Media and Morality: on the rise of the mediapolis*, Polity Press,2007, その第2章の前半部分を訳出したものである。シルバーストーンの論考の日本語訳としては、すでに「テレビジョン、存在論、移行対象」（土橋臣吾・

伊藤守訳『メディア・スタディーズ』せりか書房）、『なぜメディア研究か』（吉見俊哉・伊藤守・土橋臣吾訳、せりか書房）がある。特に、後者は、メディア研究を志す院生や学生向けに書かれ、メディア研究が挑戦すべき課題を提示したものであるが、そこで展開された主題が示すように、一九九〇年代の彼の関心は〈メディアと人間との基本的な関係〉〈メディアの媒介性〉を根本的に再考することに向けられていたと言える。オーディエンスのテレビ視聴を「家庭」や「郊外」といった社会的な空間や文化的なコンテクストのなかで捉え直す、彼自身のそれまでの研究スタンスを継承しつつ、美術館や博物館における展示と鑑賞者との関係をもメディア研究の主要なフィールドとしてとらえ直す試みを展開させながら、メディアの媒介性を基本に立ち返って思考する、その集大成とでも言うべきものが *Media and Morality* である。そのなかでも、訳出した第2章は、グローバル・メディアが表出・表象するさまざまな「他性」や「他者」のイメージがその根底において「政治的なもの」たらざるを得ないことを理論的に論じたものである。経験的でありつつも、メディア研究の「存在論」をつねに視野に入れた彼の研究の往還性をよく示している論考と言えるだろう。（伊藤守）

第Ⅱ部　デジタルメディアの物質性・媒介性

カルチュラル・ソフトウェアの発明
アラン・ケイのユニバーサル・メディア・マシン

レフ・マノヴィッチ　大山真司訳

ミディアム

8

a・使用される材料や創造の方法によって決定される特定の種類の芸術的技法あるいは表現方法：リトグラフィーのメディアなど。

b・特定の芸術技法に使用される材料：ミディアムとしての油絵

（アメリカン・ヘリテージ辞書、第四版（Houghton Mifflin, 2000））

「未来を予測する最良の方法は、それを発明してしまうことである」――アラン・ケイ

外見と機能

一九四〇年の発明から八〇年代半ばのパーソナル・コンピュータの到来まで、デジタル・コンピュータは主に軍事、科学、そしてビジネスの計算とデータ処理に使われていた。コンピュータは双方向的ではなかった。それは個人の使用のためにデザインされたものでもなかった。ようするに、コンピュータは、とても文化創造に使えるものではなかったのだ。

一九八〇年代と九〇年代におこったいくつかの出来事――パーソナル・コンピュータ業界の勃興、ＧＵＩ（グラフィカル・ユーザー・インターフェース）の採用、コンピュータ・ネットワークとＷＷＷの普及――によって、コンピュータは文化のメインストリームに躍り出た。クリエイティブの専門家達は、従来のツールや技術からソフト

ウェアに乗り換えていった。コンピュータは、何十万人もの人がメディアを制作・操作し、シークェンスして共有することを可能にした。しかしそれが根本的に新しい文化形態の登場につながっただろうか？　こんにちメディア企業はe-bookや双方向テレビなどを次々に投入している。消費者は音楽アルバムや映画のデジタル配信を利用し、またデジタルカメラや携帯電話で写真やビデオをとることを楽しんでいる。オフィスワーカーは紙を模倣したＰＤＦを読んでいる（スマート・オブジェクト、アンビエント・インテリジェンスなどとよばれる最も未来的なデジタル文化の先端でも、伝統的な形態はしぶとく生き残るだろう）。フィリップスは、電子的なノートやビデオを写すことの出来る「スマート」な家庭用鏡を試作し、同社の研究所長はデジタル写真を表示できる普通の見かけの花瓶の開発を夢見ているようだ。

簡単にいうと、メディアの生産、流通、そしてアクセスにおける革命は、メディアの統語論、意味論における同様の革命を伴っていないようにみえるのだ。これは誰に責任があるのだろう？　カルチュラル・コンピューティングの発明家というべき、Ｊ・Ｃ・Ｒ リックライダー、アイバン・サザランド、テッド・ネルソン、ダグラス・エンゲルバート、セイモア・ペーパー、ニコラス・ネグロポンテ、アラン・ケイ達に責任があるのか？　それとも、ネルソンとケイが指摘するように、責めるべきは業界が彼らのアイデアを実現しているやり方なのだろうか？

業界のやり方を責めるのはいつでも出来るから必要ならそうするとして、まずはカルチュラル・コンピューティングの発明家達が一体なにを考えていたのかを検討してみることにしよう。たとえば、現代のパーソナル・コンピュータのプロトタイプをつくった人物であるアラン・ケイについて考えてみるというのはどうだろう？

アラン・ケイ[1]は一九七〇年から八一年まで、カリフォルニア州にあるゼロックスのパロアルト研究所（ＰＡＲＣ）に勤務した。先行する研究者達であるサザランド、ネルソン、エンゲルバート、リックライダー、シーモナ・パパートらのあとを継いで、ケイが率いる学習研究グループ（Learning Research Group）は、バナキュラー・メディア・コンピューティングのパラダイムと技術を明確に確立した。[2]

一九五〇年代からコンピュータを使っているアーティスト、映画作家、建築家や音楽家などは存在したが、彼らの多くは（ベル研究所やＩＢＭワトソン研究所などの）研究所のコンピュータ科学者との共同作業でソフトウェアを開発しており、またそうしたソフトウェアは作者の特定の画像、アニメーション、音楽の為だけに開発されたものだった。さらに、それぞれのプログラムは、特定のマシンで走らせるためにデザインされていた。したがってこれらのソフトウェアは、不特定多数のための汎用ツールとして機能するものではなかった。

　現代のパーソナル・コンピュータの基礎になる、ウィンドウやアイコンなどのＧＵＩ、ビットマップ・ディスプレイ、カラー・グラフィックス、イーサネットを使ったネットワーク、マウス、レーザープリンター、ＷＹＳＩＷＹＧ[3]印刷などがＰＡＲＣで誕生したことはよく知られている。しかし同様に重要なのは、ケイと仲間達がグラフィカル・インターフェースを持ったメディア操作・制作アプリケーションを数多く開発したということだろう。この中にはワード・プロセッサ、ファイル・システム、ドローイングとペインティング・プログラム、アニメーションプログラム、音楽編集ソフトなどが含まれる。全体的なユーザー・インターフェースも、個別のメディア操作プログラムも、スモールトーク（SmallTalk）というプログラム用語で記述されている。いくつかのプログラムはケイのグループのメンバーによって書かれたが、他のプログラムは、中学一年生を含むユーザー自身によって書かれていた（ユーザー自身がクリエイティブなツールを作るためのプログラミング環境、プログラム例、そして完成された一般的なツールを提供するというのはケイのビジョンの重要な要素であった）。

　アップルが一九八四年に発表した最初のマッキントッシュは、ＰＡＲＣのビジョンを消費者に手の届く形にしたものだった（コンピュータの値段は二四九五ドルに設定された）。オリジナルのマッキントッシュ１２８Ｋはワープロとドローイングアプリケーションを同梱していた（MacWrite と MacDraw）。数年以内にメディア制作・編集アプリケーションが次々に誕生する。ワード、ページメーカー、ビデオワークス（一九八五年）、サウンド・エディット（一九八六年）、フリーハンド、イラストレーター（一九八七年）、フォトショップ（一九九〇年）プレミア（一九九一年）、アフターエフェクト（一九九三年）などである。九〇年代前半までにはマイクロソフト・ウィンドウズを搭載したＰＣでも同様の環境が整ってくる。マック、ＰＣは当初は（ワープロを除けば）従来のメディア・ツールや技術の本当の競争相手になるほど高速ではなかったが、八〇年代に入ると、メディア処理に特化したコンピュータシステムがそうしたツールに次々に取って代わっていくようになる（たとえば一九八九年から九六年の間に製造されたNextワークステーション、一九八五年から九四年に製造されたアミーガ、一九八一年にリリースされたペイントボックスなどだ）。

一九九一年頃になると、コンピュータはパーソナルなメディア・エディターとして完全に認識されるようになった（この年、アップルのQuickTimeがビデオを消費者向けに普及させ、コンピュータ生成の特殊効果を満載したジェームズ・キャメロンによる画期的な映画『ターミネーター2』が登場した）。コンピュータが様々なメディア・コンテンツを表示し、オーサリングし、編集するパーソナルなマシンになるというPARCにおけるケイのビジョン、あるいはその一部は現実になった。ケイとそのグループはこれらのメディア・アプリケーションを最初に発明したというわけではないが、（たとえばペイント・プログラムやアニメーション・プログラムは既に一九六〇年代後半には存在していた）様々なアプリケーションを一台のコンピュータに搭載し、統一した外見と動作を与えることによって、PARCの研究者達はメディア・コンピューティングの世界に新しいパラダイムを確立したのだ。

すでに私の主張がおわかり頂けただろうか？　証拠は十分に揃っている。古いメディアを模倣するデジタル・コンピュータの開発を担ったのはPARCのアラン・ケイとその仲間達である。なじみのメディアを作成し編集できる、操作の簡単なGUIソフトウェアを開発することで、ケイと仲間達はコンピュータを「古いメディア」のシミュレーション・マシンに変貌させた。ジェイ・ボルターとリチャード・グルシンの大著『再媒体化：ニューメディアを理解する（remediation: understanding new media 2000)』の言い方を借りれば、GUIベースのソフトウェアは、デジタル・コンピュータを従来のメディアを巧妙に表象＝再現前（represents）するマシン、「再媒介化マシン」に変えたのだ（PARCで開発された他の技術、コンピュータのスクリーンとして使われたビットマップカラーディスプレイ、レーザー印刷、そして最終的にポストスクリプトになった最初のPage Description Languageなども、物理的なメディアのシミュレーションという、コンピュータの新たな役割をサポートするために開発された）。

ボルターとグルシンは再媒介を「一つのミディアムを違ったミディアムで再媒介すること」であると定義している。彼らの議論によれば、新しいメディアは常に古いメディアを再媒介するのであり、したがってコンピュータが例外であると考えるべきではない。この視点は、コンピューテーショナル・メディアと従来のメディアの連続性に重きをおいたものであるといえる。異なったロジックによって区別されるのではなく、コンピュータを含む全てのメディアはまったく同じ再媒介のロジックに支配されているという立場だ。コンピュータとその他のメディアの唯一の違いは、どうやってなにを再媒介するか、の一点である。ボルター達がその著作の第一章で主張するように、「ニューメディアの新しさは、テレビ、映画、写真そしてペインティングを再媒介する特定の戦略にある」。さらに彼らは同じ章の違う箇所で、この立場を一点の曇りなくはっきりとさせる同様に強い主張を行っている。「新しいデジタルメディアの最も重要な特徴は、再媒介であると我々は主張したい」。

もし我々が消費者あるいは専門家によって作られたデジタルメディア（安価なカメラや携帯電話で撮られたデジタル写真やビデオ、ブログやオンラインジャーナルのコンテンツ、フォトショップで作成されたイラストレーション、AVIDで編集された劇場映画など）をその外見だけで判断するなら、デジタルメディアは、たしかにデジタル以前のメディアと同じに見えるだろう。よって、たしかにメディアの表面だけに注意するなら、再媒介化はコンピュータ・メディアを説明しているように見える。しかし我々は、再媒介という普遍的ロジックの必然的な帰結としてこの事態を受け入れるのではなく、なぜこうなったかをあらためて問うべきだろう。別の言い方をすれば、もし現代のコンピュータ・メディアがその他のメディアを模倣するなら、それはどのようにして可能なのか？　チューリングとフォン・ノイマンによるオリジナルなデジタルコンピュータ理論の中に、コンピュータが本や写真あるいは映画を模倣するという事態はまったく書かれていないのだ。

軍が対空砲の射程計算やドイツ軍の通信コードの解析に使った巨大なコンピュータと、現在一般人がメディアの保存や編集、共有に使っているデスクトップやラップトップの間には巨大な概念的そして技術的な違いがある。MITのリンカーン研究所がはじめて双方向性のコンピュータにとりかかった一九四九年から、フォトショップが初めてリリースされた八九年まで、現代のメディアプロセッサーとしてのコンピュータのアイデンティティは四〇年をかけて確立してきた。最高に優秀でクリエイティブな人々が数世代にわたって無数のコンセプトとテクニックを考え、今ある脅威の再媒介マシンとしてのコンピュータが出来上がった。彼らそして彼女たちはいったいどうしてこれをやったのだろう？　なにを考えながら？　なぜ彼らは究極の再媒介マシンの発明にキャリアを捧げたのだろう？

メディア理論家はデジタルメディアと古い物理的メディアと電子メディアの関係を理解するために相当の努力をはらってきたが、一九六〇年代、七〇年代に活動したアイバン・サザランド、ダグラス・エンゲルバート、テッドネルソン、アラン・ケイなどのパイオニア達のテキストやプロジェクトなどの重要なソースは、未だにほとんど分析されていない。この本はメディア・コンピューティングの発明の歴史を網羅することを目指しているわけではない。したがって重要人物全員の思考を検討することはしない（それは一冊の本で出来ることではそもそもない）。むしろ私の関心は現在と未来にある。具体的にいうと、私が理解したいのはメディアとはいったいなにか、なにが可能で、そして我々はそれをどう使っているか、といった事柄におこった劇的な変化、従来のメディア技術からソフトウェアへの移行に密接に関わるこの変化を理解することである。これらの変化のうちいくつかは一九九〇年代には始まっていたが、当時は取り上げられることはなかった（たとえば動画やヴィジュアルデザイン全般の新しい言語の誕生など）。ほかの出来事に関しては未だに名前さえつけられていない。またその他、たとえばリミックスやマッシュアップの文化などは、頻繁に言及されはするが、それがいかにメディア・ソフトウェアの進化によって可能になったかについて、まともな分析が試みられたことはない。

ようするに私が理解したいのは、「ソフトウェア以降のメディア」とはなにかという問題だ。コンピュータ化によって、二〇世紀のメディアのテクニック、言語、そして概念のいったいなにが変わったかのだろうか？　もっと正確にいうと、ソフトウェア化することでメディアになにが起こったかという問題である（一冊の本で扱いうるテクニック、言語と概念の数には限りがあるため、まだ誰にも分析されていないと考えるものを選んでいる）。この問題に答えるために、一九六〇年代から今日までのメディア・コンピューティングの概念的な歴史の一つの道筋を辿ってみることにしたい。

この作業を最も効率よく行うために、「再媒介マシン」としてのコンピュータのアイデンティティが誕生した一九七〇年代のＰＡＲＣのアラン・ケイの学習研究グループを詳細に検討したい。二つの問いをたてることが出来るだろう。一つ目はいったいケイがなにがやりたかったのか？

そして二つ目はケイと同僚達はどうやってそれを達成したかということだ。以下で詳細に述べることになるが、一つ目の問いに対する簡単な答えは、コンピュータを学習、発見、芸術的創造のための「パーソナル・ダイナミックメディア」に変えたかったからということになる。彼のグループは体系的にほとんどの既存メディアをコンピュータ内にシミュレートし、さらにそこに多くの新しいプロパティを付け加えた。ケイのグループはさらに、ユーザー自身が提供される一般的なツールを使って新しいタイプのメディアを（すくなくとも理論上は）簡単に作るためのプログラミング言語をも開発した。これらのツールと既存メディアのシミュレーションには、活動的、図像的、象徴的という三つの精神構造を刺激するためにデザインされ統一されたGUIが与えられた。

　ケイは、「パーソナルダイナミックメディア」を、ユーザーの情報を一元的に保持し、様々なメディアを一台のコンピュータでシミュレートし、そして「ユーザーを双方向的な対話に引き込むこと」、などを可能にする歴史上存在しなかった数多くのプロパティを持つ根本的に新しい種類のメディアとして構想していた。[4] こうしたプロパティによって、ユーザーと、ユーザーがコンピュータ上で制作・編集・閲覧しているメディアとの間に全く新しい関係性が生まれる。そしてこれは我々がコンピュータとコンピューター以前のメディアの関係を理解するうえで決定的に重要なことだ。簡単にいうと、コンピュテーショナル・メディアは視覚的には既存のメディアを忠実に模倣しているように映るが、そうしたメディアの機能のしかたは決定的に異なっている。

　表面的にはアナログ写真を模倣しているようにみえるデジタル写真を例にとってみよう。ボルターとグルシンにいわせればこれはデジタルメディアによる一世代前のメディアの「再媒介」の典型的な例ということになるだろう。しかし外見だけでなく、デジタル写真がどのように機能しているかを見る必要がある。デジタル写真は、雑誌のイラストレーション、壁に貼られたポスター、Tシャツのプリントなど、物理的なオブジェクトに印刷された状態では、たしかにアナログ写真と同じように機能する。[5] しかしデジタル写真が、ラップトップ、ネットワークストレージシステム、または携帯電話などのコンピュータ化されたデジタルメディアデバイスなど、ユーザーが写真を編集したり、他のデバイスやインターネット上に転送出来るネイティブなコンピュータ環境内に留まっている場合は、デジタル写真は従来のメディアとは根本的に違った機能を持つことになる。言い方を変えればデジタル写真は、ユーザーにデジタル以前のメディアが持たなかった多くのアフォーダンスを提供することができる。デジタル写真は一瞬にしてどのような形にでも変更できるし、同様にほかのイメージと組み合わせることもできる。また世界中を一瞬にして移動させて他人と共有したり、テキスト書類や、建築デザインに挿入したりもできる。さらにいえば、コントラストを改善し、鮮明度をあげ、ぼやけをとったりなどの処理も自動的に（適当なアルゴリズムを走らせることによって）可能だ。

気をつけたいのは、こうした新しいプロパティが、数字として表象されたピクセル群であるデジタル写真という特定のメディアだけにあてはまるものではないことだ。その他の多くのプロパティははるかにたくさんのメディア種によって共有されている。例えば現在のデジタル文化のこのステージでは、電子メールに全てのタイプのメディアを添付することができる。さらに他のプロパティ、たとえばユーザーのアクションに対する「原因と結果の間の識別不能な時差」を実現したコンピュータの反応速度の速さは、三〇年前にPARCで開発された現在のGUIパラダイムにおけるコンピュータ環境のより一般的な特徴だ。[6] また他のプロパティは、全ての種類のコンピュータ、その他のデバイスが同じネットワークに接続することを可能にしたTCP－IPなどのネットワーク・プロトコルによって可能になっている。まとめると、デジタル写真の「新しいDNA」のうち、それが生まれた場所であるデジタルカメラ内部という場所に帰属するのはごく一部に過ぎない。それ以外の多くのプロパティは、より一般的な現在のネットワークコンピュータのパラダイムの産物なのだ。

ケイのアイデアを本格的に検討する前に、なぜ私が、他の誰でもなく、アラン・ケイを取り上げる理由をもう少しはっきりさせておきたい。これから私が展開するストーリーは、全く違った形で語ることも可能だ。コンピューテーショナル・メディアの歴史のどまんなかに、サザランドのスケッチパッドをおくことも出来るだろう。一九六〇年代にハイパーテキスト、マウス、ウィンドウ、ワード・プロセッサー、テキスト／画像混在のディスプレイなど、数多くの「はじめて」を開発したエングルバートと人間の知性増強研究所に関しても同様のことがいえる。あるいは一九六七年に始まったニコラス・ネグロポンテ率いるMITのアーキテクト・マシン・グループ（このグループが一九八五年にメディアラボになる）の仕事に焦点をあてることもできよう。またＰＡＲＣのケイのグループがＧＵＩのディテールを発表し、様々なメディアエディター（ペイント・プログラム、イラストレーション・プログラム、アニメーション・プログラムなど）をスモールトークでプログラムする頃には、アーティスト、映画作家、そして建築家達はすでに一〇年以上コンピュータを使用していたし、さらにはロンドンのＩＣＡ、ニューヨークのユダヤ博物館、ロサンゼルスのカウンティ美術館などの有名美術館では数多くのコンピュータ・アートの大規模なエキシビションが行われていた。いうまでもなく、コンピュータによるビジュアル表象のテクニックを進歩させることに関しては、他のコンピュータ科学者達はすでに先行していた。例えば、一九七〇年代初頭にコンピュータグラフィックス研究の中心地になっていたユタ大学の科学者達は、ＰＡＲＣで開発されていたコンピュータで作成出来るシンプルな画像よりはるかに進化した３Ｄコンピュータグラフィックスを開発していた。ユタ大学の隣ではエヴァンス＆サザランドという（ユタ大学で教鞭をとっていたアイバン・サザランドが主導している）会社が、すでに３Ｄグラフィックスをフライトシミュレーションに応用し、「ナビゲート可能な３Ｄヴァーチャル空間」と呼ぶべき新しいタイプのメディア開発の先駆けとなっていた。[7]

ＰＡＲＣでコンピュータを総合的なメディアマシンとして確立したことは私がケイに注目する理由の一つだが、唯一の理由ではない。私がケイに集中する最も重要な理由は、コンピュータを他のメディアとメディアの歴史との関係性において理解する彼の理論的定式化である。ヴァネヴァー・ブッシュ、Ｊ・Ｃ・リックライダーそしてダグラス・エンゲルバート達が、知的作業、とくに科学者の仕事の支援に主眼をおいていたのとは対照的に、ケイが興味をもっていたのは「ドローイング、ペインティング、写真のアニメーションそして音楽の作曲や生成など、表現メディア」としてのコンピュータである。[8] したがって我々が、なぜ、そしてどのようにしてコンピュータが文化的なメディアとして再定義され、そして新しいコンピュータメディアが従来の物理的、電子メディアとどう違うかを本当に理解しようとすれば、ケイは最高の理論的な視座を我々に与えてくれると考える。

「シミュレーションこそがダイナブックの中心的な概念だ」

ケイはいくつかの論文や講演の中でアイデアを明らかにしているが、現代のコンピュータ・メディアを理解するうえでもっとも参考になるのは、一九七七年に発表された、ＰＡＲＣでの主要な協力者の一人で、コンピュータサイエンティストであるアデル・ゴールドバーグとの共同論文だろう。二人はこの論文の中で、ＰＡＲＣの学習研究グループのビジョンは「全ての人が所有し、ほとんど全ての情報関連のニーズをかなえることの出来る、ノートブックサイズ（ダイナブック）のパーソナルダイナミックメディアをつくること」だと書いている。[9]二人によればこのダイナブックは「人間の視覚、聴覚にまさる機能を持ち、何千ページもの参考資料、詩、手紙、レシピ、レコード、ドローイング、アニメーション、楽譜、音の波形、動的なシミュレーションをはじめ、記憶させ、変更したいものすべてを収め、あとで取り出せる能力」をもつ。[10]

私の考えでは、ダイナブック上では、あるいはサイズやデバイスを問わずコンピューテーショナル・メディア環境全般では、今まで人間が表現とコミュニケーションに使ってきた「全て」のメディアの閲覧、制作そして編集が可能であることが重要だ。今まで個々のメディア上で制作出来るプログラムは存在したが、ケイのグループは、歴史上はじめてそれらをすべて一台のマシン上で実現させた。換言すると、ケイのパラダイムは、たんに他の物理的なメディアと共存する新しいタイプのコンピュータ・メディアを作ることではなかった。むしろ、彼のパラダイムは全ての既存メディアのアンブレラ、あるいはプラットフォームとしてのコンピュータを確立することだった（二人はこうしたプラットフォームに「メタ・メディア」という名前を与えている）。このパラダイムは我々のメディア理解を根本から揺さぶるものだ。ゴットホルト・エフライム・レッシングのラオコーンからネルソン・グッドマンの芸術の言語まで、メディアをめぐる現代の言説は、異なるメディアはそれぞれ独自のプロパティを持ち、したがって対立するものとして理解されるべきであるという前提に依拠していた。全てのメディアを一つのコンピュータ環境に放り込むことで、多様なメディアが表象出来るものと、それがどう認識されるかの差異が消失するわけではないが、しかしそうすることでメディアの間の距離は、様々な意味で近くなる。そうした異なるメディア間の新しい関係性のいくつかは、ケイと同僚たちにとっては明らかだった。ＰＡＲＣによって解き放たれた新しいメディアのロジックがより本格的に表面化した一〇年後に明らかになった関係性もある。いくつかの関係性は、未だに現実化されることなく、不可視のままにとどまっているものもあるだろう。そうした関係性の顕著な例は、ウェブページ、パワーポイント書類、マルチメディアのアートワーク、携帯のマルチメディアメッセージ（MMS）、ブログ、その他メディアを組み合わせたコミュニケーション形態など、標準的なコミュニケーションになったマルチメディアの登場だろう。あるいはヴァーチャルカメラ、拡大レンズそしてもちろんコピー&ペーストなど、作業するメディアを問わず共通するインターフェイスやツールの浸透もあげられる。あるいは、VJ、DJ、ライブシネマパフォーマンスや情報の視覚化の領域で広く行われているように、ソフトウェアを使って一つのメディアを他のメディアに変換する能力（例えば画像からサウンド、サウンドから画像、数量データから3Dの形やサウンドなど）なども その例だ。とにもかくにも、現在の状況は異なるメディアがお互いに接近し、プロパティを交換し、そしてそれぞれの固有のプロパティを貸しあっているようにさえ見える（現在の状況は、個別の芸術的メディアのユニークな言語を追求した二〇世初頭のモダニスト的なメディア・パラダイムとはまったく対極的である）。

アラン・チューリングはコンピュータを、大量の違ったマシンをシミュレートすることが可能なマシンであると理論化したが、このシミュレーション能力こそが現代社会におけるコンピュータの普及の最大の要因の一つだろう。しかし既に述べたように、チューリングそしてその他のデジタルコンピュータの発明家や理論家達の中に、こうしたシミュレーションにメディアが含まれる可能性をはっきりと考察したものはいない。シミュレーションという考えををメディアまで拡張したのはケイとその同時代人がはじめてであり、そうすることで彼らはチューリングのいう全てのシミュレーションとしての「ユニバーサルチューリングマシン」を、いわば「ユニバーサルメディアマシン」に変えてしまったといえるかもしれない。

したがって、ケイとゴールドバーグによれば「実際問題として、シミュレーションこそがダイナブックの中心的な概念だ」ということになる。我々が現実世界のなんらかのプロセスをシミュレーションするためにコンピュータを使うとき、（例えば気候システムの振る舞い、脳内の情報処理、衝突時の車の変形など）、我々の関心は、こうしたプロセスやシステムの必要な特徴を正確にモデル化するということにある。我々の関心はモデルが異なる条件やデータによってどのように変化するかとテストすることにあり、一番避けたいのは、コンピュータが、予期せぬなんらかの新しいプロパティをモデルに導入してしまうことだろう。簡単にいうと、汎用のシミュレーションマシンとしてコンピュータを使うとき、我々がこのメディアに求めるのは完璧な「透明性」である。

しかし我々が異なるメディアをコンピュータの中でシミュレーションするときには、まさにこの通常は避けたいことが起こる。そしてこの場合、表現とコミュニケーションの可能性を拡張してくれる新たなプロパティの登場は、歓迎すべきことになる。都合のいいことに、ケイと同僚達が、既存の物理的メディアの（こうしたメディアを表示し、作成し、編集し、そして閲覧するツールである）コンピュータシミュレーションをつくったとき、それらは新しいプロパティを生み出すことになった。たとえば、本を例に取ると、ケイとゴールドバーグは「これは新しいプロパティを持つ新しいメディアであるから、シミュレートされた本と捉える必要はない。動的な検索が特定の文脈で行われるだろう。非線形的な構造を持つファイルメディアと、動的な操作によって、複数の視点からのアクセスが可能になるだろう」と指摘している。[11] ケイと同僚達は、紙書類のコンピュータ・シミュレーションに他にも様々なプロパティを付け加えている。ケイが他の論文でも言及しているが、彼のアイデアはたんに紙をシミュレートすることではなく、むしろ「マジカルペーパー」とを作り出すことだった。[12] たとえばＰＡＲＣのチームは、ユーザーが書類中のフォントを変更し、また新しいフォントを作成出来る機能を与えている。ケイのグループはまた、「同一構造の複数の視点を作成する能力」というエンゲルバートのチームによって一九六〇年代に開発されていた重要なアイデアを実現した（詳細は後述する）。エンゲルバートやネルソンはすでに、我々が現在ハイパーテキストやハイパーメディアと呼ぶ、ハイパーリンキングによって異なる書類や、同一書類内の異なる部分をつなげる能力を加えていた。エンゲルバートのグループはまた、一つの書類を、複数のユーザーが協同して同時に作業出来る能力も開発していた。一九六五年の電子メール、一九七九年のニュースグループ、そして一九九一年のＷＷＷなど、新しく誕生したプロパティのリストは無数にある。

これらの新しいプロパティは全て広範囲におよぶ影響をもたらした。検索を例にしてみよう。一ページの書類を検索出来る能力は画期的な革新には聞こえないが、書類が長くなるにつれて検索能力の重要性は増大する。書類が大量にある場合、例えばウェブ上に存在する全てのウェブページの場合、その重要性は決定的になる。現在の検索エンジンは完璧ではないし、新しい技術は引き続き進化するだろうが、検索技術がなければウェブの文化は現在とはまったく違ったものになっただろう。

　同一ネットワークに接続する複数のユーザーが一つの書類を共同制作出来る能力の場合はどうだろう？　一九八〇年代と九〇年代にこの技術を活用している企業はあったが、印刷メディアに「追加」されたこの機能の本当の文化的な可能性が広く社会に認識されたのは、二〇〇〇年代初頭になってからだ。数多くのボランティアによる少しずつの労働と専門能力を活かしたソーシャルソフトウェア・プロジェクトは、従来のやり方ではとても不可能だった、膨大で常に更新し続ける知識の源を作り出した。このもっとも有名な例は、ウィキペディアだろう（少し見えにくい例だが、我々がウェブ上で検索し、結果をクリックするたびに、他の人によって使われる知識に貢献している。特定の検索に対する結果の表示順序を決定するにあたって、グーグルのアルゴリズムは同じ検索用語に対して表示された過去の検索結果のうちどれが有効であったかを考慮しているからだ）。

　双方向のメディアコンピューティングを発明したサザランド、エンゲルバート、ネルソン、ネグロポンテ、ケイ達の著作や講演を分析すると、彼らがコンピュータメディアの新しいプロパティを結果的に思いついたのではないことがはっきりわかる。逆に彼らは自分たちが物理的メディアをニューメディアに変えていることをはっきりと認識していた。一九六八年、エンゲルバートはサンフランシスコのコンピュータ会議で、コンピュータ科学者、ＩＢＭのエンジニア、コンピュータ業界人、そして様々な政府組織の出資担当者を相手に、いまや伝説になったデモを行った。[13]エンゲルバートには九〇分が与えられたが、彼にはたっぷり話すことがあった。それまで数年間にわたって、人間の知性増強研究所における彼のチームは、現在存在しているオフィス環境のほとんどを開発した（これはのちにＰＡＲＣにて開発されたメディアデザイン環境と区別してほしい）。彼らのコンピュータシステムは、アウトライン機能付きのワードプロセッシング、ハイパーテキストで接続された書類、オンラインでの共同作業（離れた物理的場所にいる二人による同一書類上のリアルタイムの共同作業）、オンラインユーザーマニュアル、オンラインプロジェクトプランニングシステム、そして現在「コンピュータ支援の共同作業（CSCW）」とよばれるその他の要素を含んでいた。このチームは、のちにＰＡＲＣによって洗練されることになる現代のユーザーインターフェースの主要要素であるマウスとマルチウィンドウをも開発していた。

デモの流れからは、エンゲルバートは、新しいコンピュータシステムを、聴衆が既に知っていることや行っていることに関連づけるように留意しながらも、シミュレートされたメディアの全く新しい特徴に集中していたことが分かる。デモの最初はワードプロセッシングに割かれているが、彼はテキスト入力、カット、ペースト、挿入、ファイル名入力とファイル保存など、コンピュータをより多目的なタイプライターに変えてくれるツールの簡単なデモが終わると、続いて従来の記述メディアが持ち得なかった新しい機能である「ビューコントロール」のより詳細なデモに移っていく。エンゲルバートが強調するように、この新しいライティングミディアム上では、ユーザーは、同じ情報を、複数の視点を切り替えながら扱うことが出来る。テキストファイルは違ったソートをすることが出来る。また、アウトライン・プロセッサやマイクロソフトワード等の現在のワープロのアウトラインモードのように、いくつかのレベルの階層に整理することも出来る。例えばアイテムのリストはカテゴリ別に並べ替えることが出来るし、それぞれのカテゴリは展開したり、逆に格納することが出来る。

エンゲルバートは続いて、デモから四〇年後の今でも、書類管理ソフトウェアにはいまだに搭載されていない、もう一つのビュー・コントロールの例を披露した。彼は長い「To Do」リストをつくってみせ、そしてそれを場所別に並べ直した。それから彼はコンピュータにそれらの場所をビジュアルグラフとして表示させた（線で繋がった点として）。聴衆の目の前で、一つのメディアにおける表象が、もう一つのメディアに移動した、つまりテキストがグラフになった。しかしこれがすべてではない。ユーザーはこのグラフに違った情報を表示させることが出来るが、これは完全に物理的メディアには不可能な機能だ。エンゲルバートが特定の場所と対応したグラフ上の点をクリックすると、グラフは「To Do」リストの対応する部分を表示するのである（画像がどの情報をどの程度表示するかを双方向的に変化させる機能は、現代の情報（可視化）アプリケーションにおいては特に重要である）。

次にエンゲルバートは、事前に用意されていた「チェイン・オブ・ビュー」を披露した。かれはリンクを利用して複数のビューを切り替えて見せた。リンクは現在ウェブ上に存在するハイパーリンクに似ているが、実際は違った機能を持っていた。ヴァネヴァー・ブッシュ のメメックス（現在のハイパーテキストの先駆けとして一般的に考えられている）のように多数の書類をつなげるのではなく、エンゲルバートは、リンクを、階層的に構成された書類の複数のビューを切り替える方法として使用した。スクリーンの上部にはひとまとめの単語が配置される。これらの単語をクリックすると、スクリーンの下部により詳しい情報が表示される。この情報はさらに詳しいビューへのリンクを含んでいるのだ。

　ここではリンクがテキスト世界を連想的あるいは水平的に浮遊するために使用されているのではなく、我々は一般的な情報と詳細な情報の間を「垂直」に移動することになる。したがってエンゲルバートのパラダイムでは、我々はナビゲートするのではなく、ビューを切り替えるのだ。我々は同じ情報から様々なビューを作り出すことが出来るし、そうしたビューを、複数の方法で切り替えることが出来る。そしてこれこそがエンゲルバートがデモの前半部分で体系的に説明したことだ。彼は、コマンド、階層に対応した数字の入力、写真の一部のクリック、あるいはテキストのリンクのクリックによってビューを変更出来ることをデモした（テッド・ネルソンも一九六七年に、ユーザーが「特定のサブジェクトに関するより詳細な情報を手に入れられる」彼がストレッチテキストと呼ぶ、ある種のハイパーテキストに関するアイデアを明らかにしている）[14]。

　一九九〇年代はじめにニューメディア理論と批評が誕生して以来、双方向性、ハイパーテキスト、ヴァーチャルリアリティ、サイバースペース、サイバーカルチャー、サイボーグなどに関する無数のテキストが書かれてきた。しかし私はいまだかつて「ビューコントロール」に関するまともな分析に出会っていない。それでもビューコントロールは、現在我々が手にしている情報とメディアを扱う上で、根本的で革命的なテクニックなのである。我々はこの機能を毎日数え切れないほど使っている。「ビューコントロール」、つまり同じ情報に多くの違った視点から、視点の種類を切り替えながらアクセス出来る能力は、ワード・プロセッサーとメール・クライアントだけではなく、ＡＵＴＯＣＡＤ（Ｍａｙａ、アフターエフェクト、ファイナルカットＰｒｏ、フォトショップ、ＩｎＤｅｓｉｇｎ）など全ての「メディア・プロセッサー」で採用されている。３Ｄソフトウェアは、通常作業しているモデルを、ワイヤーフレーム[15]、フルにレンダリングされた状態など少なくとも六つのやりかたで表示することが可能だ。アニメーションやヴィジュアルエフェクトのソフトの場合、典型的なプロジェクトはそれぞれ一〇以上の変数を持つ一〇以上のオブジェクトがあるため、アウトラインプロセッサーがテキストを表示するのに近い形で表示されることが多い。別の言い方をすれば、ユーザーはより多くの情報と、少ない情報を切り替えることが出来る。また現在作業中の変数だけを表示することが出来る。またコンポジションからズームインしたりズームアウトすることも出来る。これをやるとき、コンポジションの部分がたんに小さくなったり大きくなったりするのではなく、自動的に少ない情報とより多くの情報を表示するのである。例えば特定のスケールでは、数々のパラメーターの名前しか表示されない。しかしディスプレイにズームインすると、プログラムはそれぞれのパラメーターがどのように推移しているかをグラフで表示するかもしれない。

　違った例をみてみよう。テッド・ネルソンの一九六〇年代のはじめに（エンゲルバートとは独立して、しかし平行して）発表したハイパーテキストの概念である。一九六五年の論文「複雑なもの、変わりゆくもの、そして不確定なもののためのファイル構造」において、ネルソンは情報を整理するうえでの本と紙ベースのシステムの限界について議論し、そして彼の新しいコンセプトを紹介した。

　しかし、コンピュータのディスプレイと大容量メモリを使えば、教育と娯楽のための新しい、読み取り可能なメディアを作ることが出来るし、そのメディアは読者が、趣味と実益のために自分にあったレベルと嗜好を選び、もっとも意味を持つ場所を発見することを可能にする。私はここで紙上では表示あるいは表象できないほど、複雑に相互に連結した大量の文書や図像を「ハイパーテキスト」という言葉で呼びたい。

「新しい読み取り可能なメディア」。この言葉からは、ネルソンの興味が単純に本や文書などを「継ぎ合わせる」ことにあったわけではないことを明らかにしている。そうではなく、彼は明らかに新しいものを作りだそうとしていた。しかしネルソンによって提唱されたハイパーテキストは、釈義（聖書、タルムードやコーランなどの聖典の長大な解釈）、注釈、脚注など旧来の文書の拡張ではなかったろうか？たしかにこれらハイパーテキストの歴史的な先行物としてしばしば持ち出されるが、これはネルソンの提唱した概念を、その普及してはいるがあくまで一つの例に過ぎない非常に限られた形態、例えばＷＷＷ、と同一視することからくる誤解である。ノア・ワードリップ＝フリンが指摘するように、ウェブは、一九六五年にネルソンが提唱した数多くの構造の中の一つ、ユーザーがページからページにジャンプ出来る静的なリンクである「チャンクスタイル」ハイパーテキストを実現したにすぎない。[16]

ウェブの実現をうけて、ほとんどの人々はハイパーテキストを一方通行のリンクによって連結されたテキストの集まりであると理解している。しかしネルソンのオリジナルなハイパーテキストの定義のなかに、「リンク」という言葉は一度も登場しない。かわりに、ネルソンは新しい複雑な相互連結について語っており、それを実現する具体的なメカニズムには触れていない。一九六五年の論文はそうしたビジョンを実現するための一つのやり方にすぎず、彼の定義が示唆するとおり、他にも無数のやり方があるのだ。

「ハイパーテキストにはどのような構造が可能だろうか?」とネルソンは一九六七年のリサーチノートの中で問いかける。この問いに彼は簡潔かつ示唆に富む答えを用意した。「どんなものでも」[17] ネルソンは続いて説明する。「通常のテキストは単純で馴染みのあるハイパーテキストの特別なケースだ。ちょうど三次元空間（スペース）と普通の立方形（キューブ）が、ハイパースペースとハイパーキューブにおいては、単純で馴染みのある特別なケースであるように。」[18]（二〇〇七年にネルソンはこのアイデアを次のように言いかえている。「私がずいぶん昔に作った言葉であるハイパーテキストは、技術ではなく、おそらく文書と文学のもっとも完全な一般化なのだ」[19]）。

「ハイパーテキスト」がたんに「リンク」を意味しないなら、それはたんに「テキスト」を意味するわけでもない。現在の一般的な理解では「ハイパーテキスト」はリンクされたテキストを指すようになったが、先の引用から明らかなように、ネルソンのハイパーテキストの定義には「写真」も入っている。[20] そして次の引用のなかで、彼は「ハイパーフィルム」そして「ハイパーメディア」という言葉を紹介している。

> フィルム、サウンドレコーディング、ビデオレコーディングもまた、主に機械的な理由によって、線形の記号列構造をとっている。しかしこれらもまた、教育あるいは違った強弱をつけて表示するために、（たとえばラチスのような）非線形のシステムとして配列し直すことが出来る。ブラウズ可能な、非連続的なハイパーフィルムは、我々が注目すべきハイパーメディアの多くの可能性の一つにすぎないのだ。[21]

ネルソンが彼のコンセプトを明らかにしてから五〇年がたつ現在、ハイパーフィルムは実現しただろうか？　現在ハイパーテキストが理解されているような限定的な意味で、（ユーザーがクリック可能なショットの相互リンクとして）ハイパーフィルムを理解するなら、ハイパーフィルムは結局実現していないように見えるかも知れない。初期の先駆的なプロジェクト、たとえばアスペン・ムービーマップ（Architecture Machine Group, 1978-9）、アールキングとソナタ（Grahame Weinbren, 1983-85;1991-93）、ボブ・シュタインのボイアージュカンパニーによるＣＤ－ＲＯＭ、そして『ＷＡＸ　蜜蜂テレビの発見』（David Blair, 1993）は、結局発展されることはなかった。同様に、一九九〇年代初頭にビデオゲーム業界によって作られたインタラクティブ映画やＦＭＶゲームはすぐに時代遅れになり、よりインタラクティブな要素をもった３Ｄゲームによって取って代わられた。[22] しかし我々がネルソンが構想したようにハイパーフィルムを、ビデオやフィルム要素をつなげるあらゆるインタラクティブな構造で、伝統的な映画は特殊な例にすぎない、とより幅広く捉えるならば、ハイパーフィルムは我々が思うよりはるかに一般的になっていることに気づく。ビデオを使っている膨大な数のインタラクティブなフラッシュサイト、ユーザーをビデオの特定のポイントへとジャンプすることを可能にしているマーカー付きのビデオクリップ（例えば ted.com のビデオを見て欲しい）[23]、あるいはデータベースシネマ[24]はそうしたハイパーフィルムのいくつかの例だ。

ハイパーテキストやハイパーメディアが一般的になる何十年も前に、ネルソンはこうしたアイデアが既存の文化的な実践や概念にとって何を意味するかを正確に見抜いていた。彼が一九六五年一月五日にバッサー大学で行った講演の告知は今日的な意義があるかもしれない。「これらの哲学的な意味は非常に重大なものだ。我々の「「読むこと」「書くこと」そして「書物」に関するコンセプトは砕け散り、我々は「ハイパーファイル」をデザインし、今まで紙に印刷されたもの全てを以上の教育的なパワーを持つ「ハイパーテキストを書くことを求められている」[25]。

こうしたネルソンの考えや仕事は、同様に伝統的な文化的コミュニケーションの常識に挑戦したアーティストや理論家を想起させる。実際デジタルメディアの研究者達は、ネルソンと、ロラン・バルト、ミシェル・フーコー、そしてジャック・デリダなど、一九六〇年代のフランスの理論家達との類似について詳細に議論してきた。ネルソンの思考と、ウリポの作品など同時期に出て来た実験文学との共鳴を指摘するものも多い[26]（ネルソンのハイパーテキストと、伝統的なナラティブスタイルを疑問視したフランスの映画作家の『ヒロシマ　モナムール』、『去年マリエンバートで』などの作品の非線形的な構造との関連を語ることも出来よう）。

こうした比較はいつまでも続けられる。一九八七年にジェイ・ボルターとマイケル・ジョイスはハイパーテキストは「近代の実験的文学の「伝統」の延長線上にある」とし、そこには「モダニズム、フューチュリズム、ダダ、シュルレアリスム、レトリスム、ヌーヴォーロマン、具象詩」などが含まれると書いた[27]。エスペン・J・アーセスはこれにまっこうから反論し、ハイパーテキストは作者が望めばモダニスト的な詩作を助けることが出来るが、決してモダニストの構造そのものではないと主張した[28]。どちらが正しいのか？　私はこの本の中で文化的ソフトウェアはメディアをメタミディアム（根本的に新しい記号論的、美学的なシステムで、ほとんどの既存のメディアテクニックと美学をその要素に含む）に変えたと主張するわけだが、したがって私はハイパーテキストはじつはモダニストの文学的伝統とは決定的に異なっていると考える。アーセスがいうように、ハイパーテキストはじっさいモダニストのような特定の詩などよりもはるかに一般的なのだ。じっさい、ネルソンはすでに一九八七年に、ハイパーテキストは伝統的な文字を含むどのような情報の構造もサポートすることが出来ると話しており、したがってここには様々なモダニストの詩も含まれると思われる（興味深いことに、この言明はケイとゴールドバーグの、コンピュータはメタミディアムであり、そのコンテンツには既存のメディアとまだ発明されていないメディアが含まれるという定義と共通するものがある）。

それではネルソンとモダニズムの間には強い連続性があると主張する研究者をどう理解すべきか？　ネルソンはたしかにハイパーテキストはどのような情報構造をもサポートするし、またサポートされる情報はテキストに限定される必要はないといっているわけだが、彼が取り上げる例と文章のスタイルからは疑いようのないモダニスト文化の美意識が読み取れる。彼は明らかに「普通のテキスト」を嫌っていた。ネルソンは複雑性と相互連結、そして慣習的な情報整理の単位であるページの破壊を強調するが、ここからはハイパーテキストと、ヴァージニア・ウルフ、ジェームズ・ジョイス、シュルレアリスムなどの二〇世紀初頭の実験的文学との関連が容易に連想される。ハイパーテキストにいきついたネルソンのそもそもの研究の動機は、文学作品の草稿のノートと原稿そのものを扱うシステムを作ることであり、その意味でこの文学との関係は偶然ではありえない。ネルソンはウィリアム・バロウズの仕事を知っていた。「複雑なもの、変わりゆくもの、不確定なもののためのファイル構造」の「ファイル構造」をなにかの「イズム」に入れ替えれば、これは二〇世紀初頭のアバンギャルド・マニフェストのタイトルにそっくりそのまま使えたことだろう。

　ネルソンのモダニスト的な美意識はコンピュータによって実現されうるニューメディアに関する考えの中にも見て取れる。しかし、やはり彼の仕事はモダニストの伝統の単なる延長として理解されるべきではない。むしろ、ネルソンそしてケイのリサーチは、アバンギャルドのプロジェクトの次のステージなのである。二〇世紀のアバンギャルドの作家達は、写真、グラフィックデザイン、映画、建築など、すでに確立されたメディアにおける常識に挑戦した。したがって未来派、オルフィスム、シュプレマティスム、デ・ステイルなどから出てくるペインティングがどれほど慣習から遠くみえても、彼らは作品を新しいメディアとしてではなく、ペインティングとして語ることに固執している。対照的に、ネルソンとケイは、既存のメディアをただ単純に変えることだけではなくはっきりと新しいメディアについて書いている。ネルソン：「コンピュータのディスプレイと大容量メモリによって、新しい読み込み可能なメディアをつくることが可能になる」。ケイとゴールドバーグ：「コンピュータテキストは、新しいプロパティを持つニューメディアであり、シミュレートされた本ではない」。

　モダニストのアーティストとカルチュラル・ソフトウェアの発明家達、そしてニューメディアの発明と既存メディアの拡張、の間の大きな違いは、既に引用したネルソンの論文タイトル「複雑なもの、変わりゆくもの、不確定なもののためのファイル構造」の中にも見て取ることが出来る。イズムの代わりにあるのは、ファイル構造だ。キュビスム、表現派、未来派、オルフィスム、シュプレマティスム、シュルレアリスムなどが提唱しているのは、情報整理の独自のシステムであり、それぞれのシステムは文化的ミームの生態系における覇権をめぐって、その他全てのシステムと争っている。反対に、ブッシュ、リックライダー、ネルソン、エンゲルバート、ケイ、ネグロポンテ、そして彼らの同僚達は、様々な種類の情報構造を支えるメタシステムを作った。このシステムをケイは「最初のメタミディアム」、ネルソンは「ハイパーテキスト」「ハイパーメディア」、エンゲルバートは「自動化された外部のシンボル操作」そして「ブートストラップ」と呼んだが、彼らの多様なビジョンの裏には、コンピュータによって可能になる情報操作の革命的な新しい可能性に対する共通の理解がみてとれる。ケイとネルソンが使う「メタ」「ハイパー」というハイフンは、ただ他のメディアを特定のやり方で再媒介するもう一つのミディアム、という以上の可能性を持つ一つのシステムを的確に表現している。この新しいシステムは、こうしたメディアとその再媒介戦略全てのシミュレートが可能で、同時にケイとゴールドバーグのいう「未だに発明されていないメディア」の開発を支援する能力を持つことになる。もちろんこれがすべてではない。もう一つ重要なのは、双方向性であろう。ネルソン、ケイ、その他のパイオニアが提唱した「メタ・」システムは、思考、発見、意志決定とクリエイティブな表現のプロセスを支援するためのものだ。

一方、モダニスト・ムーブメントの美意識とは、「情報のフォーマット化」システム、つまり既に決定されたプレゼンテーションに情報を選択して落とし込んで、ユーザーに配布するもので、いってみればパワーポイントのスライドと大差ないものだ。最後に、少なくともケイとネルソンのビジョンの中では、新しい情報構造とメディア操作のテクニック、もっといえばニューメディアそのものを定義していく作業はユーザーに任されており、決してデザイナーだけの特権ではなかった（すぐに議論するように、この決定は現代文化のあり方に重要な影響を与えている。コンピュータとプログラミングが十分に民主的なものになれば、これまで以上の文化的なクリエイティビティが、それを使った「コンテンツ」ではなく、新しい構造とテクニックそのものを作り出すことに注がれることになる）。

現代では典型的なコンピュータサイエンスや情報科学の論文が、「ニューメディア」の発明を研究の正当性として議論することがない。むしろ「知識発見」「データマイニング」「セマンティックウェブ」などのコンピューターサイエンスの領域やサブフィールドにおける先行研究に言及することが増えている。また「eラーニング」「ビデオゲーム開発」「協働的タグ付け（collaborative tagging）」「大規模分散協働（massively distributed collaboration）」など、既存の社会的、文化的な実践や業界への言及も見られる。いずれにしても、新しい研究は、既に確立された、あるいはすくなくとも人気のある実践――例えばすでに予算のついた研究パラダイム、大規模な業界、既存の社会的秩序を脅かすあるいは疑問視する主流の社会的習慣など――への言及によって正当化されることになる。つまりメディアを扱うコンピュータサイエンスの研究はほとんど全て、主流のメディア使用に焦点をあてていることになる。

言いかえれば、コンピュータサイエンティストは、メディア業界ですでに幅広く使われている技術の効率化か（ビデオゲーム、ウェブ検索エンジン、フィルム制作）、こうした業界のための将来の新技術開発を行っている。ニューメディアそのものの開発は誰もやらないし、また資金もつかない。こうした観点からみると、ソフトウェア業界やビジネス全般のほうが、アカデミックなコンピュータサイエンスよりもより革新的である、といえる。Ｗｉｋｉ、ＹｏｕＴｕｂｅ、フェイスブック、デリシャスなどのソーシャルメディアは、アカデミックの世界で生まれていない。ハイパーカードやＱｕｉｃｋＴｉｍｅ、ＨＴＭＬ、フォトショップ、アフターエフェクト、Ｆｌａｓｈ、Ｇｏｏｇｌｅ Ｅａｒｔｈなども同様だ。ネルソンもケイも、アカデミアではなく業界の中でキャリアを積んできたのは偶然ではない。ケイはゼロックスのＰＡＲＣ、アタリ、アップル、そしてヒューレットパッカードで働いたか、あるいはフェローだった。ネルソンはベル研究所、データポイント社、オートデスクのコンサルタントかフェローだった。また二人ともディズニーに関係している。

新しいコンピュータメディアを発明するというネルソンとケイの挑戦を支援したのは、なぜ産業界で、アカデミックではなかったのか？ そしてなぜ産業界（巨大な多国籍企業でも小規模なスタートアップでも、商品の大量販売、あるいはその他の方法で売上を上げている法人）は、アカデミアよりも、革新的なメディア技術、アプリケーション、そしてコンテンツに興味を持つのだろう？ この問いに正面から答えるには、別の論考が必要だ。また現代の組織が支援出来るイノベーションの種類は時間とともに変わっていく。しかし簡単な答えはこうだ。現代のビジネスは新しい市場、新しい商品、そして新しい商品カテゴリーの開発にかかわっている。新市場や商品の開発は常にリスクを伴うが、一方で巨大な利益をもたらす。これはネルソンやケイがゼロックス、アップル、ベル研究所、ディズニーに支援されていた時代からそうだった。グローバル化の九〇年代を経て、二〇〇〇年代になると、全てのビジネス領域で過去にないほどイノベーションがもてはやされるようになった。二〇〇五年を迎える頃には、中国、インド、その他元「新興経済」の新しい消費者の獲得に照準しはじめ、そのスピードは加速していく。同じ頃、ＩＴ業界では革新的な商品が増加していった。ウェブ2.0サイトにおけるオープンＡＰＩ、毎日のように発表されるウェブウェアサービス、場所メディア（Locative Media）技術、ｉＰｈｏｎｅやマイクロソフトのＳｕｒｆａｃｅ、ＨＤＲや非破壊編集[30]のようなイメージングの新しいパラダイム、ハードウェアにおける「ロングテール」の台頭などがそれだ。

ここまでの分析で明らかになったように、エンゲルバート、ネルソン、ケイと同僚達など、コンピュータメディアの発明家達にとって大事だったのは、物理的なメディアの正確なシミュレーションではなかった。そうではなく、どんなケースでも、目的は、新しいコミュニケーション、学習、制作を可能にする「新しいプロパティを持ったニューメディア」をつくることだった。したがってニューメディアのコンテンツが、既存メディアと同じに見えたとしても、そうした相似性に目を奪われてはいけない。本当に新しいのは、コンテンツではなく、コンテンツを制作し、編集し、閲覧し、配布し、そして共有するために使われるソフトウェアツールにあるのである。したがってソフトウェアベースの文化的実践のアウトプットだけに集中するのではなく、歴史的ありえなかったやり方で我々がメディアを扱うことを可能にしたソフトウェアそのものについて考察する必要がある。表面のレベルではたしかにコンピュータメディアは従来のメディアを再媒介しているが、メディアが「生きている」ソフトウェア環境では事態は全く異なっているのだ。

サザランドのスケッチパッド

もう二つ例をあげてみたい。一つ目はサザランドのスケッチパッド（一九六二年）だ。サザランドのＭＩＴでの博士論文の一部として書かれたスケッチパッドは、最初のインタラクティブなメディアオーサリングソフトであったということだけでなく、コンピュータによる物理メディアのシミュレーションは、シミュレートされたメディアにまったく新しい刺激的なプロパティを加えることが出来ることをはっきりと示したことで（ケイを含む）その後のコンピュータメディアに大きな影響を与えた。スケッチパッドはインタラクティブにライン・ドローイングを作成し、修正出来る初めてのソフトウェアだった。ノア・ワードリップ＝フリンが指摘するように、「ユーザーは二千通りの倍率レベルで作業ができるため、物理的なメディアであった場合は非現実的なほど大きいか、不可能なほど細かい作業が必要になるようなプロジェクトを作成することが可能になる。[31] またスケッチパッドは、デザインのグラフィック要素を、「操作したり、コンストレインとして設定したり、インスタンスとしたり、皮肉なことに再現前したり、コピーしたり、繰り返し作業したり、あるいは繰り返しくっつけられる」オブジェクトとして再定義した。[32] 例えば、デザイナーが新しいグラフィックの要素を、マスター要素のインスタンスとして定義し、その後マスターに変更を加えると、すべてのインスタンスに変更が反映される。

　コンピュータ化されたドラフティングとドローイングと、物理的メディアにおける対応物との違いがもっとも劇的に示すのは、スケッチパッドにおけるコンストレインの使い方だろう。サザランド自身の言葉によれば、「スケッチパッドによるドローイングと、紙と鉛筆を使ったドローイングを区別する大きな特徴は、ユーザーがスケッチパッドにすでに書かれたドローイングの数学的な条件を指定し、コンピュータがドローイングを希望の形に変えることが出来る機能だ。例えばユーザーが二、三本の線を描き、そして適当なコマンドを与えると、スケッチパッドは自動的にそれらの線が互いに平行になるまで移動させることが出来る。あるいは違うコマンドを使い、別の特定の線を選択すれば、スケッチパッドはさきほどの線を動かしてお互いに平行にし、選択された特定の線に対して直角にすることが出来る。」

　我々はスケッチパッドの新しいプロパティのリストのほんのさわりを眺めたにすぎないが、この最初のインタラクティブなグラフィック編集ソフトが、ただ既存メディアをシミュレートしているだけでないことは明らかだろう。ちょうどいいことに、サザランドの一九六三年のスケッチパッドに関する論文は、彼のシステムの新しいグラフィック能力を繰り返し強調し、それがいかに新しいグラフィック操作の領域を開拓するかを熱弁している。[33] 博士論文のタイトル、「スケッチパッド：人とマシンのグラフィカル・コミュニケーション・システム」も、彼の仕事の新しさを前面に押し出している。サザランドは、スケッチパッドをたんにもう一つのメディアとしてでなく、人間とインテリジェンス・マシンという二つの主体の間のコミュニケーション・システムであると理解しているのだ。ケイとゴールドバーグも後に、コミュニケーションとしての側面を前面に押し出し、この新しい「メタミディアム」は「双方向の会話」を可能にし、したがって「アクティブ」であると表現している（我々はまたスケッチパッドを、リックライダーによる「人とマシンの共生」というアイデアが、イメージ制作とデザインに応用されたものだと理解することも出来よう）。

アルヴィ・レイ・スミスのペイントシステム

私の最後の例は、一見私の今までの議論と矛盾しているように見える、ペイント・ソフトウェアの開発にかかわるものだ。たしかに、物理的なブラシ、ペイントナイフ、キャンバス、そして紙によって可能になる様々な効果を細部までシミュレートするアプリケーションは、新しいミディアムをつくるのではなく、既存のミディアム上で作業する経験を再生する欲望によってかきたてられるにみえる。しかしこの見方は間違っている。一九九七年、重要なコンピュータ・グラフィックスのパイオニアであるアルヴィー・レイ・スミスは、「デジタルペイント・システム：歴史的概観」を書いた。[34] このメモの中で、（自身アートのバックグラウンドを持つ）スミスは、デジタル・ペイント・プログラムとデジタル・ペイント・システムをはっきりと区別している。彼の定義によれば、「デジタル・ペイント・プログラムは基本的にキャンバスとブラシを使った古典的なペインティングのデジタルシミュレーション以上のことはしない。デジタル・ペイント・システムはこれとまったく異なり、「ペインティングのシミュレーション」というとっつきやすいメタファーを使って、アーティストを新しいデジタルの、そして禁断の、領域に誘い込むのである」。スミスの歴史によれば、フォトショップを含むほとんどの商業的なペインティング・アプリケーションは、ペイント・システムのカテゴリに入る。彼のペイントシステムの系譜は、リチャード・ショウプが一九七二〜七三年にかけてＰＡＲＣで開発したスーパーペイントによって始まる。スーパーペイントユーザーはもちろんブラシを使い分け、様々な色でペイントが出来たわけだが、伝統的なペインティングとドローイングのツールでは不可能だった多くのテクニックも用意されていた。例えば、ショウプ自身がスーパーペイントに関する論文で説明しているように、「絵の中のオブジェクトや領域のサイズを大きくしたり、小さくしたり、移動させたり、コピーしたり、上塗りをしたり、他と組み合わせたり、色を変えたり、そして後で使用あるいは削除するためにディスクに保存したり出来た」。[35]

もっとも重要なのは、ビデオからフレームをキャプチャー出来ることだろう。いったんスーパーペイント内に取り込んでしまえば、そのフレームはまったく他の画像とおなじように扱うことが出来る。もちろん全てのドローイングと操作ツールが使えるし、テキストを追加したり、他の画像とくっつけたりといった作業が可能だ。またキャンバスで作業した後に、ビデオに戻すことも可能だ。したがって、ショウプは彼のシステムがコンピュータを使ってドローとペイントをする一つの方法、という次元を超えていることをはっきり認識していた。一九七九年の論文で、彼はスーパーペイントを、新しい「ビデオグラフィック・ミディアム」と呼んでいる。[36] 一年後の論文の中では、彼はさらに洗練された表現で、「さらに大きな視点からいえば、スーパーペイントの開発は、デジタルコンピュータとビデオあるいはテレビという、今まで発明された中で最も強力かつ普及した二つのテクノロジーの間のシナジーの始まりである」。[37]

これは驚くべき洞察だ。ショウプがこれを書いた一九八〇年、コンピュータグラフィックスは数回テレビで使われただけだった。それからの一〇年で、CGは多少使われるようになりはしたが、ショウプが予想したシナジーが現実になるのはやっと一九九〇年半ばになってからだ。後にアフターエフェクトの章で詳しくみるが、この結果起こったのはテレビのビジュアル言語だけにとどまらず、その時点まで蓄積されてきたビジュアル・テクニック全ての劇的な再編成である。別の言い方をすると、一九七三年に「ビデオグラフィック・ミディアム」として始まった変化は、最終的にはすべての視覚メディアを変えてしまったのである。

しかし我々がグラフィックスとビデオを融合させる革命的な能力は無視し、リサイズ、移動、コピーなどのツールがないことにしても、スーパーペイントはなお、スミスの言い方を借りれば「新しいクリエイティブなミディアム」であることにかわりはない。スミスが指摘するように、このミディアムは、ピクセルの集積として表象される画像を保存する特別なメモリである、デジタル・フレーム・バッファーなのである（現在の一般的な呼び方はグラフィックカードである）。ペイントシステムを使っているアーティストは、実際にはフレーム・バッファーのピクセル値を変更しており、それはどんな作業をしていても、どのツールを使用してもかわらない。これにより、物理的なペインティングとは異なるロジックによる、あらゆる種類のイメージの制作と変更が可能になる。一九七五年から七六年にスミスが開発したPa·intというペイントシステムがわかりやすい例だ。スミス自身の言葉を借りると、「一定の色のペイント・ストロークをシミュレートするだけではなく、ペイントストロークという考えそのものを一歩進め、ペイントブラシの下にあるピクセルのあらゆる色操作」を意味するものにした。[38] この概念的な一般化からはじめて、スミスはペイントブラシツールを使いはするが、もはや物理的なペインティングとは無関係な数多くのエフェクトを付け加えた。たとえば、Ｐａｉｎｔでは「あらゆる形の画像をブラシとして使うことが出来る」。違った例をあげると、スミスは「「ナット・ペイント（not paint）」とよばれるツールを用意し、これはペイントブラシが通ったピクセルの色を補色に転換するものだ」[39]。彼はまた、ブラシの下のピクセルの周辺のピクセルの色を平均し、その結果をまたピクセルに書き込める「スミア・ペイント（smear paint）」なども定義した。これらはほんの一例にすぎない。つまりペイントブラシが現実の物理的なペイントブラシのように振る舞う例は、新しいミディアムによって可能になったはるかに多くの新しい振る舞いの中の特殊なケースに過ぎないのである。

永久的拡張性

既にみたように、サザランド、ネルソン、エンゲルバート、ケイそしてその他のコンピュータメディアの先駆者達は、コンピュータ内にシミュレートされたメディアに、従来存在しなかったプロパティを数多く付け加えた。次世代のコンピュータ・サイエンティスト、ハッカー、デザイナー達はさらに多くのプロパティを付け足していくが、このプロセスはまったく終わっていない。そしてこのプロセスが終わらねばならないという、論理的あるいは物質的理由は存在しないのだ。こうした開放性こそはコンピュータメディアの「本質」であり、新しいテクニックは絶えることなく発見され続けるのである。

物理的なメディアに新しいプロパティを追加するには、それを構成する物質への物理的な変更が必要だ。しかしコンピュータメディアはソフトウェアとして存在しており、今のソフトウェアを変更したり、新しいソフトウェアを書くだけで、新しいプロパティを加え、新しい種類のメディアを生み出すことさえ出来る。あるいは必要なのはフォトショップであればプラグイン、Ｆｉｒｅｆｏｘならアドオンだけだ。あるいは既存のソフトウェアを組み合わせることも出来る（二〇〇六年の執筆時点で、多くの人が、Ｇｏｏｇｌｅ Ｍａｐｓ、Ｆｌｉｃｋｅｒ、Ａｍａｚｏｎ、その他のサイトが提供するデータとサービス、さらにユーザーによってアップロードされたメディアを組み合わせたソフトウェア・マッシュアップを作成して、地図メディアの機能を拡張している）。

つまりニューメディアが新しいのは、新しいプロパティ（例えば新しいソフトウェアテクニック）を常に簡単に加えることが出来るからなのである。言い換えると、産業的な、つまり大量生産されたメディア技術においては、ハードウェアとソフトウェアは全く同一である。製本された本のページの向きを変えることは出来ない。またエンゲルバートの「View Control」のように表示されるディテールのレベルを変更することも出来ない。同様に映写機はハードウェアと我々が現在「メディアプレイヤー」と呼んでいるソフトウェアを一台のマシンに詰め込んだものだ。二〇世紀に大量生産されたカメラのコントロール部分をユーザーが変更することは不可能だ。今でもデジタルカメラのユーザーがハードウェアそのものを改造することは難しいが、写真がコンピュータに転送された瞬間から、ユーザーはソフトウェア上で、コントロールと変更の大量のオプションを手に入れることが出来る。

一九世紀と二〇世紀、通常安定している産業メディアが流動的になる状況が二種類あった。最初の状況は、新しいメディアが開発されている途中で、例えば一八二〇〜四〇年代の写真機がこの好例だ。二つ目の状況はアーティストが、すでに体系的に産業化されたメディアで実験を試みたり、あるいはそれを「解き放つ」ような場合で、例えば「拡張映画」と呼ばれた一九六〇年代の映画やビデオを使った実験がこれにあたるだろう。

産業化の時代には特別なメディア実験だった状況は、現代のソフトウェア社会では標準になった。言いかえればコンピュータは、メディアを使った実験を合法化したのだ。これはどういうことか？　現代のデジタルコンピュータと（メディアを取り込み、再生する産業時代のメディアマシンを含む）他のマシンとの違いとは、ハードウェアとソフトウェアの分離なのである。全く異なる様々なタスクをこなす無数のプログラムを、一台のマシン上で動かすことが出来るようになり、これによってデジタルコンピュータは爆発的に普及したのだ。結果としての絶えることのないニューメディアの発明、既存メディアソフトウェアの変更は、この一般原則の一つのあらわれにすぎない。別の言い方をすると、実験はコンピュータ化されたメディアのデフォルトの設定である。つねに拡張され、再定義されるコンピュータ・メディアは、したがってその存在自体が「アバンギャルド」なのだ。

近代の文化では「実験的」と「アバンギャルド」は、普通の安定した状態と対立していたが、この対立はソフトウェア文化ではほぼ完全に消滅した。そしてメディア・アバンギャルドの役割は、スタジオを持つアーティスト達ではなく、マイクロソフト、アドビ、アップルから、独立したプログラマー、ハッカー、デザイナーまで大小様々かつ多様なプレイヤーによって担われることになる。

しかしこうした恒常的な新しいアルゴリズムの発明に、方向性がないわけではない。現代のメディアソフトウェア――CAD、コンピュータドローイングやペインティング、画像編集、ワードプロセッサなど――を見てみると、根本的な原則は、だいたいがサザランドとケイの世代で開発されていたことがわかる。実際、最初のインタラクティブなグラフィック編集ソフトであるスケッチパッドは、現代のグラフィックスアプリケーションの遺伝子のほとんどを持っていることが分かる。新しいテクニックは間断なく登場してくるが、それはサザランド、エンゲルバート、ケイその他によって六〇年代に七〇年代にゆっくりと築かれた基礎の上に重ねられているのだ。

もちろん考慮すべきなのは、アイデアの歴史だけではない。社会的、経済的要因、例えば少数の企業によるメディアソフトウェア市場の支配や、特定のファイルフォーマットの浸透なども、ソフトウェアが進化する方向性の可能性を制約する。ソフトウェア開発は産業であり、したがって安定と革新、標準化と新しい可能性の追求の間に常にバランスを取る必要がある。しかしやはりこれは普通の産業ではない。新しいプログラムや、既存プログラムの拡張と変更(ソースコードが公開されていればだが)は、プログラムのスキルがあって、コンピュータ、プログラム言語とコンパイラーがあれば誰でも出来る。現代のソフトウェアは可変的なのであり、その意味で物理的に大量生産されたオブジェクトとはまったく異なるのである。

チューリングとフォン・ノイマンはこうしたソフトウェアの根本的な拡張性を理論的に示唆してはいたが、何十万もの人々がコンピュータメディアの能力を日々拡張し続けている現在の状況は、長く歴史的な発展の結果である。再プログラムしづらい初期の少数の大規模コンピュータから、安価なコンピュータとプログラミングツールが市場に溢れる数十年後の現代にいたるまでの長い発展の歴史だ。このソフトウェア開発の民主化こそは、ケイのビジョンの根幹をなすものだ。ケイは、普通のユーザーがメディアソフトウェアを開発出来るような形でプログラミングツールを用意することに特に力を注いでいた。例えば私がすでに何度となく引用している一九七七年の論文の結論部分で、彼とゴールドバーグは書いている。「完成された一般的なツールを十分用意し、ユーザーがやりたいことをゼロから始める必要がないようにしなければならない」。

新しいソフトによる継続的なメディアの進化と、コンピュータ以前のメディアの歴史の比較からは、新しいロジックが浮き彫りになる。常識的な考え方では、新しいメディアが発明されると、それはまず既に存在するメディアを忠実に模倣し、そのあと次第にそれ自身の言語と美学を獲得していく。たしかに最初のグーテンベルグの聖書は、手書きのマニュスクリプトを忠実に模倣していた。一八九〇年代〜一九〇〇年代に撮られた初期の映画は、俳優を見えないステージに整列させ、観衆に対峙させることで、劇場の演出フォーマットを模倣していた。本は情報の新しい表現をゆっくり作り上げていく。同様に映画も独自の物語の空間を確立していった。連続するショットの中で視点を次々に変えていくことで、観衆はこの空間の中に自分を配置し、そして文字通りストーリーの中に自分自身を発見したのである。

このロジックはコンピュータメディアの歴史にも当てはまるだろうか？　チューリングやフォン・ノイマンによって理論化されたように、コンピュータは汎用のシミュレーションマシンである。これはコンピュータの唯一無二の特徴であり、その他全てのマシン、そしてそれ以前のマシンとの違いである。これが意味するのは、新しいメディアは独自の言語をゆっくりと獲得するという考え方が、コンピュータメディアには当てはまらないということだ。そうでなければ、それは近代のデジタルコンピュータの定義そのものと矛盾することになる。この理論的な議論には、実際的な証拠がある。コンピュータメディアの歴史は（例えば映画がそうであったように）なんらかの標準的な言語に到達するようなものではなく、むしろ少しずつ活用法、テクニック、そして可能性が広がっていくようなものだ。特定の言語に辿り着くのではなく、我々はコンピュータが多くの言語を話せることを、少しずつ発見しつつあるといったほうがいい。

我々がここでケイのアイデアと仕事を考察しているように、初期のコンピュータメディアの歴史を注意深く分析すれば、新しいメディアが徐々に言語を獲得するという考え方が、なぜコンピュータメディアにはうまく当てはまらないかが分かるだろう。コンピュータに既存のメディアをシミュレートさせ、拡張させようというシステマティックな取り組みが始まったとき（たとえばサザランドのスケッチパッド、エンゲルバートによる初めての双方向性のワードプロセッサなど）、すでにコンピュータは様々な用途（たとえば色々な計算、数学的な問題の解答、リアルタイムでのマシン制御、数学的なシミュレーション、様々な人間知性のシミュレーション）に使われていた（スクリーン上のグラフィックディスプレイとポインティングデバイスを使った人間とコンピュータの間の双方向的コミュニケーション、という考え方を五〇年代半ばには確立していたMITのリンカーン研究所によるSAGEにも言及するべきだろう。サザーランドはMITがSAGEの為に組んだ大規模なコンピュータの新しいヴァージョンであるTX―2を使ってスケッチパッドを開発している）。したがって、サザーランド、ネルソンそしてケイ達の世代は、その時点ですでにコンピュータに実行可能であると分かっていたものを下敷きに、「ニューメディア」を作ったのだ。結果的に彼らはシミュレートしている物理的メディアの中に新しいプロパティを付け加えていく。スケッチパッドも最も分かりやすい例だろう。コンピュータに可能なのが問題解決であると理解していたサザランドは、グラフィックなメディアの中には存在したことのない制約充足というプロパティを組み込んだ。[40] より一般的な用語によって繰り返すと、コンピュータメディアは古いメディアの模倣から始めて次第に独自の言語を探すのではなく、その端緒から新しい言語を話したのだ。

言いかえると、コンピュータメディアの創設者達には、コンピュータをたんに古いメディアを新しい方法で「再媒介マシン」にするつもりはそもそもなかった。反対に、コンピュータの新しい能力を熟知していた彼らは、表現とコミュニケーションを可能にする根本的に新しいメディアをつくりあげようと決意していたのである。こうしたニューメディアは、何百年、何千年と人間に尽くしてきた文字化された言語、音、ラインドローイングやデザインプラン、さらにはペインティングや写真などの連続階調画像など、古いメディアの生の「コンテンツ」は利用する。しかしこのことでニューメディアの新しさが損なわれることはない。コンピュータメディアはこうした伝統的な人間のメディアを単に構成要素として使い、従来想像も出来なかった表象上、情報の構造、創作と思考のツールとコミュニケーションの方法を作り上げるのだ。

サザランド、エンゲルバート、ネルソン、ケイ達は、既に存在したコンピュータ理論、プログラム言語、コンピュータ工学を下敷きにしてコンピュータメディアを開発したが、こうした影響があるからといって、既存のより汎用的なコンピュータの原則から、コンピュータメディアの個別的なテクニックへ、という一方通行の歴史を想像するのは間違っている。コンピュータメディアの発明者達は、すでに確立していたコンピューティングに関する考え方の全てではなくとも、ほとんどを検討し直す必要があった。彼らはハードウェアとソフトウェアに関する多くの根本的なコンセプトとテクニックを定義し、ハード、ソフト両方のエンジニアリングに多大な貢献をした。オブジェクト指向のプログラミングという新たなパラダイムを打ち立てたケイのスモールトークの開発はその代表的な例だろう。ケイがこの新しいプログラム言語をつくった理由は、まずはPARCシステムの全てのアプリケーションとインターフェイスに統一のアピアランスを与えること、そしてそれ以上に大事なのが、ユーザーが自分で簡単にメディアツールをつくれるようにするためだった（ケイによれば非常に才能のある一二才の女児がスモールトークで書いたオブジェクト指向のイラストレーションプログラムはわずは一ページしかなかったという）。このあと、オブジェクト指向プログラムのパラダイムは急速に普及し、オブジェクト指向の特徴は、C言語のようなほとんどの人気言語に取り入れられることになる。

コンピュータメディアの歴史を辿り、その創設者達の考えを考察することではっきりするのは、それが技術決定論とは正反対のプロセスであるということだ。サザランドがスケッチパッドをデザインし、ネルソンがハイパーテキストを考案し、ケイがペイントプログラムを書いたとき、彼らはそのたびにコンピュータメディアの新しいプロパティを創造し、開発し、テストし、そしてまた改良していく必要があった。つまり、こうした特徴はただたんに、デジタルコンピュータと近代メディアの出会いの必然的な帰結であったわけではない。コンピュータメディアは、ステップ毎に発明される必要があった。そしてそうした発明に関わった人々は技術だけでなく、近代芸術、文学、認知心理学、教育心理学、そしてメディア理論からも同様のインスピレーションをえていたのである。例えば、ケイはマクルーハンの「メディアとはなにか」を読んだことが、コンピュータがただのツールではなくメディアになりうるという気づきに繋がったと振り返っている。結果的にケイとゴールドバーグの論文の出だしは「人間とメディア」と名付けられ、それはたしかにメディア理論のようにも読める。しかしそれはたんに今の世界が存在している様子を記述した典型的な理論ではない。マルクスの資本主義分析と同様に、この分析は新しい世界をつくるために、――この場合人々に新しいメディア――のアクションプランをつくるために使われたのである。

　しかしこの非決定論的転回の中で最も重要なのは、サザランド、エンゲルバート、ケイその他による、近代的な双方向でグラフィックなマンマシンインターフェースそのものの発明である。チューリングとフォン・ノイマンによって打ち立てられた近代コンピューティングの主要な理論的概念の中には、双方向のインターフェースの必要性に関する記述はない。四〇年代と五〇年代に、MITのリンカーン研究所は、アメリカ国内のレーダー網の情報収集と防空管制を行うSAGE[41]の中で使用された、インタラクティブなグラフィックコンピュータを開発した。しかしSAGEのインターフェースは非常に特殊な用途のためにデザインされており、商業コンピュータの開発にはほとんど影響を与えなかった。しかしそれは、より小さいインタラクティブなコンピュータであるTX―2につながり、インタラクティブなコンピュータ（つまりビジュアルディスプレイがついたコンピュータ）の可能性を追求しようとした。サザランドを含むMITの若い学生達に使われることになる。何人かの学生はTX―2を使って、今や有名になった「スペース・ウォー」を含むインタラクティブなゲーム開発を始める。サザランドもヴィジュアルインタラクティブコンピュータの可能性を追求した学生の一人だった。彼は結局（博士論文であった）スケッチパッドを開発し、ケイを含む六〇年代のカルチュラルコンピューティングのパイオニア達に大きな影響を与えることになる。しかしSAGEから、PARCの精緻につくりこまれたモダンGUIにいたるまでの理論的な道のりは非常に長いものだった。

　ケイによれば、彼と彼のグループにとって、重要なきっかけになったのは、コンピュータを、大人だけではなく「幅広い年齢層の子供」が、学習、実験そして芸術的な表現に使えるメディアとして考えはじめたことだったという。ケイは認知心理学者ジェローム・ブルーナーの理論に強い影響をうけていた。ブルーナーは、子供の発達は、感覚運動期、前操作期（Visual stage）、具体的操作期（Symbolic stage）というはっきりとした思考発達段階をたどると主張したジャン・ピアジェの理論の再定義から自身の理論を打ち立てていた。しかし、ピアジェがそれぞれの段階は幼児の発達の特定の時期に存在したあと新しい段階に取って変わられると考えたのに対し、ブルーナーはこれらの段階に対応した異なるメンタリティは平行して存在すると考えた。つまり、メンタリティは取って代わるのではなく、足し算されるということだ。ブルーナーはこうしたいくつかのメンタリティに、活動的（Enactive）、画像的（iconic）、象徴的（Symbolic）という少し違った名前をつけた。こうしたメンタリティは人間の進化の違った時期に発達するが、すべて成人の中に共存すると考えられる。

ケイはこの理論を、ユーザーインターフェースはこの三つのメンタリティ全てに働きかける必要がある、と理解した。子供には理解不可能で、大人に象徴的なメンタリティだけを使うことを強いるコマンドラインのインターフェースとは対照的に、新しいインターフェースは感情的で図像的なメンタリティに訴える必要がある。ケイはまた数学、科学、音楽、アートその他の領域のクリエイティビティに関する研究を参考にする。いずれもクリエイティブな仕事は、ほとんど図像的そして活動的なメンタリティではじまることを示唆していた。[42]このことは、コンピュータが学習と創造性のためのダイナミックなミディアムとして機能するためには、ユーザーが象徴だけではなく、行動と画像を通して考えることを可能にしなければならないという信念を後押しすることになる。

ブルーナーの研究に対するケイの解釈にしたがって、ＰＡＲＣのグループはブルーナーの複数のメンタリティの理論に従って、インターフェース技術を次のようにデザインした。マウスによって活動的メンタリティに働きかける（自分の位置を確認し、操作する）。アイコンとウィンドウによって画像メンタリティを刺激する（認識し、比較し、設定する）。最後にスモールトークプログラミング言語がユーザーの象徴的メンタリティを活性化する（膨大な推論と抽象）[43]。

現代のＧＵＩが使用される制作の現場では、異なるメンタリティの間の絶え間ないやりとりが行われる。マウスを使ってスクリーン上を物理的な空間のように動き回り、スクリーン上のオブジェクトを選択する。全てのオブジェクトはヴィジュアルアイコンで表象される。アイコンをダブルクリックして起動し、あるいはフォルダであれば、その内容物を調べる。これは、現実世界で物理的なオブジェクトを拾い上げて調べる行為と同等であると解釈される。フォルダアイコンが開けば、複数の表示方法を選択できる、つまりデータをアイコンとして見るのか、あるいはリストで見る場合は、リストを異なる方法でソートしてファイル名、作成日時、あるいは他の象徴的方法にしたがって表示する。探しているファイルがなければ、検索機能を使い、(象徴的なメンタリティを駆使して)複数のオプションを設定し、慎重に検索用語を選んで、コンピュータ全体を調べることもできる。こうした例が示すように、ユーザーはその瞬間になにが一番いいのかを考えながら、複数のメンタリティの間を絶えず往復しているのだ。

しかしこうした一般的なインターフェース原則に加えて、ケイのグループによって開発された他の主要なテクニックは、異なるメンタリティの組み合わせによる使用を促すものであるとも理解することが出来る。例えば、PARCで開発されたユーザーインターフェースは、ビットマップディスプレイ上で動く最初のUIであり、これはユーザーにポインタを動かして、複数のウィンドウを開くだけでなく、スモールトークでシミュレーションプログラムを書き、その結果をすぐスクリーン上に表示することをも可能にした。コードを変更することで、ユーザーはプログラムが作成するイメージの中に、変更の結果を視覚的に確認することができるようになった。今日、この能力は科学のあらゆる分野におけるコンピュータ使用のもっとも根幹をなすものだ(特に双方向的ビジュアライゼーションとデータ分析ソフトにおいて)。そしてもちろん、忘れてはならないのはPARCで作られたペイントプログラム、イラストレーションプログラム、音楽編集ソフトなどの一連のメディア編集ソフトだ。これらのメディア編集ソフトを使えば、ユーザーは物理的メディアではあり得ない形で、異なるメンタリティの間を切り替える能力を手にすることが出来る。例えば、アニメーションプログラムのオブジェクトは、手書きでも、スモールトークでコードを書くことによっても描画することが出来る。ケイとゴールドバーグがいうように「スモールトークのシミュレーションによってアニメーションのコントロールは簡単に出来る。例えば、部屋の中で弾むオブジェクトのアニメーションは、スモールトークで、はずむ物体の物理的測度を表すコードを数行書くのが一番簡単なやりかただ」[44]。

新しいタイプのユーザーインターフェースを定義するにあたって、ケイと仲間達は同時に全く新しいタイプのメディアを作り出した。我々がブルーナーの理論と、ケイの解釈に同意するなら、彼らが作り出したコンピュータメディアは、前の世代のメディアには不可能だったことを可能にしたと結論せざるをえない。つまり我々が持つ学習とクリエイティビティに大きな役割を果たす複数の精神構造に働きかけ、ユーザーがそのときどきの最適なやり方を選択し、必要に応じて素早く切替るということを可能にしたのだ。これは四〇年経つ今も、コンピュータとのインタラクションの最も一般的な形態で有り続けるGUIの成功と人気を説明しているのだろう。GUIは「簡単」あるいは「シームレス」「直感的」だから選ばれているのではない。GUIは、ユーザー自身に一つだけではなく全ての精神構造を使って考え、発見し、新しいコンセプトをつくらせてくれるから成功したのだといえよう。簡単に言うと、かなりのHCIの専門家やデザイナーは、理想的なHCIとは不可視であるべきで、ユーザーに仕事をさせるために目立たぬべきだと信じ続けているが、GUIデザインの裏にあるケイとゴールドバーグの理論を観察すると、インターフェースのアイデンティティに対してかなり違った理解が出来ることが分かる。ケイとPARCの同僚達はGUIを、学習、発見、クリエイティビティを促進するために細部までデザインされたミディアムとして誕生させたのだ。

情報社会における不断のイノベーション、学習、そしてクリエイティビティの重要性を考えれば、この社会が実現してくる課程で、こうしたニーズを促進するために新しいミディアムが発明されたことは、まったくうなずけることだ。一九七三年にダニエル・ベルが圧倒的な影響力をもつ『ポスト工業社会の到来』を出版したが、これはまさにPARCにおいてケイ、ゴールドバーグ、ダンイグラス、ラリー・テスラーと、学習研究グループのその他のメンバーが、モダン・コンピューティングというパラダイムを打ち立てた時期だった。あるいは、彼らはコンピュータを、事前に用意された問題を計算するだけの高速計算機から、思考と発見の為の、双方向的サポート・システムとして再発明したといったほうがいいだろう。つまり、ただの道具からメタミディアムへ。

メタミディアムとしてのコンピュータ

すでに明らかになったように、コンピュータメディアの発展は、それ以前のメディアの歴史の逆をいくものだ。しかしある意味では、新しいメディアは徐々に独自の言語を獲得しているという考えは、実はコンピュータメディアにもあてはまるのかもしれない。そして本や映画がそうであったように、このプロセスも何十年もかかっている。一九四〇年代半ばに最初のコンピュータがつくられたとき、それは文化的な表象、表現、そしてコミュニケーションのメディアとして使用できるものではなかった。サザランド、エンゲルバート、ネルソン、パパートその他による一九六〇年代の仕事によって、コンピュータを「カルチュラルマシン」に変貌させることになるアイデアやテクニックがゆっくりと発展していった。テキストを作成し編集すること、ドローイングを描き、ヴァーチャルオブジェクトを移動させ、といった具合にゆっくりとである。そしてケイとPARCの同僚がこうしたテクニックを体系的に整理し、洗練させ、GUIの傘の下に統一してコンピュータをマルチチュードに解き放すにいたって、デジタルコンピュータははじめて独自の、そして文化的な言語を与えられた。つまりコンピュータが便利なマシンではなく、文化的なミディアムになったことで、はじめて言語を獲得したのだ。

いやむしろ、それはそれ以前の他のメディアとは全く違ったものになった。なぜならそこで誕生したのは、もう一つのメディアではなく、ケイとゴールドバーグが論文で強調するように、質的に異なり、歴史的に空前のものだからだ。この違いを際立たせるために、彼は新しい用語を用意した。それこそが、メタミディアムである。

このメタミディアムは数多くの違った意味でユニークだ。すでにみたように、メタミディアムはほとんど他のメディアを表象し、また同時に新しいプロパティによってそれを拡張出来る。ケイとゴールドバークは同様に重要なプロパティにも名前を与えている。この新しいメタミディアムは「アクティブであり、検索や実験に対して反応し、学習者を双方向の会話に引き込むことが出来る」。子供と子供の学習に強い興味をもっていたケイにとって、これは非常に重要であった。なぜなら彼がいうようにそれは「従来は一人の教師というミディアムを通してでしか実現しなかったからだ」[45]。さらに、この新しいメタミディアムは「オーナのほぼすべての情報関連のニーズに」対応することが出来る(これがもつ意味に関してはすでに触れている)。また「プログラミングと問題解決のツール」であり、「データの保存と操作のためのインタラクティブなメモリ」でもある[46]。しかしメディアの歴史という視点から最も重要だと思われるのは、コンピュータメタミディアムは異なるメディアの集合であり、また新しいメディアツールと、新しいタイプのメディアを生み出すシステムであるという点だろう。言いかえると、コンピュータは、すでにあるメディアの中で作業するための新しいツールと、まだ存在しないメディアを作るために使うことが出来るのである。

文字の読み書きに関するアナロジーを使って、ケイはこのプロパティをこう説明している。「一つのミディアムを「読める」ということは、他人によって作られた素材やツールにアクセスできるということだ。そのミディアムで書けるということは、他人のために素材とツールを作れるということだ。読み書き能力があるというためには、この二つが出来なければならない」[47]。したがってPARCでのケイが力を注いだのは、スモールトークプログラミング言語の開発だった。全てのメディア編集アプリケーションとGUIはスモールトークで書かれた。これによって全てのアプリケーションのインターフェースは統一され、新しいプログラムの習得を容易なものにした。さらに大事なことは、ケイのビジョンによれば、スモールトーク言語を使えば、たとえ初心者でも自分でツールを書き、メディアを作成することができるということだった。言いかえれば、コンピュータと一緒に提供される全てのメディア編集アプリケーションは、ユーザーが書き換え、自身のアプリケーションを書くことをインスパイアするお手本として同梱されたのである。

したがって、ケイトとゴールドバーグの論文の大部分は、ユーザーによって書かれたソフトウェアの説明に割かれている。「アニメーターによって書かれたアニメーション・システム」、「子供が書いたドローイングとペインティングのシステム」、「決定理論の専門家が書いた病院のシミュレーション」、「ミュージシャンが書いたオーディオ・アニメーション・システム」、「ミュージシャンがプログラムした楽譜のキャプチャー・システム」、「高校生による電子回路デザイン」といった具合だ。このリストの順番からみてとれるように、ケイとゴールドバーグは意識的に異なるタイプのユーザーを対比させ、スモールトークのプログラミング環境を使えば、専門職から高校生さらには子供まで、誰でも新しいツールを開発出来ることを強調している。

さらに取り上げられた例の順番は、メディアシミュレーションとその他のシミュレーションを戦略的に混ぜ合わせ、メディアのシミュレーションは、あくまでどんなプロセスやシステムもシミュレーション出来るコンピュータの一般的能力の、一例に過ぎないことを強調している。この使用例の配置は、コンピュータメディアの非常に興味深い考え方を教えてくれる。つまり科学者がシミュレーションを使って、異なる状況をテストし、様々なもの（what/if）のシナリオを思い描くように、デザイナーや、作家、ミュージシャン、フィルム作家、或いは建築家も、コンピュータを使って、プロジェクトの色々なクリエイティブな方向性をテストし、多様な「変数」の変更がプロジェクト全体に与える変化を試してみることが出来るのだ。メディア編集ソフトウェアのインターフェースにはこうした変数が表示されているだけではなく、ユーザーにそれらを変更するコントロールを与えており、こうしたクリエイティブな実験は非常に簡単になった。例えば、マイクロソフトワードのフォーマットパレット上では、現在のフォントは、全ての選択可能なフォントの横に並んで表示されている。フォントのメニューをスクロールダウンし、選択するだけで、他のフォントを試すことが出来るのだ。

　ユーザー自身が簡単にプログラムを書けることは、ＰＡＲＣにおいて彼が作り上げたメタミディアムというビジョンの根幹をなすものだった。ノア・ワードリップ＝フリンによれば、エンゲルバートの研究プログラムも同様の目標を持っていた。「エンゲルバートはユーザーがツールを作り、ツールを共有し、人がつくったツールに改変を加えることを夢想していた」[48]。残念なことに、一九八四年にアップル社が、はじめてのＰＡＲＣシステムをモデルとした商業化に成功したパーソナルコンピュータである、マッキントッシュを発売したとき、ユーザーが簡単に使えるプログラム環境は同梱されなかった。一九八七年、ビル・アトキンソン（ＰＡＲＣの同窓生の一人である）がマッキントッシュの為につくったハイパーカードは、ユーザーがある種のアプリケーションを手早くつくることを可能にしたが、ケイが構想したような柔軟性と拡張性はなかった。最近になってはじめて、一般的なコンピュータリテラシーがあがって、Perl, PHP, Pyton, Actionscript, Vbscript, JavaScript などの多くの記述言語が身近になり、ますます多くの人がソフトウェアを書いて自分のツールを自作するようになった。現代のプログラミング環境で、現在アーティストとデザイナーに非常に人気があり、私のみるところケイのビジョンに最も近いところにあるのは（オープンロースのプログラミング言語である）プロッセシングだ[49]。Ｊａｖａプログラミング言語をベースにつくられプロセッシングの特徴は、単純化されたプログラミングスタイルと、グラフィックとメディア機能の膨大なライブラリーにある。プロセッシングは複雑なメディアプログラムにも、アイデアを手っ取り早くテストするのにも適している。プロセッシングの公式の名前が、スケッチス（Sketches）と呼ばれるのはなんとも的を得ている。なんといってもプロセッシングの創始者で主要な開発者でもあるベン・フライとキャシー・リーによれば、この言語の焦点は「制作の過程であり、最終制作物ではない」のである。メディアプロジェクトを手早く開発するのにぴったりのもう一つの人気プログラムは、ミラー・パケットによって開発されたＭＡＸ／ＭＳＰとその後継者であるＰＤだろう。

このチャプターの議論のベースになってきた一九七七年の終わりに書かれた論文の中に、ケイとゴールドバーグが彼らの議論をまとめている文章があり、私はこれは芸術的そして文化的な視点からの、コンピュータメディアの最高の定義であると考える。彼らは、コンピュータを「メタミディアムであり、そのコンテンツが既に存在するあるいはまだ存在しないメディアである」と呼ぶ。一九八四年に発表された別の論文の中で、ケイは少しちがった定義を差し出している。このチャプターの結論として、現在からみても、極めて的を得た、そして刺激的な、この長めの定義を引用してみよう。

> （コンピュータ）は、物理的には存在しえないメディアを含む、あらゆるメディアを細部までシミュレートすることが可能なミディアムである。それは数多くのツールのように振る舞うが、決してツールではない。それは最初のメタミディアムであり、したがってそれは今まで経験されたことのない、またほとんど検討されたこともない表象や表現の自由を保持している。[50]

Title: PART 1 : Inventing Cultural Software Chapter1 "Alan Kay's Universal Media Machine": in ***Software Takes Command*** (November 20,2008 Online Version:softwarestudies.com/.../manovich_softbook_11_20_2008.doc)Author:Lev Manovich

注

1 訳注　日本語のアラン・ケイの著作に関しては『アラン・ケイ』アスキー出版局（1992）を参照。

2 ケイはいくつかの論文と数多くのインタビューと公開講演で考えを明らかにしている。私が参考にしたのは以下の文献である。: Alan Kay and Adele Goldberg, ***Personal Dynamic Media, IEEE Computer.*** Vol. 10 No. 3 (March), 1977; my quotes are from the reprint of this article in *New Media Reader*, eds. Noah Wardrip-Fruin and Nick Montfort (The MIT Press,

2003); Alan Kay, "The Early History of Smalltalk, " (HOPL-II/4/93/MA, 1993); Alan Kay, "A Personal Computer for Children of All Ages," Proceedings of the ACM National Conference, Boston, August 1972; Alan Kay, Doing with Images Makes Symbols (University Video Communications, 1987), videotape (available at www.archive.org); Alan Kay, "User Interface: A Personal View," *The Art of Human-Computer Interface Design*, ed. Brenda Laurel (Reading, Mass: Addison-Wesley, 1990), 191-207; David Canfield Smith at al., "Designing the Star user Interface," *Byte, issue* 4 (1982).

3 訳注　what you see in what you get の略で、ディスプレイに現れるものと処理内容（特に印刷結果）が一致するように表現する技術。　WYSIWYG. (2010, Jan.13). Wikipedia, . Retrieved 08:11, Jan.14, 2010 from http://ja.wikipedia.org/w/index.php?title=WYSIWYG&oldid=29984136

4 一九七〇年代のケイのグループの仕事以降、コンピュータ科学者、ハッカー、そしてデザイナー達は新たなプロパティを無数に追加してきた。たとえば我々はいまやネットにメディアをアップし、Ｆｌｉｃｋｅｒ、ＹｏｕＴｕｂｅ などのサイトを通じて何百万もの人と共有することが出来る。

5 However consider the following examples of things to come: "Posters in Japan are being embedded with tag readers that receive signals from the user's 'IC' tag and send relevant information and free products back." Takashi Hoshimo, "Bloom Time Out East," ME: Mobile Entertainment, November 2005, issue 9, p. 25 <www.mobile-ent.biz>.

6 Kay and Goldberg, *Personal Dynamic Media*, p.394.

7 詳しくは、３Ｄのヴァーチャルなナビゲート可能は空間をニューメディアあるいは新しい文化形態として論じた *The language of new media* の１章「Navigable Space」を参照されたい。

8 *Ibid*., p.393.

9 *Ibid*., p.393. The emphasis in this and all following quotes from this article is mine – L.M.

10 *Ibid*., p.394.　翻訳は鶴岡雄二訳を参考にした。

11 *Ibid*., p.395. Emphasis mine – L.M.

12 Alan Kay, "User Interface: A Personal View," p.199.

13 M. Mitchell Waldrop, *The Dream Machine: J.C.R. Liicklider and the Revolution That Made Computing Personal* (Viking, 2001), p. 287.

14 21 Ted Nelson, "Stretchtext" (Hypertext Note 8), 1967. < http://xanadu.com/XUarchive/htn8.tif>, accessed February 24, 2008.

15 ワイヤーフレームモデルとは、コンピュータ上で3次元グラフィックスを扱う際に使われる立体表現方法の一つ。立体図形を、その輪郭を表す線のみで表現する手法。http://e-words.jp/w/E383AFE382A4E383A4E383BCE38395E383ACE383BCE383A0E383A2E38387E383AB.html

16 24 Noah Wardrip-Fruin, introduction to Theodor H. Nelson, "A File Structure for the Complex, the Changing, and the Indeterminate" (1965), in *New Media Reader*, 133.

17 Ted Nelson, "Brief Words on the Hypertext" (*Hypertext Note* 1), 1967. <http://xanadu.com/XUarchive/htn1.tif>, accessed February 24, 2008.

18 *Ibid.*

19 Ted Nelson, http://transliterature.org/, version TransHum-D23 07.06.17, accessed February 29, 2008.

20 In his presentation at 2004 Digital Retroaction symposium Noah Wardrip-Fruin stressed that Nelson's vision included hypermedia and not only hypertext. Noah Wardrip-Fruin, presentation at Digital Retroaction; a Research Symposium, UC Santa Barbara, September 17-19, 2005 < http://dc-mrg.english.ucsb.edu/conference/D_Retro/conference.html>.

21 Nelson, A File Structure, 144.

22 http://en.wikipedia.org/wiki/FMV-based_game, http://en.wikipedia.org/wiki/Interactive_movie, accessed March 8, 2008.

23 www.ted.com, accesed March 8, 2008.

24 http://en.wikipedia.org/wiki/Database_cinema; http://softcinema.net/related.htm, accessed March 8, 2008.

25 Announcement of Ted Nelson's first computer lecture at Vassar College, 1965. < http://xanadu.com/XUarchive/ccnwwt65.tif>, accessed February 24, 2008.

26 訳注　ウリポ（Oulipo）は、一九六〇年一一月二四日に数学者のフランソワ・ル・リヨネーを発起人として設立された文学グループ。正式名称は「Ouvroir de littérature potentielle 」(潜在的文学工房)。アルフレッド・ジャリ、レーモン・クノー、レーモン・ルーセルらの文学を理想とし、言語遊戯的な技法の開発を通して新しい文学の可能性を追求した。引用したテクストを機械的・数学的な手法で変形・改竄してテクストの自己増殖を促すところに特徴があり、シュルレアリスムの「優美な屍骸」から大きな影響を受けている。ウリポ (2010, 1･14). Wikipedia, . Retrieved 10:32, 1・27, 2010 from http://ja.wikipedia.org/w/index.php?title=%E3%82%A6%E3%83%AA%E3%83%9D&oldid=29997408.

27 Qtd. in Espen J. Aarseth, *Cybertext: Perspectives on Ergodic Literature* (The Johns Hopkins University Press, 1997), p.89.

28 Espen J. Aarseth, *Cybertext*, pp.89-90.

29 訳注　マルチタッチのテーブル型ＰＣ。

30 訳注　元の画像データの上書きをせずに画像を変更できる。画像からデータが削除されないので、編集を行っても画質は低下しない。

31 Noah Wardrip-Fruin, introduction to “Sketchpad. A Man-Machine Graphical Communication System,” in *New Media Reader*, p.109.

32 *Ibid*.

33 *Ibid*., p.123.

34 Alvy Ray Smith, Digital Paint Systems: Historical Overview (Microsoft Technical Memo 14, May 30, 1997) http://alvyray.com/, accessed February 24, 2008.

35 Shoup, “SuperPaint...The Digital Animator,” p.152.

36 *Ibid*., p.156.

37 Shoup, “SuperPaint: An Early Frame Buffer Graphics System,” p.32.

38 *Ibid*., p.18.

39 *Ibid*., p.18.

40 http://ja.wikipedia.org/wiki/ 制約充足問題。

41 国内全域のレーダー網の半自動式防空管制組織 (SAGE)(訳者)。

42 55 Alan Kay, “User Interface: A Personal View,” p.195.

43 56 *Ibid*., p.197.

44 Kay and Goldberg, “Personal Dynamic Media,” p.399.

45 *Ibid*., p.394.

46 *Ibid*., p.393.

47 Alan Kay, “User Interface: A Personal View,” p.193. in ***The Art of Human-Computer Interface Design***, p.p.191-207. Editor Brenda Laurel. “Reading, Mass,” Addison-Wesley, 1990. The emphasis is in the original.

48 Noah Wardrip-Fruin, introduction to Douglas Engelbart and William English, “A Research Center for Augmenting Human Intellect” (168), *New Media Reader*, p.232.

49 www.processing.org, accessed January 20, 2005.

50 Alan Kay, “Computer Software,” Scientific American (September 1984), 52. Quoted in Jean- Louis Gassee with Howard Rheingold, “The Evolution of Thinking Tools,” in The Art of Human- Computer Interface Design, p. 225.

補論　メタミディアムの誕生

レフ・マノヴィッチとソフトウェア・スタディーズの射程

大山真司

本稿は、メディア理論家、メディア・アーティストであるレフ・マノヴィッチの近刊「*Software Takes Command*」[1]の第一部「カルチュラル・ソフトウェアの発明」の第一章「アラン・ケイのユニバーサルメディアマシン」を訳出したものである。一九六〇年生まれのマノヴィッチは、モスクワでファインアート、建築、そしてコンピュータ・サイエンスを学んだ後、一九八一年にニューヨークに渡り、プログラマー、コンピュータ・アニメーター、デザイナー、メディア・アーティストとして活動を開始する。この時期には、デジタルエフェクト社で、CG映画やテレビ用の3Dアニメーションの制作に関わり、黎明期のメディアのコンピュータ化の現場に身をおいている。一九八八年にニューヨーク大学で実験心理学の修士号を取得。続いてロチェスター大学で視覚文化とカルチュラル・スタディーズを学び、コンピュータ・メディアの起源を一九二〇年代の前衛芸術と関連させて論じた論文によって一九九三年に博士号を取得した。カリフォルニア大学サンディエゴ校を経て、ニューヨーク市立大学大学院センター教授であり、ゴールドスミスカレッジ（ロンドン）やニューサウスウェールズ大学（シドニー）などで客員教授も務めている。またカリフォルニア通信情報機構（Calit2）において、本著と関連するソフトウェア・スタディーズや、メディアの爆発的な増殖を視覚化する「文化のダイナミクス（Cultural dynamics）」など、大規模なリサーチ・プロジェクトを複数進行させている。[2] 一方でメディア・アーティストとしての活動も続けており、チェルシー美術館（ニューヨーク）、ZKW（カールスルーエ・ドイツ）、ポンピドウセンター（パリ）などで展示を行い、ICA（ロンドン）では「レフ・マノヴィッチ　デジタルシネマの冒険」というタイトルで回顧展を行っている。

ニューメディアの系譜学

メディア理論家としてのマノヴィッチが世界的に注目されたのは、二〇〇一年の『*The language of new media*（邦訳『ニューメディアの言語―デジタル時代のアート、デザイン、映画』堀潤之訳、みすず書房）』の出版がきっかけである。これまでに中国語、韓国語、イタリア語、スペイン語、ラトビア語などに翻訳され、ニューメディア・スタディーズの最も重要な参照点になった同著の魅力は、まずはそのメディア史的なスケールの大きさにある。マノヴィッチは、ニューメディアを「マクルーハン以降最も示唆的で広範なメディア史観」の中に位置づけ、オールドメディアとニューメディアの言語の連続性と非連続性を、メディア理論家の慎重さとアーティストあるいはプログラマーとしての実証的な確信によって理論化していく。マノヴィッチは、文化がコンピュータによって決定的な変容を起こしている一九九〇年代以降の状況は、二〇世紀の最も重要な文化形態であった映画が登場した一九〇〇年前後の状況と似ていると考えている。

一八九五年、一八九七年、一九〇三年に生きた誰かが、映画という新しいメディアの登場が持つ根本的な重要性に気づき、その網羅的な記録を行っていれば、と思わざるを得ない。オーディエンスへのインタビュー、ナラティブストラテジーの体系的な記録、遠近画法、キャメラポジション等の日進月歩の発展、誕生したばかりの映画言語と、同時代に存在した大衆娯楽との間の関係。残念なことにそうした記録は存在しない。代わりに残されているのは、新聞、リポート、映画の発明家の日記、上映プログラムその他の雑多で断片的な歴史のサンプルでしかない。[3]

だからこそ、とマノヴィッチは言う。われわれはデジタル・コンピュータ時代に登場したニューメディアの「未来」をあれこれ予測するのではなく、その「現在」を徹底的に記録し、分析し、理論化しなければならない。一九〇〇年前後の映画の中に先行する文化形態の影響がはっきりと見て取れたように、現在のニューメディアには、オールドメディアの痕跡が残っているし、われわれはそれを認識することが出来る。しかしすぐにそうした痕跡は消えていくだろう。そうなる前にその現在――デザインパターン、そして主要なフォームなど――を徹底的に記録しようというのがマノヴィッチの系譜学的なプロジェクトである。インターネットやニューメディアの「革命的」な可能性を素面で語るカリフォルニア・イデオロギーへの違和感と、消費社会の抗いがたい魅力を素直に認める複雑なポストコミュニスト的主体の中にプログラマーと理論家が同居する自身の抑制の効いた方法論を「デジタル・マテリアリズム」と呼んでいる。[4]

ニューメディアの言語

それではマノヴィッチの定義するニューメディアはどのようなものか？　一般的に、「ニューメディア」は、インターネット、ウェブサイト、マルチメディア、コンピュータ・ゲーム、CD-ROMあるいはDVD、仮想現実など、流通と展示の過程でのコンピュータ使用と結びつけて理解されている。したがって、コンピュータによって流通されるテキスト（例えばウェブサイトや電子ブック）はニューメディアと考えられるが、たとえグーグルドキュメントで作成されても、紙に印刷されたテキストはニューメディアではないと見なされる。これに対して、マノヴィッチによれば、一九世紀と二〇世紀のメディア・テクノロジーが、コンピュータ化され、コンピュータ上で保存、アクセス、編集が可能になったとき、「ニューメディア」になるのである。したがってニューメディアとは、近代のメディアがコンピュータ化、より正確にはソフトウェア化を経た状態を示すメタ的な概念であるということになる。したがってマノヴィッチにとっては、ニューメディア・スタディーズは、ソフトウェア・スタディーズであるべきであり、メディア理論はまたソフトウェア理論である必要があるのだ。

「ニューメディアの言語」では深められることのなかったニューメディア・スタディーズとしてのソフトウェア・スタディーズに正面から取り組んだのが、今回訳出した「Software Takes Command」であり、ここでは「ニューメディアの言語」で提出された概念は、メジャーアップデートと呼ぶに相応しい進化を遂げている。マノヴィッチにいわせれば、ソフトウェアはニューメディアの言語であるところか、現代の社会・経済・文化全ての文法、言語になりつつある。今や経済の中心的なプレイヤーになったグーグル、アップル、ヤフー、アマゾン等の企業が売っているのはソフトウェアであり、さらに新しいソフトウェアを作るプラットフォームである。戦場でスマートミサイルをコントロールするのも、ポスト・フォーディズム体制での無数のモデルの小ロット生産を可能するのも、また国民に対する情報を収集・管理・監視を可能にしているのも全てソフトウェアである。メディア研究が研究対象にしている情報社会、創造産業あるいは文化産業などはソフトウェアなしではまったく機能しない。グラフィック・デザイン、建築、商品デザイン、空間デザイン、広告、テレビ、映画、アニメーション、ゲーム、音楽など、現代の文化産業は、完全にソフトウェア化しているのである。

カルチュラルソフトウェア

マノヴィッチはこの文化産業のソフトウェア、「カルチュラル・ソフトウェア」を取り上げる。この魅力的な造語によって彼が指すのはWordや、PowerPoint、Photoshop、Illustrator、Flash、Internet Explorer など、イメージや動画、３Dデザイン、テキスト、地図等、さらにそしてこうした要素の組み合わせであるウェブサイト、２Dデザイン、モーション・グラフィックス、ビデオゲーム、コマーシャルあるいはアートとしてのインタラクティブ・インスタレーション等の作成、出版、アクセス、共有、リミックスに使われるソフトウェアだ。われわれがメディアと呼ぶ日常生活の物質的構造、非物質的要素のますます多くを、こうしたカルチュラル・ソフトウェアが構築しており、そしてそのことでメディアという概念そのものが根本的に変化している。

メディア研究におけるメッセージという概念を例に取ってみよう。二〇世紀を通して、われわれは静的な書類、作品、メッセージを単位に、その内容と意味論を通してメディアを分析することに慣れ親しんできた。マス・コミュニケーション研究の伝達理論は、透明なメディアを通って送り手から受動的な受け手にメッセージが伝達される関係を想定した。カルチュラル・スタディーズはこうした送り手と受け手との関係をラディカルに再考し、能動的な受け手が、メッセージから独自の、そして多くの場合送り手の意図せざる意味を生産することを強調した。[5]二つの立場はしかしメッセージそのものは、輪郭のはっきりとした有限の固まりであるという前提において共通している。ドラマのエピソードはおおむね最後まで視聴され、広告イメージは基本的には全体として眺められ、ニュースのストーリーはそれなりに全体として消費され、そしてポピュラー音楽の曲（あるいはアルバムでさえ）通して聴かれるであろう、という前提である。消費者の能動性の程度に関する意見と立場の相違はあっても、そうした自己完結的で有限のメッセージの存在自体は問題視されてこなかった、といっていい。

これに対しカルチュラル・ソフトウェアにおいてメッセージに取って変わるのは、ダイナミックな「ソフトウェア・パフォーマンス」である。ニューメディアの多くは、あらかじめ決定された静的な書類ではなく、リアルタイムのコンピュテーションによって生成されるダイナミックなパフォーマンスであり、そこでは常に個別的な経験が構築される。ＰＤＦファイルのような一見単純で自己完結的なニューメディアでさえ、そのメッセージを解釈するだけでは理解できない。もしスクロールやコメント機能がなかったら、あるいは表示倍率が固定されていたらどうだろう？ソフトウェアの持つインターフェース構造やツールが、様々なナビゲーション、編集、そして共有のオプションを決定し、そしてそれがユーザーにとっての経験を構築しているのである。Googleアースは訪れるたびに新しい衛星写真あるいは新しいストリートビューが追加され、またユーザーによって無限に新しいレイヤーが追加されている。ビデオゲームでも、ソーシャル・メディアのコンテンツにおいても、ニューメディアにはあらかじめ決められた直線的な物語構造は存在せず、そのコンテンツは時間と共に変化し、増殖していく。この一例でもソフトウェア化によって、メディア研究に抜本的な再構築が必要であることが理解できよう。

「Software Takes Command」では、まず近代メディアの創設者ともいうべきグーテンベルグ、ルミエール兄弟、グラハム・ベルと比較してほとんど分析されることのなかったカルチュラル・ソフトウェア開発のパイオニアたちの仕事の分析からスタートする。今回訳出した第一部の第一章は特に、一九六〇年から七〇年代に活動したカルチュラル・ソフトウェアのパイオニア、イヴァン・サザランド、ダグラス・エンゲルバート、テッド・ネルソン、そして中でもゼロックス・パロアルト研究所にアラン・ケイなどが残したテキストやプロジェクトを読み込み、ニューメディア誕生の歴史を掘り起こしている。この章でマノヴィッチが追求するのは、なぜ彼らはコンピュータがメディア技術を「再媒介」することを可能にするようなコンセプトやテクニックを開発したのか、そしてなぜ彼らはコンピュータをメディアの制作と操作に使えるマシンに変えるに熱中したのか、という疑問である。カルチュラル・ソフトウェアに至る道筋は決して技術の必然的な帰結ではなく、彼ら自身の信念、哲学、そして当時の文化的、社会的、経済的な条件に重層的に決定されていた。はっきりとしてくるのはこういうことだ。アラン・ケイたちは古いメディアを表面的にシミュレートすることを目指したのではなく、全く新しいニューメディアを作り上げようとしていた。こうしたニューメディアは従来あった表象テクニックを流用してはいたが、同時に数多くの新しいプロパティを備えていた。そしてこれらのメディアは拡張可能だった。つまりユーザーが新しいプロパティを追加することが可能で、そうすることでさらに新しいメディアを作り出すことも可能だったのだ。ケイはコンピュータを、数多くの既存メディアとまだ発明されていないメディアの保存、アクセス、編集を可能にする「メタミディアム」と呼ぶ。

ケイが一九六〇年代末に輪郭を確立したメタミディアムはその後どのように発展したのだろうか？ 第二部「Software In Action」では、一九九〇年代の代表的なメディア・オーサリング・ソフトウェアの分析を通じて、メタミディアムとしてのコンピュータの進化、そしてソフトウェア・ベースでの制作環境への移行がメディアの美学と視覚言語をどのように再編成し続けているかを子細に検討している。マノヴィッチの議論はこうだ。シミュレートされた物理メディアあるいは電子メディアは、コンピュータ内部のソフトウェア環境で「ハイブリッド・メディア」を生み出すことになる。重要なのは、ハイブリッド・メディアがマルチメディアと同じではない、ということだ。マルチメディアは異なるメディアを並列させるが、並び合ったメディア（テキスト、ビデオ、写真）の自律性が脅かされることはない。例えばウェブサイト上のテキストとビデオクリップのそれぞれのメディア言語が、相手に侵入することはない。それぞれのメディアタイプは独自のインターフェイスを保ちつづける。テキストはスクロール出来るし、フォントや色、サイズを変更することも出来る。ビデオは、再生し、一時停止したり巻き戻したり、一部分をループしたり、音量を変更することが出来るだろう。

これとは対照的に、ハイブリッドメディアにおいては、それまで別のものだったメディアの言語が合体することになる。自律した複数のメディアはプロパティを交換し、新しい構造を作り、そして最も根本的なレベルで交渉しあう。例えばモーション・グラフィックスにおいて、テキストは従来まで映画、アニメーションやグラフィック・デザインに特有のプロパティを獲得する。テキストはいまや他の3Dコンピュータ・グラフィックのオブジェクト同様、ヴァーチャルなスペースの中を移動する。比率はデザイナーが選んだヴァーチャル・レンズによって変化する。テキスト列を構成する個々の文字は無数の粒子に爆発するかもしれない。つまり、ハイブリッド化のプロセスにおいては、タイポグラフィの言語は、新しいメタ言語を手にするのである。マノヴィッチに言わせればメディアのハイブリッド化は、メディア史あるいは人間のコミュニケーションの世界におこった最も根本的な変化である。これはメディア（もし我々がメディアという複数形にこだわるならば）という概念そのものを根本的に揺さぶることになる。マノヴィッチは続けて、ハイブリッド・メディアの論理が最も先鋭的に現れているモーション・グラフィックス（そして代表的なソフトウェアであるAfter effect）、そしてヴィジュアル・エフェクトを多用した映画の分析を通じて発展させていく。Part 3では、カルチュラル・ソフトウェアの最新のステージである、ソーシャル・ウェブ（Myspace, Facebook, Flickr, YouTube）と消費者向けメディア・ソフトウェア（iPhoto, Bloggerなど）も分析している。

こうした現代のソフトウェアのインターフェイスやツールとメディアの美学と視覚言語の具体的な分析は非常に刺激的なものだが、現在のメディアのソフトウェア化をより深く理解するためには、カルチュラル・ソフトウェアのいわば初期軌道のメディア史的、文化史的な文脈を理解することが重要であると考え、今回は第一章を選択した。

ニューメディアの政治（The Politics of New Media）

ここでバーミンガム派のメディア・文化研究の立場から予想される、ソフトウェア・スタディーズ、あるいはカルチュラル・ソフトウェアといった概念に対する違和感あるいは批判に簡単に答えておく必要があるだろう。批判的メディア・スタディーズが問題にしてきたのはメディアと権力の問題、メディアによって（再）生産されるイデオロギー、そしてそれに対する抵抗、あるいは排除と包摂の政治などの問題であった。このような立場からはマノヴィッチの仕事はやや還元的で脱政治的な実践であるように見えるかもしれない。しかし彼自身もいうようにマノヴィッチの研究はまずは無視されてきたレイヤーへの重要な介入であり、その成果を異なるローカルな文脈の中で、バーミンガムの問題意識との接続の可能性を探るのは我々自身の仕事であるはずだ。

そうした可能性のいくつかを考えてみよう。伊藤守が『情動の権力』で議論するように、メディアの権力作用は、意味作用のみならず、意味作用以前、あるいは意味作用と独立した情動のレベルで作用している。もしそうであれば、一つのイメージの強さを考えるときに必要なのは、そのイメージの意味作用の構造のみならず、例えば色のようなより直接的に感覚器官を刺激する要素の「強度」に対する意識であろう。Final Cut Studio を使ったジャガーの動画制作の例を挙げよう。[6] アップルのこのノンリニアビデオ編集ソフトには Colour と呼ばれる色調補正ツールがバンドルされている。この広告の中で、イギリスを思わせるグレーがかった雨の街を疾走して変化する車体の色には、モーションコントラッキングを持つこのソフトを使って動画のシークエンス毎、車体のパート毎に徹底的な編集が施されている。テールランプ部分は、雨の道路の走行シーンで際立つよう全てのショットにおいて処理が施される。フロントグリルは彩度を下げてクロームメッキを施したような処理がされ、さらに明滅する青い光をあてたような光の反射が書き込まれる。さらに車内が見えないように黒を強調して、神秘的な雰囲気が作り出される。結果としてわれわれはソフトウェア化した文化産業が作り出し実際には存在しない強烈なジャガーをみることになる。われわれの美学と閾値はこうしたツール、あるいはプラグインによって変容している。ホールは一九九七年に出版されたテキストブックの中で、ジャガーの広告における「英国らしさ」の記号構造と意味作用を取り上げたが、ソフトウェア化するニューメディアにおける権力作用、あるいは文化産業の分析には、われわれの感覚により直接的に介入し、情動の操作を行う不可視の「技術的無意識」としてのソフトレイヤーの分析は欠かすことが出来ないものだ。[7] こうしたニューメディアの物質性と身体性の問題に関しては、ブライアン・マッスミ[8]はもちろん、アンドリュー・マーフィー[9]、ルチアナ・パリシ[10]、パトリシア・クロー[11]、スティーブ・グッドマン[12]等の仕事が参考になるだろう。

ネットワーク文化の分析においてもソフトウェア・レイヤーの分析は欠かすことが出来ない。ウェブ2.0というバズワードで総称されるソーシャル・メディアにおいては、ユーザー自らのコンテンツ制作への参加と協働が、従来の生産と消費者という対立構造を挫折させ、支配と抵抗の間に権力関係を見出すことは困難になっている。しかしテラノヴァが「Free Labour」[13]という概念で批判するように、ネットワーク文化の権力はコストを外部化し、消費者の能動性や行動を生産活動として回収することで作用している。またユーザーは検索、ウェブ履歴を無意識に膨大なユーザー情報をマーケッターに提供している。例えば Amazon

のリコメンデーションサービス、Google のランキングなどの上でわれわれの日常生活を構築し、知識生産を規定する権力は、こうしたリレーショナルデータベースというソフトウェアを通じて作用している。スコットラッシュが「アルゴリズムを通じた権力」[14]と呼ぶ権力作用の分析には、われわれの日常生活に埋め込まれたソフトウェア・レイヤーの分析を進める必要があるのである。[15]

最後にソフトウェア・スタディーズとして読むことが出来るテキストをもう少しあげておきたい。リオタールの『ポストモダンの条件』そしてボードリヤールの『シミュラークルとシミュレーション』の中にはかなり長いソフトウェアへの言及がある。キャサリン・ヘイルズ、[16]フリードリヒ・キットラー、[17]ローレンス・レッシグ、[18]アレックス・ガロウェイ、[19]ウィリアム・J・ミッチェル、そしてナイジェル・スリフト[20]などの仕事はこれに含まれる。またおそらく彼らほど知られてはいないが、メディア・アクティビストとしても有名なヘアート・ロフィンク、[21]DJでもあるポール・ミラー(aka DJ Spooky, that Subliminal Kid)、[22]ゲームに関する研究があるケイティ・セイレン、エリック・ジマーマン、マシュー・キルシェンバウム、[24]ウェンディー・フイ・キョン・チュン、[25]エイドリアン・マッケンジー[26]などは、全て自身でプログラムし、そしてソフトウェアについて最もシステマティックな考えをテキストにしている。二〇〇六年にロッテルダムで開催されたソフトウェア・スタディーズに関する最初の学会の主催者で、明示的にソフトウェア・スタディーズを提唱してきたマシュー・フラーの一連のテキストを忘れるわけにはいかない。[27]MITからはマノヴィッチ、フラー、ノア・ワードリップ＝フリンを編者として「ソフトウェア・スタディーズ」シリーズの刊行が始まり、その第一弾としてサンディエゴのマノヴィッチの同僚でもあるワードリップ＝フリンの単著も出版されている。[28]またワードリップ＝フリンが編集した「ニューメディアリーダー」[29]は、「ソフトウェア・スタディーズ・リーダー」と名付けられても不思議でないほど、コンピュータとメディアの接点で書かれたテキストを幅広く集めた論文集である。本稿でマノヴィッチが多く参照しているアラン・ケイやサザランドはもちろん、ドゥルーズやウィリアム・バロウズのテクストまで収録している。是非参照されたい。

ここで紹介した著作は、メディアのソフトウェア化の衝撃を真正面から受け止めながらも、情報工学的なメディア研究とは一線を画し、ニューメディア・スタディーズがいかに批判的たりえるか、カルチュラル・スタディーズの問題意識との接続がいかにして可能かを十分に提示している。もちろん日本語圏でもここで並列されるべき先駆的な仕事があるはずだが、私の力量不足からフォローしきれていないことをあらかじめ断っておきたい。

注

1 本著は Creative Commons Llicense でオンラインで公開されている（本論文の書籍バージョンは、二〇一三年 Bloomsbury Academic から刊行されている）。なお今回翻訳に使用したテクストは、本人から送付された加筆済みの原稿を元にしている。本人がウェブサイトで公開している他の多くの論文も併せて参照されたい。（www.levmanovich.net).

2 http://lab.softwarestudies.com/

3 Manovich, Lev 'Language of New Media' p.6.

4 ペレストロイカ以前のソ連を後にしてニューヨークに到着したマノヴィッチを圧倒したのはスーパーの品揃えだった。

5 もちろん代表的なのは Hall の Encoding and Decoding である。

6 http://www.apple.com/jp/finalcutstudio/in-action/

7 Thrift, N. J. (2005). ***Knowing capitalism***. London, SAGE Publications.

8 Massumi, B. (1987). "Realer than real: the simulacrum according to Deleuze and Guattari." http://www.anu.edu.au/HRC/first_and_last/works/realer.htm (15 Nov 2005).

9 'Murphie, A. (2002). Putting the virtual back into VR. *A shock to thought : expressions after Deleuze & Guattari*. B. Massumi. London ; New York, Routledge: 188-214.

10 Parisi, L. and T. Terranova (2001). "A Matter of Affect: Digital Images and the Cybernetic Re-Wiring of Vision."parallax 7(4): 122-127.

11 Clough, P. T. (2008). "The Affective Turn: Political Economy, Biomedia and Bodies." *Theory, Culture & Society* 25(1): 1-22.

12 Goodman, Steve. Sonic Warfare : Sound, Affect, and the Ecology of Fear. Cambridge, Mass. ; London: MIT Press, 2009.

13 Terranova, T. (2004). *Network culture : politics for the information age*. London ; Ann Arbor, MI, Pluto Press.

14 Lash, S. (2007). "Power after Hegemony: Cultural Studies in Mutation?" *Theory, Culture & Society* 24(3): 55-78.

15 Beer, D. (2009). "Power through the algorithm?

participatory web cultures and the technological unconscious." *New Media & Society* 11(6): 985-102. を参照

16 Hayles, Katherine, N., (1999) How we Became Posthuman, Chicago and London:The University of Chicago Press; Hayles, N. Katherine (2005) My mother was a computer: digital subjects and literary texts, Chicago : University of Chicago Press.

17 Kittler, Friedrich, (1997) Literature, Media, Information Systems: Essays, Amsterdam: GB Arts International, pp. 28-49.

18 Lessig, L. (2004). *Free culture : how big media uses technology and the law to lock down culture and control creativity.* New York, Penguin Press.

19 Galloway, A. R. (2004) *Protocol: How Control Exists after Decentralization.*Cambridge, MA: MIT Press.

20 Thrift, N. J. (2005). *Knowing capitalism.* London, SAGE Publications.

21 Lovink, G. (2002). *Dark fiber : tracking critical internet culture.* Cambridge, Mass., MIT Press.Lovink, G. (2003). *My first recession : critical internet culture in transition.* Rotterdam, VP2/NAi Publishing.

22 Miller, P. (2004). *Rhythm science.* Cambridge, Mass. ; London, Mediawork/MIT Press.

23 Katie Salen & Eric Zimmerman eds. *Rules of Play: Game Design Fundamentals,* MIT Press 2004

24 Kirschenbaum, M. G. (2008). *Mechanisms : new media and the forensic imagination.* Cambridge, Mass. ; London, MIT.

25 Chun, Wendy Hui-Kyong. *Control and Freedom : Power and Paranoia in the Age of Fiber Optics.* Cambridge, Mass. ; London: MIT, 2006.

26 Mackenzie, Adrian. *Cutting Code : Software and Sociality.* New York ; Oxford: Peter Lang, 2006; *Transductions : Bodies and Machines at Speed.* New York: Continuum, 2002.

27 Fuller, M., Ed. (2008). *Software studies: a lexicon.* Cambridge, Mass. ; London, MIT.; Fuller, M. (2005). *Media ecologies : materialist energies in art and technoculture.* Cambridge, Mass., MIT Press.; Fuller, M. (2003). *Behind the blip : essays on the culture of software.* New York, Autonomedia.

28 Wardrip-Fruin, Noah. *Expressive Processing : Digital Fictions, Computer Games, and Software Studies.* Cambridge, Mass.: MIT Press, 2009.

29 Wardrip-Fruin, N. and N. Montfort, Eds. (2003). *The new media reader.* Cambridge, Mass. ; London, MIT.

メディアの理論

マーク・B・N・ハンセン
堀口剛訳

「われわれのおかれている状況を決定しているものはメディアである」。フリードリヒ・キットラーが著したメディアについて理論的に歴史化を試みた重要かつ影響力のある書物である『グラモフォン・フィルム・タイプライター』(1999)の冒頭はこのように始まっている。フーコーの歴史的アプリオリの概念をメディアの物質性の具体的な説明で補足しながら、キットラーは現代のメディア理論にとって決定的に重要なやり方で、フーコーによる研究の前―解釈学的/あるいは、反―解釈学的な次元を根本的に問い直している。図式的に示せば、キットラーの批判的な立場は、メディアに対する二つのタイプのアプローチに根本的な区別を設けている。ひとつはニューメディアも含むメディアの経験的次元を検討するアプローチであり、もうひとつはメディアの技術的論理を掘りおこすアプローチである。後者の論理が――少なくともキットラーにとって――人間の感覚比率と同期するのは、偶然かつ一時的な場合に限られる。この区別から導き出される結果は、それ自体情報理論とのある種の(明らかに論争含みの)統合の遺物ではあるが、メディアの現象性と物質性との間の避けがたい振幅である。両立不可能な行き詰まりを必ずしも示していないかもしれないが、この振幅はパースペクティヴを転換する必要性を課しているように思われる。つまり、メディア批評は、経験を条件づける下部構造(メディアの物質性)かそれによって生み出された経験のどちらかの前景化を選択することが求められているのである。

ここで示唆したいのは、この振幅が文化理論研究者に対してメディアが課したもっとも根本的な理論的課題を構成しているということだ。ある意味では、それは我々の生きるメディア時代のために文学的（哲学的）脱構築を更新《アップデート》することを成しているように思われる。つまり、ポール・ド・マン（もしくはデリダ）において多くみられるような振幅——列挙法と比喩化のあいだや現象性と物質性のあいだの振幅等々——のように、このメディア的な振幅それ自体が、解釈学的実践を制限するのと同時に可能にするような枠組みを提供しているのだ。別の一面では、この振幅は経験の新しい超越的条件としても理解できるかもしれない。とはいえ、それは具体的または物質的な技術性によって繋ぎ止められているために、超越的なものと経験的なものとのあいだの伝統的な区別をかく乱させるようにも思われる。このような点において、すでに提示したようなフーコーの歴史的アプリオリと同時にドゥルーズの超越論的経験論にも類似している。これらのように、経験の領域を超えることのない、より正確に言うならば全く超越論的ではないような、現実の経験に対する諸条件を差し出しているのである。

　提示したいのは、現代メディアはこれら二つの歴史的、理論的な共振の《間》の空間を占めており、その結果、脱構築の思想や新―超越論者の思想のいずれにも陥らない、新たな思想の要求を提起しているということなのだ。まさにこの理由によって、メディアの理論は、我々自身の思想を推し進め、技術思想を含む西洋思想の思索を構造化してきた経験論―超越論の分断を（少なくともいくつかの点で）決定的に置き換える機会を示している。別の、より論争的な言い方をすると、メディアの理論は技術による思考という不純物を含んでいる。つまり、メディアの理論は「技術における本質は、全く技術的ではない」というハイデガー(1982) の格言の中でパラダイムとして表明された、長年にわたる技術の従属性を逆転させる機会を提供しているのである。キットラーが意図したのとはかなり異なっているかもしれないが、繰り返すように、この機会の理由はまさしく「われわれのおかれている情況を決定しているのはメディアである」という事実による。思想に実証的―技術的な基盤を与えること、思想の可能性のためにある種の技術的な物質性を特定することで、メディアは、思考を生みだした経験の、主題化されないかもしれないが、除去できない要素であり続ける。このようなメディアの根本的な非還元性の発見は、あらゆる理論的立場も不十分であるということを明るみに出す。これまでどんな理論的立場も、振幅それ自体について問うことができなかったし、この振幅を解釈学に対するラディカルな単なる挑戦として扱うだけで満足し、今日の世界における解釈学なるもののための明らかに複雑な条件の布置としては扱わなかったのだ。

この振幅を問うことを追求することを通じて、メディアの理論と歴史の両方の次元に目を振り向けるように試みたい。たとえ——結局のところ——お互いが実際には区別不可能ではないが、分かちがたいことが証明されるかもしれないが。というのも、もしある意味で現代の理論のために輪郭づけられた特定の機会が、今日のメディアの固有の状況に由来しているのならば、それは技術と思想との「本来的な」相互関係、つまり歴史《以前》に生じ、そしてまさにこの理由で、思想と技術の両方によって必然的に示される相互関係も記述することになるからである。

媒介性《メディエーション》

現代メディアが理論に対して異議申し立てをする際の振幅、つまり物質性と現象性との間の振幅を検討するために、キットラーのメディア史の（部分的かもしれないが）重要な出発点へと立ち戻ろう。その出発点とは、媒介性に関するマーシャル・マクルーハンの形式主義的な概念である。誰もが知るとおり『メディア論』（1964）のなかで、マクルーハンはメディウムとメッセージを同一視している。より正確に言うならば、彼はメディウムがメッセージそれ自体であると定義している。このことによって彼はメッセージの内容から技術的な形式へと概念的なシフトを果たすことを意図していた。その結果、内容はまさに技術的な形式となるのである。口承や書字から電灯や自動車へと至る一連の具体的な分析において、マクルーハンは潜在的にはもっともラディカルな反—解釈学的な概念に関する解釈学的な腕前を披露している。実際、口承から最終的にはコンピュータまでに至る整然とした弁証法は、メディア理解に対するポップとでも形容すべきヘーゲル的なプロジェクトに輪郭を与えている。それは、媒介性に関するまぎれもない解釈学であり、メッセージからメディウムへ、情報の内容から技術の形式へという絶え間なく現在も続く移行に第一原理を見出している。

マクルーハンの媒介性の概念は抽象的な形式であるに拘わらず、彼の思考は、情報の意味と技術的な表現、つまりメディアとメディウムに関する決定的な連続性についての洞察によって駆動しており、このことが、今日のメディアを我々が理解するための重要な含意をもっている。「その弁証法がいささか整然としすぎているのではないか」とか「メッセージからメディウムへの移行が十分に生じることはない」あるいは「それは移行などではまったくなく、むしろ、メッセージへの物質的―技術的支援を含んだ解釈学的な分析領域をより拡張するものではないか」などと指摘する人物もいるかもしれない（この意味では、メディアについてのマクルーハンの解釈学は、キットラーよりも、情報の理論に関する広範囲の異なった文化的融合を構成している。特にそれはドナルド・マッケイが「情報の全体理論」と呼んでいるような身体化された受容の役割――つまり、身体性《エンボディメント》の積極的な役割――を精査している。[1] クロード・シャノンや文字通りマクルーハンの登場後その軌跡を辿ってきたいずれの情報理論家たちによって理論化されてきたように、技術的な回路にのみ焦点をあてるのは、私の意見では近視眼的である）。そして、もしこの弁証法の不完全さが、マクルーハンの理論の成功を貶めることになったとしても、その方がむしろはるかに好ましいことだろう。なぜならば、そのことは、現代のメディア時代において一般化しうると私が考えているメッセージとメディウムの「横断伝導性《トランスダクション》」を探求する余地を、我々に残しているからだ（ジルベール・シモンドンが概念化した横断伝導性とは、関係する要素を越えた卓越性を関係自体が保持している関係のことである）。[2] このように理解するならば、マクルーハンは文化と技術の不可分性についての重要な思想家として、ひいてはメディアに関する議論がこれまで形成し、今なお形成されつづけている二極化に強く抵抗する人物として、正当な地位を与えられる。彼の観点からすれば、技術決定論などというものは存在しない。それは、技術が我々の状況を決定していないからではなく、技術は文化の外側の位置からは我々の情況を決定しない（し、できない）からである。同様に、文化構築主義――イデオロギーや文化の行為者に対して強固で、包括的な特権を与えるものと理解される――もまた存在しない。それは、文化がイデオロギーや経験を構築していないからではなく、意図の領域、文化的イデオロギーのまさに行為者の領域を超越した技術への依存なしに、文化はイデオロギーや経験を構築しない（し、できない）からである。

メディウム

しかしながら、マクルーハン理論の別の側面は、（彼の解釈に基づく）メディア史の、おそらくは過度に分化しすぎた弁証法の奥深いところに存在する連続性を際立たせるのに役立っている。メディウム――そして、本質的な媒介の作用――と人間の経験の（感覚や知覚の）「比率」とを結合させることによって、マクルーハンは人間的なものと技術的なものとの「本質的な」相互関係を強調する。この相互関係は彼にとってはけっして明確化されたテーマではないが、人間的経験の人工器官としてのメディアという彼の概念に固有のものであり、それが現代の有力な技術に関する重要なメディア理論家や哲学者たちと共同戦線を張るように、メディア史における人間の身体性を示している。それゆえ、キャサリン・ヘイルズ（1999）が情報のパターンへの還元に対抗して人間の身体性を擁護したこととも多分に共鳴しながら、マクルーハンによる人工器官としてのメディアという概念は、人間の身体との横断伝導的《トランスダクティヴ》な関係のなかにメディアを必然的に配置するのである。けれども、情報が人間と非人間的なメディアとで身体化される方法を十分に区別していないヘイルズとは異なって、マクルーハンは身体性の二つの特徴的な形式を、お互いにとって必然的な相互関係としてみている。（少なくとも）ポストヒューマンの支持者が唱道するように、マクルーハンは人間の身体を第一義的または主要なメディウムとして理解しているわけではないが、その一方で、マクルーハンの概念は――キットラーや彼と友人の「メディア科学者」たちのように――人間やその感覚的―知覚的な比率に対する大きな自律性を技術へ付与する技術主義者《テクニシスト》の戦略には鋭く対立する。

こうした点においては、マクルーハンの研究は別の現代の重要な批評家、哲学者であるベルナール・スティグレールの立場と重ね合わせることができる。スティグレールによる技術分野へ対する現象学的かつ脱構築的な拡張は、技術を思想（哲学）に従属させることへの頑なな拒否に基づいている。古生物学者のアンドレ・ルロワ＝グーランを引きながら、スティグレールは、技術と人間に関する共―起源性を主張している。特別な種として人間が生まれた切断線は単に技術の発明にあったというのだ。はるか昔の前時代的な原始人の遺骨が原始的な火打石の道具と同時代のものであることから、スティグレールは、人間がその起源から人工器官的な存在だったとする彼自身の理論化の重要な実証的な裏付けを見いだしている。彼が主張するには、人間は文化を通じた知識の継承によって進化してきた。このことは、人間とは「本質的に」技術的であり、まさに「起源」からそうであり続けてきたということを意味しているというのだ。はっきりと動物学的な進化からそのことを区別するために、スティグレールは生物的にも文化的にも還元できないものとして人間の進化を定義している。それは、彼が「後成系統発生（epiphylogenesis）」と名付けたプロセス、つまり、生命以外の手段を通じた進化として生じたとするのである。

スティグレールの研究は、後に改めて参照することになるが、我々の現在の文脈において重要である。というのも、メディウムの概念を理解するのに示唆に富んでいるためである。より厳密に言うならば、人間と技術の誕生における結合に関する彼の主張は、生の環境としてのメディウムという概念を裏付ける。そのような概念化は、明示的には、生物学のオートポイエーシス分野の近年の研究についての密接な関係によって導かれている。（そして、その際立った主張の一つが、身体化された生は必然的に有機体と環境の「構造的カップリング」に巻き込まれているというものである）。重要なのは、技術への扉を開け、まさに生物の論理を技術の特徴的で常に具体的な操作と混ぜ合わせる方法で概念化がなされているということだ。こうした観点から見ると、メディウムは、まさに始まりから、決定的に生命や人間の後成系統発生、そしてその具体的な影響の歴史《として》生み出される歴史の中に不可避に巻き込まれてきた概念である。それゆえ、英語で“medium”という語が現れたはるか昔、そしてその語源のラテン語のmedium（middle、center、midst、intermediate course を意味し、さらに媒介（mediation）、仲介（intermediary）を含意する何か）が現れたはるか昔から、メディウムは、基本的に生だけでなく技術的なものに依存した作用として存在していた。そのメディウムは、本質的に技術的な生、つまり私が他で「技術的生《テクニカルライフ》」と呼んだものに関わっているといえるかもしれない。それは生物と環境の間の媒介の作用——あるいは常に具体的な媒介のサポート——なのである。この意味で、メディウムは、本質的に技術的なものとしての生命が構成する有機体と環境との間のまさに横断伝導性に名前を与える。つまり、それは生の外化のためのメディウムであり、そしてそれに関連した環境の選択的な現勢化のメディウム、有徴化されていない環境から世界や実存的領域を形づくる、フランシスコ・ヴァレラが「意味の余剰」と呼んだ創造のためのメディウムにほかならないのだ。

　そのような生命環境としての（より正確に言えば、生命と環境の横断伝導性を裏付ける）メディウムの概念化は、特定の、狭義の技術的な存在としてのメディウムの概念とは決定的に異なっている。結合や媒介の所与の技術的に固有の形式として指定することが可能になる前に、メディウムは人間化の存在論的な条件——つまり技術と生の横断伝導性の部分と一群である外化の構成的な次元——を名指している。現代の批評家の多くは、人間の活動やコミュニケーションの世界からの自律している（もしくは潜在的に自律している）対象領域または物質世界の一部としてメディウム――やメディア（メディウムの複数形）――に焦点を当てるが、彼らはこの差異をきちんと精査することができない。つまるところ、彼らはメディウムや媒介といったものが、生物の作用、必然的に人間が身体化される作用に巻き込まれていることを認識できないのだ。ヘイルズがその重要かつ革新的な研究で示したように、現代の機械における情報の身体化に留意することや、同様にキットラーが重要で革新的な研究で示したように、所与の歴史的な瞬間に銘記されうるものの前提としての具体的な記憶装置技術に注目することは、双方向的な回路の一面だけしか記述していないのだ。それは、技術の進化が方向感覚を喪失させるような速度に加速されれば、簡単に、さらに複雑に相互的に重なりあい、より生産的になる。

もしヘイルズやキットラーや彼らのそれぞれの遺産相続者たち（いうまでもなく、そのほかの現代的批評家たちやメディアの所産に注目する批判的な潮流）が、技術の生命的な基盤を自ら無視していることを安易に正当化しうるとすれば、そのことはまさに産業革命以来の技術的な変化と同時に生じた方向感覚の消失のためだ。ジルベール・シモンドンによる重要な分析を拡張しながらスティグレールが議論しているように、産業革命は、命あるものと命なきもののあいだ、生物と非生物との間の中にある（第三の）領域――非生物的な事物――になったと理解できるような技術の進化の強烈な加速である。しかし、この急激な加速、それに伴って生じた方向感覚の喪失の増大は人間の経験に衝撃をあたえたが、そのことは人間と技術の理論的な相互関係を変えるようなものではない。技術の現在進行で構成的な相互関係に関するもっとも新しい時期においても、再度思い起こしてみるならば、原始の場で人間として構成したものである外化によって、つまり、生命以外の手段によって、人間は進化し続けている。技術の急激な加速が抗しがたい形で明らかにしているのは、人間の進化は不可避であり、常に技術とともに共–進化しているということなのである。常に技術的な進化との再帰的な相互関係のなかで進化しているという点において、人間の進化は「技術発生的」であるのだ。

このことはメディウムの概念がこの不安定な時代に渡っても、安定性を保持しているということも意味している――そのことは外化の必要性、人間と技術の横断伝導性のサポートを指し示し続けている――ため、我々が生の環境としてメディウムを理解するのには、技術の人工性を媒介にしてメディアを歴史化する取り組みと衝突するようになる。メディウムという語をめぐる意味論的な歴史は、明確に実体として「メディア」が出現する瞬間から、その衝突の痕跡を示している。明らかに《per medium》という古典ラテン語以降の語法から生み出されたメディウムの道具的な意味のおかげで、メディアは伝達という意味、そして一八世紀後からは大量の伝達（よって「マスメディア」という用語が生まれた）という意味を持つようになる。この道具的意味の具体的なメディアが普及することによって、なぜ生の環境としての「メディウム」の意味があいまいなものになり、「起源」や媒介の作用からその人工性へと強調点が移行したのかを理解することはたやすい。その移行は、マスメディアの一般的普及と（すくなくとも）ルネサンス期以後から西洋の歴史を特徴づけてきた新しいメディアのテクノロジーの絶え間ない拡張によって、確立されてきたのだ。

一九世紀におけるメディアの分化以前に、（アルファベット表記という）唯一の普遍的メディウムしか存在せず、それゆえ、「メディウム」などという概念は存在しなかった（差異的な概念が存在するためには、少なくとも二つのメディアが存在していることが必要とされるため）とキットラーが議論するとき、彼は上記で述べたようなメディアの人工性の観点に対する誠実さに背いている。グラモフォン、フィルム、タイプライターは、技術的に記述しうるすべてものに対する記憶する異なった可能性の技術の身体化である。この点において、キットラーが定義するように、それらは、技術的な構造的基盤——技術的な超越論的土台——をラカンによる三つの審級、つまり、現実界、想像界、象徴界（それぞれ）に与え、そして、それゆえに一九世紀中期以降の経験可能なものすべてに与えている（これはすべてラカンに影響され、多くを負いながら、キットラーが理解している図式である）。しかしながら、グラモフォンとフィルムとタイプライターによる三頭体制をフェティッシュすることで、キットラーは西洋の表象の厚みのある歴史を無視している（絵画は、アルファベットの記述に対抗する保管のメディウムではなかったか？）。さらにより重要なこととして、彼はマクルーハンやルロワ＝グーラン、スティグレールの研究の中心にある、生と記録の根本的な相互関係から目を背けている。それゆえ、メディア人工物の三頭体制は、人間のイデオロギーに関する技術的な基盤を供給するだけで、人間の身体の技術的な外化を含んでいない。そして、たとえ、そのようなメディア史の根本的な反―人間主義

（ここでは完全に初期フーコーの認識論的反―人間主義と同種のものである）が、はっきりと輪郭を持って登場したデジタルの技術的な脱―差異化を待たねばならなかったとしても、キットラーの分析全体を動機付けている。それは、まさに上記の理由による、生の環境としての、技術と生命との横断伝導性の裏付けという役割としてのメディウムの機能の判断停止《エポケー》によって得られているのだ。

　そうは言ったものの、デジタル――特にデジタル・コードの「超《スーパー》―メディウム」におけるメディアの全体的な統合の可能性――のおかげで我々が極めて構築的な方法でメディア史の枠組みを再構成できるようになることには重要な意義がある。技術的な回路における人間の過剰さを示すつもりはないが、しかしながら、そのような再構成が我々に正確に教えるのは、どれほどメディアがこれまでずっと生と相互関係にあったのかということである。我々はとりわけ、すべてのメディアが媒介するものが生であること、（人間の）生が媒介、つまり、環境やメディウムにおける外化を経由した生の具体的な現勢化であることを学ぶ。ゆえに、普遍的で正しい「ポスト―メディウム」の記録の形式を形成すること以上に、デジタル・コードは、技術の現在進行形の進歩の、最新かつ間違いなく最も複雑な舞台を構成するのである。そのようにして、（キットラーのポストヒューマニスト的な幻想が定義するように）それは、外部からではなく、人間の構成要素である外化そのものの拡張として影響を与えるのだ。この外化が、生の形式としての人間の最も奥深い核に位置している。

　我々のここでの関心がメディウムに関する人工的な概念と横断伝導的な概念との間の対立（一定の現代的な批評家の間で前者をフェティシュ化することによって引き起こされ、ここ二世紀のうちの技術的な進歩の強烈な加速によって確固たるものとなった対立）を超えようとしているとすれば、メディア人工物や人間の技術発生の相互補完性を説明し、最終的には、自律性に関する二つの概念を区別することが我々とってなすべきこととなる。テクノロジーは現在、日常生活における生産と種の生命の再生産（という二つの生《ライフ》）の両方において、極度に洗練された認知労働を遂行しているということは確かであるし、この点において我々はキットラーやヘイルズに同意しなければならない。実際、それらはあまりにも洗練されてしまっている結果、十分に自律的な存在、全く新しい生の形式の発展を生み出している。たとえば人工生命（クリス・ラングトンとトーマス・レイ）や体系的カップリングの全く新たな種類やオートポエティックな再生産のあらたな形態（ニクラス・ルーマン）のように、そうした生の新しい形式は、多様なあり方で理論化されている。しかし、自律性という魅力のもとにあって、認知的にこれらの技術がどれほど洗練されていても、人間との組み合わせを通じてのみこれらが機能しているということを忘れてはならない。これは、この組み合わせが複雑かつ多様なかたちで媒介される事例でさえそうなのだ（そして、それがこれまでに以上にあたりまえになっている）。（こうした視点からすると、「我々」があるときに人工的に創造した人工生命、まったく新しい進化の系統を生み出すことに成功した場合、あるいは、我々が参加している宇宙的生命のプロセスの外部、人工生命の人工的な生成が起こった場合には、もはや相互関係——人間と技術との種—構成的な横断伝導性を経由した——はなくなり、それゆえに完全な自律性を主張することになるかもしれない）。

生命のあるものと生命のないものとの間にある第三の存在の領域という技術の進歩に関するシモンドンの研究は、自律性についての、あるいはより的確にいうならば、疑似—自律性についての、別の弱い概念を提案している。この概念は、二つの事実によって定義される。一方で、技術はそれ自身の進化の系統を享受している（たとえ、それが人間の介入によって助けられこれまでもこれからも存在し続けるとしても）。他方で、特徴的な（同様に疑似—自律性の）進化の系統として、それが人間との相互に本質的に関係していることである。この技術の疑似—自律性は、（非対称的だが）相補的な非方向性によって、人間の進化と技術の進化の相互関係を支えているのだ。この概念によれば、因果関係的な干渉を通じて作用するのではなく、相手の組織維持（従ってシステム維持の）作用のための相互の振動として、技術は人間に影響を与え、人間は技術に影響を与えている。技術と生は、相手の構造の閉域における危機を誘発することで、お互いに衝撃を与え、その結果、それぞれは変化を余儀なくされるが、外部の力に対する従属ではなく、作用の法則に従い、構築的な組織の原理を保持するような自己の再—構成を通じて変化する。その際に帰結するのは、相互的、双方向、非対称的な、非方向性の弁証法である。つまり、それは、技術による生と身体性による機械の、断片的で非線形の極端に複雑な再帰的触媒なのである。

すでに別稿で述べたように（Hansen, 2005）、〈Son-O-House〉というオランダの建築家のラース・スパイブルックと同じオランダのサウンドアーティストのエドウィン・ファン・デル・ハイデとの共同作業は、この複雑な弁証法に関する完璧で、私の考えるところでは完全な、予言的な事例を提供している。実際、それは、我々が人工的、つまり非—生物的な（もしくは少なくとも非—発生的な）手段と呼びたいものを通じ、どのようにして人間—機械の相互増殖を刺激するのかというレシピのようなものを形成している。まず、家庭空間の人間の動作をキャプチャしたデータからはじまって、プロジェクトは、脱編成《デ＝フォーメーション》＝変形の各段階を通して進められる——そこには、紙模型の構造、その模型のデジタル化、そして音環境への変容が含まれる。そしてこの各段階は、非方向性の弁証法のなかの「段階」を構成している。スパイブルックとヴァン・デル・ハイデが行っているのは、今日の人間の技術発生の状態を遂行的《パフォーマティヴ》に宣言—明示することだ。彼らは、次のことを示している。ひとつは、どのように技術の疑似—自律性が、空間の身体化された占有の習慣に挑むのかという（ここで例示しているのは、たんにデジタル・コンピュータだけでなく、「物質的機械」創発的といえるような自律的な特質をともなった機械としての紙の役割である。この場合、裁断され、折り曲げられ、綴じられるという性質から展開されるもの）である。そしてもう一方では、どのようにして人間の身体性の原理——つまり、特定の操作的な（組織的な）閉域の原理であり、まさに疑似—自律性それ自体の原理——が、生物と機械との横断伝導性の弁証法において一定の特権性を維持するのかを示している。それは、お互いがそれぞれ変化できるために従う法則を備える特権性であり、それゆえに、お互いが相手に影響を与える能力を模型に供給する特権性である。だからこそ、横断伝導的な弁証法は非対称になるのだ。生物の「起源的な」相互関係として、そして生そのものを生産条件として、メディア技術は（人間の）生の誕生によって開かれた歴史の内部に存在し、そこ以外には存在しないのだ。

これらすべての事象が、プロジェクトの第二の遂行的、もしくは相互的な構成要素としてみごとに統合される。それは、音環境《サウンド・エンバイロメント》である。まさしく文字通り「音が住む家」であるSon-O-Houseは、歪曲した空間である。来場者に体を曲げたり、頭を下げたりすることを強制する外側へと湾曲した骨組みによって構成され、動作と振動の間のフィードバックを作りだし、さまざまな周波数干渉の生成形式を生み出すスピーカーとモーション・センサーがいたるところに設置されている。その環境についての私自身の記述を引用するならば、Son-O-Houseは「身体や音、空間を二種類の創発性を生み出すポジティブ・フィードバック・システムへと統合する。それは、新たな身体的な動きと新たな周波数干渉である。それぞれの創発性――人間と機械それぞれ――は、お互い相手が持ち込んだ干渉的動きを通じて初めて可能になるものだが、それぞれは作動の閉域のそれぞれの構成原理を尊重する再組織化を通じてのみ生じているだけだ。両者とも全く同じ基本的な法則――動きによって空間を作るという――にしたがっているが、それぞれが完全に特有なやり方でそのような作動を行っている。と同時に、両者ともに非方向性における決定的な備給を保持していると言える……音それ自体は身体の動きの変化の直接的な原因とならないが、そのような変化をもたらす内部の情報処理に影響しており、来場者の動きは、音の構成に影響している。それは既存の音だけではなく、いうなれば、周波数干渉自体の出来事に影響をあたえているのである。この点において、デジタルな音の生成の（構成）システムの「自律性」は、この作品によって生み出された複雑な相互作用を支えるように、身体化された行動の（固有の）自律性と接続されているのだ」(Hansen, 2005:161-2)。

メディア批判

　スパイブルックとヴァン・デル・ハイデは、我々と同時代的でグローバル化されたメディア・システムに向けた批判的介入としてSon-O-Houseを提示している。オランダの情報技術産業の中枢アイントホーフェンの人口密集地帯の支配的なリズムから離れた空間を作り出すことで、Son-O-Houseは、「アナログ・コンピュータ」としての紙と、アナログなプロセスの変容としてデジタル・コンピュータそれ自体の疑似―自律性と物質的な創造性を活用している（そのようにすることで、偶然だが「アナログなものの優越性」というブライアン・マッスミの重要な主張を支えている。デジタルなものとアナログなものとの共同―作用の様式――つまり、「変容的な統合や翻訳、遅延」――がそれ自体いかにアナログな作用であることを示すことによって、マッスミはまた別の、けれども補強しあう、技術に対して一定の特権性を示す物質身体性の根拠を示している（Massumi,2002:143)）。アナログなものの過剰、身体性の過剰な物質性を活用することで、Son-O-Houseは、現代のリアルタイムなメディア・ネットワークの産業化されたパラダイムの円滑な流れに延期や遅延を導入している。このことによって、リアルタイムな相互作用のモデルの根底をなす複雑で高度に人工的な事前のプログラミングを暴露しようとしているのだ。この相互作用のモデルは、ベルナール・スティグレールが示したように、文字通りの意味で時間の意識をハイジャックし標準化させることで従順な視聴者たちを生みだそうと意図されたものだ。私の考えでは、Son-O-House が現代のメディア・システムに対する批判的介入としてきわめて効果的かつ興味深いものとなっているのは、それが身体性の領域へ回帰し、アナログなものの優越性を、それが伝達する人間の特権性とともに活用することに明白に取り組んでいるからである。Son-O-House は延期や遅延の中心的な源泉としての身体性の活動の特徴である非方向性を扱うことによって、人間の身体性の物質的創造力を活用し、根源的に創発的な人間の感覚と（横断伝導的な弁証法において問題となっているカップリングに従って）根源的に創発的な機械のプロセスの相互作用性の再プログラム化を促進している。

ここでの我々の目的にとってより重要なことは、Son-O-House が媒介性の（潜在的な）政治学のより一般的な事例を構成していることである。これは、私が現前の政治学《ポリティックス・オヴ・プレゼンティング》と呼ぶものである（私は同タイトルの近刊を予定している）。その政治の中心にあるのは、デジタル技術がもたらした可能性、とりわけ分析とイメージと音の統合の新しい技術的な可能性の活用だ。この新しい技術は、意識の流れの現代的媒介性（あるいはメディアの人工化）に（つまり、生自体の流れに）アクセスし、支配することができる。この現前の政治は、現代のリアルタイムのグローバル・メディア（インターネット時代の「映画」が主要な事例である）に関するスティグレールの分析を起源に持つ。スティグレールによれば、映画はパラダイム的な「時間的対象」を内包している。この「時間的対象」との関係によって、意識は自らと距離をとり、それ自身の時間的な流れ、つまり時間による内的な自己―触発を反映することができるというのである。この時間が、カント以後の西洋哲学者にとっては、「内感」または「内的時間意識」の内実を構成しているのだ。

フッサールによる時間意識の解釈――そして、とりわけ彼が音楽のメロディを典型的な時間的対象と見なしたこと――を更新《アップデート》することによって、スティグレールはどのように現代文化産業が、意識それ自体の時間を、支配し、直接資本化することで操作しているのか示している。スティグレールによる更新から明らかになったこととは、今日の時間的対象は、時間意識を構成する自己反省の代理としての機能を保持する一方で、明らかに我々がここで使っている意味でのメディア人工物となっているという事実である。フッサールのメロディとは異なって、スティグレールが意図する拡張された領域としての映画は、すべての面において正確にメディア・システムの対象となっている。このメディア・システムは、正確に、想像しうる限りもっとも計算された形で、メディア人工物の時間のパターンを事前にプログラムし、完全に標準化することに、主体の思考の流れを従属させようとしている。この意味で――そしてまさにこの場面に政治が入ってくるのだが――現代の時間的対象／メディア人工物は、まさにだれが意識の流れを支配するかということをめぐる戦いの場なのであり、より正確に言えば、二次的把持と、一次的把持や新たに現前する生産に対する二次的把持の選択的な（それゆえ決定的でもある）影響をめぐる戦いの場なのだ。スティグレールが示したように、現代文化産業は、事前にプログラムされたメディア人工物である記憶対象物（三次的記憶）を提供することによって、文化的記憶（二次的記憶）に対する統制を行い、それを維持しようとやっきになっている。三次的記憶の記憶対象物は誘惑し、いたるところに存在するので、個人意識の役割を蝕み、二次的な記憶の基盤としての生きられた経験と取って代わろうとするのだ。それがまさに今日、（たとえば）テレビが、時間的対象や文化産業として機能しているあり方であり、（スティグレールも議論しているように）ますます伝統が新しい意識に引き継がれるあり方である。その新しい意識とは、いわば、個人意識によって経験されたわけではないけれども、当の意識にとって借用可能な――そして借用が次第に要求されるような――意識である。

メディア・システムに対する批判的な介入の可能性は、それゆえに、意識の産業化に抵抗する方法があるのかという問いに関係している。というのも、もし文化産業が、新しい経験の生産や新しい現前における個人的記憶の役割に取って代わることができるメディア人工物を提供するとすれば、その時メディア産業は未来そのものを支配することになるからだ。少なくとも、未来は、予知や期待――つまり二次的把持の投影である未来把持《プロテンション》――から生じるのだ。現在、デジタル技術――正確に言えば、イメージと音の流れについての分析や統合の能力――が、どのようにここにおいていくらかの希望を提示しているのか、容易に見ることができる。時間の流れに対する個人の支配を手助けすることで――誰かのリビングルームにおけるテレビの流れであろうが（ＴＩＶＯやほかのデジタル記憶システムの潜在性について考えてみればよい）、グローバルなブロードバンドのネットワークやデータベースの流れであろうが――デジタル技術は、新たな現前の生産や未来の予期の支配を再び取り戻すために個人の二次的記憶に力を賦与する。より平易に言えばこういうことだ。デジタル技術のおかげで、個人の生きられた意識が時間的対象の代理をしているメディア人工物の流れを支配することが可能になるので、意識は（少なくともある程度まで）自らのリズムに従って時間を経験できるようになる。要するに、デジタル技術は、急激に加速した技術革新のこの二世紀の間に個人の生きられる意識が（表面的に）失ってしまった行為主体性を回復するのである。つまり、（これまで媒介性の概念を我々が議論してきたように）技術が身体化された生との相互関係として機能することを示すことによって、デジタル技術は、個人的な意識が創造的かつ実質的な形で現前の生産に介入することを助ける。この現前の生産は、（構成的）意識の生きられた現実を含む生きられた現実そのものを構成するのだが、それは、本質的に技術的なプロセスとして構成するのである。

　デジタルメディア技術についてのこの政治的な展開は、直接的にはそのトピックと文化産業の未来についての見通しに関わる二つの関連した歴史的な区分を生じさせる。第一に、ニューメディアの新しさという問いが存在している。つまり、メディアのある形態、「古い」メディアであれメディア自体であれ、無徴の語としてのメディアと他の形態との違いである。我々がこれまで議論してきたことは、ニューメディアが新しいのは、その技術的な特異性によるだけではない（し、ありえない）ということだった。これまで議論してきたように、技術がいつも生物と相互関係にあり、デジタルがアナログの過剰との相互関係にあったとするならば、プログラム性と計算の形式主義的かつ技術主義的次元に焦点をあてたレフ・マノヴィッチのようなニューメディアの分析は、実証主義的《ポジティヴィスト》で、極度に部分的なものに留まっている（そして、同様にキットラーや彼に続くドイツのメディア科学者の分析も含めうるかもしれない）。もうひとつ問題を挙げれば、我々がすでに述べてきたように、単一の複数形で表されるニューメディアという語は一つの新しい（もしくは複数の新しい）メディア人工物を単純に指し示しているのではなく、むしろ、人間的な技術発生の新しい段階を指し示すべきだということである。この人間的な技術発生の段階はおそらく、何よりもまず（まさに今分析してきたような）新たな技術的な可能性によって触発されるものであり、その代わりに古い、無徴のメディアになっていくものである。ここで「新しい」という語を用いることは、もちろん、近代に特有の歴史性を特徴付けている方法である。しかしながら、同時にこれは、この近代主義的弁証法の技術的な特殊性を特徴付ける方法でもあるのだ。つまり、技術―歴史的な現象かつ系統として、メディアは単に永続的なもの、つまり、新しいものの絶え間ない発明なのである。

第二の歴史的な区別（マスメディアからニューメディアへという）は、新しいものの恒久的な発明としてのメディアというこの理解の終わりのなさと、それゆえの政治的な潜在性を、意識産業という困難な問題へと向かわせる。最近の多くの批評家たちがニューメディアを、マスメディアに続く新しいインフラストラクチャーとして（実際にはニューメディア・システムなのだが）歓迎している。たとえば、フェリックス・ガタリ（1995）は、デジタルメディアの際立った潜在性、とりわけその生きた情動の現勢化を引き出すポスト・マスメディア文化について述べている。同様にピエール・レヴィ（1998）は、マスカルチャーの人工物に介入し、再流用するデジタル・テクノロジーが果たすさまざまな具体的な能力から全体の美学を展開している（サンプリングの技術が鍵となる例である）。これらの議論は重要だし、批判的メディア政治学に確かに貢献しているが、彼らは今日のマスメディアが実際に行使している絶え間ない力、つまりヘゲモニーを掴むことに失敗しているという意味で限定的なままである。この点でスティグレール分析の利点の一つは（あらためて言わせてもらえば、スティグレールは、デジタル・テクノロジーの批判的な潜在性の評価もしている）、ニューメディアは何らかの方法でマスメディアに取って代わり、それを引き継ぎ、マスメディアはそのまま衰退するであろうという、ユートピア的な希望（または妄想）へ抵抗していることだろう。

スティグレールの分析のもっとも特筆すべき点は、彼が「象徴の貧困」とよぶ、現代文化の存在（または「実質」）を未来への希望を失わずに分析することに成功したことである。この点において、文化産業についてのアドルノとホルクハイマーによる有名な批評におけるペシミズムからのスティグレールの離脱は示唆的だと、私は主張したい。なぜならば、現代文化産業――より正確に言えば、物質的下部構造を形成する技術――を二次的把持と時間の流れに対する個人の支配を取り戻すための（潜在的な）根拠として扱うことを通じて、スティグレールは、ドイツの哲学者によって描かれた暗い見通しの「ポストモダン化」以上のことを行っているからである。実際、彼は、人間の技術発生の概念の最も鋭い洞察、生と技術との横断伝導的なカップリングの最も重要な次元を証言しているのだ。少なくとも、現在の目もくらむような技術の発展の段階、つまりリスクが本質的に技術的なもの、後成系統発生的なものとしての人間の生にこれまでも現在も付きまとっている時代に、このことは私たちにとって重要である。ヴァルター・ベンヤミンによる大衆文化に対する奇妙な評価と、彼の美学と政治との間の微妙な対抗関係を埋め合わせるかのように、スティグレールの仕事は、このリスクが単に負うに値しないリスクなのではなく、どうしても負わなくてはならないリスクであることを示している――そしてこの概念の上に仮説が築かれているのだ。実行可能な未来にむけた希望、未来を開かれたものにする希望は、今日の文化産業とそれが生産するメディア人工物と戦うことを要求する。そして、この戦いは人間という存在を構成する生の特異性の源、つまり生と技術の間の横断伝導的な弁証法の源の支配をめぐる戦いなのである。そのため、人間の身体性の創造性を利用し、身体化された時間の流れの特異性を再発見するための新しい方法を探すことは、今日のメディア理論家にとって、最も喫緊の挑戦、そして最も興味をそそられる作業なのだ。

Title "Media Theory" in *Theory, Culture & Society* No.2-3 pp.297-306
Author : Mark B.N.Hansen

訳注

1　ドナルド・マッケイは環境学者。マッケイの用語では、身体化 embodiement とは、たとえば脳における情報処理に対応した脳の物理的な活動のことを指す。

2　横断伝導性（transduction）は、通常「形質導入」と訳される分子生物学用語。ある細菌の遺伝的形質がウィルスを媒介して他の細菌に移ることを指す。ここでは文脈にあわせ、シモンドンを論じたスティグレールの『技術と時間』の和訳（石田英敬完訳、西兼志訳、法政大学出版局、2009）を参照した上で横断伝導性という訳語を採用した。

参考文献：

Adorno, Theodor (2001) *Culture Industry*, ed. J.M. Bernstein New York and London:Routledge.

Adorno, Theodor and Max Horkheimer (1972) 'The Culture Industry', in *Dialectic of Enlightenment*. New York:Continuum. 〔T・アドルノ、M・ホルクハイマー（2007）「文化産業」『啓

蒙の弁証法：哲学的断層』岩波文庫］

Benjamin, Walter (1969) 'The Work of Art in the Age of Mechanical Reproduction', in *Illuminations*, trans. H. Zohn. New York:Schocken.［W・ベンヤミン（1995）「複製技術時代の芸術作品」『ベンヤミン・コレクション〈1〉近代の意味』ちくま学芸文庫］

Guattari, Félix (1995) *Chaosmosis:An Ethicoaesthetic Paradigm*, trans. P. Bains and J. Pfannis. Bloomington, IN:Indiana University Press.［F・ガタリ（2004）『カオスモーズ』河出書房新社］

Hansen, Mark B.N. (2004a) 'The Time of Affect, or Bearing Witness to Life' , *Critical Inquiry* 30 (Spring): 584–626.

Hansen, Mark B.N. (2004b) *New Philosophy for New Media*. Cambridge, MA:MIT Press.

Hansen, Mark B.N. (2005) 'Embodiment:The Machinic and the Human', pp. 150-165 in *aRt&D: Research and Development in Art,* ed. J. Brouwer et al. Rotterdam:V2_Publishing/ NAi Publishers.

Hayles, N. Katherine (1999) *How We Became Posthuman*. Chicago, IL:University of Chicago Press.

Heidegger, Martin (1982) 'The Question Concerning Technology', in *The Question Concerning Technology and Other Essays*, trans. W. Lovitt. New York:Harper Perennial.［M・ハイデッガー（2009）『技術への問い』平凡社］

Kittler, Friedrich (1999) *Gramophone, Film, Typewriter*, trans. G. Winthrop-Young and M. Wutz. Stanford, CA:Stanford University Press.［F・キットラー（2006）『グラモフォン・フィルム・タイプライター』（上・下）ちくま学芸文庫］

Lévy, Pierre (1998) *Becoming Virtual:Reality in the Digital Age*, trans. R. Bononno. New York:Plenum Publishing.［P・レヴィ（2006）『ヴァーチャルとは何か?：デジタル時代におけるリアリティ』昭和堂］

McLuhan, Marshall (1964) *Understanding Media*. New York: New American Library, Times Mirror.［M・マクルーハン（1987）『メディア論：人間拡張の諸相』みすず書房］

Manovich, Lev (1999) *The Language of New Media*. Cambridge, MA:MIT Press .

Massumi, Brian (2002) 'On the Superiority of the Analog', in *Parables for the Virtual*. Durham, NC:Duke University Press.

Simondon, Gilbert (1989) *Du Mode des objets techniques*. Paris:Aubier .

Stiegler, Bernard (1996a) *Technics and Time, Vol. 1:The Fault of Epimetheus,* trans. R. Beardsworth and G. Collins. Stanford, CT:Stanford University Press.［B・スティグレール（2009）『技

術と時間1：エピメテウスの過ち』法政大学出版局〕

Stiegler, Bernard (1996b) *La Technique et le temps, 2:La Désorientation*. Paris:Galilée.［B・スティグレール（2009）『技術と時間2：方向喪失』法政大学出版局〕

Stiegler, Bernard (2001) *La Technique et le temps, 3:Le Temps du cinéma et le problème du mal-être*. Paris:Galilée.

Stiegler, Bernard (2004) *La Misère symbolique, 1*. Paris:Galilée .［B・スティグレール（2006）『象徴の貧困〈1〉：ハイパーインダストリアル時代』新評論〕

解題

本論文は、*Theory, Culture & Society*, Vol.23 No.2-3 Sage に掲載された Mark B. N. Hansen, Media Theory の全訳である。現在、デューク大学の教授である彼の翻訳はいまだ行われていない。そのため、彼の研究はほとんど知られていないというのが現状だろう。*Embodying Technesis: Technology Beyond Writing*, Michigan, 2000. にはじまり、*Philosophy for New Media*, The MIT Press, 2004. *Bodies in Code: Interface with Digital Media*, Routledge, 2006. など、メディア研究の理論的かつ哲学的な基礎付けに関する三部作を刊行し、諸学問との対話の道を開きながらこの分野の研究のすそ野を大きく広げた研究者として活躍している。上記の三部作で一貫して考究されているのは、人間と技術との「共進化」の現代的な位相として、新しいデジタル・メディアを分析するというテーマである。デジタル・メディアが今日の私たちの営みの日常的、経験的な条件を形成しているのか、その問いに答える手がかりとして彼が参照するのがメルロ＝ポンティの現象学的な視座とりわけ「身体図式」をめぐる考察である。ハンセンは、メルロ＝ポンティの「身体図式」のなかに、状況へと参入する前人称的な身体の視点、さらにそうした前人称的な身体と環境との不分割性の視点、を見て取る。しかし、このメルロ＝ポンティの視点には、身体と環境との関係を媒介する「技術性 (technics)」の視点が欠如している。世界と身体の不分割性は、その起源からけっして技術と切り離すことができない。これがハンセンの基本的な主張である。本論文は、この視点に立脚しながら、マクルーハンやキットラーのメディアの媒介性に関する議論を自覚的に対象化し、あらたな議論の方向性を示唆している。（伊藤守）

メディア論の長いまどろみ

マクルーハンは『人間拡張の原理＝メディア論』をなぜ「テレビ」で終わりにせず、さらに「兵器」と「オートメーション」について書いたのか？

若林幹夫

マクルーハン理論なる〝怪物〟がいま日本を徘徊している。だが、その正体はなかなかつかめない。[1]

一　目覚めと眠り

現代メディア論の「起源」のひとつと目されることしばしばであるマーシャル・マクルーハンの、主著 *Understanding Media: The Extensions of Man* (1964) が『人間拡張の原理――メディアの理解』[2] として翻訳刊行された一九六七年、日本では「マクルーハン旋風」と呼ばれた一大ブームが巻き起こり、関連する著書が複数刊行され、雑誌などでもとりあげられた。[3] 冒頭に引用したのは、その旋風の最中に翻訳・刊行されたマクルーハンとその協力者たちの論文集に、訳者のひとりである大前正臣が寄せたまえがきの、『共産党宣言』をもじった文章で始まる書き出しの部分である。[4] ここにあるように、当時マクルーハンがその著作やマスメディアで語ろうとしたことは、「マクルーハンのメディア論」ではなく、「マクルーハン理論」や「マクルーハニズム」と呼ばれていた。それは、マクルーハンの思考が当時の読書人や研究者、マスコミ関係者などにとって、うまく収まる文脈や分野をもたず、そうであるがゆえに個人の名前で呼ばれざるを得ない新奇なものだったことを示している。

この「ブーム」はその後急速に終息し、それから二〇年後の一九八七年に *Understanding Media* の新訳が刊行された時、新たに与えられたタイトルは『メディア論――人間の拡張の諸相』[5] だった。その頃、日本では〝ニューメディア〟や〝マルチメディア〟の開く高度情報化社会の到来が新しい時代の合言葉のように語られており、その中核をなすものと見なされつつあったコンピュータが、政府組織や巨大研究機関、大資本だけのものではなく、ＰＣ（当時はまだ「マイコン」と呼ばれることも多かった）という形をとって、多くの人びとの社会生活に入り込もうとしていた。かつて「テレビ時代の予言者」として時に胡散臭くも見られていたマクルーハンは、現代情報化社会へのとば口で「コンピュータとデジタル・メディアの時代の予言者」として再発見されようとしていた。そしてそのとき、彼の思考と言説は「マクルーハン理論」や「マクルーハニズム」ではなく、新たな邦訳タイトルの通り、「メディア論」として再発見されたのである。

「メディア論」や「メディア研究」、「メディア・スタディーズ」といった言葉は、社会学や文化研究の領域を指すものとして、今ではごく普通の表現になっている。だが、マクルーハンの著作が「メディア論」として再発見された一九八〇年代半ば以前、「メディアの研究」といえばもっぱら新聞、ラジオ、テレビなどの「マスメディア」とそれらが担う「マスコミュニケーション」の研究を意味していた。その後、〝ニューメディア〟や〝情報化〟が来るべき未来として語られた八〇年代半ばを経て、コンピュータとインターネットと携帯電話、さらには様々なデジタル家電や携帯電子端末が普及して日常の風景になっていった九〇年代から二〇〇〇年代に至り、かつての「マスメディア」や「マスコミ」の枠に収まらない様々な情報処理媒体が社会の中で重要な位置を占めるようになると、そうした新たな情報処理媒体と、それらが開く行為や関係の場を対象とする概念や領域として、「メディア」や「メディア論」、「メディア研究」や「メディア・スタディーズ」といった言葉（あるいは意匠）が招喚され、普及していったというわけだ。[6]

だが、そうした「メディア論」の発見が、たとえばマクルーハンが指し示したような「メディアを理解すること」の可能性を十分に汲んでいるかといえば、必ずしもそうとは言えない。マクルーハンはコミュニケーションにおいて伝達されるメッセージの内容ではなく、メッセージを伝達する諸媒体《メディア》が社会的諸関係のスケール・ペース・パターンを編成するあり方に注目し、そうしたメディアの媒介作用がもたらすもの――それをマクルーハンは「メディアのメッセージ」と呼ぶ――を理解することから、社会や文化や人間を考察する道を指し示した。この点において、マクルーハンはまさに「メディア論者」であり、『グーテンベルクの銀河系』や『人間拡張の原理＝メディア論』は現代メディア研究の古典である。にもかかわらず、『人間拡張の原理＝メディア論』でマクルーハンがしたように、道路、衣服、時計、車輪、自転車、飛行機、自動車、ゲーム、兵器、オートメーション等々を、ことば、貨幣、印刷、広告、電信、電話、蓄音機、映画、ラジオ、テレビなどと並べてメディアとして論じるメディア論はマクルーハン以後、八〇年代半ばのメディア論の目覚め以降も、きわめて少数にとどまっている。

現代のメディア論、メディア研究の多くは、言語や記号によるコミュニケーションやマスコミュニケーションの研究と、現代的な電気的・電子的なメディアが出会う場所をもっぱら対象として、そうした電気的・電子的なメディアの時代としての現代社会――それは「情報化社会」と呼ばれたりする――とそこでの文化や政治や人間のあり方を論じるものであるという意味で、「情報化社会論」や「マスコミュニケーション論」の一分野――ないしは、そうした言説の新たな意匠――なのだ。それが悪いというのではない。だが、現代のメディア論がそうした「情報社会論」や「マスコミュニケーション論」のニュー・ヴァージョンでしかないのだとすれば、その起源のひとつにマクルーハンの「メディアの理解」を置く必要もない。

テレビの時代のただなかに現れた「マクルーハン理論」、「マクルーハニズム」は、電子メディアの時代の入り口で「メディア論」の古典として目覚めさせられたのはいいが、「情報社会論」や「マスコミュニケーション論」の新たなる意匠の先駆者として棚上げされて、その可能性は再び眠らされてしまったのだろうか？　あるいは、私たちは目覚めとも眠りともつかない、メディア論のまどろみの中にいるのだろうか？

二　メディア論の長いまどろみ

目覚めと眠り、そしてまどろみと述べたけれど、『人間拡張の原理＝メディア論』や、それに先立つ『グーテンベルクの銀河系』、そしてさらにそれに先立つ『機械の花嫁』でマクルーハンがメディアの理解を言葉にする以前にも、それに先駆けるような技術と人間と社会をめぐる考察は存在した。この意味で、マクルーハンによる「メディアの理解」もまたメディア論の目覚めだったと言ってもよいし、そうであるなら人間は、すでに一世紀以上にわたってメディア論のまどろみの中にあったのだといっても良いのである。

たとえば、マクルーハンに十年ほど先立って〝サイバネティクスの父〟ノーバート・ウィーナーは、航空輸送の普及によって重要な問題はすべて航空管理庁に集中されてしまう未来世界を小説に描いたラドヤード・キップリング――『ジャングル・ブック』の作者である――の小説、『夜行郵便によって *With the Night Mail*』（一九〇五）を批判的に参照しながら、次のように述べている。

一人の人間の言葉が伝わり、その知覚力が届くところの地点には、その人の支配と、ある意味ではその肉体的存在が延長されるものであることを、彼（＝キップリング：引用者注）は認識していなかったようである。全世界が見え、全世界に命令が伝わることは、あらゆる地点にいるのとほとんど同じことである。しかし、キップリングにはこれらの限界があったとはいえ、彼は詩人の洞察力を持っていたのであり、彼が予見したことは急速に実現しつつある。[7]

ウィーナーがここで述べているのは、マクルーハン的な「人間の拡張」である。同じ文章の中で、「輸送というものにはこのような二つの型――物質を送ることと、情報のみを送ること」があり、「物質の輸送とメッセージの輸送との区別は、理論的な意味では、けっして永久的なものではなく、橋渡しできないものではない」[8]と言うウィーナーの言葉は、「物品と情報のあらゆる輸送の形態を、ともに暗喩と交換として扱う」[9]というマクルーハンの言葉のすぐ隣にあると言ってよい。同様の認識の下、マクルーハンもまた「機械の時代に、われわれはその身体を空間に拡張してきた。現在、一世紀以上にわたる電気技術を経たあと、われわれはその中枢神経組織自体を地球規模で拡張してしまっていて、わが地球にかんするかぎり、空間も時間もなくなってしまった」[10]と宣言したのだった。

それからさらに二〇年ほど先立って、ホセ・オルテガ・イ・ガセットは『大衆の反逆』（一九三〇年）の中で、次のように述べている。

一年ちょっと前のことだが、セビリャ市の住民たちは大衆新聞紙上で、北極で何人かの人たちに起こりつつあったことを時々刻々たどっていた。つまり、アンダルシア平原の焼けつくような背景の前を氷山が漂っていたのである。地球上のいかなる地点といえども、もはや地理的に定められた自分の場所に閉じこもっていることはできず、地球上の他の地点に働きかけ、数多くの生的作用に影響を与えているのである。事物はそれが作用する所に存在するという物理学の法則に従えば、われわれは今日地球上のいかなる地点もがこの上なく現実的な遍在性を持っていることを認識するはずである。遠くのものが近くにあり、不在のものが目前にあるという事実は、各人の生の地平を信じられないくらい拡大した。

　そのうえ世界はまた時間的にも増大した。先史学や考古学はまるで夢のように広大な歴史的領域を発見した。つい先ごろまでその名前さえ思いつかなかったいろいろな文明や帝国が、まるで新たに発見された大陸のようにわれわれの記憶につけ加えられた。そして写真入りの新聞や映画は、そうした非常に遠い世界の断片を大衆の目前にもたらしたのである。[11]

　オルテガはここで、写真入りの新聞や映画という媒体によって、人びとにとって有意味な世界が空間的にも時間的にもかつてない広がりを得つつあること、それは人間の「生の地平」を、かつてであれば「不在」であったものの領域にまで拡大しているということを述べている。そしてそれとほぼ同じ頃、マクルーハンと並んで現代メディア論のもうひとりの起源として語られることの多いヴァルター・ベンヤミンは、「写真小史」と「複製技術時代の芸術作品」に次のような言葉を書き記したのだった。

事物を自分たちに〈より近づけること〉は、現代の大衆の熱烈な関心事であるが、それと並んで、あらゆる所与の事態がもつ一回的なものを、その事態の複製を受容することを通じて克服しようとする大衆の傾向も、同じく彼らの熱烈な関心事を表わしている。対象をごく近くに像（Bild〔絵画や直接イメージ〕）で、いやむしろ模像（Abbild〔写像〕）で所有したいという欲求は、日ごとにあらがいがたく妥当性をもってきつつある。そしてイラスト入り新聞や週間ニュース映画が提供するたぐいの複製が像と異なることは見まがいようがない。[12]

「大衆」という同じ言葉で二人の思索者が意味していたものが対極的であったにもかかわらず、写真や映画のような技術的複製によって事物を自分たちに近づけようとするベンヤミンの大衆もまた、オルテガが言うように自分たちの生の地平を拡大させて、空間的にも時間的にも世界に偏在しようとしている。

　ヴォルフガング・シヴェルブシュが『鉄道旅行の歴史』で指摘しているように、鉄道のような近代的なテクノロジーによる「時間と空間の抹殺」は一九世紀初期の共通表現《トポス》であった。たとえば資本制における流通過程が「時間によって空間を絶滅する」と述べた『経済学批判要綱』（一八五七〜一八五八年）のマルクスや、「異なった諸地域相互間の物的並びに道徳的距離は消滅してゆく傾向がある」と述べた『社会分業論』（一八九三年）のデュルケムも、このトポスのうちにあった。[13]新たな交通・通信テクノロジーが遠隔地間の移動に要する時間を縮減し、それによって時間や空間が感覚や現象において縮小するということは、一九世紀の共通表現から、新幹線と高速道路による国土の一体化や、「インターネットが世界をひとつにする」といった現代の共通表現に至るまで、近現代社会の自己理解のひとつの型であり続けている。アンソニー・ギデンズの「時間と空間の分離」という指摘も、そうした近現代社会の自己理解の最新ヴァージョンのひとつである。[14]

　メディア論のこの長いまどろみは、メディアによる時間と空間の縮小や抹殺が近現代の社会を一貫して規定するものであり、その点において「メディアを理解すること」が、私たちの社会のあり方の歴史性を理解することへの道筋のひとつであることを示している。

三　動的過程としての環境

マクルーハンによる「メディアの理解」の提唱は、近現代の人間と社会のあり方を、メディアによる「人間の拡張」がもたらした「メディアのメッセージ」として対象化することで、人びとをあの長いまどろみから目覚めさせようとするもの――マクルーハン流には、メディアによって麻痺させられた感覚を自覚させること、と言うべきだろうか――だと言うことができるだろう。[15]

「いかなるメディア（すなわち、われわれ自身の拡張したもののこと）の場合でも、それが個人および社会に及ぼす結果というものは、われわれ自身の個々の拡張（つまり、新しい技術のこと）によってわれわれの世界に導入される新しい尺度に起因する」[16]のであり、「いかなるメディア（つまり技術）の場合でも、その『メッセージ』は、それが人間の世界に導入するスケール、ペース、パターンの変化に他ならない」[17]と、マクルーハンは言う。

　だが、「メディアはメッセージである The medium is the message」というマクルーハンが作り出した警句[18]――あるいはプローブ probe――の中でも最も有名なもののひとつが意味することは、技術がもたらす行為や関係の時間的・空間的尺度の変化だけではない。『人間拡張の原理＝メディア論』のペーパーバック版への序文で、初版以来多くの人びとを困惑させてきた「メディアはメッセージである」という表現を説明して、「こう言えばたぶん明快になる。いかなる技術も徐々に新しい人間環境を生み出すものである、と。環境は受動的な包装ではなく、能動的な過程である」[19]と述べたとき、マクルーハンは、そうした尺度の変化がもたらす人間と世界の関係の構造に内在するダイナミックな過程への注目を促している。環境 environment とは文字通り"environ"、すなわち何かを取り巻き、囲むものなのだが、人は技術を手にするとき、それに対して受身なのではない。技術が人間を取り囲むにつれ、技術は人間の環境になる。だが、その技術が人間の拡張されたものなのだとしたら、そこでは〝拡張された人間〟が人間自身にとっての環境となり、人間は日々技術を使用することを通じて、そうした環境を作り出していることになる。だから、メディアが社会にもたらすものは新たな行為や関係の尺度だけではなく、そのような行為や関係が人間とその環境の新たな形を産出し続けるダイナミックな過程なのだ。**それが、メディアのメッセージである。**

　こうした〈メディアの理解〉において、メディアも、そしてそれが生み出す新たな環境も、主体 subject としての人間に対する客体＝対象 object なのではない。環境とは身体の拡張であり、拡張された身体に媒介された情報やイメージなのだから。そして、「インディアンは自分のカヌーの、カウボーイは自分の馬の、重役は自分の時計の、それぞれ自動制御装置だ」[20]とマクルーハンが言うように、そのような技術と情報、イメージに取り囲まれるとき、取り囲まれた身体はその環境との関係において機能する項目へと変容する。私／私たちの周囲の環境は、私／私たちの身体の拡張であり、私／私たちと世界との間にあるメディアの技術の変化に応じてそのあり方と現れを変えてゆく。〈メディア〉という概念が指し示すのは、文字通り「間 medio」にあって、主体と客体の双方を媒介しつつそれらのあり方と現れを変容させる、そのような技術の働きである。

　メディアとそのメッセージのこうした理解にしたがうならば、ウィーナーやオルテガが指摘していた人間とその生の空間的かつ時間的な拡大や遍在とは、そうした拡大した自己とその生を、人びとが集合的に自らの環境とするようになったということである。そのとき人は、地理的にも空間的にも自らを拡大し、様々な場所や時に由来する事物を、技術を仲立ちとして自らの場所に引き寄せようとし、そのように引き寄せられた事物や情報やイメージの中に住まい、そのような事物や情報やイメージを自己とその環境として他者たちと共有する存在になる。

こうした人間とメディアと環境の関係を即物的に捉えるならば、次のようになる。

まず、「諸媒体《メディア》」と複数形で呼ばねばならない種々の媒体、すなわち様々な技術が、その運用体制と共に一九世紀以降の人びとの周りを取り囲んでいき、それによって人と人、人びとと世界とのあいだにそうした技術と制度の分厚い層が形作られてゆく。鉄道には敷設・ダイヤ編成・運行・管理・施設保全等々の体制が、新聞には取材・編集・印刷・輸送・販売・配達等々の体制が、テレビには電波の割り当て・制作・放映・ネットワーク等々の体制がというように、諸媒体物を輸送し、情報を伝達するためには、技術が社会の中で特定の形態で安定して運用されるための制度が必要だ。そのような体制抜きには、公共性のあるメディアは存在しえない。[21]

そして、そのような諸技術の作動と諸制度の運用によって、かつてであれば〈いま・ここ〉の外側にあった〈あそこ〉との人や物の行き来が容易になり——それゆえ時間距離と心理的距離においては格段に近くなり——、そうした〈あそこ〉ばかりか既に過ぎ去った〈かつて〉に関する情報やイメージが〈いま・ここ〉へと刻々と押し寄せ、そのようにして近づき、押し寄せてきた〈あそこ〉や〈かつて〉が人と人、人びとと世界のあいだに、やはり分厚いけれども移ろいやすい層を形作ってゆく。それによって、かつてであれば、その地理的隔たりゆえに「同じ現在」を共有しているとは感覚されなかった場所を生きる人びとが、遠く離れた場所の出来事に対して同じように関心を注ぎ続けたり、語りあったりするようになることで、分散して存在するたくさんの人びとが共時的に同一の〈時と場〉を生きる〈私たち〉になる。

一九世紀から二〇世紀にかけて、機械的技術と電気的技術、交通メディアとコミュニケーションメディアが人間の身体を拡張し、拡張された身体とそれらが媒介する情報やイメージが環境となることで、時間と空間が縮小したり、消滅したり、分離したりするような世界を人びとは日常として生きるようになる。「メディアを理解すること」とは、そんな日常が私たち自身と諸媒体の相互作用の過程を通じて動態的に生み出され続けていることへの目覚めと覚醒なのだ。

四　アウラの凋落——自然史の中のメディア論

諸媒体によるこの媒介の過程とそれが生み出す新しい環

境は、同じ鉄道の沿線で生活していたり、同じ新聞や雑誌を読んでいたりする、空間的には離散して暮らす多くの人びとを同時に巻き込んで、その過程に参加させ、彼らを同じ環境の中で機能するものにする。そのような、ばらばらでありながら、同時に同じ〈あそこ〉や〈かつて〉が押し寄せる〈時と場〉の地平を共有する人びと、それによって同じ状況を互いに見知ることもなく生きる大量の人びとのあり方こそ、「大衆」[22]と呼ばれる人間の存在様態ないし存在状況に他ならない。

ところで、事物を身近に、その複製によって自分たちに近づけようとするという大衆の欲望について述べられた先に引用したベンヤミンの文章は、次に示すように、「アウラ」とその凋落についてのよく知られた文章に続くものだった。

> そもそもアウラとは何か。空間と時間から織りなされた不可思議な織物である。すなわち、どれほど近くにであれ、ある遠さが一回的に現れているものである。夏の午後、静かに憩いながら、地平に連なる山なみを、あるいは憩っている者の上に影を投げかけている木の枝を、目で追うこと——これがこの山々のアウラを、この木の枝のアウラを呼吸することである。この描写を手がかりにすれば、現代におけるアウラの凋落の社会的条件を見抜くのはたやすいことである。この凋落は二つの事情に基づいているが、この両方の事情とも、大衆がますます増大していること、そして大衆の運動がますます強力になっていることに関連している。二つの事情とはつまりこうである。**事物を自分たちに〈より近づけること〉は、現代の大衆の熱烈な関心事であるが、それと並んで、あらゆる所与の事態がもつ一回的なものを、その事態の複製を受容することを通じて克服しようとする大衆の傾向も、同じく彼らの熱烈な関心事を表わしている。**対象をごく近くに像（Bild〔絵画や直接イメージ〕）で、いやむしろ模像（Abbild〔写像〕）で所有したいという欲求は、日ごとにあらがいがたく妥当性をもってきつつある。そしてイラスト入り新聞や週間ニュース映画が提供するたぐいの複製が像と異なることは見まがいようがない。[23]

この後半の部分についてはすでに検討したけれど、それに先立つ部分でベンヤミンが、アウラが存在する状態の例として人間の製作した芸術作品ではなく、夏の午後の憩いの中の山なみや木の枝という自然界の事物をとりあげたのはなぜなのだろう。同じ論文の別の場所で、「芸術作品が唯一無二であるということは、芸術作品が伝統の連関に埋め込まれていることである」[24]と述べられ、「芸術作品が伝統の連関に埋めこまれているもっとも根源的な様態は、礼拝に表現されていた」[25]と記されていることと照らし合わせるならば、宗教芸術のように伝統的に崇拝の対象とされてきたものではなく、山なみや木の枝という自然界の事物を「アウラ」を説明するためにとりあげたのは、一層奇異なことのようにも思われる。

「写真小史」や「複製技術時代の芸術作品」に二〇年ほど先立って書かれた「言語一般および人間の言語について」を手がかりに、このことを考えてみよう。そこで示されたベンヤミンの一種神秘主義的な言語観によれば、人間が事物に名をつけることができるのは、事物が——たとえば山なみや木の枝が——、自らの本質を人間に伝達するからだとされている。[26]とすれば、右に引用したアウラの呼吸において、山なみや木の枝は人に自らを伝達しているとみなされよう。さらにベンヤミンは、狭義の言語による芸術形式である文学の言語のみならず、音楽や彫刻や絵画などの芸術の言語は、そうした自然の事物が自らの精神的本質を伝達しあう「物質的共同性」に根ざしているのだと言う。

> ここで問題になっているのは、名を欠いた非音響的な言語、物質から成る言語である。その場合、事物のあいだでの伝達においては、事物の物資的共同性がはたらいていると考えられる。
>
> 付言すれば、この事物間での伝達は、必ずや、そもそも世界というものを分化せざる全体として包括するような、そういった種類の共同性によるものであるにちがいない。[27]

自然の事物がその本質を伝達する物質的共同性が、人間の世界の共同性の、そしてそこに内含される伝統の連関に先立って存在する。事実、人間以外のあらゆる生物と同じく、生物種としての人間は、自然環境の中で他の無生物や生物と共にあって、自然界の事物を生存のために有意味な情報として受け取りながら生存＝存在している。そのような自然への内在を前提としつつ、自然を対象とする働きかけとしての労働と、人間の言語による世界の解釈と言語的世界の構成によって、人間はその存在の基底は依然として自然環境の所与性の中にもちつつ、自然の物質的共同性から相対的に距離を置いた、文化としての世界を作り出していった。人間とその社会の存在は歴史的に形成された伝統の連関の中にあり、その伝統の連関は自然環境とそれに対する働きかけと解釈の伝統の中にある。[28] レヴィ＝ストロースが『野生の思考』で描き出したのは、そのような自然史的な物質的共同性と、言語や記号に媒介された人間の文化的共同性が重ねあわされた世界である。[29]

　人は、自然史的伝統の中にある〈いま・ここ〉で山なみや木の枝のアウラを呼吸し、そうした自然史的伝統に根ざした人間の歴史の伝統の連関のなかで芸術作品のアウラを呼吸する。アウラのもつ「遠さ」とは、そうした自然史と人類史の重畳する連関と伝統に織り込まれた空間と時間の磁場の放つ磁力のようなものなのだ。だからアウラは、風土や歴史の異なるそれぞれの地域に根ざしていて、そのような地域の伝統を生きる人びとに対してのみ現れる。

　それに対して複製技術は、そうした自然史的・人類史的連関の外側で、異なる自然史的・伝統的連関にある人びとに、同じ事物を情報やイメージ――事物の代理表象《representation》――によって享受することを可能にする。自然史と伝統の連関が織りなす空間と時間の織物の中においてではなく、そうした織物から引き剥がされて他所へと送られ、集められた事物を、自分たちの身近に複製によって引き寄せようとするとき、大量に、けれどもばらばらに、広範な領域に存在する人びとが、そうした代理表象を共に享受する状況において、「大衆」として現れる。セビリャの、そしてアンダルシアの人びとが、他のヨーロッパ諸国の人びとと共に北極での出来事を同時的に進行する事態として見守るように、大衆は同じ映画館の中で、そしてまた同じフィルムが上映される様々に異なる場所で、同時に、そして繰り返し、特定の〈時と場〉から切り離された代理表象として、映像を享受する。同様のことは、本来属していた風土や伝統の連関から切り離されて輸送され、売買され、消費される事物にも、観光資源としてパッケージ化されて観光客に消費財として供される風景や事物にも当てはまる。

　そもそも人間とその社会にとって、自然環境こそが他者や世界と出会い、関係する媒体であり、その自然と人が関わる際の原初的媒体として人間の身体があった。[30] それゆえ、身体の拡張たる諸媒体《メディア》は、そもそもは自然環境との関係において、この原初的媒体の働きを補完するものだった。だが、諸媒体とその運用の体制が複雑化し、多層化してゆくと、メディアとその運用体制、それらがもたらす情報やイメージがその社会的な厚みを増して、自立＝自律した環境であるかのように人びとの周りを取り巻き、人と人、人と世界の間を埋めはじめる。そしてそれによって人間とその社会が、自然の物質的共同性や伝統の連関から切り離されたものであるかのように感覚されはじめる。「人間の拡張」や「時間と空間の縮小・抹殺」とは、諸媒体を通じての世界と人間の距離・隣接関係の変化であると同時に、そのように変化した距離・隣接関係をもつ〈時と場〉に媒介された環境としての大衆的状況が、人びとの生きる現実になるということなのである。

五　テレビ、兵器、オートメーション

「現実」について、『大衆の反逆』の中でオルテガは次のように述べている。

　ギリシア・ローマ的な思考にとって、現実を動的なものとして把握することはけっして容易なことではなかった。ギリシア・ローマ的な思考は、目に見える物、もしくはそれに類したことから離れることができなかった。…(中略)…。彼らのあらゆる思考の試みには、多かれ少なかれ人体が例として使われているが、人間の身体は彼らにとっては、何にもまして「もの」であったのだ。彼らが一つの社会、一つの国家を見ることができたのは、ただその統一が視覚的継続性をもっているときだけだった。たとえば都市がそうである。[31]

モーリス・アルヴァックスが「空間とは持続する現実である」[32]と述べたように、いまだメディアが文字や絵画や彫刻のような特定の場の中で現前性をもつものに限られ、伝統的連関と共にある社会では、現実は共同生活を送る人びとの間で継続性と持続性をもつ。そこでは、すべての人びとに感覚可能になっているもの――視覚的継続性をもっているもの――が現実性をもつ。それゆえ、他者と共有される共通世界を生きるとは、そのような持続する社会的現実の中に特定の場を占め、その中で他者や持続的現実と関わるということだった。それに対して、「複製技術時代の芸術作品」でベンヤミンは、次のように述べる。

　私たちの知っている酒場や大都市の街路、オフィスや家具つきの部屋、駅や工場は、私たちを絶望的に閉じ込めているように思われた。そこに映画がやって来て、この牢獄の世界を十分の一秒のダイナマイトで爆破してしまった。その結果私たちはいまや、その遠くまで飛び散った瓦礫のあいだで、悠々と冒険旅行を行うのである。[33]

〈いま・ここ〉の外側から数知れぬ出来事や情報やイメージが押し寄せ、それらが大衆としての人びとにとって共通の現実になるとき、世界の持続性は爆破されたように消えてゆく。そこに開かれるメディアに媒介された〝空間〟を、ベンヤミンは「遊動空間 Spielraum」[34]と呼んだのだが、それはまた持続せず移ろい、諸媒体への接続の様態により異なる広がりをもち、異なる人びとを捉える情報やイメージからなる新しい「現実」を開く。[35]

だが、諸媒体《メディア》はダイナマイトのように爆破の後に無くなりはしない。一九世紀から二〇世紀を経て二一世紀初頭の現在にいたる歴史が示すのは、飛び散った瓦礫の間に諸媒体《メディア》が入り込み、私たちを閉じ込めるかのような環境――それこそが「メディアのメッセージ」である――を形作っていったということである。マクルーハンが*Understanding Media*を、「マクルーハンに固有のメディア」[36]（門林岳史）であるテレビについて主題的に論じた章で終わらせず、さらに兵器とオートメーションについて一章ずつあてて終えたことは、この点に関して示唆的である。[37] 現代の世界において、意識するしないを問わず世界中の人びとを同一の運命――地球村！――に巻き込んでいる近代兵器――それは高度の情報処理と制御の技術と一体化している――に基づく国際的な軍事体制。そして、やはり高度の情報処理と制御の技術によって、労働にとどまらない社会的諸活動を巻き込み、関連づけ、組織するオートメーション。

> オートメーションは、規模が大きいという意味ではなく、即時に全体を包み込むという真の意味での「マス・プロダクション」をもたらす。「マス・メディア」の性格もまたそういうものである。マス・メディアは、その受容者の規模が大きいことを示すのではなく、受容者のすべてがそれに巻きこまれ関与するという事実を示すに他ならない。このように、オートメーション下の商品産業と娯楽産業は、ともに情報を即時に伝える条件が近似しているという点において、同じ構造的特性をもっている。オートメーションはただ生産だけでなく、消費や流通のあらゆる段階に影響を及ぼす。なぜなら、オートメーションの回路の中では、消費者はまた生産者でもあるからだ。これは、電信によるモザイク的新聞の読者が自分自身のニュースをつくりあげる、いや自分自身のニュースそのものであるのとまったく同じである。[38]

マクルーハンはここで、マス・メディアとオートメーションが構造的に同質であると述べている。同じように現代では、軍事体制もまたオートメーションであり、マスメディアである。[39]そしてまた、私たちの日常生活は工場やオフィスなどの職場だけでなく、鉄道や高速道路などの交通システムや、そこを走行する電車や自動車、様々な場所で支払いに用いられる電子マネーやクレジット・カードなど、様々な領域で自動化され、ネットワーク化されている。マクルーハンが「『オートメーション』または『サイバーネーション』[40]」と記したように、現代社会では機械装置と機械装置の間で、機械装置と環境の間で、そして機械装置と人間の間で不断にコミュニケーションがなされ、そのコミュニケーションの諸媒体が人間と人間の間を満たしている。こうした現実の到来を前にしてマクルーハンは、「われわれの個人および集団の生活がインフォメーションのプロセスと化してしまっているのは、われわれが中枢神経組織を電気の技術という形で、われわれの外部に出してしまったからに他ならない[41]」と記している。

二〇世紀から現代にいたる情報メディアの高度化と普及が、私たちの社会生活の情報処理過程としての側面を可視化してきたのは事実である。だが、自然史存在としての人間と世界の間の物質的共同性や「野生の思考」における自然と文化の隠喩的読解、あるいはウィーナーのサイバネティックな世界観が示すように、電気的メディアの出現以前に人間の諸活動一般も、そして人間という存在それ自体も、人間にとって環境をなす事物との共同性における情報の過程として存在してきた。[42]近現代のメディアと技術は、この情報の過程を自然史的な物質の共同性から完全にではないが——生物としてのヒトにとって、そんなことは不可能なのだから——部分的に、そして次第にその程度と強度を増して引き離し、それに代わって機械的・電気的・電子的な諸媒体と、それらがもたらす〈時と場〉や情報やイメージが、人びとを取り巻く情報の過程としての環境になっていった。「大衆《マス》」とは、それぞれが生きる環境と伝統のアウラの外側で、近現代の環境＝メディアによって共通の状況を、拡張された自分たちの中で共振しつつ生きる人びと（＝私たち）のあり方であり、現代社会を支える諸媒体《メディア》が私たちにもたらした「メディアのメッセージ」である。

そう、環境としてのメディアの中で目覚め、まどろむそんな大衆としての私たちこそが、私たちを拡張し、結びつける諸媒体がもたらしたメッセージなのだ。

注

1 大前正臣「マクルーハン理論のエッセンス——訳者まえがき」マーシャル・マクルーハン（大前正臣・後藤和彦訳）『マクルーハン理論』サイマル出版、一九六七年、五頁。

2 Marshall McLuhan, *Understanding Media: The Extensions of Man*, McGraw-Hill, 1964.（＝後藤和彦・高儀進訳『人間拡張の原理——メディアの理解』竹内書店、一九六七年）。

3 マクルーハンのもう一冊の主著『グーテンベルクの銀河系』の一九八六年に刊行された新訳巻末の文献リストには、訳者の森常治による「我が国で出版されたマクルーハン論」と「我が国の新聞、雑誌に掲載されたマクルーハン学説に関する記事、論文」の一覧があげられている。それによると、一九六七年には、竹村健一によるマクルーハン論が四冊出ており（他の著者による同様の著作はない）、同じ年に新聞、雑誌に掲載されたマクルーハン関連の記事、論文は三七本にのぼっている（Marshall McLuhan, *The Gutenberg Galaxy: The Making of Typographic Man*, University of Toronto Press, 1962.（＝森常治訳『グーテンベルクの銀河系——活字人間の形成』みすず書房、一九八六年、文献目録 xxiii-xxiv 頁）。このことからだけでも、当時の「旋風」のブームとしてのあり方が伺えるだろう。ちなみにこのリストによると、新聞、雑誌にマクルーハン関連の記事、論文が再び現れるのは一九八一年である。

4 マクルーハンが語り、書いたことについての同様の困惑は、アメリカ合衆国においても同様だったようだ。門林岳史『ホワッチャドゥーイン、マーシャル・マクルーハン？』（NTT出版、二〇〇九年）序論を参照。

5 Marshall McLuhan, *Understanding Media: The Extensions of Man*, McGraw-Hill, 1964.（＝栗原裕・河本仲聖訳『メディア論——人間の拡張の諸相』みすず書房、一九八七年）。

6 吉見俊哉、水越伸と共に私が『メディアとしての電話』（弘文堂、一九九二年）を出したとき、「メディアとしての……」という表現も「メディア論」という語り口も、いまだ〝新しいもの〟だったし、「ニューメディア」ではない「オールドメディア」としての電話が社会にもたらしたものを、マクルーハンがそうであったように身体性や関係性の次元で分析する試みも、まださほど存在していなかった。

7 Norbert Wiener, *The Human Use of Human Beings: Cybernetics and Society*, 2ndedition, Doubleday, Anchor Books, 1954.（＝鎮目恭夫・池原止戈夫訳『人間機械論　第2版——人間の人間的な利用』みすず書房、一〇一頁）。

8 同書、一〇二頁。ただし、訳文は一部改めた。

9 『メディア論』前掲訳書、九一頁。

10 同、三頁。

11 Jose Ortega y Gasset, *La rebellión de las masas*, Rebista de Occidente, 1930.（＝桑名一博訳『大衆の反逆』白水社、二〇〇九年、九五―九六頁）。

12 Walter Benjamin, "Das Kunstwerk im Zeitalter seiner technischen Reproduzierbarkeit", 1935-1936.（＝久保哲司訳「複製技術時代の芸術作品」浅井健二郎編『ベンヤミン・コレクションI　近代の意味』ちくま学芸文庫、一九九五年、五九二―五九三頁）。なお、「写真小史」にもこれと同一の文章が含まれている。

13 Wolfgang Schivelbusch, *Geschichite der Eisenbahnreise: Zur Industrialisierungvom Raum und Zeit im 19. Jahrhundert*, Hanser Verlag, 1977.（＝加藤二郎訳『鉄道旅行の歴史――十九世紀における空間と時間の工業化』法政大学出版局、一九八二年、第三章「鉄道の時間と鉄道の空間」を参照）。

14 Anthony Giddens, *The Consequence of Modernity*, Polity Press, 1990.（＝松尾精文・小幡正敏訳『近代とはいかなる時代か?――モダニティの帰結』而立書房、一九九三年、三一―三五頁）。

15 宮澤淳一が指摘するように、"The medium is the message" はそれゆえ「メディアはメッセージである」ではなく「メディアこそがメッセージである」と、「メディア」の側に力点を置いて訳されるべきであろう。詳しくは、宮澤淳一『マクルーハンの光景――メディア論がみえる』（みすず書房、二〇〇八年、九五―一〇八頁）を参照。

16 『メディア論』前掲訳書、七頁。

17 同、八頁。

18 "Probe"とは「探針、探査」を意味する。それは「距離をとって観察するのではなく、針を体内に挿入し、あるいは敵地に偵察を送り、直接的な接触から情報をえること」（門林岳史『ホワッチャドゥーイン、マーシャル・マクルーハン――感性論的メディア論』ＮＴＴ出版、二〇〇九年、一八頁）である。さらに詳しくは、同書一七―二三頁を参照。

19 『メディア論』前掲訳書、ii頁。

20 同、四八頁。

21 だから、たとえば大金持ちが自分の敷地内で運行する鉄道、個人が家族や身近な人びとを対象に発行する新聞、研究所の中だけで制作・放映されるテレビなどは、たとえ同一の技術の成果であったとしても、公共的な広がりの中で運営される鉄道・新聞・テレビとは別種のメディアとして、社会学的には見なされなくてはならない。

22 ここでは「大衆」という言葉を、『大衆の反逆』でオルテガが批判する「大衆」と無関係ではないが、異なる意味で用いている。

23 「複製技術時代の芸術作品」前掲訳書、五九二―五九三頁。

24　同、五九三―五九四頁。
25　同、五九四頁。
26　"Über Sprache überhaupt und über die Sprache des Menschen",1916.（＝浅井健二郎訳、「言語一般および人間の言語について」、前掲『ベンヤミン・コレクションⅠ　近代の意味』所収）。
27　同、三四―三五頁
28　人間存在のこうした自然からの自立と、そこに現れる歴史性・社会性についての理論的構図は、真木悠介『現代社会の存立構造』（筑摩書房、一九七七年、七一―八一頁）を参照。また、若林幹夫『〈時と場〉の変容――サイバー都市は存在するか？』（ＮＴＴ出版、二〇一〇年）も参照されたい。
29　Claude Lévi-Strauss, *La pensee sauvage*, Plon, 1962.（＝大橋保夫訳『野生の思考』みすず書店、一九七六年）。
30　レヴィ＝ストロースの『野生の思考』は、そのような「メディアとしての自然」をそこに現れる情報をめぐる考察である。
31　『大衆の反逆』前掲訳書、一九―二〇頁。
32　Maurice Halbwachs, *La memoire collective*, 1950.（＝小関藤一郎訳『集合的記憶』行路社、一九八九年、一八二頁）。
33　「複製技術時代の芸術作品」前掲訳書、六一九頁。
34　同、六一九頁。ただし、ちくま学芸文庫版ではSpielraumは「自由な活動の空間」と訳されている。この概念については、中村秀之「飛び散った瓦礫の中を――『複製技術時代の芸術作品』と映画『瓦礫の天使たち――ベンヤミンから〈映画〉の見果てぬ夢へ』（せりか書房、二〇一〇年、第一章）も参照。
35　マルティン・ハイデガーはそれを、もはや現実ならざる「表象圏域」と呼び、人びとはもはや自らの故郷よりもこの表象圏域に親しく住まっているのだと述べたのだった。Martin Heidegger, *Gelassenheit*, 1959.（＝辻村公一訳『放下』理想社、一九六三年）。また、若林『〈時と場〉の変容』も参照。
36　『ホワッチャドゥーイン、マーシャル・マクルーハン』、一四四頁。門林によれば、マクルーハンに固有のメディアとは、テレビと広告である。
37　*Understanding Media* は、実際「テレビについてのメディア論」と呼んでもよい位に、テレビ以外のメディアについて論じた章でも、それらのメディアはテレビの特性を際立たせるための比較項として引き合いに出されていることが多い。
38　『メディア論』前掲訳書、三六六―三六七頁。
39　現代の軍事技術と情報メディアについては、江畑謙介『情報と戦争』ＮＴＴ出版、二〇〇六年などを参照。

40 『メディア論』前掲訳書、三六四頁。

41 同、五三―五四頁。

42 レヴィ＝ストロースは構造人類学をある種の情報理論として構想し、関連する仕事としてソシュールやヤコブソンと共にウィーナーやノイマン、モルゲンシュテルンの著作をあげていた。Claude Lévi-Strauss, *Anthropologie Structurale*, Librarie Plon, 1958.（＝川田順造訳「人類学における構造の観念」荒川幾男・生松敬三・川田順造・佐々木明・田島節夫訳、『構造人類学』みすず書房、一九七二年、三〇九頁）。

デジタル・アーカイヴの時代の「理性の公的使用」

本を棄てれば情報が増える？[1]

原　宏之

書物の行方と、デジタル・ユニヴァースの先史時代

わたしはここで、西欧における〈視覚中心主義《オプトサントリスム》〉（optocentriceme）ないし〈観ること中心主義《ヴィジオサントリスム》〉（visiocentriceme）の歴史と帰結を振り返ってみたいと思う。またギリシアやインド（印欧語族・思想）の遺産の多年に亘る西欧化と、二〇世紀における「西欧」の米国化及びアメリカナイズされた「西欧」のグローバル化のなかで生じた今日の「情報社会」とを。（現世・洞窟の感覚界において）視えないものを（不変本質・魂の叡智界において）観るというプラトン主義の帰結と、見ることの欲望とを、情報とメディアの限られた領域のなかで。ひとまずは古典ギリシアにあると言える西欧知の展開は、その起源において観相＝理論（θεωρία）に始まる。スペクタクル、思弁＝投機、観る者、使者……。そして現在、情報によるデータのフローとストックの時代となっている。経済は金融資本主義、情報のリアルタイムの交換で、アクシデントが世界恐慌を巻き起こす。娯楽は、スマートフォンによるNow報告、コメント、ゲーム、動画視聴。一日に本をゼロ分しか読まない大学生は四〇％という時代だ。[2]

敗戦後の書物欠乏症など嘘のように本は迷惑な存在となっている。場所をとり、保管の経済コストが高い、と。他方、ここ十数年で、IT機器・インフラは、ビデオ映像、写真、音楽といった大きなファイルサイズのコンテンツを、瞬時にやりとりし、なめらかに再生できるまで処理能力を高めた（ビッグ・データのトラフィック、「情報TSUNAMI」の到来である）。しかも先進諸国の八割以上の人口が所有（契約）している携帯電話（スマートフォン）を片手にすれば、写真・動画、音声、文書などの記録と再生、表現、公

開がいとも簡単にできるようになった。情報モダリティごとのかさばるICレコーダーやハンディカム・ビデオ、ノートパソコンなど個別の機器は不用となりつつある。

米国のIBM、Apple、またアタリ社などに追いつけと、NECや富士通を筆頭とする日本の各メーカーがパソコンの製造に本格的に乗り出したのは、一九八〇年前後のことだった。パソコンにより表計算、データーベース、ワープロなどの各文（数）字ソフトをなんとか使えるレベルにまで機器のスペックとアプリのクォリティが向上し、ユーザーの要求に追いついたのは、やっと九〇年代も半ば、ビジネス向けにも対応しうるようになったのは、二〇〇〇年代のことであった。そして二〇〇〇年代後半には、放送電波にさほど見劣りしない映像・音声のストリーミングの時代となる。九一から九三年にかけて国内メーカーが各社独自のOSやアーキテクチャを捨て、漢字の入力と表示を統一規格としNEC帝国に対抗する。この（Microsoft OS）DOS/Vマシンは、漢字も使用できる純然たるPC/AT（IBM）互換機の生産と販売を意味した。この間、九〇年代半ばまでの時代も早くはNECのPC-9800シリーズ、富士通のFM-16シリーズなど「オフィス（ビジネス）機」と呼ばれる一六ビットマシンもオフィスには置かれていたが、[3]使われるのはより実用的な各メーカーのラップトップ型ワープロ専用機であった。大型コンピュータの主流媒体であったパンチカードの容量が、八〇バイト（二GBのUSBメモリ＝二〇〇〇MB＝二〇〇万KB＝二〇億バイト＝一六〇億ビット――アルファベット文字二〇億文字／日本語一〇億文字[3]）、USBメモリやSDカードの保存（情報）容量をパンチカードや磁気テープ（カセットテープ）に置き換えると、いったい海外のどこの国にまで達することになるのか……。

ここまでがいってみればPC(-Net)の「先史時代」である。わたしたちが単色から最大八色までのアスキー文字とビープ音による「スタートレック」や「信長の野望」に満足していたら、現代の目を見はるPCの演算処理やグラフィック能力の向上のおかげで、何万個ものゲームを、超高速でプレイできたに違いない。でも歴史はそのように進まなかった。デジタルカメラが出た頃、数百から数千のキロバイトの画像をわたしたちは愛していた。これらDOS/V以前の時代と較べればすでに膨大な情報量となるファイルを、Adobe社のソフトなどで編集・加工できたこと自体、昔を知るものには驚きの事態であった。DTPの後、写真、デザイン、ビデオ映像（動画）や音楽の製作（録画・録音）

から編集まで、あらゆることがパソコン上で実現されるようになる。商品として利用できるクォリティに達するまで、一枚の写真はすでにギガバイトのサイズとなり、三、四分の音楽ファイルもビープ音の2000×1000^2以上のサイズとなった。より多くの、よりクォリティが高いといわれるコンテンツを処理するために、より高機能のパソコンと、インターネットを中心とした情報伝達インフラが求められ、クォリティ欲求が先かスペック向上が先か、鶏と卵の問題のようであるが、相乗効果により発展する情報量と情報技術はもはや目的地を見失い、暴走を始めているようである。本は青息吐息、テレビでは、民放地上波各局が狂ったようにお笑いバラエティを繰り拡げている。[4] わたしたちの意識、心的機制も、社会の情報も、全体をまとめあげる「統覚」を失っているのではないだろうか。

Amazon.com/.co.jpが破壊したのは、書物（から家電・PC、文具、DIY、自転車、食料品まで）の販売市場だけではない。まずAmazon.co.jpは、他の書店や取次が運営するネット書店よりも「配達速度・送料」で優位性を得た。[5] 後期近代に本の数が増えることで、合理的な分類が求められることになる。デューイ十進分類法や日本十進分類法（NDC）は、読者や司書がいち早く目的の本をジャンルと題名で見つけることを助け、新たな納本がきても付け足して永続的に回転させられるシステムのはずであった。ところが、Amazonは、そもそも読者が店内を歩いて物色するわけでもなく、単純に納品されたものの場所を中央制御システムに記録し、発注があれば、照合により割り出された商品の保管場所からロボット＋人力が自動的に発送の手順を取る。長期のストックが必要なわけでもなく、店舗にディスプレイする必要もない。他方、映像や音声もADSLを経て光ファイバー主流となった現在、ストリーミングはその名にふさわしく同時的《リアルタイム》なものとなりつつある。ますます高速に、そしてますます膨大な情報を、それゆえ、人間の脳や身心能力の限界に迫るような情報バインド、時間の拘束、時間の喪失を二〇〇〇年代のわたしたちは生きている。福島第一原発から刻々と漏れ出る放射能汚染物質に気を向ける余裕もないほど、膨大な情報の処理に神経は麻痺しているのだから、Wi-Fi、3G、Bluetooth、その他の大量の電磁波が家の中を寝室まで縦横無尽に走っていることになど気をかけることもないだろう。

情報の来し逝きかた——情報「TSUNAMI」に立ちすくむ

宇宙は果てしなく広がっている。宇宙はいったいどのようなものなのか。最先端の科学も、存在する物質の四%しか実証していない。七五%はほとんど不明である（暗黒物質・エネルギー）。わたしたちが生きる太陽系のある天の川銀河には一、〇〇〇億から二、〇〇〇億の惑星など大小の天体があるとされる。同じような銀河が天の川銀河内の天体と同数だけこの世にはあるという。この世といっても、どのような望遠鏡や顕微鏡であっても、最終的にはわたしたちが自然にもつ、与えられた、肉眼に頼るしかないのだから、お隣のアンドロメダ銀河のいまを観ることすらできない。二三九万光年の遙か彼方、光が届くまでの時間の二万分の一の間も生存できない。一三七億歳といわれる宇宙（四方八方、四七〇億光年）、デジタル・ユニヴァースはまだ二〇歳くらいだが、すでに五〇兆個以上のファイルと一・八兆GBの情報を宿している。二〇〇〇年代後半の五年間に九倍に膨張し、今後も累乗的増加をつづけようとしている。

どうして、なぜかは知らないが、わたしたちはここ地球に生きていて、山川草木、大小の生物、鉱物の悉皆に囲まれた環境を与えられている。厳密科学の用語でいえば、そこに楕円形上の白い石があるだけで、その「かたち」や表面の「図柄」にはじまり、成分、色、その他無数の《情報》がある。引力により隕石が大気圏から地上に落下すれば、そこにまた（無数の化学反応と穴の形状などの）情報が発生する。身心も分子レベル（インパルス）での情報の連絡により細胞分裂やシナプスによる神経伝達を行っているといわれる。

ところで、わたしたち現生人類が、広義ないし世俗的な意味での《情報》を意識的に用いたのは、文字を書き込むことによってであった。叙事詩『ギルガメシュ』（紀元前約五〇〇〇年代）の地、古代メソポタミアでは、暦（バビロニア）、宗教（ペルシア）と、文化が進展するのと同時に、人類最古とされているシュメール楔形文字（紀元前三〇から一五世紀）が流通する。借款、税金、商取引など経済活動や統治の印に使用された。映画からテレビへ、蓄音機から磁気テープへと時代は遷る。フランス革命（一七八九年）以降の大衆社会で、とりわけ帝国主義（第三共和政）の時代に、国民皆教育（識字、産業）が徹底されるまで、ヨーロッパでの文字の使い手は、聖書や時祷書を音読する修道僧、手紙を書く貴族、書物を著す詩人など特権階級や奇人でしかなかった。二〇世紀に先進諸国で市民から企業まで文字・数字のペーパーが大流通したといっても、たいした情報量ではない。米国の議会図書館の全蔵書（一、九〇〇万冊）と学術誌・目録など書籍以外の印刷物の総和量は、一〇TBであった（二〇〇二年時点）。同じ年に物質媒体上の（アナログとデジタルの）データは、一年間で五エクサバイト（EB）生産された。楔形文字の時代から人類が残してきた全情報量が、米国議会図書館保蔵の数倍だとしても、一〇〇TBにも満たないだろう（世界中に分散して残存する印刷物が二〇〇ペタバイトだったが、同一タイトルの数万部の書籍など大部分が複製である）。一年間に生み出された情報量が、人類史上の（文字）文明時代の歴史の堆積の、五万倍にも達した。書籍に直して空間の類比で考えると、トラック五〇億台の積み荷分となる。デジタル情報の時代が本格化した二〇〇二年のことである。二〇〇二年、五EBの新たに創造された情報に加えて、一八EBの情報が電子経路上（電話、テレビ、ラジオ、ネット）を流通した。そのうち九八%が電話回線・携帯電話網で、放送電波は七〇万時間＝三、五〇〇TB、E-MAILとSMSを併せても四〇〇万TB強、Web上のサイト情報は一七〇TBに過ぎなかった。Webページの情報量がこれほど少なかったのは、数KBのアイコンやイラストのほかは、文字情報がほとんどであったからだ。[6]

わたしたちは、まじめなことよりもたあいもないことを好む。ことばを読み、聴くよりも、動く絵が機械音で説明してくれた方がありがたいと思う。[7]だが、ここでは、デジタル・アイーカイヴが理性の公的使用（公共圏、公共空間、公的議論）に寄与するのかどうかという課題が与えられている。だから、膨張するデジタル・ユニヴァースは、そもそも理性の公的使用（デモクラシーの実現の条件）の立場から、アーカイヴするに値するのかどうかから見つめ直すことも必要かもしれない。

ひとつのモデル

わたしはつねづね、フランス語教師だからといってフランスのエージェントである必要はないと思っている。だが、やはりうらやましいと感じることもあるもので、まさに放送のデジタル・アーカイヴがそうである。フランスのミッテラン大統領時代に定められた、すべての放送内容の「納本」制度がそうである。国立図書館のなかに〈INA-thèque〉と呼ばれる視聴覚コーナーがあり、かつてはテレビ研究者が群がり端末で視聴、部分保存、メモを取りながら、数時間を過ごし、図書館を去る前に、それら情報が入ったCD-ROMを受け取っていた。[8]過去の番組内容と番組表、その他情報すべてがデータベースとなっていて、条件を入力して観る、観ながら画像をキャプチャし、同じディスプレイ上でメモを取るといった仕組みだった。インターネットが拡大した二〇〇〇年代後半になり、この膨大な放送アーカイヴスは、誰もがどの国からでもアクセスし視聴できるようになった（上記イナテークの母体ＩＮＡ―国立視聴覚研究所のサービス）。また、フランスはラジオも国営（持ち株制）の〈RADIO FRANCE〉が中心で、〈France Inter〉（海外ニュース）、〈France Info〉（短信）、〈France Culture〉（文化）、〈France Musique〉（クラシック音楽）と各ジャンルで極めて充実した番組を提供している。その放送内容も、ポッドキャスティングで、容易に「ラジオ・フランス」のネットサイトや、〈iTunes Store〉などで、もちろん無料で入手できる。わたしは、《Le Journal de la philosophie（週刊哲学）》と《Le Nouveaux chemins de la connaissance（知の新たな多様な道）》という番組を、iPodに定期的に入れて通勤時にたまに聴いていた。カント特集、道徳哲学特集、ストア派特集、ゲストにランシエール、バデューなど、硬派な内容に学界・論壇のトップ級の研究者が出演する。もちろんこうしたことは、文化政策を通したフランス帝国主義の横顔かもしれない。でも、聴く側にとり、ありがたければそれでよい。そして番組のクォリティは極めて高い。日本では相当する放送局はないが、洗練された「放送大学」や伝統芸能・芸術分野の「ＮＨＫ」のようなものである。〈FRANCE TÉLÉVISION〉の方は、現在「フランス２」、３、４、５に、付随の1ère’ôという体制だが、それぞれ２＝メイン（総合）、地方、文化教養と色分けされている。メロドラマが人気になったりもするが、それだけフランスの視聴者がメロドラマに飢えている、つまりほとんどない、民放でも数十年前の海外の探偵ものしかないといった状況があるからだ。紀行もの、料理やガーデニングほか日曜大工もの、政治・社会ドキュメンタリー、討論番組、どれも驚くほど高水準の質である。[9] 要するに、アーカイヴスのシステムが素晴らしいからよいのではなく、文化・教育に必要となる再視聴にふさわしい番組が放送当時からなされているから、コストを惜しまずにシステムを構築する価値があるのだ。テレビとラジオのアーカイヴスに先駆けて、フランス国立図書館は、蔵書のデジタル・データ化を九〇年代から進めてきたが、古典から稀な研究書、地図、写真、さまざまなコンテンツがデジタル化された成果は、インターネット・サイト〈Gallica〉により九七年より一般に無料で公開され、年々システムの更新、革新、円熟が見られ、公開点数もいまや二〇〇万以上となっている（まだスキャン・イメージのPDFと、OCRと手作業でデジタル文字にされたファイルが混在している）。

ことばは、情報量をとらない。百科事典は一ページで一〇KB。チャットやBBSへのつぶやきも、一KB程度である。条件として、文字はまず技術的に小規模のファイルサイズで、表現、創作、公開、記録保存することが可能である。動画や画像、音声と較べて、この点、文字情報は圧倒的に経済的である（画像ファイルのままであっても文字情報だけならば一ページ数十KBの低解像度・小情報量で済む）。また動画や画像がない方が、かえって話題がまじめなものになりやすいという傾向もある（ただし、一四〇バイトに限定されたTwitterのような短いやりとりでは、十分に説明できなくて誤解を生んだり、ことばが乱暴になったりと、けんか腰の議論になりやすい）。

二〇〇六年の情報総和量（オリジナル、キャプチャ、コピー）は、一六一EB（＝一、六一〇億GB）であった。現在のデスクトップパソコンは、二TB（＝二、〇〇〇GB）程度のHDD（あるいはSSDと併せて）を積んでいる。人類史が、全人類が、書籍としてこのかた残してきた文字は、約五三．七TBといわれる。三〇人がPCをもって集まれば、すべてそこに入ってしまう。視聴覚メディアの現在、デジタル化されコンパクトになっているはずの情報量は、二〇〇六年のたった一年間で、人類史の全書籍の三〇〇〇倍もの情報を作り上げたことになる。先史時代の九六年には、インターネット・ユーザー数は世界で四、八〇〇万人といわれた（二〇〇二年に約六億人）。二〇〇六年にはそれが一一億人である（米国が二割、ヨーロッパが二・五割の段階）。二〇一〇年には、約一八億人となる。

近代とその認識論

近代というたかだか二、三〇〇年の時代に、わたしたちは飛躍的なテクノロジー（科学の産業・技術への応用）の「進歩」を背景に、人類史の来し方をすっかり蕩尽し、行き先も定かならぬままただ前へと猛スピードで向かっている。朝、スマートフォンのアラームで眼を醒まし、電動歯ブラシと温かいシャワーで身支度を調え、焼きたてのトーストとコーヒーを飲み、電車や自動車で通勤や通学をするわずか一時間の間にでも、電気やガス、ガソリンなど、一挙手一投足に化石エネルギーの消費がつきまとう。化石燃料は（有機物由来説によれば）、地質時代に植物プランクトンなど生物の化石が堆積し、やがて原油や天然ガスとなった。わたしたち現生人類がアフリカの共通の祖先（イヴ）

により地球上に誕生したとされるのが、一五万年ほど前のこと。気が遠くなる昔だろうか。地球はすでに四六億歳、二足歩行により両手が自由になり道具を使い、石器で肉骨を砕いて食べるうちに顎が狭まり、分節言語を発するまで調音・発声の各部位が発達し、集団行動、共同作業による社会が始まる。だがその有史時代も、たかだか数千年から一万五千年ほどのこと（古人類で五〇〇万年）、刻印や図柄の文字類で《記録》を残すようになった有史時代は、地球の年齢の百万分の一、九九・九％以上のときを、地球は地質時代として自然な情報しかもたずに生きたのである。原油の元とされる光合成を始めたプランクトン、生命はまだ海底のなかにあった。この悠久の時間を経てもたらされた化石燃料の採掘と本格利用は、石炭が一九世紀、石油は二〇世紀と、最近のことでしかない。可採年数や代替エネルギーのことばかりいわれるが、人類は化石燃料などない暮らしを長く送ってきたのである。だが、テクノロジーの常として、一度利用をしてしまうと、まるで阿片のように、もはやそれなしでは生活できない習慣性が生まれる。同時になにがしかの人間能力を失ってもいる（たとえば、ワープロによる手書き文字の忘却、記録メディアに保存することで暗記能力を失うなど）。後戻りできないのである。わたしは使わないが大方の読者は、携帯電話なしでひとと待ち合わせる術を失っているのではないだろうか。習慣というのは恐ろしいもので、つい数年前までタクシーや飛行機のなか、テレビスタジオとあらゆる場で喫煙が日常的であったのに、いま振り返ればそれこそ嘘のようにそらぞらしくリアリティがない。

哲学史の上での近代は、ケーニヒスベルク（現ロシア領カリーニングラード）のイマニュエル・カントに象徴される。カントをそこまでにしたのは、新たな形而上学、超越論的哲学を設計した『純粋理性批判』による。まだドイツ語の専門的語彙も不十分な時代、同書は一七八一年に刊行（A版）、六年後に決定稿となる改訂（B版）がなされる。ニュートンの圧倒的影響の上でのことであった。ニュートン力学の、絶対時間と絶対空間（不動の指標となる、たとえば経度と緯度で計れるこの書斎の、いま、某日深夜一時三七分五四秒）は、やがて否定されることになる。でもカントが受け取った最良の部分は、いまも揺らぎない。〈人智の知り得ることのみを知（認識）とする〉との同書の基盤はいまも生きている。理性はすべての創造の源として素晴らしいものであっても、放っておくとファンタジーにまでその能力の高さゆえに向かってしまう。カントの時代には、神、霊魂の不死、自由（無限）が、その例となりえた。あらかじめわたしたち人間に備えられた悟性は、量や質、関係、様態から導かれる現実に知りうる判断（論理関係による証明）に理性を現実に、空想を認識に引き戻す。

　中世の永きに渡っての神学・教会の支配のなかから、「望遠鏡（レンズ）」を通って、神を担保としない認識論（科学）が現れ始める。一七世紀、まだせめぎあいのなか、まずはデカルトが絶対確実な実体（本質・存在）は、「思惟（＝思惟する主観）」と「延長」のふたつと限定した。ついでスピノザは、認識を《imaginatio》（主観の想像）と《ratio》（他者と共有されるための理性・概念による客観化）の二段階の過程とした（第三段階の「直観知」scientiaintuitivaは、万物の内に神のあらゆる属性の照応を観ると、ほとんど解脱にある）。《imaginatio》⇒「表象」の日本語訳は、時代（科学・哲学史の発展段階）のパラダイムに固有の混乱を招きやすい。ライプニッツでは《perception》が「表象」と訳され、今日「表象」の訳語が当てられている《représentation》が感覚や知覚と訳される。だが、この混乱にこそ時代の転換点の徴を見出すべきである。日本の近代を開国（「脱亜入欧」）とするならば（わたしはふだんしないが）、自然主義文学の騎手、国木田独歩がワーズワースの自然描写が、東アジアの山水画と異なる風景画の詩による実現である未知なる体験であることに感嘆し、風景の「表象」と語り、東京の郊外（渋谷以西）の自然を描写することになる意味もそこに見え隠れする。[10]

　ニュートンは、近代科学の方法を確立するために、たとえば色、あるいは甘いや辛いなどの属性はすべて「対象」（もの）の側にあると位置づけたかもしれない。カントは、悟性（理性）がその対象の表象を概念にして、判断することの仕組みを説いた。その際に、対象の側の属性と感官による感性経験を結ぶ統覚が極めて重要な結節点となる。以下に、わたしは《表象の外向化》[11]と呼んでいることを説明するつもりであるが、それは後期近代に起きた。そして、現代の金融資本―テクノロジー主義は、社会全体の統覚を失った暴走の様相を呈している。すべてがレバレッジによる拡張となる後期近代のきっかけのひとつに、一八～一九世紀転換の時期に生じた《表象の外向化》がある。それは大型、巨大なガラスを使った建築が可能になることにより、まずは日光の照射、そしてガス灯や世紀後半の電気照明へと、透明なものを置いて、裏側から光をあてれば、そこに描かれた像が前方に投影されるという原理から成っている。これまで、頭や心のなかのイメージ、像、表象は、文学や絵画、彫刻により表現されてきた。ところが、一八三九年の写真術の社会登場により、事実の光景の再現、疑いようもなくあったに違いない光景の写しという大事件が生じるのである。学問はいつも産業・社会よりも先をゆくのであるが、この産業の世紀一九世紀の幕開けに産業の時代を予告することになる巨大ガラス建築に先駆けて、一七世紀には望遠鏡のレンズが、できるかぎりの天体を観察しようと、さまざまな望遠鏡の仕組みが発明され、レンズが磨かれ、哲学者たちは天体を観測した。光学、視覚や色彩の学が、流行した。この視覚が、産業に大規模開拓されるのが一九世紀のことである。近代哲学の礎となったデカルトの認識論は、この光学的な認識モデルとは別に力学（運動・仕事量−力）の議論の出発点ともなる。本文で述べていることと平行して、一七世紀から一九世紀、また二〇世紀にかけて、劃期的な発見と発明、概念構成が連続して生じた。まず、ライプニッツが、活力（*vis viva*）と名づけた万物の原動力が、宇宙＝世界において一定であるという原理を立てる。ニュートン（力学、古典物理学）、またコペルニクス（宇宙科学の夜明け）以降の、今日でいう基礎自然科学が旧来の哲学と区別されるようになったこの時代から、この活力の議論は、パパン、カルノー、クラウジウス、そしてマクスウェルまでと、一九世紀までの数学者たちにより急激に解明される。二〇世紀、ボルツマンにより（平衡的）熱力学が完成される。マクスウェル以後でもやはり自然界のエネルギーの総和は一定であり、ひとつの系における原子の自由な運動が熱を高める。ある閉鎖系AとBの間で（原子の群が閉じ込められたもの）、Aの温度が高ければ透熱性の材質の接触により、熱はBのものへと移る。原子の数が少ないほど運動があり熱が高まり、その熱は低い方へと一定方向に伝わる。両者の熱が同じ温度となれば、もはやそこにはこの移動（入れ替わり）の運動は生じない。停止する。AとBとの間で原子の数が移動する。平行して増減が一致するので量・運動が入れ替わる。この不可逆性が証明されることになる。

本稿ではデジアカに関わる範囲で、最小限のことしか《表象の外向化》には触れない。かの有名なパノプティコン、一望監視システムと呼ばれる新たな監獄建築を、功利主義者ベンサムは一七九一年に構想した。実現されなかったこの五階建ての監獄は、鉄とガラスの時代の産物である（鉄鋼・ガラス建築は、一八五一年ロンドン博の水晶宮で頂点を迎える）。監房の外壁と、監房のドア側の大きなガラス張り、外から（日）光が差すことで、レンズのように周囲に覗き窓がめぐらされた中央の看守室から、各方面の監房の囚人の姿が、影絵の劇場のように映し出される。それに先駆けて、旧来の監獄に負債が返済できずに収監されていたロバート・パーカーなる人物が、届いた手紙を開いたときに、外壁の小窓から差す陽光が妙に紙を映し出すことに気づいたときに、視覚の世紀のきっかけとなる着想が生まれる。出獄したパーカーは、旧来のマジック・ランタンに替わるスペクタクル・ショーとして、一七九二年、レスター・スクェアに、このガラスと日光の原理を活かした「パノラマ館」を開館する。光に照らされる三六〇度円筒型の絵画は、観客たちの行ったことのない土地の景色を再現し、魅了する。パノラマはすぐにパリに渡り、一八二二年にはジオラマとなる。半透明の水彩画に日光、灯りをあてる、つまりやはり裏側から前方へと風景＝対象（表象）を投影する、ジオラマ館は素材の性質上、炎上して幕を閉じる。経営していたのはほかならぬダゲールであり、火事により写真術ダゲレオ・タイプの特許獲得に至るのだった。

後期近代という異物、怪物、産業の狂乱

人口爆発、情報爆発、金融爆発のあと、いまなおそのさなかにある後期近代（一八三〇年代[12]―）を生きるわたしたちの社会は、形相のないエネルギーの塊《クラウド》のようで、宛先を見失った「方向喪失」の状態にある。目的地もなく、終着駅で待ち構えている社会や生活のすがたかたちどころか名前すら知らないでいる。資本（≒消費）＝欲望の強大なエネルギーは、立ち止まることを許さない。ランニング・マシーンに乗せられたモルモットのようで、走りつづけながら、なぜ誰のどのような指示でどこを目指しているのかも分からない。アダム・スミスは「諸国民の富」[13]でひとつの行き先、ユートピアを描いて呈示したかもしれない。だが、その時代、まだ「世界」（諸国家）とは西欧諸国のことであったし、その西欧の人口も一億人からせいぜい一・三億人に過ぎなかった。アダム・スミスが国富論を書いた時代、英国ではすでに産業革命が達せられ、フランスでは民衆革命が起き、カントが待ち望んでいた公民《シトワイヤン》が現れようとしていた（公民となった民衆はすばやく市民《ブルジョワ》へと成り下がるのだが）。民主共和国による帝国主義時代は、二〇世紀の二度の世界大戦を経て崩壊し、植民地は独立と分裂を繰り返し、戦後数年の一九五〇年に世界人口は二五億、八七年に倍の五〇億と、急激に増加の速度を増している。人口・情報・金融の交通《トラフィック》と移動の爆発の後、金融資本主義とグローバル市場のなか、もはや「諸国民の富」のような社会のグランド・デザインを描くことは、誰の手にも不可能なこととなっている。

デジアカにおける文字の優位性

文字はもとからデジタルである。「離散的」（音節、音韻、モーラに分けられる）という譬喩的な意味ではない。OCR処理されていないPDFなどイメージファイルや紙面であっても、文字はわたしたちが処理する際に最もコンパクトな情報量である。グラフィックスやメロディーに見栄えよくなってはいても、コンピューターは基本的に〇と一の数字列の演算機である。この機械言語そのものも、つまりは文字である。この「離散的」もまた、ボルツマンが原子について語ったような意味ではない。また繰り返しになるが、先述の古典熱力学に通ずる一七世紀以来の数学者たちの名だけではなく、ボルツマンの時代にはすでに宇宙＝世界（系）におけるエネルギー／エントロピーが特定の一定値であることは前提となっていた。チューリングもまた、純粋な演算の形式を定義しただけである。今日のコンピュータ社会の源泉が、シャノンがbit（0と1との組み合わせ二桁の二進法）による計算法を発見したことにあるのは疑いの余地がない。それは一七世紀からマクスウェルを経てボルツマンへといたる「情報」と別のものと考えた方がよさそうである。社会が例えば意味＝情報を原子とする閉鎖系のようなものだとすれば、原子＝情報の量が増すほど熱（エネルギー）は低下し、少なければ少ないほど自由な運動で熱は高まる。ライプニッツやマクスウェル、ボルツマンが自然界のエネルギー総和を一定とし、原子の運動こそがエネルギーだと判明させたのに対して、シャノンの情報理論はこの厳密な方程式にいささか混乱をもたらす。シャノンは、電話のトラフィック量の測定を可能にした。だが電話回線は自然界の原子のような単なる情報の通り道であるのではなく、人間によることば＝意味の交換という不自然な人為性の経路でもある。この一種の罠により、「意味」（意外なものほど情報価が高い）という示強的な度合いを量の計算で計ってしまうことになる（厳密な数学的意味での情報と、ニュースや知らせ、情報リテラシーなどに込められた「情報」の区別について、「知と情報」（『ポリロゴス1』、冬弓舎、二〇〇〇所収）で述べたことがある）。シャノンは、バイト（8列、ビット数×4の単位）を基本に情報理論の応用を構想した。バイトはすでにアルファベットなど人間言語の表記にかなった単位である。人間社会を対象とする一種の統一理論を夢見ていたのかもしれない。ことばや社会（人間、その交流）を観察対象とする学問では、観察する者がその対象に巻き込まれるので厳密な計算は不可能である。人間言語を対象としたときから、一方では宇宙＝世界の自然を相手とする熱力学的伝統とも、他方では計算のプロセスを証したチューリングなどの数学的伝統とも、隔たりが生まれている。文字など自然言語はコンパイル（変換）に適したソースであるかもしれないが、変換されなければバイトコード（バイナリ、二進法機械言語）そのものではない。「離散的」の語に戻ると、F・ソシュール以後の現代言語学では日常的に用いられる。一九－二〇世紀転換点に生じた、人文学のパラダイム・シフトが頻繁に指摘される。精神分析、一般言語学、現象学など。この新たな世紀の幕開けは、それだけにとどまらない意味をもっていた。とりわけ、平衡的熱力学の完成から量子論へ、また相対性理論の始まりがある。背景には数学者たちの目覚ましい活躍があった。ただし、ボルツマンの原子の存在をマッハが否定した悲劇のように、ここでもまた「観ること中心主義」が幅を利かせていた。数式上の不都合があれば、度々視覚に頼られる検証・実験にかけられ、完全性が認められても実在は疑われた。現在の超弦理論も、筆者にはそれを肯定する理由も正否を意見する能力もないものの、古典ギリシア以来の視覚をもとにした〈三次元空間＋時間〉＝〈四次元の宇宙〉との疑うことのできない直観から生まれる違和感（十次元以上）が議論される。この原稿を書いているさなか、STAP細胞を他の研究機関が再現できず、その信憑性に疑いがかけられているが、その際の根拠の多くが、*Nature*誌上で発表された論文の「画像」の不整合によるものだった。「万能細胞」による再生医療の時代、卵割以前の受精卵（初期胚）を作ることは様々な視点から今後議論になるだろう。

　後期近代のデジタル―オンライン―金融資本主義段階の現在、わたしたち約七二億人の人類は、年間に六六ZB《ゼタバイト》の視覚情報を浴びているが、世界中の砂浜の砂粒を掻き集めても一・八ZB《ゼタバイト》の量（1.8×10^{21}）にしかならないといわれている。街の看板からテレビ画面、携帯電話のディスプレイなど、気にしないでも日々刻々と脳に侵入してくるこの視覚情報は、ごくわずかな、一〇億人以下の先進諸国の人間に集中して平均値を上げていると思われる。脳のキャパシティを超えた情報の渦のなかで、先進諸国のわれわれは発狂しているのかもしれない。そもそも協働の領域（組織、家庭・企業・国家、崩壊した民主政の議論の場でありジャーナリズムの場であった公共空間）となるや、たったひとつの事柄でも特定の誰かが決定を下すことすら難しい、複雑で、複雑ゆえに不祥事などを抑え込もうとする管理体制の強化がより忙しく暮らしを複雑にするといった迷路を堂々巡りしているような感じさえする。人為的な官民入り乱れた内戦、つづいて局地的な侵略戦争、それによる蓄財といったごく一部のパワーエリートのシナリオですら、なにか空虚で現実感のないパターンに過ぎなくなっている（「小さな物語」のパタナリゼーション）。こうした後期近代において、潜在的な強大なエネルギー（可能態）が世界をあくせく動かすものの、そもそも目的も、到達すべき社会像もないのであるから、「（後期）近代」なるものは、定期的な局地戦や市場の騰落としてぼんやりと顕在化（実現）するだけで、その完全態《エンテレケイア》の発現などあるべくもない。設計図も航海図もないのに、美徳と幸福の合致が完全実現するなどといっても、誰が信じようか。

この当て処もなく、途中下車もできない、前進するしかない後期近代のなか、二〇〇〇年代に「デジタル・ユニヴァース」、この「ユニヴァース」は、もちろんライプニッツからボルツマンまでの宇宙＝世界（特定の系、系全体の系）ではないし、情報・エネルギーが一定であるという拘束をもたない人間＝社会の一種の開放系の話である、が姿を現す。文化的視点からデジアカを考えるときに、書物がモデルとなり、どうしても文字優先となりやすい。でもふつうに考えれば、文字を書くよりも口（音声）で伝えた方が手っ取り早い。スキャンされた文書をイメージ・ファイルからテキスト・ファイルにするOCR技術は、情報量の少ないアルファベット文字ではすでに熟成の域にあり、漢字を含む言語も相当な精度となっている。いま争点は、音声情報のデジタル（文字）化処理技術にある。そもそも、一MBの文書をタイピングするには、一日半かかるとされる。音声信号は同じ情報量を一秒間で伝える。

わたしたちの知覚は、間近で視たものもいまではなく少なくとも光速と対象への距離の分だけ遅れている。触ったとしても、神経で脳に届くまで、処理がなされ、フィードバックされるまでのタイムラグがある。映像はその成り立ちからして言語に変換しにくい情報モダリティであるが、音声も文字も同じ言語であり、音速で届く言語はデジアカへの最速の道であるかもしれない。感熱式プリンターの九〇年代、いくら早くタイプできても、印刷は絶望的に時間がかかった。それがいまでは、レーザープリンターでわずかな部数なら、煙草を一本吸って待つまでもない。それでも、手書きの方が、いつでもどこでも手軽に簡単に迅速にメモできる。それなのになぜ、スマホで妙なタイプをするのか。それはわたしたちが元来怠け者で、しかも情報氾濫で整理がつかなくなっていてひとつのストレージにまとめたいと思うこと、数々の記憶テクノロジーで健忘症になっていて、確実にストレージできる、いまならクラウドで外部のサーバーにストックし、どこでも参照できる仕組みの方を好ましく感じるからである。デジタルの文字情報ならば、保存場所さえ覚えていれば、瞬時に検索できる。バインダーとノート、カード時代の整理整頓の必要はない。文字と視覚情報中心の、デジアカ時代にあっても、やはり最速は電話での会話、音の記録などだろう。デジアカ時代がなにを変えたかといえば、それは先ほどの検索により目的のファイルを見つける速度と負担である。昔のウォークマンで録音したインタビューは、カセットテープの分類保管を慎重に整理しなければ、必要なときにストックから見つけて聞き直すことができなかった。アートが必要とされた。デジアカ時代には、タグを付けておけば十分で、面倒ならファイル名だけでも検索の手がかりとなる。[14]

結論にかえて[15]

文字や映像、音声がデジタル化されることの利点は、情報の圧縮による保存と伝達の容易さにあるとひとまずいえる。問題はわたしたちがこの膨大な情報をどのように扱うのかにある。デジアカの肝は検索の力にある。[16] ただし検索エンジンによる安易な「人気投票」は、理性の使用を反映しない──あるキーワードを入力した後で、検索結果の三ページ目までをわたしたちは見るだろうか。

「コンテンツ」の欠如（SONYのReaderも家庭用ゲーム機PlayStation 3も同じ）は、経済活動だけでなく、公共性を考えるわたしたちにとっても重要な意味をもつ。そもそもアーカイヴスにすべき、将来に渡り参照されつづける価値をもつ、内容《ソース》がなければ、あれもこれもアーカイヴしたところで、文化や学問、共同財産の役に立たない。

遠く離れた日本の一市民から眺めてみれば、フランス国立図書館が先駆的に始めた書籍のデジタル・アーカイヴス化は、瞬時の目的の書物を閲覧と九〇年代には想像できなかった魔法のようなことを可能にする。あの本のあのページを確認したいといったときに、原本で確実に見つけられるのは便利なことこの上ない。読むことをしたくなったら国内のフランス図書取扱店やAmazon.frなどで購入すればよい。テクノロジーが発展し、市場が拡大するなか時間は加速し、テクストはますます読まれなくなっている。紙の製本された本ならではの、ページのぺらぺらめくり、斜め読みは、電子書籍より便利である。「検索」は諸刃の剣で、電子辞書を使う語学学習者は、辞書を読んで記憶することをしない、前後の項目も例文も読まないで意味だけをピックアップし、すぐ忘れてしまう。電子書籍一般にもいえる文脈を読まないことのリスクは、外国語学習において顕著な遅れとなって現れている。

　アーカイヴに値する内容とはなにかを議論するのは、ここでは止めにしておこう。ただ、一定の水準で、アーカイヴにすべきものとしないものの区分けが必要だと思われる。その点を議論することこそが、まさに公共性であり、理性の公共的使用なのである。そのような議論の場、つまり公共空間についてひとことというならば、先史時代のパソコン通信の「会議室（フォーラム）」と呼ばれる意見交換の場があった。A４一枚程度までの投稿はできたと思う。[17] そして意見のやりとりが数日、一週間といった間隔できわめてゆっくりと展開された。ある程度公的な様式、思惟と表現が必要とする時間、この二点は技術・産業とは別のものである公共性が必要とするものであろう。

　このような雑談がなんらかの寓話になるのかどうかわからない。でも、落ち着いて議論する場、そこに生まれる公共性、こうしたことを抜きにしてはデジタル・アーカイヴスに値する充実した源《ソース》も生まれないだろう。法令遵守一本槍で、BBSやSNSに規制をかけていくのであれば、そこから表現の自由は失われる。息苦しい戦前の密告社会のような全体主義が生まれ、小賢しい人間がうまく立ち回り、結局民衆の声でなく、力と金がものごとを決定することになるだろう。自主管理、自治、時間をかけた公平な発言の権利、そうした場の創設自体、統治機構や企業に与えられるのではなく、自主的に考案しなければならない。その議論自体が公共的でなければならない。

　フランスのテレビ・ラジオ放送のアーカイヴス（INA-thèque）のWebサイトのホームページに行くと、大きな四つの項目がわたしたちを迎え入れる。《更新情報《アクチュアリテ》》、研究支援と出版をやっているINAのことだけあり《刊行物・催し》、フランス各地の視聴施設の地図である《所蔵番組視聴》、そして《fonds audiovisuels》とある。実はいま、右から左へと、ヘブライ語でない横書きヨーロッパ語のフランス語では逆の順序に四項目を挙げた。重要なのは、《fonds》である。[18]「視聴覚のフォン」をクリックすると、各メディアの検索画面へのナビ画面が出てくるが、その際に誇らしく「法的納品義務作品《デポ・レガル》の目録」と現れる。現地のイナテークには行けないので、INA本体のサイトを見てみる。適当に、《Derrida》と検索すると、一〇〇を超えるテレビ番組とラジオ番組がリストアップされた。無料で観られるもの（公営放送で権利関係の問題がないもの）のなかから、一番先頭の番組をクリックする。ディスプレイ上映し出されたのは、〈France 3〉の一九時から二〇時のニュース番組、二〇〇四年一〇月九日の放送、訃報である。学生時代に、ゼミなどで見慣れた二枚目で男気を感じる、おちゃめでワルそうな顔、あの優しい声、数々のイメージが映し流される。一〇月九日、海外出張に出かける成田空港の「公衆PC」のメールで、わたしはデリダの死を知った。東欧でのシンポジウムを終え、帰国して三日後に、自分自身が同じ病気の宣告を受けたものだった。この映像には、なにも註釈を加えることができない。「ニコニコ動画」の討論で、「太ったなこいつ」とか、「ズラだろ?」、「マジウケるwww」といった呟きを交わして、視聴者たちが同じ居間にいるかのように連帯感をもつこともない。絶対的な孤独。訃報のニュースを見終わり、さて購入しようか（たいせつな想い出だ）、ダウンロードかDVD焼きサービスか、どちらも〇・九九ユーロ。とりあえず《amis-connaissances》とラベルしたプレイリストに保存しておく。コメントはつけない。二五〇字で語るべきことはなにもない。この想いはわたしだけのものである。アーカイヴスにする必要もないし、わたしの心の宇宙に途方もない情動量を残していても、ほかのひとには価値のないものである。

急速に発展しているデジタル・アーカイヴスは、文字情報、映像情報、音声情報を含んでいる。これらの情報は奇抜な発明ではなく、少なくとも数千年規模で人類が築いてきた情報伝達のモダリティである。文字はシュメールの粘土板に刻まれた勘定書や古代日本（中世までの東アジア・ネットワーク）の木簡や墨書土器、また封泥に刻まれた政治的契約にみられるように文明の誕生と同時に、映像と音声は一九世紀以来、複製技術によりそれぞれ蓄音機や写真、映画などのかたちで再現可能となる。PCによる情報処理能力の向上と通信手段であるインターネットの高速化は、「情報TSUNAMI」をもたらしているが、デジタル・ユニヴァースのコントロールは、もしも（アリストテレスやカントが考えたように）わたしたちが理性ある動物ならば、自ずとしかるべき姿にできるはずである（今日の惨状を見ながら忙しなく生きるわたしにはそう素直に信じることができないが）。われわれの祖先―再来霊は「共通の運命」として、シモンドンのいう「生者たちの前個体的基金」（ここから心的集団的個体化のプロセスが生じる）である。共通の運命のなかにあるわたしたちは、再来霊の標章にほかならない「アーカイヴ」の名において文化を実現できるのだろうか。[19]

注

1　異様に長いタイトルの代わりに、ユーザーフレンドリーな「デジアカ序説」とすべきであったでしょうか……。せめて大仰なタイトルの説明をしておくべきでしょう。ここでわたしは無邪気に厚かましくも、デジタル・アーカイヴの時代であっても、正しき公民たる者、徳ある政治社会のために理性を働かせよう、と黴臭い戯言をみなさんに向けているのです。産業が、テクノロジーが、きらびやかなデジタル商品を展開しています。でも、ちょっと待った。試しに欲望が刺激されないように目隠しをしてみましょう、誘惑をいったん拒否してみましょう、わたしはまじめにそうお願いします。良きにつけ悪しきにつけわたしたちの社会はデモクラシーだからです。デモクラシーが萌芽しようという頃、一八世紀最後の四半世紀に哲学者カントがその条件をわたしたちに突きつけました。「啓蒙とはなにか」と、これまた堅物らしい論文（ほか意思の自由関連の論考）で、大人になれ！来たるべきデモクラシーに備えよ！と語ったのです。デモクラシーは、王様や貴族の支配ではなく、自分たち大衆（読者、公衆）による自治ですから、子どもではダメだと。主張の勘所は、欲望に身をまかせ悪徳とされることに悦びを覚えたり、嘘をついて気休めにすることもできるけれども、それではダメだ、自由（Freiheit）ではない。自由であるとは、理性ある者として正しい選択をして自らを律すること、自分のすることとふるまいが万人が行っても正しいと確信できる公平、公正、徳性の上で生きること、それこそが理性ある人間にしかできない選択、意思、つまり自由だ、しなくてもよいことをする、それが自らの自由だというのです。

　ところで「理性（悟性）の使用の条件」とは、いったいなんでしょう。「デジタル・アーカイヴの時代における理性の公的使用についての条件」とは、いかにも冗長なので、面倒です、以下シンプルに「デジアカ」と呼びましょう。デジタルの時代に知（アカデミー）が堕落している、「とても素敵なパスタ屋さんがあるんだけれども、いってみない？——そうした方が相手はデートを受け容れやすいでしょう」、そんなことまで赤児のようにひとから教わらないとならないのか、それが人間能力の「九割」なのか！そうした類の「デジアカ」は馬鹿にすべきです。でも本題の方のデジアカ、デジタル・アーカイヴは理性を助けるかどうか……。ジジくさい文句を使えば、われら如何に分別を保つか――合理的認識判断に拠って熟議せよ、デモクラシーをつづける気ならば、と考えを進めることにしましょう。

2

学問の歴史と社会の歴史は切り離せない。片方が他方の要求を満たすよう呼び求められ、相乗効果のように歴史は進展する。現在の「グローバル化」は、文字通りの世界市場を構成して、もはや賃金や原材料と商品のトレードから利ざやを得る一部の国はなくなり、ほとんど全世界中の国家が経済成長と高度消費の社会を目指している。ここでスタンダードとなっているモデルは、「米国化された西欧」である。この「西欧」が、旧来の西欧の伝統と異なることは、米国化されたガラスと発砲スチールによる大量消費の「使い捨て文化」に対して、西欧では余暇に手を加えて家のものを補修し、飲み物や食べものを親の代の器具で制作することに楽しみを見つけることを思うだけでも一目瞭然である。ただし、現在はファストフード店やコーヒー・チェーン店の人気など、「西欧」は逆輸入されている。よりおいしく安いカフェがそこにあるのに、五百円以上するトールサイズのカフェモカを飲みたがることに合理的な理由はない。ベルリンの壁崩壊の原因の看過できない要素として、西側のテレビ放送が視聴できるようになりリーヴァイスのジーンズやマクドナルドのハンバーガーに若者が憧れたことがあるといわれる。視覚はわたしたちの欲求を刺激し、合理的な説明のつかない欲求を増進する。一九世紀初頭からの〈ロンドン~〉パリが、現代の生活様式を築いた。この後期近代の特徴として、信用取引や銀行融資、電信や鉄道など伝達と輸送のテクノロジーの進歩、それにともなう社会時間の加速(ゾラの描いた証券取引所)など、一連の市場経済の形成のなかで、商品ディスプレイなどの「視覚」が重要な役割を果たしたことを、筆者は別稿で論じている(「表象文化論の〈表象〉とは何の謂いか」、『表象・メディア研究』第四号、早稲田大学表象・メディア論学会、二〇〇四)。一七世紀からのデカルトやライプニッツによる新たな認識論、ニュートン古典力学や天文学の近代化、こうした前史があって、一九世紀の西欧では、大量生産を要求する経済が蒸気機関の効率的な使用法を喚起し、カルノー、クラウジウスからマクスウェルまでの熱力学の熟成を見せる。また、需要に追いつくための生産効率の工夫も行われた。リヨンのジャカールによるジャカード織機は、パンチカードでプログラミングすることにより複雑な地紋を自動化した。後の大型計算機につながる。平行して、パリのボン・マルシェ百貨店、ロンドンのクリスタル宮などが、後期近代の生活様式が広まった社会を象徴する。

3 PCは、まずは超高級ゲーム機として歓迎されたのである。ロングランとなる初代「信長の野望」（光栄マイコンシステム、一九八三）は、セットテープからのロード（データの読み込み）に三〇分ほどかかった。読み込み速度は一、二〇〇bpsなのでゲームソフトのサイズは一、二〇〇×六〇秒×三〇となるが、実質的には二〇〇KB前後であったと思われる。自然言語に近いプログラミング言語であるBASICで書かれていたため、機械言語に直せば数十KBだろう。

3 デジタル機器になじみのないひとは、バイト＝BT（八文字の〇と一の数列）が基本となるデジタル情報の数え方を、千バイトでKB、それ以上、基本的に千（10^3）になるとつぎの単位へ、MB、GB、TB、PB、EB、ZB、YB……と覚えると便利だと思われる。

4 本書が参照している以下の報告書は、UCバークレー校（「How Much Information ?」、二〇〇三）から民間シンクタンクIDCへと受け継がれた（「The Diverse and Exploding Digital Universe」、二〇〇七、その後改定は〇八年、〇九年、一〇年、一一年）。

5 図書館自体は、アカデメイア（ギリシア）からムーセイオン（アレクサンドリア）へと、古くからあった。一五世紀のグーテンベルク革命（写本から印刷本へ）は、実のところ一九世紀に銀行の融資と鉄道など高速輸送が可能になることで資本主義市場経済が成熟するさなかに、基幹産業として、大規模製紙会社、輪転機による大量印刷、新聞（連載小説と風刺版画）そして書物の販売（版元、書店、キオスク―「鉄道文庫」）が本格化するまで、社会への影響は潜在的なままであった。

6 デジタル・ユニヴァースの黎明期とでもいうべき、二〇〇一年時点での紙の使用は、PCでプリントされた原稿、印刷物、手書きなどのものを併せて世界で九四、〇〇〇トン（米国占有率約四三％）、新聞類が三七、〇〇〇トン（同約一三％）であった。二〇〇九年に、七年前の一年間の情報創出量五EB（音声、テレビ・ラジオ放送、印刷、ネットほか）は、複製を含めた総量が八〇〇、〇〇〇ペタバイト（PB、一PB＝一億GB＝一〇一二BT）にまで膨れ上げる。前年比六二％の増加、翌年二〇一〇年は一・二ゼタバイト（ZB）、つまり一二〇万PBとの見通しだった。さらに二〇二〇年までに四四倍の三五兆GB（＝三五ZB）となるとIDCは予測した。現在のデジタル・ユニヴァースの内、七五％、四分の三が複製・コピー、つまりオリジナルの創出ではない。二〇一〇年の同社調査報告で、デジタル情報総和量（＝デジタル・ユニヴァース）八〇〇万PB対し、「メディア・データ」消費量は三・六ZB（二〇〇九年）とされている。

7 社会問題や政治経済、学問に人生と、堅い話ばかりしていたのでは友人は逃げて逝くだろうし、家計や実存を真剣に悩むよりは宝くじに当たってハワイに行くことを想像したほうが疲れない。ジャック・デリダは若くしてパリ大学（ソルボンヌ）の助手になる前に、一年間高校教師として過ごしたル・マンで、同僚たちが「ヴァカンスとスポーツの話しかしない」と嘆いていたが、当時は大御所の庇護の下フランス哲学界を担うと将来を嘱望されていた哲学者たる奇人でもない限り、それがふつうのことである。欲望や笑いや、無意味なことにじゃれる性向は、なにもいまに始まったことではない。文明の誕生と同時に、人間は拡張・蓄積の欲望の虜になったのだろう。理性を自らの自然哲学や政治経済学の基盤としたアリストテレス、その「理性・言論の動物」の金言を信じようと努力した実践理性のにおけるカント、いまでも無条件の「美徳」を諦めないコミュニタリアンたちにエールを送るために、むしろ文明により人間は「余剰欲望の動物」となったと言おう。後期近代に、産業と視覚物の発展により、利殖や消費、「衒示《げんじ》」が大規模に際立つようになっただけである。そもそも観想―理論（*θεωρία*）のギリシアから西欧は、〈観ること中心主義〉だ。だからTwitterで一日中呟くことや、スマホで四六時中ソーシャル・ゲームの「農場」を管理することは、恥ずかしいことではないし、非難されるべきことでもないだろう。

8 詳しくは、エマニュエル・オーグ『世界最大デジタル映像アーカイヴ INA』（西兼志訳、白水社、文庫クセジュ、二〇〇七年）を参照。また拙訳、ジャック・デリダ×ベルナール・スティグレール『テレビのエコーグラフィー』（NTT出版、二〇〇五年）でも、イナテーク（INAthèque）が中心的話題のひとつとなっている。いまこの施設はフランス国内各地方に拠点をもつ。

9 さらに、ドイツと合資の〈ARTE〉という教養チャンネルもあり、社会学者のピエール・ブルデューなどが設立に協力した。ニュース番組も、これが本来のニュースとうらやましくなる内容を〈France 2〉などでやっているのだが、加えて報道専門局の、フランス版〈CNN〉といえる、〈FRANCE 24〉まである。

10 江戸の錦絵は物足らなかったのか。カメラ・オブスキュラ以来の光学を応用した色彩画に圧倒されたのである。パリで一八五〇年代を中心にドーミエらの風刺版画が、新聞や書物に添えられ人気を博し、後に多色刷りの『イリュストラシオン』のようなイラスト新聞が現れるが、一八三〇年代の写真など視覚文化開花のパリとほぼ同時代に日本でも源氏絵（歌川国貞〔三代豊国〕の絵による『偐紫田舎源氏』ほか）など、幕府風刺と多色による鮮やかな絵画の挿絵本が流行となった。パリの石版画に対して、江戸地本の挿絵の木版画による複製は、卓越した熟練職人を何人も必要とした。

版元と国貞のような絵師の下に、何人もの彫り師や摺師がいた。各色ごとに版型を掘り（校合摺）、色差しされ、ずれのないよう注意して版下を完成させる。技、業である。同じ人工的な視覚の再現にしても、違いもずいぶんとある。西欧の写実主義は、ケプラーやガリレイ、ニュートンといった哲学者たちが生んだ「科学」に基づいていた。光学もそのひとつである。科学であればこそ、何回も同じ結果が導かれる反復による証明ができる。カメラ・オブスキュラを使ったフェルメールほか多くの一七世紀の画家は、すでに原理としてカメラを先取りしていた。

11 正確には、「表象（概念）の外向投影的転換」。

12 以前より「後期近代」を一八三〇年代から生じたこととしている根拠は、つぎのことに要約される。英国につづくフランスでの産業革命。産業革命の定義は、蒸気機関、電気、電子や原子力と、極めて大きな動力源を利用することで（てこや振り子といった自然法則を活かした）手足による道具の技術では不可能な圧倒的な力により、自然を開拓し、商品を生産し、交通や流通を実現する「テクノロジー」が産業に使われること。銀行による融資、信用取引により、圧倒的な資本・利潤の累乗的蓄積が可能となる、これがなければ「テクノロジー」の産業利用も無理である。最後に、人工的な力から無尽蔵に生み出される商品が、市場で「需要を造作」することで、生産と消費が一回り大きくなりながら回転する、交通・通信手段の拡充により証券や物品の取引が盛んとなり、サイクルが完成する。パリで、一八三〇年代前半に「流行」という語そのものがサロンで流行り、地方の新聞購読者たちがパリで生じていることを想像することで、新たな段階の国民意識が生じる。この一〇年間、一．通信・交通、二．視覚の魅力と消費、三．大量配布メディアの登場と、ひとまず分けられる重要な「時間の統一と加速、空間の国土化」が生じる。鉄道の登場、伝書鳩・腕木式信号機から電信へ、世界初の通信社と日刊紙と連載小説・劇評の類の人気（後に風刺版画）、流行商店《マガザン・ド・ヌーヴォーテ》の登場による衣服や家具の商品ディスプレイによる購入、複製技術写真の出現、ここではこれだけをリストしておく。

13 アダム・スミス『諸国民の富の本性と原因の探究』（一七七六、邦訳は『国富論』、岩波文庫版、中公文庫版など多数）。

14 考えてみれば、これは恐ろしい事態である。一八三〇年代、電信後進国のフランスでは、腕木信号機（シャップ信号機）が、先端の通信技術とされていた。腕木のかたちで、コード表に照らすと最終的に言語情報になるよう、サインを中継地から中継地へとつなぎながらパリと地方都市を結び、政府の伝達などを連絡するのであるが、これには腕木の操作手の能力が時間をとるが、原理としては光速である。同じ視覚を利用したものでも、一九世紀の登場したばかりの写真機は、レンズが光景を捉まえるのは一瞬であっても、レンズから銀塩板に光の陰影のグラデュエーションを刻みこむ、銀塩で感光させ焼き込むまでに、途方もない時間がかかった。露光だけで一〇分、肖像写真のモデルも、写真家も、がまん強かったに違いない。視覚は光速?でも、電話のような遠隔信号送信網以降は、もはや自然の原理に従わないので、話は違う。電話で話すのは、最も手早い。

また別の角度から、より説得力がありそうな同じ結論を導くこともできる。わたしたち人間が、主観が、どのようにデータ（与件）を処理しているか、その仕組みの観察と考察のことである。五感や五蘊でわたしたちはまず知覚する。一七世紀が科学（天文、力学、幾何学と望遠鏡レンズ）の時代であったならば、一八世紀は啓蒙の世紀とよく呼ばれる――それにしてもなんとゆっくりのんびりな議論の流れ、時間の経ち方であろうか。スコットランド、フランス……、そして世紀最後の四半世紀にドイツ語圏から、イマニュエル・カントが登場する。ヒュームの絶対的な経験論を批判しながらも、超越論哲学を書き始めたカントが、わたしたちの認識プロセスは経験から始まるよりほかかないとしたときの、経験がこの知覚である。ものを観る、音を聴く、そうしてわたしたちはデータを得て、頭のなかの表象に置き換える。「青い」、「きれい」、「臭い」、「くさやの匂い」、そうした表象（≒概念）にすることで、与件の組み合わせや、予め有している他の表象（経験、概念）を動員して複合的な操作をし、構想力や理性による印象や想像をもち、（アプリオリな判断表・範疇を活かして）悟性による判断を下すことができる。会話で、「ことば」だけを拾うのと、聴覚としてカフェの他のテーブルの雑談、道路の音、カップが皿に触れ店員が床を靴で歩く、こうしたノイズ全般に注意を向けるのとでは事態は異なる。音が発し、聴覚が受け止めることもできる情報量は膨大に増える。さらに走り去る車、その色や型、カップのなかのカフェの色合い、周囲の客の服装やふるまい、眼による視覚情報は、瞬時に本一冊以上の、聴覚以上に倍増された情報量の総和をすばやく（光速＋視神経処理の速度で）与える。だが、表象となり判断となるものごとは、「熱い」、「おいしい」、「混んでいる」など、極端に短縮されノイズを排除した最小情報量となる。熱い＝ATSUI（三音節、二文字＝二〜九バイト）。どれほど解像度を落とした写真スナップでも一〇〇KBは要するのと較べて、文字は、わたしたちの悟性・論理的思考の情報単位は、とても小さい（この小さなことばや概念が、使い方によりどれほどの意味や影響の情報量を生み出すか――意味・感情価・情報価――はまた別の問題）。

15 Windows、(Intel／) IBM互換機、iPhoneやiPod、Amazon.com、Google、Facebook（さらにEPUB―スマートフォン標準電子書籍ファイル形式―、PDFなども）、これらはすべて米国企業のものであり、世界と同様に日本でも「標準規格」となっている。「フォーマット（プラットフォーム）」の覇者は米国である。またフランスのモデルは、もともと公共セクターの強い国柄ではあるが、国立図書館（Gallicaサイト）とINAを中心に、八〇年代から惜しみなく研究開発費の投入を行い、どの国よりも早く、学問や教養、文化、「啓蒙」に有益なデジタル・アーカイヴスを提供することで、名誉を高めた。

翻り日本の状況を見ると、電子書籍や書籍販売、視聴覚メディアのアーカイヴも、混沌とした状況で、新しいサービスが生まれたかと思えば失くなり、試行錯誤を繰り返している。電子書籍に関していうと、漫画コンテンツの充実している書店やコンソーシアムが、一歩抜きんでている（高い価格が普及の速度を妨げているが）。漫画は、アニメに容易に転用されたように、情報モダリティの性質からして、デジアカに向いているだろうし、日本が誇る文化財《フォン》でもある。文字を読む際に、PCディスプレイ上で読むのは疲れる（視神経から脳へ、深い疲れ、ブルーライト・カットの眼鏡や液晶保護シートが売れているのも無理はない）。わたしのような活版世代に限らず、現役学生であっても、インターネット上の記事を読むことの不自然さが気になり、必ずプリントして読むという者も多い。この点、眼への負担を軽減するE-InkとE-Paperを駆使したSONYのReaderは、世界でも先駆的で、優れた電子書籍リーダー商品であったが、肝心のコンテンツに恵まれなかった。

16 筆者自身はアーカイヴスが歴史資料として有用であること（アクセス機能）、「現在」の諸規制内に縛られた地上波テレビや全国紙で伝えられない社会の不可視の部分を伝えるドキュメンタリー映画などへのアクセスが容易になること（補完機能）、わたしたちの遺産である情報や知識が場合によっては採算性のためにスクラップにされる可能性の回避などについてすでに他書で触れている（『言語態分析―コミュニケーション的思考の転換』、慶應義塾大学出版会、二〇〇六）。

17 各パソコン通信会社の会員で、そのアカウントによりフォーラムに登録する。九七年頃、インターネット・プロバイダー・サービスに移行するまで、NECや富士通といった大手PCメーカーに商社などが出資し八〇年代半ばに創業、運営していた。個人情報など、ユーザー間ではダダ漏れの時代のことである。文学フォーラム、哲学・思想フォーラム、アウトドア・キャンピング・フォーラム、ほかコンピューターから料理まで各趣味に応じて、数十のフォーラムがあった。各フォーラムはシスオペと呼ばれる一会員がコーディネートしていた（いまになりその報酬が云々と騒がれているが、当時はヴォランティアであるというのが共通の認識であったし、いまも基本的にはそう考えてよいと思われる）。わたしは少なくとも哲学・思想と文学のふたつの会議室に参加していた。誰かが新刊書や、古典、気になったこと、なんでもよいので話題を提供する。「古文書」と話題が出たら、その歴史、思想について、会員たちがもてる知識と力で議論し、意見を表明する。当時は電話回線（ISDN）のモデムによる通信だったので、文字だけでもPCに読み込むのに非常に時間がかかった。しかも従量制、パソコン通信（電話回線）に接続している分だけ安くない料金がかかった。こうしたことから、各意見の題名リストを見て、ダウンロードしたいものを選び、オフラインで読む。一、二日間考えて、また一日の数時間を使い、自分なりの意見や知識を提供する。一日に一〇〇通以上のメールが来る現在と異なり、携帯電話もなく、ポケベルも営業マンでなければ物好きがもつもの、社会全体の時間がゆっくりとしていたのである。自分が公開した意見に返答や反論があっても、一週間くらい放っておいても誰も文句はいわない。みなそれほど暇でないし、即座に返信という強迫的なルールもなかった。こうした条件の下で、かなり高度な議論が展開された。パソ通のフォーラムは、オンラインでもオフラインでも、同じフォーラムで共通の関心をもつ、いってみれば自主的な評議会メンバーであり、その繋がりは強かった。ひとつのパソ通会員数「十万人突破」が大ニュースとなるような、ネット人口爆発、サイト洪水の時代ではなかったので、そこに集まるしかないとの事情もあった。

18 これが図書館ならば「蔵書」に相当する項目。ただ、この語は格別の思いを催い起こさせる。英語の「ファンド」、フランス語の「フォン」とは、なによりもまず蓄え、天候不順などに対処するためにドライフルーツにし、発泡酒にしてきた、いまもしている農耕民の保蔵、貯蓄、またさらに精神の知的活動の源泉にして資源でもある。元手だ。またこの語は、資本、資金を意味する。現金や金の意味で端的に使う場合もある。金により、営業する、だから営業権ないし営業財産、また資本と同じように利潤を生む地所、土地資産を一般に意味する。「フォン」は、蓄蔵・貯蔵であるけれども、それにより、より大きな果実を手に入れるための財産なのである。最後に、ある図書館、美術博物館のコレクション、特定の寄贈作品セット、また受注ではない自社出版も意味する。なにを長ったらしいといわずに。蔵書の意味の単数ではなく、ここのサイトでは「フォン」としか呼びようのない複数形で、「視聴覚のフォン」と銘打たれているのだ。

19 必然性はないものの歴史・経験・事実の上で資本主義（経済体制）とデモクラシー（統治形態）がセットであることの自

明性が疑われなくなり、戦後はこのセットが「自由主義」と、首尾よく情宣されてきた。これはカントが構想した自治（道徳）と法治（法と議論）による近代とは異なる姿にある。わたしたちの理性の公的使用が、あらためて公論のなか（理性の公的使用）問われるべきかどうか、そのことの議論もどこでなされるべきか。溢れる情報に耽溺し、無気力になり、政治的無関心の受け身のままでは、このような大望は果たしようもないだろう。

参考文献

本論と密接に関係するもの

カント『永遠平和のために、啓蒙とは何か、他3編』（中山元訳）、光文社古典新訳文庫、二〇〇六年

ユルゲン・ハーバーマス『公共性の構造転換——市民社会の一カテゴリーについての探究』細谷貞雄、山田正行訳、未來社、一九七三＝一九九四年

Gilbert Simondon, *L'individuation à la lumière des notions de forme et d'information*, J. Millon , (1964=)2013（※物理学・化学関係を省いた心理・社会部分の普及版の邦訳が法政大学出版局より刊行の予定と聞く）

ベルナール・スティグレール『技術と時間』第二巻「方向喪失」（石田英敬監修、西兼志訳）、法政大学出版局、二〇一〇年

本論の周辺

Martial Guéroult, *PHILOSOPHIE DE L'HISTOIRE DE LA PHILOSOPHIE*, Aubier, 1979

プラトン『パイドロス』藤沢令夫訳、岩波文庫、一九六七年

ジャック・デリダ『根源の彼方に——グラマトロジーについて』上下巻、足立和浩訳、一九七二＝一九七六年

内井惣七『空間の謎・時間の謎』中公新書、二〇〇六年

エルンスト・マッハ『マッハ力学史』上下巻、岩野秀明訳、ちくま学芸文庫、二〇〇六年

佐藤勝彦『相対性理論』岩波書店、一九九六年

後期近代と視覚

ロザリンド・H・ウィリアムズ『夢の消費革命——パリ万博と大衆消費の興隆』吉田典子、田村真理訳、工作舎、一九九六年

デヴィッド・ハーヴェイ『パリ——モダニティの首都』大城直樹、遠城明雄訳、青土社、二〇〇六年

アン・フリードバーグ著『ウィンドウ・ショッピング——映画とポストモダン』井原慶一郎、宗洋、小林朋子訳、松柏社、二〇〇八年

鹿島茂『新聞王ジラルダン』ちくま文庫、一九九七年

山田登世子『メディア都市パリ』ちくま学芸文庫、一九九五年

情報についての考察

伊藤守『情動の権力——メディアと共振する身体』せりか書房、

二〇一三年
西垣通『デジタル・ナルシス——情報科学パイオニアたちの欲望』岩波現代文庫、二〇〇八年
田崎晴明『熱力学』培風館、二〇〇〇年

第Ⅲ部　身体、情動、デジタルメディア

サイバーフェミニズム

サイバースペースにおける身体とアイデンティティ

藤田結子

サイボーグの想像力は、機械、アイデンティティ、カテゴリー、関係性、宇宙の物語りといった存在の構築と破壊の両方を意味する。スパイラル・ダンスには、女神もサイボーグも加わっているものの、私は、女神でなくサイボーグとなりたい。

（ハラウェイ「サイボーグ宣言」1991=2000:347）

1　ハラウェイからサイバースペースへ

ダナ・ハラウェイの「サイボーグ宣言」が最初に発表されたのは、一九八五年の Socialist Review 誌上である。その後若干の修正がくわえられ、一九九一年刊の主著『猿と女とサイボーグ』（*Simians, Cyborgs and Women*）に、最終版とされる「サイボーグ宣言――二〇世紀後半の科学、技術、社会主義フェミニズム」が掲載された。[1]ハラウェイの文章は難解だが、新しい古典となったこの論文を概観してみよう。

ハラウェイによると、二〇世紀後半以降、テクノサイエンス、とくに生物学の枠組みが変化し、有機的な産業社会から情報化社会へと移行した。このような社会では、機械は全体を見通して修理するような存在として把握しきれなくなり、基盤ごと、ユニットごとに交換されるものとなった。そのような基盤やユニットには、機械の設計者でさえ見通すことのできない第三者の思考内容が盛り込まれている。その一方で、生物も個体が個体に見える時代は過ぎ去った。現代医学には、生体と機械が接合したサイボーグが溢れている。個というユニットや有性生殖という増殖システムでは、もはや人間を把握しきれない（高橋 2000:516）。

こうして、「人間と動物の境界」「動物—人間（生体）と機械の境界」「物理的なるものと物理的ならざるものの境界」が曖昧になった。人間と機械の境界が浸食され始めたのである。

この変化により、社会的に構築されてきたジェンダー、人種、階級というアイデンティティも変化を余儀なくされる。ハラウェイによれば、そもそも「女性」というカテゴリーは、きわめて問題の多い性科学の文脈をはじめとする社会実践のなかで創り出されてきた、高度に錯綜したカテゴリーである。本質的な「女性」という状態が存在するわけではない。ここで鍵を握る存在がサイボーグである。ハラウェイはつぎのように言う。


二〇世紀後半という我々の時代、この神話的な時代にあって、我々は皆、キメラ、すなわち、機械と生体のハイブリッドという理論化され製造された産物であり、要するに、我々はサイボーグである。サイボーグは、我々が存在する所以であり、我々にポリティクスを与えてくれる。（ハラウェイ 1991=2000:288）

このように、彼女はサイボーグを一つのアイデンティティとして宣言する。特定の性を持たないサイボーグは、ポスト・ジェンダー社会の生き物である。バイセクシュアリティとも、前エディプス的共生とも無縁であり、西欧的な意味での起源の物語を持たない。要するに、サイボーグは、本質的な「男／女」という二元論に挑戦する存在である。

ハラウェイによれば、情報化社会においてフェミニストが政治的目標を達成するには、本質的で自然な有機体としての「女性」という神話はもはや有用でなく、サイボーグを用いたメタファーが効果的である。従来の（とくに社会主義）フェミニズム理論では、「有機体／機械」「自然／文化」というように、「白人資本主義的家父長制」に関連する概念が用いられてきた。だが今日の社会変容を考慮すれば、フェミニズム理論で用いられる概念も、二元論的思考から新しいネットワークを描き出すものへと移行すべきである。たとえば、「有機体」から「生体部品」へ、「表象」から「シミュレーション」へ、「生殖」から「複製」へというように。

とくにハラウェイは、サイボーグのアイデンティティを考えるうえで、「有色女性」という存在を重視する。これまで西洋の伝統において、男性＝《イコール》人間という結び付きに対してあらゆる記号が付与されてきた。「有色女性」という意識は、その組織的な崩壊を刻印するような歴史意識である。たとえばアメリカの黒人女性は、「黒人」や「女」というカテゴリーを用いて自らを語ることが難しい。なぜなら「黒人」というカテゴリーは黒人男性を、「女」というカテゴリーは白人女性を代表するからだ。このような「有色女性」のアイデンティティが画定されるのは、自己の意識によって構築される空間である。「女」という出自が自然で本質的なものとされることはなく、意識的な連携や政治的親近感に基づく関係性が肯定される。

ここで彼女たちの読み書き能力が鍵となる。書くということはアイデンティティを紡ぎだす行為である。とくにサイボーグによる読み書き能力は、自らを他者として周縁化するような書きことばを使用する者が、自ら社会を再構成するために不可欠である。「サイボーグのポリティクスはことばを求める闘い」であり、「すべての意味を完璧に翻訳する一つの暗号という男根中心的で論理中心主義のセントラル・ドグマに挑む闘い」なのである。だからこそ、征服者の言語のキメラを生み出し、ノイズに固執し、汚染を擁護し、動物や機械との非摘出の融合に歓喜する。

以上がハラウェイの議論の一部の要約である。彼女の教え子であるゾー・ソフーリス（2002）によれば、ハラウェイが「サイボーグ」を新たなアイデンティティとして提案したのは、ポストモダン技術の時代に生きるフェミニストたちを力づけ、理想化された自然と女性とを結びつけるメタファーを乗り越えるためだったという。サイボーグが「女」という性を持つわけではないが、女は「サイボーグ」になることができる。ハラウェイにとってサイボーグは、「男／女」という二元論的思考を乗り越えるための装置なのである。

このようなメッセージを内包する「サイボーグ宣言」が英語圏で出版されてからすでに四半世紀が経過した。文学批評、カルチュラル・スタディーズ、文化人類学、社会学などさまざまな領域にハラウェイの影響が及んでいる。メディア研究もその一つであり、とくにコンピュータを介したコミュニケーション（CMC）と女性に関する研究は、ハラウェイの「サイボーグ宣言」の影響の下に発展してきた。この研究領域では、「サイバーフェミニズム（cyberfeminism）」という語がしばしば用いられ、英語圏では多数のモノグラフや論文集が出版されている。[2] だが日本においては、「サイバーフェミニズム」という語はあまり使われていない。[3] いまだ本格的な翻訳や輸入が始まっていない研究領域である。

もちろん欧米の学問であれば何でも輸入すべきだというわけではない。だがインターネットの普及率は日本でも年々上昇し、欧米諸国とほぼ同じあるいはそれ以上となった。[4] サイバーフェミニズムをめぐる問題は、日本に暮らす人々にとっても、すでに関わりの深い問題である。さらに、「サイボーグ宣言」が最初に出版された八〇年代と比べて、現在の情報技術は大幅に進歩しサイバー文化も変容を遂げた。ハラウェイの議論が、今日的な文脈でどのような意義を持つのか、再検討する必要があるだろう。

以上のことから、本稿は、サイバーフェミニズム理論の「翻訳」「輸入」に貢献しようと試みる。具体的には、サイバーフェミニズムの輪郭を描きだし、その主要な理論的関心の一つであるアイデンティティの問題について考察することを目的とする。

本稿の構成は、まず「サイバーフェミニズム」とは何か、その概念や研究課題を整理する。つぎに、アイデンティティの問題に焦点を当て、人々はサイバースペースにおいてジェンダーの二分法から解き放たれるのかを考察する。最後に、冒頭に引用したハラウェイのことば――女神でなくサイボーグとなりたい――に戻り、サイバースペースにおいて女たちは「サイボーグ」となれるのか検討したい。

2 「サイバーフェミニズム」とは何か

「サイバーフェミニズム（cyberfeminism）」という概念はどのように普及してきたのだろうか。「サイバーフェミニズム」という語は、コンピュータ・ネットワーク上の情報空間を意味する「サイバースペース」[5]と「フェミニズム」の合成語である。この造語は、オーストラリア出身の女性四人が結成したアーティスト集団VNS Matrixおよびイギリスの批評家セイディ・プラントによって、同時期に使用され始めたといわれている。VNS Matrixは、ハラウェイの「サイボーグ宣言」を模した「二一世紀におけるサイバーフェミニスト宣言（Cyberfeminist Manifest for the 21st Century）」（ビルボードに描いたアーティスト・ステートメント、図1）を一九九一年に発表した。彼女たちは、「クリトリスはマトリクスに直接つながっている（clitoris is a direct line to the matrix）」というスローガンを掲げ、女性の身体と機械の共存を強調した。他方、プラントは女性とコンピュータに関する批評活動を行い、「サイバーフェミニズ

図1　二一世紀におけるサイバーフェミニスト宣言
Copyright © by VNS Matrix
Courtesy of VNS Matrix

ム」の概念を広めた。

一九九七年には、ドイツのカッセルで第一回サイバーフェミニスト国際会議が開催された。その際、白人女性によるフェミニスト組織 The Old Boys Network[6] が中心となり、「サイバーフェミニズムの一〇〇のアンチテーゼ」が発表された。これには「サイバーフェミニズムは～ではない（Cyberfeminism is not ....）」というフレーズが用いられ、サイバーフェミニズムは「フレグランスではない」「カ

図2 guerrillagirls.com で公開されている作品「女性がアメリカの美術館に展示されるためには裸にならなければいけないの？」
Copyright © by Guerrilla Girls, Inc.
Courtesy of www.guerrillagirls.com

フェインフリーではない」といったパロディ的なものから、「イデオロギーではない」「分離主義ではない」という思想的なものまでさまざまなアンチテーゼが提出された。彼女たちは、「サイバーフェミニズム」という語を定義しないという戦略を取り、カテゴリー化を避け、サイバーフェミニズムに関わる人々や物事の多様性を確保しようと試みたのである。[7]

さらに、「サイバーガーリズム（cybergrrl-ism）」と呼ばれる活動もしだいに広まっていった。九〇年代、コンピュータ文化に囲まれて育った若い女性たちが登場した。この世代から、「grrrl power（ガール・パワー）」を掲げて

女性の仕事や日常生活に関わる問題の啓発を行う「cybergrrls.com」「webgrrls.com」などのオンライン・ネットワーキング・グループが生まれた。また、性差別・人種差別を訴える作品で知られるアーティスト集団ゲリラガールズも、ウェブサイト「guerrillagirls.com」で活動を始めた(図2)。

このように欧米諸国でのサイバーフェミニズムに関わる運動は九〇年代に活発になったが、これを対象とする研究もこの時期から増え始めた。現時点では、「サイバーフェミニズム」という語は研究者によって意味する思想や活動が異なっており、共通の定義は見られない。すなわち「サイバーフェミニズム」は、サイバースペースに関わるフェミニストの言論、行為、活動などを広く示す語となっている。この研究領域の主要テーマとして、「情報格差」「セクシュアリティ」「アイデンティティ」などの問題があげられる。

第一に情報格差の問題である。九〇年代当時、女性は男性に比べて、コンピュータの使い方を学ぶ機会や、職場でインターネットにアクセスする機会が少なかった。しかしインターネットが商業化されるにつれ、グラフィックを多用したインターフェースや、オンライン・ショッピング、ニュースサイトが増加し、日常生活と深く関わる使いやすいものへと変わっていった。さらに、子供の頃からインターネットを利用して育った若い世代も登場した。二〇〇二年には、インターネット利用者の女性の割合は北米で約半数、日本を含むほかの先進国の多くで四割前後まで上昇した。[8] このように先進国におけるジェンダー・デジタルデバイドは緩和されつつある。だが依然として、コンピュータ製作者やインターネット管理者の大半は男性が占めている。その理由として、技術的な知識やスキルの獲得、設備・接続・メンテナンスにある程度の投資が必要であるという経済的要因、コンピュータ・サイエンスを専攻する学生に男性が多いという文化的要因があげられる(Herring 2003)。

第二にセクシュアリティの問題である。女性がオンラインで行うサイバーセックスや、ウェブカメラなどを使用して制作するインターネット・ポルノグラフィーは、女性にどのような影響を及ぼすのか議論がなされてきた。一部のサイバーフェミニストたちは、サイバーセックスを女性解放の手段だとみなす。たとえばプラントは、サイバーセックスは相手と接触することなく自主的に行える行為であり、女性を妊娠や性病、感情的な奉仕から解放できると主張する。

インターネット・ポルノグラフィーに関してはさまざま

な意見がある。肯定派は、女は女が制作するポルノグラフィーによってセクシュアリティの主体になれると訴える。[9] なぜなら、若い女性たちがピアスやタトゥーで「自然な」身体を「サイボーグ化」するように、インターネット・ポルノグラフィーは男性が欲望する「女らしさ」を転覆する試みに溢れているからである。

だがサイバーフェミニストのなかには、ラディカル・フェミニストと同様、ポルノグラフィーに反対する者も少なくない。否定派によれば、サイバースペースの女性は、起源の物語を持たないサイボーグとは異なり、生きられた現実や女性差別の歴史と切り離すことができない。インターネット・ポルノグラフィーは、結局、女性の搾取を繰り返すという（Magnet 2007）。

第三に、このセクシュアリティの問題とも深く関わる、アイデンティティの問題がある。一九九三年、アメリカの雑誌 The New Yorker は、コンピュータ・スクリーンの前に座ってキーボードに手を置く犬のイラストを掲載した。「インターネット上では誰もあなたが犬だとわからない（On the Internet, nobody knows you're a dog）」というキャプションとともに、この風刺画は有名になった。この画が示すように、身体を現さずともコミュニケーションが行えるサイバースペースでは、身体的特徴に基づき人々を分類する境界が曖昧になるのかが問われている。この問題がサイバーフェミニズム研究の中心的な研究課題であり、ハラウェイが提出した命題とも重なりあっている。ではつぎに、このアイデンティティの問題について見ていこう。

3　サイバーフェミニズムとアイデンティティの政治

(1)　ジェンダー・アイデンティティとは何か

まず、ジェンダー・アイデンティティという概念について簡単に整理しよう。「ジェンダー」という概念は、もともと「社会的・文化的な性別」を意味していた。このジェンダーが日々の相互作用のなかで「達成される」「行われる」という点は、社会学の分野で以前から指摘されてきた。たとえば、アーヴィング・ゴッフマン（1956=1974）によれば、人は周囲の人々に対して、女であることや男であることの「表出」「提示」を行う。このような振る舞いは人間の本質というよりも、社会的に受け入れられた「女らしさ」「男らしさ」を「演じる」ことであり「パフォーマンス」である。彼はこれを「ジェンダー・ディスプレイ」と呼んだ。また、ハロルド・ガーフィンケル（1967=1987）によれば、人は「女らしさ」を学習することによって女性としての「パッシング」（自分の主観的な性別が、自分の社会的な性別と一致するようにみなされること、またその行為や能力）が可能になるのである。

一九八〇年代には、「社会的・文化的性別」である「ジェンダー」と「生物学的性別」である「セックス」という区別そのものに対して批判がなされるようになった。そもそも「生物学的性別」もそれ自体存在するのではない。人間の歴史のなかで発達してきた生物学や医学において、主に男性の科学者やそれに関わる人々の言説を通して、「生物学的性別」としての「男／女」のカテゴリーが創り出されてきた。つまり、還元不可能なものだとされてきたセックス自体、ジェンダーと同様に社会的に構築されたものだという。この代表的論者として、科学史家であるハラウェイや、哲学者のジュディス・バトラーがあげられる。今日では、「ジェンダー」を「当該社会において社会的・文化的に形成された性別や性差についての知識」とする定義が広く採用されるようになっている（江原 二〇〇八）。上記の意味での男や女というカテゴリー、あるいはそのほかの性別のあり方に、自己同一化する意識がジェンダー・アイデンティティだといえるだろう。

（2）　サイバースペースにおける身体とアイデンティティ

ジェンダー・アイデンティティは、サイバースペースでどのように現れるのだろうか。サイバーフェミニズムの議論の一つの流れに、サイバースペースをユートピアとみなす立場がある。この立場はサイバースペースを、身体を現さずにコミュニケーションを行うことができ、「男／女」「異性愛者／同性愛者」という二分法から解放される空間だと考える。キラ・ホールは、このようなサイバースペースにおいて自由・平等・正義という自由主義的価値を支持し性別役割分業を否定する考えを、「現実《リアルな》」世界におけるリベラル・フェミニズムとの共通点から、「リベラル・サイバーフェミニズム」と呼んでいる。

もちろん、近未来的な技術が人々を肉体的世界の限界から解き放ちより民主的な世界を創り出すという考えは、ハラウェイが「サイボーグ宣言」を出版する以前からサイエンス・フィクションの分野で語られてきた。コンピューター技術が格段に発達した一九八〇年代初頭、SF作家たちは、身体に関わる概念は不安定で肉体に基づく分類は不適切であるという思想の理論化を始めた。サイバーパンクの作家たちは、ハラウェイに先立ち、精神が肉体によって制限されない電子世界を想像していた。サイバーパンク運動で中心的役割を果たしたブルース・スターリングは、「われわれの社会を再形成する技術革新は、ヒエラルキーではなく脱中心化、固定性ではなく流動性に基づいている」と述べている。

　このようなユートピア的発想が、リベラル・フェミニズム、ポストモダン思想、クィア理論とあいまって、ジェンダー、セクシュアリティの問題へと広がった。ヴァーチャル・リアリティの世界と、ジェンダーを流動的なものととらえるポストモダン思想が交差し、「リベラルな」サイバーフェミニズムへと発展した。

　その主張によれば、身体が不在であるＣＭＣは性別に関して無限の可能性をもたらす。サイバースペースにおいて人間は、顔・耳・鼻・舌・声など会話に必要とされる肉体的側面から初めて自由になり、第三の性アイデンティティが構築されていく。二元論より複数性、類型化より変化、分離主義より連帯を強調するサイバーフェミニズムは、ますます洗練される技術と身体不在のコミュニケーションの到来に啓発されたビジョンなのである（Hall 1996=2006）。

　このユートピア的なサイバーフェミニズムの代表的論者がプラントである。彼女は主著 Zeros and Ones（1997）で、○と一というコンピュータの二進法を用いて男女のアイデンティティを表現した。すなわち、「Ｏｎｅｓ」は男性の単一のアイデンティティを、「Ｚｅｒｏｓ」（＝無）は女性の流動的な複数のアイデンティティを表す。[10]プラントによれば、デジタル技術は人間と機械、男と女の境界を曖昧にし、利用者が「仮面を選ぶこと、代替的なアイデンティティを想像すること」を可能にする。とくに、多くの女性は日常的に化粧をしたり着飾ったりする習慣を持ち、自己を装う術に長けている。このようなアイデンティティの探求を通して、女たちは現存する主体の概念に挑戦し、支配的な男性的ファンタジーを転覆することができる。

　さらにデジタル革命は、男性支配の伝統的なヘゲモニー構造をも弱体化させる。なぜなら人間は、自然・社会環境を支配するために、理性を用いて技術を生み出してきた。このような技術は「男」というジェンダー・アイデンティティと結び付けられてきた。しかしインターネット、サイバースペース、ヴァーチャル・リアリティは、非線形世界の縮図である。これらは無秩序に発展するために、予測不可能で管理することが難しい。そのうえ、その技術革新は離れた場所で次々に起こる。流動的な複数のアイデンティティを持つ女性にとってウェブは理想的なメディアである、という。

しかしプラントの議論は、インターネットやサイバースペースを「女性的」なものだと強調する点で本質主義的である（Wajcman 2004）。さらに、人種やエスニシティによる差異を考慮しておらず、「教育程度が高く、英語の読み書き能力のある、白人の中流階級女性」を標準とする時代遅れのフェミニズムだ、という第三波フェミニズムの立場からの批判も受けている（Fernandez and Wilding 2003）。

（3）ジェンダー化された身体の可視性

もう一つのサイバーフェミニズムの議論の流れは、サイバースペースをユートピアとみなす楽観論を批判する。この立場は、サイバースペースを、ジェンダーが不可視となる空間ではなく、現実の身体と密接に関連するアイデンティティが複雑な形で現れる空間だとみなす。実際に、複数の調査によって、サイバースペースでジェンダー・アイデンティティが表出する様子が報告されている。

たとえばテキスト形式のＣＭＣの場合、対面式コミュニケーションと異なり、外見から個人の属性を判断することができない。また、一部の利用者はジェンダー中立的なユーザーネームを使用する。それにもかかわらず、会話のスタイルを通して——無意識のうちに、あるいは「現実《リアル》」世界で用いている話し方を変えることが難しいために——「男」であること、「女」であることが表れる。映像や音声のない文字だけのコミュニケーションでも、利用者のジェンダーに関わる情報は十分に伝わってしまう。

また、会話の仕方においても男女の異なる傾向が明らかにされている。ディスカッション・リストやニュースグループなどの非同期型ＣＭＣにおいて、男性利用者には、「長いメッセージを投稿する」「議論の開始・終了を主導する」「強く意見を主張する」「乱暴な言葉遣いをする」傾向が見られる。これらが、サイバー文化においても、ある種の「男らしさ」を（無意識的にあるいは意図的に）提示する行為となっている。対照的に、「短いメッセージを投稿する」「謝罪する」「他者への支持を表明する」「同調する」などの行為を通して「女らしさ」が表現される。オンラインチャットなどの同期型ＣＭＣでは上記の傾向は弱まるものの、ジェンダーが不可視になることはない。利用者はほかの参加者の性別や年齢を頻繁に尋ねるし、メッセージの内容を通してジェンダー・アイデンティティが透けて見えやすい（Herring 1999; 2003）。

現在では、テキスト形式のＣＭＣに代り、映像や音声を多用するブログやソーシャル・ネットワーキング・サービス（SNS）が広く使用されている。とくにWorld Wide Webは「Women's Web」と呼ばれるほど女性の利用者割合が高く、アメリカでは半数に達している。この利用者は、自己プロフィールにどのようなイメージでも選択できるにもかかわらず、自分自身の顔や上半身、全身を写した映像や写真を用いることが多い。とくに若い女性の多くは、自分自身のエンパワーメントとして性的なイメージを使った自己表現を行っている（Herring 2003）。

そのうえ、多数の人々が「現実」世界の社会的アイデンティティに基づいて、オンライン上の居場所を探し求めている。たとえば、多くの女性が実名の使用を基本とするFacebookを通してソーシャル・ネットワーキングを行っている。また、人種的マイノリティはBlackPlanet.comやAsianAvenue.comを利用し、セクシュアル・マイノリティはQLBT[11]のためのウェブサイトを通して、「クィア」というアイデンティティを共有している（Daniels 2009）。

この状況のなか、男性が女性を攻撃するハラスメントも多数報告されている。具体的には、「女性が始めたトピックを無視する」「男性優位のヒエラルキーを確立しようとする」「女性のレスポンスをくだらないものとして否定する」「電子メールを繰り返し送りつけストーカー行為をする」「侮辱的、差別的、性的なことばを使って攻撃する」など、コミュニケーションを支配しようとする傾向が明らかにされている。[12]女性的なユーザーネームの利用者だけでなく、中性的な匿名を使った利用者もこういったハラスメントの被害にあっている。さらに、異性愛主義に基づくゲイ・バッシングも多い。

こうしたことから、一部のサイバーフェミニストは、男たちによるハラスメントを避けようと女だけの空間を形成している。ホールはこれを、ラディカル・フェミニズムとの共通点、すなわち、分離主義の必要性を訴えポルノグラフィーに反対するという共通点から、「ラディカル・サイバーフェミニズム」と呼ぶ。「ラディカルな」サイバーフェミニストたちは、女性性を賛美し、「女」であることを明らかにする。つまり、彼女たちにとって、サイバースペースは「女」というアイデンティティを強調する場となっている。

4　結びにかえて——女神ではなくサイボーグとなれるのか

なぜ身体から「ディスコネクト」されるはずの電子世界

のアイデンティティが、「現実《リアルな》」世界のジェンダー・アイデンティティとつながり続けるのだろうか。この問題の鍵は「身体化された経験」にあるという。つまり、身体化されたジェンダーに基づくカテゴリーは、認識的—感情的なスクリプトとして私たちに深く刻み込まれている。自分が誰になることができるのか、他者とどのように関係すべきなのかを考えるとき、このスクリプトは私たちに影響を与える。サイバースペースで身体が物理的に不在なときでさえも、身体の「分類表」を常に頭のなかで参照しつつ自己や他者に対して判断を下す。つまり、身体不在のコミュニケーションにおいても、身体がそのコミュニケーションに意味を付与する共通の評価基準となる。そうであれば、サイバースペースでは性別・人種・年齢などの身体的マーカーが自己／他者の評価や分類の基準にはならない、という主張は、ユートピア的、楽観的だと言わざるを得ない（O'brien 1999）。

　さらに、身体的な自己の喪失は、暴力的、性的なことばを通した代償作用をもたらすという。アーサー・クローカーはこの代償作用を「語る男根（the talking penis）」と呼ぶ。身体不在のコミュニケーションにおいて、男性利用者は、ジェンダーを排除して相互作用を行うよりも、「男らしさ」という文化的概念を誇張し強調する傾向を持つ（Hall 1996=2006）。

　このような傾向は、人種的アイデンティティにおいても同様に見られる。サイバースペースでは「カラーブラインドな（肌の色の区別がない）」社会環境を体験できる、というデジタル理想郷論が唱えられていた。しかし実際には、公的な場では使用が禁じられているような人種差別的な言葉やイメージが蔓延している。また、利用者が選択できるアヴァターの大半は、白人的な顔、体、特徴から構成されている。そのため、黒人、ヒスパニック系、アジア系など「有色人種」と分類される人々は、しばしば自分の身体を反映するアヴァターを使用できず、白人（男性）の身体を選択せざるを得ない。これまで「現実《リアルな》」社会やほかのメディアにおいて、人間の標準とみなされてきた白人（男性）の身体が、ヴァーチャル世界においても規範的な身体として再構築されている（Nakamura 2011）。

　要するに、サイバースペースでは、ジェンダーの境界が曖昧になるというよりも、身体化されたアイデンティティに基づいて行為や表現がなされる傾向が強い。利用者は、身体が不在のときでさえ、「女」「男」「白人」「黒人」「アジア系」というようなジェンダーや人種のカテゴリーを常に頭のなかで参照して自己や他者を分類しがちなのだ。さらに今日では、情報技術の発達により、ＣＭＣはテキスト形式からヴィジュアル・イメージを多く含むものへと移行している。利用者の「現実《リアルな》」世界における身体の可視化がいっそう進み、サイバー世界で生成された身体もより強調されていく。そうであれば、ハラウェイの議論に反して、女たちが「サイボーグ」になるのはますます困難になる。サイバー技術・空間が女性を抑圧から解放する、という可能性を実現するためには、二一世紀のサイバーフェミニズムは新たな理論的戦略を立てていく必要があるだろう。

注

1 翻訳版については、一九九一年刊の『サイボーグ・フェミニズム』が前者（小谷真理訳）を、二〇〇〇年刊の『猿と女とサイボーグ――自然の再発明』が後者（高橋さきの訳）を所収している。

2 たとえば *The Gendered Cyborg* (2000), *Virtual Gender* (2001), *Reload: Rethinking Women + Cyberculture* (2002)。

3 日本語の「サイバーフェミニズム」という語を Google で検索してみても、約六〇〇程度しか検索結果がみられない。また、国立情報学研究所論文情報ナビゲータ（CiNii）での論文検索では全くみられない（二〇一四年三月三日検索）。つまり、「サイバーフェミニズム」という語と親和性の高いサイバースペースにおいてもあまり使われていない状況である。英語圏では、「cyborg feminism」という語よりも「cyberfeminism」という語が広く使われているが、日本においては巽孝之が書名に用いた「サイボーグ・フェミニズム」の語がより普及している。

4 International Telecommunication Union(ITU) の統計によれば、二〇一二年のインターネットの個人普及率は、たとえば最も高い普及率を持つアイスランドが九六％。そのほかに日本が七九％、アメリカ合衆国が八一％など。http://www.itu.int/ITU-D/ict/statistics/index.html（二〇一四年三月三日アクセス）。

5 代表作『ニューロマンサー』（一九八四）で知られるＳＦ作家であり、サイバーパンクの中心人物であるウィリアム・ギブソンの造語。

6 ベルリンでフェミニストのアーティストや活動家が結成した組織。

7 http://www.obn.org（二〇一四年三月三日アクセス）。

8 ＩＴＵの統計「Female Internet Users」による。http://www.itu.int/ITU-D/ict/statistics/at_glance/f_inet.html（二

〇一四年三月三日アクセス)。

9 以前、ローラ・マルヴィはよく知られた論文「視覚的快楽と物語映画」(一九七五)において、カメラの眼差しは男性的であるが見られる対象となる映像は女性的であること、男性は意味を生み出す主体であるが女性は意味を付与される客体となることを指摘した。

10 後者は、リュス・イリガライの『ひとつではない女の性』に着想を得たという。

11 Queer, Lesbian, Bisexual, and Transgender の略語。

12 日本においては、情報検索を通して、あるいは複数のウェブサイトにおいて、「ジェンダー」ということばや「ジェンダーフリー」を促進する活動への攻撃が行われていた(舘、小山 二〇〇八)。

参考文献

Bell, David and Barbara M. Kennedy (2007) *The Cybercultures Reader*, New York: Routledge.

Buikema, Rosemarie and Iris van der Tuin (2009) *Doing Gender in Media, Art and Culture*, London; New York: Routledge.

Butler, Judith (1990) *Gender Trouble: Feminism and the Subversion of Identity*, New York: Routledge.(＝竹村和子訳(1999)『ジェンダー・トラブル:フェミニズムとアイデンティティの攪乱』青土社)

Daniels, Jesse (2009) "Rethinking Cyberfeminism(s): Race, Gender and Embodiment," *Women's Studies Quarterly*. 37, no. 1/2.

Doorn, N. V., & Zoonen, L. V. (2008) *Theorizing Gender and the Internet: Past, Present, and Future*. In A. Chadwick & P. N. Howard (Eds.), *The Routledge Handbook of Internet Politics*. London: Routledge.

江原由美子・山田昌弘(2008)『ジェンダーの社会学入門』岩波書店

Flanagan, Mary and Austin Booth (2002) *Reload: Rethinking Women + Cyberculture*, Cambridge, Mass.: MIT Press.

Fernandez, Maria, Faith Wilding, and Michelle M. Wright, (2003) *Domain Errors! Cyberfeminist Practices*. Brooklyn, N.Y.: Autonomedia

Garfinkel, Harold (1967) *Studies in Ethnomethodology*, Englewood Cliffs, N.J.,: *Prentice-Hall*.(＝山田富秋訳(1987)『エスノメソドロジー――社会学的思考の解体』せりか書房)

Goffman, Erving (1956) *The Presentation of Self in Everyday Life*, Edinburgh,: University of Edinburgh, Social Sciences Research Centre.(石黒毅訳(1974)『行為と演技――日常生活における自己呈示』誠信書房)

Green, Eileen and Alison Adam (2001) *Virtual Gender: Technology,*

Consumption, and Identity, London; New York: Routledge.

Hall, Kira (1996) Cyberfeminism. In S. C. Herring (Ed.), *Computer-mediated Communication*, Philadelphia: J. Benjamins（＝松村路代訳（2006）「サイバーフェミニズム」『情報倫理学研究資料集 II』京都大学文学部「情報倫理の構築」プロジェクト http://www.fine.bun.kyoto-u.ac.jp/tr2/matsumura.html（二〇一四年三月三日アクセス））.

Haraway, Donna Jeanne (1985) "A Manifesto for Cyborgs: Science, Technology, and Socialist Feminism in the 1980's," *Socialist Review* 80:65-108.

——(1991) *Simians, Cyborgs, and Women: The Reinvention of Nature*, New York: Routledge.（＝高橋さきの訳（2000）『猿と女とサイボーグ——自然の再発明』青土社）

Herring, Susan. C. (1999) The Rhetorical Dynamics of Gender Harassment On-Line, *The Information Society: An International Journal*, 15(3), 151-167

——(2003) Gender and Power in Online Communication. In J. Holmes & M. Meyerhoff (Ed.), *The Handbook of Language and Gender* (pp. xv, 759 p.). Malden, MA: Blackwell.

Kirkup, Gill (2000) *The Gendered Cyborg: A Reader*, London; New York: Routledge in association with the Open University.

Magnet, Shoshana (2007) "Feminist Sexualities, Race and the Internet: An Investigation of Suicidegirls.Com," *New Media & Society* 9:577-602.

Mulvey, Laura (1989) *Visual and Other Pleasures*, Houndmills, Basingstoke, Hampshire: Macmillan.

Nakamura, Lisa, (2011) "Race and Identity in Digital Media." In James Curran (Ed), *Mass Media and Society*, 5th edition.

O'brien, Jodi (1999) "Writing in the Body: Gender (Re) production in Online Interaction,"*Communities in Cyberspace*. In M. A. Smith and P. Kollock(Eds.). London; New York, Routledge.

Plant, Sadie (1997) *Zeroes + Ones: Digital Women + the New Technoculture*, New York: Doubleday.

Sofoulis, Zoe (2002) "Cyberquake: Haraway's Manifesto," D. Tofts, A. Jonson, and A. Cavallaro(Eds.), *Prefiguring Cyberculture: An Intellectual History*, Sydney Cambridge, Mass.: Power Publications ; MIT Press.

舘かおる・小山直子（2008）「ウェブ世界の「ジェンダー」」舘かおる編『テクノ／バイオ・ポリティクス——科学・医療・技術のいま』作品社

巽孝之・小谷真理編（2001）『サイボーグ・フェミニズム増補版』水声社

Wajcman, Judy (2004) *Technofeminism*, Cambridge; Malden, MA: Polity.

レ／イ／デ／ィ／オ

海賊ラジオのメディア・エコロジー

マシュー・フラー　毛利嘉孝訳

電子の時代の公共空間は、移動する空間だ。

（ヴィト・アコンチ）[1]

「スタジオ内の参加者すべての電流がエネルギーとして伝わるのと同時に、子どもたちの家のつぶやきが電話線や携帯電話の電磁波を通じて電気パルスとなって送られてくる。このような海賊ラジオの放送を聴きながら、私は放送局と自宅のハードコアな〈オタク〉たちの間で切り交わされるフィードバックの輪が永遠に高揚感を加速させているのを感じていた。統合されたサブカルチャーは、目的なき情熱を生成するように作られた巨大なメカニズムのようだった」[2]。

現在ロンドンで放送中の海賊ラジオの形式の発展は[3]、このような情熱が増殖し、その結果、この情熱を発信し、フィードバックする経路が多岐化している点に見ることができる。ある意味では、冒頭の段落は本章の展望をあらかじめ集約したものだ。ここで試みるのは、この過程がどのように起こり、それが他の形式のメディア文化が学ぶことができる実験的な結合の領域を供給しているのかを議論することである。この議論を通じて、この巨大なメカニズムを解体し、その構成物によって事態を検証したい。

一覧表と迂回

ウォルト・ホイットマンの議論を通じてマイナー文学を記述しながら、ジル・ドゥルーズは、どのようにしてホイットマンや他の大勢の作家に代表される「アメリカの著述」が、多くの異種混淆物の貧しい結合に基づいているのかということを論じている。[4] このような著述家たちが筆を進める際に、「通常のセリーから解放された特異性、注目すべき非―全体化可能な諸部分」の「終わりなきパッチワーク」が動員されている。ホイットマンにおいて、このような断片を融合する方法の一つは、単純な一覧表を作ることである。多数性の美学の編成の重要な様式としての一覧表は、有名な異端の芸術家、アドルフ・ヴェルフリの神秘的な都市の描写の中に見いだすことができる。また、それはミシェル・フーコーの「考古学」の装備と機能の目録や、ヘンリー・ミラーの荒唐無稽な話に登場する「水で酔う」生活の表明に対する騒然とした連鎖や、小説家であるマーク・レイナーの言葉の屑のディテールにディテールを重ねた「ゴミの崇高さ」にも見いだすことができる。[5] 一覧表の形式の「インデックス」は、SF作家のJ・G・バラードも採用している。[6] たとえば、バラードは、ディテールを集積することを通じて、潜在的で抑圧されたテキストを浮かび上がらせたのだ。思索的な記述という形式としての一覧表（実験室を開放するために調査や実験を要求する項目と供給のリスト）は、対象を構造の中に配列しているけれども、いまだ知られざる結合の可能性の物の体系の空間を示すのである

意味付与作用の微細な要素が、群衆や配列、集合に集積されることによって、文化の粒子が互いに反響し、その含意するところが別の粒子の群れに飛び出していくことを可能にする。ホイットマンが「ブルックリン・フェリーの横断」[7]で表現しているのは、時代を越え、広がり、反響し続けている共生感覚《コンヴィヴィアリテ》と相互反復の壮大な都市の亀裂である。だが、そこには、こうした要素自身が螺旋状に広がりつつ新たな星座を形成する可能性を含んでいるのではないかという感覚が存在している。「かつて過密都市を通り過ぎた時」[8]の中では、作者は目的を持った詩人という役割を捨て去り、「将来の使用のために、私の脳にその風景や建築物、習慣や伝統を刻み込み」、消滅し、愛に溺れることによって、記憶や向上心といったものを消去するために旅をすることになる。異種混淆の断片の融合物としての都市は、他の次元へと開かれている無数のマジック・ドアや隠しきれないスイッチ・システムを含んでいる。一つのものとその一つのものに含まれる多数のものとの間のやりとりがあり、それは現在のものであれ、過去のものであれ、次元の関係性に内側と外側の両方に織り込まれている。並列的な一覧表にある各要素は内在的宇宙のマトリクスに開かれている。

一覧表の各要素は、横にあるもの、隣接するもの、異なるものの内在性との関係の中で従属的に組み合わせられている。この従属性は、潜在的なものである。つまり、それが現実化するためには、想像のための力が必要とされるのだ。

　このような記述の豊かさは、この特定の形式に固有のものとして見られるわけではない。デジタル環境における一覧表、たとえば、アプリケーションのメニューや、HTMLにおけるさまざまな形式の一覧表、フロントエンド・データベースにおいて複数選択肢が設定されたラジオボタンの一覧表は、容易にデジタル富財の表示となりうるが、その一方で〈カスタマイズ可能な〉ポータルのフォーマット済みの多元主義へのわかりやすい入口を供給している。[9]「一は、常に複数のインデックスである」[10]という場では、先行するのは、ブランドやポータル、あるいはアイデンティティとしての一なるものであると仮定できる。たとえば、インターネット・ポータルという形式は、そのサイトを通じてアクセスできるコンテンツではなく、「デジタル環境」[11]を提供している。この「デジタル環境」においては、コンテンツは管理、監視される。つまり、それは、「ここにはたくさんのものがあり、それはすべて同じであり、同じように重要だ」という主張がなされるようなヘゲモニー的な「多数性」なのだ。ドゥルーズが描く多数性の美学とは、そうではなく、「方向転換、分裂、跳躍、延長、成長、挿入を伴った、狂気じみた文章」[12]によって特徴づけられる。このような感覚器を巻き込むことは、フォーマットに制限し、押し込めることの構築的な不可能性を経験することである。情報を送信するのと同時に、それを埋め合わせる関連する要素を受信することで、メディアの相互関係の重要性を増大させる一覧表の利用のための構成的な動力が供給される。メディアシステムを構成する多様な構成物を一つ一つ単に挙げることによって、思索的な作業が始まるのである。（これとあれの連鎖、複数のそして…）という並列は、従属的な潜在性（巣に入れられ、網にかけられ、悶え苦しんでいる概念と物）を含み込んでいる。それは、潜在的な統語を空間に挿入するのである。では、それはどのようにして結合することが可能なのだろうか？　異種混淆性とは、諸要素の非結合性に対して圧倒的な許容性を持つが、それが横断的で、想像力豊かで、技術的＝審美的《テクニコ＝エステティコ》で、コミュニケーション的な新しいダイナミクスを開花させるためには、異種混淆性がいくつかの統語によって結合された存在であり、記述やパフォーマティヴな行為であると明白に証拠付けることが必要である。

さて、これが一覧表である。海賊ラジオとは次のものからなる。送信機、マイクロ波のリンク、アンテナ、トランスミッション、スタジオ、レコード、レコード会社、録音スタジオ、ダブプレート、ターンテーブル、ミキサー、アンプ、ヘッドフォン、マイク、携帯電話、SMS、声、受信機、受信する空間、DJが作ったテープ、ドラッグ、クラブ、パーティ、フライヤー、ステッカー、ポスター。

人はラジオとは何か一応〈理解〉している。このような一覧表は要点、つまりはひとかたまりの名詞群を示しているだけだ。メディア・エコロジーという観点からは、これはより広範な物の体系の中に位置づける必要があるだろう。前段落の一覧表はきわめて平面的なものだ。それは、一連の構成物を配置したものであり、それぞれの構成物もまたよく知られている。このような一覧表は、わずかばかりの理解、ビートの間のブレイクを提供するにすぎないが、しかしその単純な配列のおかげで、その断片は、あるパターンや連携関係や類縁関係を示し始めるのだ。『エナジー・フラッシュ』におけるレイノルズの海賊ラジオの説明は、どのようにして〈非政治的で〉熱狂的な統一感が、その界隈の参加者の中から生成するかに焦点があてられている。同時に、さまざまな要素すべてが、音の中で、都市を横切り、受信可能なすべてのメディアを通じて混成すると、そこに信号を横断する多声性が、構成という決定的な観点から、接続的な断絶とでも呼ぶべき一層広い感覚と反響するような感覚が生まれる。多数性は二つの過程から作られる。特定の構成的要素のインスタンス化とそれを横断する関係性の形成である。メディア・エコロジーは、粉々になった破片の結合によって統合される。この〈統一〉は、不均衡、つまり、メディアにおける存在の非対称的な関係性が絶えず運動しているという事実によって存在するのだ。それぞれの構成的断片、一覧表にある各項目は、ホイットマンの過密都市の恋人の予期せぬ発見のように、対象や全体性として名前がつけることができるような一定の文法的な構図の影響の下にある一方で、別の並べ替え可能な領域の中へ入る可能性を示している。このようにして、各断片は、変化するパッチワークが接続する交錯点を形成するのである。

トランスミッター・マイクロ波リンク・空中伝送・スタジオの場

高層住宅のタワーブロックは、〈管理＝制御《コントロール》〉[13]からは、垂直に伸びたスラムとして批判されている。〈管理＝制御〉は、むしろ建築的次元を、『コロネーションストリート』や『イーストエンダー』、『クライムウォッチ』〔[訳注]いずれもイギリスの人気テレビ番組）といったカメラで撮影しやすいような都市風景の表象に適応しやすい形式へと変えていくだろう。けれども、このタワーブロックは、孵卵器《インキュベータ》である。タワーの森が深くなればなるほど、より多くのアンテナが立てられ、「輝く都市」が増加すればするほど、都市は荒廃するが、その分電波が拡散される。

　海賊放送において最も大変な仕事は、放送局側の維持である。資金不足の中から機材を新調し、スタジオや編集や放送のための新しい場所を見いだすこと。機材が故障によって摩耗し、財政的に困窮するというのが、放送局が閉局に追い込まれるひとつの道である。英国の独立系ローカルラジオ局の運営を統治する法的なガイドラインによれば、使用する機材の技術基準を専門とする機関が存在する。一九八〇年代中期に海賊放送の詳細な調査を行ったヒンドとモスコによれば、こうした事柄は実質的に障害として機能していた。[14]このような規範の要請を満たしていない場合に、海賊放送は全く逆の方向へと向かって行った。つまり次のようなことが問題になったのだ。どのくらい安価な機材レベルで放送ができるのだろうか？　故障した時にできるだけ早く交換するためにはどの程度機材を使い捨てにできるだろうか？

　また、放送局を運営するにあたって多くの実践的・概念的作業が生じるのもこの領域である。これは、実用の文化、独学専門家が関わる過程に積極的に参加することによって得られる暗黙知である。そこには、キャッシュフローや放送作業の高揚と単調さ、法の網の目を逃れるために、なんとか受信できる程度の信号の微弱な設定、その過程を通じて自らを創造し、再感知する技術的―審美学的現象学が存在する。どのようにして海賊ラジオの活動のこのような部分を、それらを通じて炸裂する音とそれらが生み出し関わっている熱を帯びた都市のネットワークの両方の関係の中で考えることができるのだろうか？　海賊たちは、感覚的で技術的、経済的で社会的、そして驚くほど実践的な幅広い領域の技術を同時に用いるのである。

　特定の金属や合金の流通や特性を研究し、加工する移動鍛冶師の作業過程を想起するドゥルーズとガタリにとっては、「機械状系統流とは、自然であり、または、人工であり、そして人工的であると同時に自然的である物質性であり、特異性と表現特徴をになうものとして、運動し流れ変化する物質である」[15]（強調は原文）。分類学者の系統流は、植物界や動物界、そしてその他の界の間の境界を引き、そうすることで、外見の相似性によって変化のゆっくりとした連鎖を追跡するために存在している。この語は、動物学へといいたる内面的性質が解放されていく過程にある。系統流は、分岐群のような他の参照体系に置き換えられ、追加される。ここでいう他の参照系とは、単なる分析眼に与えられたものではなく、進化の次元や分析を行うことができる遺伝データベースのような創発的な道具や言説によって生産される分析的な道具である。

「機械状系統流」という用語のドゥルーズとガタリの用法は、このような特定の参照系からの解放と反響し、その概念を領域横断性の可能性へと開くことを可能にする。〈エコロジー〉や、後に現れる〈自己複製装置〉といった語と同様に、この語はカテゴリーを飛び越える。ここでいう系統史の概念化とは、「時間を越えた多くの個人の継承と変容」[16]である。マニュエル・デ・ランダは、機械状系統流の簡潔なイメージを伝えるために、「宇宙の中の自己組織化の過程全体の装置……こうしたものの中には、それまで切断されていた要素の一群が、突然より高いレベルの実体を形成するように〈協働〉しはじめるような臨界点に達するすべての過程が含まれている」[17]と描写している。

『千のプラトー』の中で理論化されている冶金術師は、このような自己組織化以降の意識が同時に文化的で社会的に存在として認識される決定的な最初の契機を提供している。金属が原石からより純粋な形へと、固形物から溶融状態へと変化する際の、物質のフローとその決定的な地点は、こちらとあちら、ある固定した状態と別の状態の間の回路や配列に、その後の流れが合流する地点との関係によって錯綜し、反響する。フローは、たとえば商業的な領域、つまり、商人と試掘者、職人の役割を特徴的な行動のカテゴリーへと区分し、一定の知覚と行動の様式へと結びつける労働分業と接続する。必ずしもノマド的というわけではないが、定住型になることもできずに、冶金術師は移動職人となる。その知識によって境界的なカテゴリーに押し込められながら、彼らは注意深く、それぞれの層と関わり、縫目や閾と作業するのである。

冶金術師は、物質性と強い関係を持っている。この物質性は、素材のちょっとした歪みや傷に対して、それがどのように機能するようになっているのか、トポロジー的な観点からはどのような領域で作動しているのか、そしてそれが何と繋がり、何を隠蔽しているのかという点から注意を払いながら、冶金術師が取り組んでいる物質の状況の変化を感じる身体感覚器である。経験的科学や暗黙知は、加熱と冷却による急激な温度変化による金属の構造や合成における不純物や変化を利用して形成された（木材や炭、鉱石や水に対する協同的な使用が必要とされた）。このマイナー科学は、『千のプラトー』の中で、質量―形相モデルの伝統的な対抗物であり、それによってしばしば埋没させられた存在として描かれている。[18] この質量―形相モデルという図式は、古代ギリシャの最初の体系的な流派から西洋思想を支配してきた。それと対照的にノマドロジーを基盤にしながら、ドゥルーズとガタリは、物質それ自体の形態形成的な能力に主張の力点を置いてきた。それは、一連の力や能力、性向が、何か別のことを生起させ、自己組織化の状態へと移動させるべく、網の目状に重なり合う契機である。

　質量―形相モデル論は、「形相が、質量の外部として存在し、不活性で死んでいると考えられる物質に対する命令のように外部から押し付けるような生成のモデル」である。[19] 対照的に、機械状系統流という概念装置は、実践や表現の特質、その効果の構成物とのより深い関係性に思考を挿入することを可能にする。シモンドンの説明によれば、質量―形相モデルの対抗物は、個体化の過程である。そこでは物質性が、それを取り巻く形態形成的なアフォーダンスとの関係において自らの編成能力を作り出す。質量―形相モデルを認識することは、技術とメディアの説明が世界の単なる記号論的な読解から、それに積極的に関与しその一部になることを可能にする。

「電気は常に存在してきた。それは今世紀の現象じゃないわ。電気は常に雷や稲妻の中に存在してきた……木や川や金属や他の物質の代わりに、私たちはこれまで弦を鳴らして音楽を作ってきた……そして今は電気を使っているの」[20] とビョークは言っている。このことで、ビョークは、海賊ラジオの、より広範なメディア・エコロジーの最も豊かな流れの一つに入り込んでいる。しかし、決定的なのは、彼女の直感的な洞察が、次のような尺度で見ることによってエレクトロニック・ミュージックのアナログとデジタルとの区分を消し去っていることである。その根底のレベルでは、電子の放出と電子に対する過度な負荷のためのさまざまな手段が用いられている。情報ビットの表象であれ、シーケンサーのインターフェイスのスライドバーであれ、レコード針に対してアナログ盤の溝が引っ掻く音であれ、ファズボックスを踏みつける音であれ、回路とハード機器の直接的な構成の中であれ、それが生じる際には、まさにエジソンやテスラの時代に経験されたような半ば神霊的な力が心に呼び起こされているのだ。電気が明るみに出すのは冶金術師と音楽との間に隠された要素、「物質に特有の生命であって……おそらくいたるところに存在しているにしても、普通は［質量―形相モデルによって］隠されるか覆われるかして認めがたいものになっている物質的生命性」[21]である。電気は生気論者の痒いところを引っ掻くのだが、まさにそれは質量の作用自体に関わるからである。

しかし、その一方でキットラーも指摘しているように「電気は電子ではない」[22]。海賊ラジオの現在の形式を全体として作り出しているメディアシステムは、基本的に電気的あるいは電磁的（テクニクスT１２００のターンテーブルやトランスミッターコイル等々）とデジタル情報と電子の様式（GSM電話――電磁波とのインターフェイスを必然的に持つ雑種的な場合もある――コンピュータを基本としたサンプラーやシンセサイザー等々）の両方を含んでいる。電気的であり電子的でもあるサウンドテクノロジーは、機械状系統流の二重化された意識を可能にする。そこでは、単独性とフローのあるレベルでの操作が、音の波形という別の異なったレベルで現れることによってはじめて理解可能なものとなる。動物学の世代ということに関して言えば、有機的系統流が知覚可能なのは、系統流を共有された身体構造の変容可能な領域として私たちがみなすという特殊な意味においてである。機械状系統流のこの領域は、音の中で作用し、音を通じて表現されるのだ。自己組織化への入口は、一群の構成物が別の何かになってはじめて交錯する。この音は、そのまわりで動員された技術的・社会的集合体の独立したレベルに存在するだけではない。それはまたそれらを分節化し、それらに感覚的で、リズミックで物理的な力を与えるのだ。つまり、メディア・エコロジーにおいて融合し、再結合する多面的な社会的、言語学的、アルゴリズム的、技術的、そしてさまざまな他の動力の相互作用は、必ずしも〈理解〉されたり、個人や集団によって所有されたりするものではない。けれども、それが働く時、つまりレイノルズが語ったようにお互いに感情を高め合い、その組み合わせが別の状態にまで突入した時には、はっきりとしたセンセーションが存在する。

ドゥルーズとガタリは、ノマドと定住性の間で商いをしていた渡りの冶金術師の歴史的に特殊な例は、必然的に規制を侵害する傾向を持っていたとしている。このような立場は、単純に支配管理から逃れることを意味しているのではなく、管理支配を実践的に変容させる過程も意味している。このようにして、その結合過程にある系統流は、フローの中で捉えられるもの以上の存在になるのだ。海賊ラジオの機械状系統流は、単にそれを構成するテクノロジー領域だけではなく、社会的、法制度的、行政的、政治的、そして経済的編成の全体が錯綜する領域を横断している。ティム・ウエストウッドが指摘しているように――彼のテキスト全文が、合法的放送局が完全にアンダーグラウンド音楽に解放されるのではないかという楽観主義の中に誤って位置づけられているのは不幸なことだが――使用中の送信機を押収することを可能にした一九八四年の通信法以前に、一日二四時間の海賊放送を可能にした重要なイノベーションは、電波法（一九四九年）の一節に関する法廷弁護士の解釈である。それは「この国で作られたあらゆる装置は、案件が法廷に行き命令が下されるまでは押収されることはない」というものだ。[23]

この意味でラジオの機械状系統流とは、人口密度の高いところにフロー、つまり統流の拡大した形式を創造することである。この拡大した形式は、それが辿る領域を複数化するのと同時に、法や国家、そして国家に用いられた捕捉のテクノロジーといった質量―形相モデルの枠組みの中に入り込み潜在化しようという試みの中で同時に生産されるものである。フーコー[24]と生きられた経験が私たちに思い出させるのは、案件と考えられている物に完全に包摂しようという法の力は、決して現実化するものではない、ということである。構成物の中の要素は、この遭遇によって鍛造され、条件づけられるが、包摂されることはない。このような編成、このような運用を解読し、そしてその中に抜け道を発見することはすべて、質量―形相モデルの枠組み自体が、フローの構成物のための質量となる方法を構成している。[25]

電磁周波数帯のラジオの領域は、そもそも最初から規制されている。一九世紀の終わりに、英国政府は、「電波を国家独占とし、郵便局にそれを委託し、海軍本部に監視をさせる」こととした。[26]国家の管理と免許の手順に直接的に入らなかった周波数帯は、裸眼の可視域だけだった。ロンドンとロンドン以外の英国のラジオ放送のために、ラジオ庁によって規則が作られ、貿易産業省（以下、ＤＴＩ）の第四部によって実行された。ラジオのメディア・エコロジーは、基本的に、一九四九年の電波法に加え、この組織による放送法一七項によって定義されている。これは、あらゆる設備、乗物、船、飛行機、無線放送装置、[27]無線放送装置に「直接または間接的に接続している」[28]録音物、録音機材、再生機材、そしてその他の機材に及ぶものである。これはＤＴＩに強制捜査された際に最初に押収されそうなものの一覧である。けれども、一九九〇年の放送法の第一七〇項は、[29]技術的設備を維持し、放送のための素材を供給し、放送局をさまざまな方法で支援し、取引をすることに関わる派生領域のネットワークについても犯罪責任が及ぶ可能性を拡大した。

ここで、スチュアート・ホールの「コード化／脱コード化」論文[30]との関連性を議論することができる。そこでホールは、クロード・シャノンやワレン・ウィーバーなどのさまざまな学術領域の影響を受けながら、メディア・コミュニケーションのモデルの展開を主張している。[31]この図式では、コミュニケーションの過程は、ソース、送信機、チャンネル、受信機、方向、という五つの直線的な要素へと分解される。ホールの説明によれば、「メディア」要素である真ん中の三つの語は、一つの簡単な語「メッセージ」によって置き代えられてきた。「意味」が形成され、条件付けられる固有のあり方が、ホールの研究対象である。ある意味で、テキストは広い意味でのアルチュセールの「支配の構造」の議論に沿ったものである。この「支配の構造」においては、この三角形の回路のさまざまな実践が、言説生産の優勢な形式によって結合、形成される。同時に、この論考は左派機能主義の崩壊の重要なポイントであり、情報理論に関わった文化研究の正典として認識される有効な横断の結節点でもある。ここで、この説明を、この図式から外れてしまう対象に支配的な形式が円滑に同形のまま反映されることの失敗として読むことができる。どのようにメディアが分節化されるのか、そしてどのように意味が「形式の移動」を通じてどのように生産されるのか、というメカニズムを描く際に、ここでホールは、質量―形相理論に沿っているのだが、同時に、コミュニケーションの回路とそこで中継される「意味」との間の区分の中で、その内部のそれぞれの段階にそれ自体固有の存在の様態と条件があるために、それぞれの段階が、形式の移動の失敗や中断を構成する可能性があることを指摘している。そして、この形式の継続性に効果的な生産のフロー（すなわち再生産）は依存しているのだ。[32]

ホールの説明によれば、コミュニケーション的過程の社会関係全体として形成された〈全体性〉内部の細分化された契機は、制度、技術的知識の総体、言語体系の特徴的な編成が、その言説や生産の基準にしたがって、メッセージを分節化し、さらにはメッセージを伝えなければならない地点である。ここにおいて、早くはないかもしれないが（彼はテレビに特化して語っているにもかかわらず）、それぞれのメッセージは、「選好」されていない意味、「その中に実体化された社会秩序全体」を持たない意味によって潜在的に位置付けられざるをえない。そして、「コノテイティヴなコードはそれぞれ平等ではないので」、受容と交渉、そして潜在的な「抵抗」の地点が達成される。よく知られているように、この出発点が能動的なプロジェクトとしての文化研究と、受容者の様式に捉われたおとなしく痛ましい、消費の研究者とを分岐し始める地点である。

この説明は、きわめて有益である（というのも、それは、潜在的に生産的で、技術的で、言説的な行動を区分し、その重層的局面を分析することを可能にし、影響のメカニズムのさまざまなレイヤーを通じて細分化する様子を追跡する方法を供給するからだ）が、それでも、形式と内容の厳格な区分を維持している。形式の介入を強調する一方で、このモデルは、潜在的なメディアの実践の完全な説明を与えていないのである。もししばらくの間、この内容モデルの形式に従うとすれば、ラジオを管理する規制、規制を強制する行為体、形式としての技術的装置と職業的手続き、内容としてラジオの実際の実践を形作るものを描き出すことは可能ではある。けれども、自らの中身を自らの中で反響させたり、規範的なゼリー状の型をあふれさせたりするような能力を内容それ自体が持っていることを描くことは、この場合不可能だし、概念化できない。そうすることができるのは、宣言においてである。そして、ある意味でホールが〈言説における闘争〉を強調する時に焦点を当てたかったことはこのことなのだ。[33]けれどもこのような実践は、形式—内容モデルによってフィルターをかけられてしまう。そこでは読みやコード化が強調され、このような説明は、無意識の行動や生成の表現によっては不満足なものになってしまうのである。解釈の強調は、ある意味文学的、テキスト的実践の残余の固定化である。それはホールがそこから形成しようとした運動性を抑圧する。[34]ここにおいて、内容—形式モデルは、それが描き出そうと試みたものから、力なく離れて浮き上がってしまうのに対して、メディアの各要素が存在論的な能力を持つのと同時に特定の文脈で構成的に形成されているメディア・エコロジーという概念の方が有効となるのだ。

規制を行う行為体が自らの権力を自分の裁量をフルに生かして、そしてしばしばそれを越えて行使することを当然のこととして考慮するとしても、このような状況を順に論じることによって、形式と内容としてコード化されたものよりも複雑な相互作用を適切に記述できるわけではない。ここが、メディアの巧妙な物質性の関与が最大限発揮されるところである。海賊ラジオは、メディアにある形式を押し付け、根本的に異質なものを合成しようという試みの中に、自らの基盤となるようなメディアの成長を生み出す能力を示している。つまり、試みられた質量─形相理論それ自体が〈内容〉になるのだ――ここで、共進化、機械状系統流を育む軍拡競争が存在している。もっとも現代的な海賊ラジオの特定の要素が例を供給している。

ひとたびＤＴＩが、スタジオ機材を押収する権限を法的にも実際的にも獲得すると、送信の場所とその音源であるスタジオとを分離することが避けられなくなる。このことは物理的にはスタジオをバリケードで封鎖し、その二つの場所を有線で接続することによってなされる。しかし、現在最も一般的なやり方は、二つの場所を簡単な無線接続でつなぎ、適切な範囲で視覚的つながりが維持されるような場所を作ることである。

進歩する技術、法制化とその対象、スタジオや送信場所の一時的領有が、相互に絡み合い、次第に激化すると、ラジオの機械状系統流の構造の中にそれ自身の変容する領域が生み出される。より多くのことが、より多くの困難と犠牲を伴ってなされなければいけないのだが、その結果は、それまで法制化される対象となっていたものを越えるものとなるのである。今では、法制化が導入される以前に比べて、送信部とこのように結びつけられたスタジオを特定し、押収をかけることは難しくなっている（ＤＴＩは、まず放送機器の場所を取り囲んだ上で、放送信号を消さないようにしつつ、無線電波のリンクの場から作業をしなければならない）。

ドゥルーズとガタリが「機械状系統流」という概念を導入したことにより、抗争の中の、つまり、テクノロジーやメディアの歴史的な時間の中の革新や構築の過程に注目する概念的な源泉として運動性を捉えることが可能になる。このようなメディアの組み合わせは、それが構成物になるにつれて、どのような「動く形態」、どのようなダイナミクスを形にするのだろうか。このような過程、現実化しつつある事柄、そして潜在的であり続けているもののどの部分が、テクノロジーのこのような結合のユーザーと組立工が、突然変異が起こるための多数性を追跡し、伝達し、接合し、供給するやり方なのだろうか。

ホールの研究の焦点は、意味付与化／コード化と解読／脱コード化の過程で他の要因に与える影響であり、支配のメカニズムに対する文化研究特有の関心を明らかにすることである。ノマドロジーにおいて取り扱おうとしたのは、そして、より重要なことだが、ここから引き出された実践は、それとは対照的に組織的な生産のダイナミクスに一層関心を払うことである。その生産とは、自らが作り出したものを活用しながら冶金術師が生産した物を越えるものだ。ここで言おうとしているのは、機械状系統流が、たとえばメディアの実践において、金属的、電気的、電子的なもののいずれかでなければならないということではない。「ゴーストドッグ」は、彼の師匠と接触を維持するために伝書鳩を使うという時代錯誤ともいえる道具によって不可視になる。[35] 国家のスキャニング装置の網の目の下、ジャングルの中で気がつかれないように移動しているサパティスタは、電磁波メディアを直接的に使用しているわけではないが、すべてのネットワークに自在に登場する。[36] このような例では、形式や内容になることを逃れ、コード化を免れることは、単に消えることではなく、より物質的なもの、失われた中間的な領域である、受信機、チャンネル、送信機にはっきりと焦点を当てることである。この別の領域である、機械状系統流によって、メディアのダイナミクスが複合して、その構成物やコード化された軌道の総計以上の行為や性質、始まりを生成するあり方を感じる機会を得ることができるのである。

レコード、レコードショップ、スタジオ、ダブプレート、ターンテーブル、ミキサー、アンプ、ヘッドフォン

高揚時には、メディア・エコロジーの精神感性の拡大は、それ自体、潜在性や結合的な形態発生を生成する機械となる。逆にしばしば起こることだが、低調な時には、マーケティング戦略のシナジーとやらの一付属品にしかすぎないものになってしまう。

ターンテーブルとその関連装置であるヘッドとエンドレステープは、独立したコンピュータだ。それは音の素材を解読し、音を再生することができる。けれども通常の使用法では、読むことはできても蓄積はできない。ヒップホップは、レコード盤を逆回転させ、もともと定められていた速度と周波数の支配を誤用することで、この機能不備に戦争を宣言した。ヒップホップは、コンピュータの第三のカテゴリーを起動したのである。情報を読み、蓄積する一方で、ユニバーサルマシンは、それ自体で機能し、計算できなければならない。ターンテーブルのあらゆる音の可能性の位相空間は、速度と周波数の相互作用の中におかれたレコード盤テーブルによって決定される。ターンテーブル主義は、リズムとノイズという二つの流れの間の連結を形成しながら、メロディとハーモニー、声の支配の外部で変容

を行うための空間を解放する。チューリングマシンのエンドレステープは、有限のコイルに割り当てられ、曲と曲を飛び越えることを可能にする。フィードバックは、再プログラムするため、つまりはコンピュテーションによってパフォーマンスを変化させるように「過去のパフォーマンスによって未来の行動を適応させることができる財産」である。[37]ターンテーブルは、コンピュータとして使われるためにDJを発明したのである。

DJの機材の詳細な使用方法については十分語られてきた。これは、この特定のメディア集合物の中の空白のゾーン、耳と手の部分的な対象物の山によって占められているが、正式名称として最も閉じ込められやすい要素で、ここではあまり関係のない議論である。ここでは、こうした構成物がさまざまなやり方で一緒くたにされていると言うにとどめておこう。

マイクロフォン

粉川哲夫[38]はしばしばブレヒト[39]やエンツェンスベルガー[40]が示し、ラジオエンジニアなら誰でも知っているものの技術的事例を実演している。すべてのラジオ受信機は、ちょっと改造しただけで、送信機に変えることができるのだ。ラジオ波は、電気信号を柱やアンテナに送ることによって作られる。信号はアンテナにある金属原子の電子のエネルギーレベルを変化させ、その結果ラジオ波を放出させる。それが柱に届く前に、送信されるべきサウンド波がラジオ波に変調され、重ね合わされた結果、音を〈運ぶ〉のだ。受信機の方では、ラジオ波は受信機と接続されたアンテナにぶつかり――というか、あらゆるものにぶつかるのだが――金属原子の中に弱い電気搬送信号を作り出す。受信機は、要求された放送局の搬送信号を選択し、搬送信号から音声信号を抽出し、音を出すためにそれをアンプやスピーカーに送る。スピーカーとマイクとの間のあべこべの相互関係は、受信機の鏡の世界としての送信機という存在として継続される。

この過程を考えると、マイクが接続しているもの――つまり、声や喉、肺やコード、そして言語――が、どのようにその逆の過程であるスピーカーを経由して再注入され、ある種の音楽の文脈の中で機能しているのか、その多様なあり方に耳を傾けるのは有効だろう。どのように声を作りだしているのだろうか。MCは、耳よりも神経系に直接働きかける空気やピッチ、リズムを聴いている。MCは、リリックの断片を絶えず作りながら、ノートや余り紙に書き付けている。けれども、これらは決して完全に文字起こしされることはないメッセージだ。このような紙に書き出されたものは、声の生成のための重要な指示書である。

どのようにして声を作り出すのだろうか？［ここで、アーロン・ウィリアムソンのパフォーマンスを例として考えてみよう］今、腰の回りに結びつけられた数メートルのロープによってフロアの鉄の輪のセットに繋がれている。厚いコートを着ているが、素足に短パンという格好だ。肩にロープが二重巻きされ、背中には小さな葉のついたままの木の枝が括りつけられている。足下のコンクリートの床の上にはサラダ油が撒かれており、その横には、オイルの入ったロースト用のフライパンがある。それはオイルの水たまりが薄くなっている際には、足を入れたり出したりするためだ。口は、コンタクトマイクがつけられた酸素マスクで覆われている、マイクは、会話認知ソフトが入ったコンピュータに繋がっている。[41] 声を出し、話すためには、走らなければならない。走ることは滑ることを意味する、この走ること／滑ることは、「非言語の声化」を意味し、[42] それはマイクによって拾われ、ソフトウエアによってその話が解読される。[43] 解釈の筆記録は、スクリーン上に現れる。身体の中に振動を作り出すことによって生まれる言語の転置は、身体という限界から抜け出て別の身体であるコンピュータの内部に横断することを可能にする。

フリードリッヒ・キットラーは、『言説のネットワーク1800/1900』の前半部分で、どのようにドイツロマン派が、「魂の言語」を、「おぉ」や「あぁ」の連鎖として、つまり、霊の移動用の高速道路を作り出すために喉を開け、口を大きく開けることとして賞賛してきたのかということを論じている。『グラモフォン・フィルム・タイプライター』の中で、キットラーはさらに、「一定の周波数帯を模倣し、濾過することで、〈当時の自動人形《オートマタ》の発明者たち〉[44] は、喉や口の膜に基づいた一連のモデルの中でそのような音を形成することができた」と続けている。[45] 振動の周波数と速度の一連のパラメーターの操作が、その結果魂を破棄し、[46]「現実的なものが象徴的なものの場を占める」[47] のである。

私たちが「あっ」とか「えっ」、「いっ」とか「おぅ」、「よお」と単に母音だけを発生するような条件とはどのようなものだろうか。その一覧表は簡単に始め、続けることができる。それは、言語的意味作用を考えることなく弁を開く瞬間である。

先の段落で描いたように、『モノを聞く』という作品の中で、アーロン・ウィリアムソンは、おそらく別の彼の詩の反響を再演している。その詩は、「言葉をもたない」けれども「貧しい語彙で／屹立した壁の／まわりを歩く」[48]四歳の「孤独な男の子」の姿を通じて構築されている。「孤独な男の子」は、「彼の回りの／人々」はあまり認知しなかったが「習慣と付託の／終わりのない迷路の中の／目に見えない裂目や／混乱によって／生じた緊張／設備が届くと／判例や法令で／いっぱいになる／ファイル用のキャビネット」[49]は認識することができた。発話と受信は法となり、権力の気泡に沿って凝固するもう一つのノードを統合的に追加する。送信者と受信者の正しい位置を採用せよという命令は、医者の言説上のメディア・テクノロジーの中で例示される。言語が薬になるのである。飲み干しなさい。そして少年の姿は？　「どちらにしても彼はあそこに／いつも／角に座っている／こちらでもあちらでもなく／けれどもぎょっとして飛び上がる／自分の不定形性に」[50]。『モノを聞く』の中の不定形性とは、うまく規律訓練されていない喉の不定形さである。それは、会話認識ソフトウエアのインデックスと配列――聞くための規則――の緩みに見られる不定形性として回帰する。

………（中略）………

ヒップホップは、奇妙な声、メランコリックで、モノトーンで、芝居がかった表現を用いる。それは、電話や拡声器のような抑制を通じて声を供給し、他のメディアの声（しばしば、それはニュースや説明用の録音用のような明らかに非ヒップホップ的な声や、マルコムXや少林寺の演説等々、ヒップホップとして利用された声である）をサンプリングする。それは、声帯に憑依する友人、[51]銃の声、[52]本音トーク、[53]広告、[54]擬似的なセックスで発せられる声など多くの関係性にあふれている。けれども、それは（声でビートパーカッションを作り出す）ビートボックスにおいてでさえも実在の場所をもたない。そして、さまざまな理由のために、このために声が人工合成的になってしまっているのだ。これには理由があるのだろうか？　声をより大胆に使うことによって「リアル」を維持しているのだろうか？

聴覚的に人工合成的なものが、このリアルさを作り出しているという認識が、多くの出会いや逸脱、ミックスの一撃を通じて、ロンドンの海賊たちが放送している今日の多くの音楽の流れを形成している。ドラムン・ベースやジャングルもまた、こうした状況が見いだされる例であり、テクノやエレクトロ、そしてそれに関連してジャンルが喪失している音楽はすべて同様だ。[55]マントロニックやクラフトワークの声を作り出し、発声をしたのはヴォコーダーである。これは、ポピュラー音楽における最初の明確な人工合成声のための製品である。[56]インデックス性と合成の間の潜在的な分裂を複雑化しながら、ヴォコーダーは、政府の軍事ヒエラルキーのトップ間二人のどちらが話しているかを確認するために発明され、最初に使用された。チャーチルとルーズベルトは、その後、一九四三年以降ワシントンのホワイトハウスや当時の陸軍省とロンドンのウエストミンスターの部屋サイズのセットの間のコミュニケーション・テクノロジーとして改良版を使用した。なぜなら、声が信頼を得るのは身元が特定できる個人から発せられたからなので、それは完全に認識不可能なものでなければならなかった——さながら宇宙人の声のように。

ひとたび声が捕捉されるようになると、より正確には、波形として記録できるようになると、その波形の図形化する二つの軸に沿ってそれを操作することが可能になった。時間変調と周波数変調が操作可能になり、声を変容できるようになったのである。これはデジタル録音における声の条件であるが、声が力を増すためにヴァーチャルになったのはこれが初めてではない。「3D録音」——声の多重録音——が、初期のモノラルのロックンロールのレコードにおいて、ボーカルトラックを強調し、はっきりとさせるために用いられていた。このヴァーチャル性は、しかしながら、理想的な声のみを参照したものであって、新しい声の生産を求めて声の「存在感」をはっきりとさせようとしたものでは決してなかったし、今でもそうではない。

ダブ——（ジャマイカの）キングストンのスタジオと結合したスタジオの相互浸透可能な空間——は、録音にヴァルター・ベンヤミンが映画カメラの導入として論じた光学的無意識に相当するものを持ち込んだ。「クローズ・アップによって空間が、スローモーションによって運動が引き延ばされる。拡大撮影というのは……まったく新しい構造組成を目に見るようにすることである。同様にスローモーションは、たんに運動の既知の諸要素を目に見えるようにするだけでなく、この既知の要素のなかに、まったく未知の要素を発見する」。[57]

音響的無意識にとって、運動の速度は、直接身体の中で進行する。ジョン・ウーは、（『ハードボイルド新・男たちの挽歌』のような映画を特徴づけていたが、今では特撮の一般的なレパートリーの一つになってしまった彼のトレードマークの技術によって）弾丸をゆっくりと見せることで、銃身から身体までの弾道の優雅さと脅威を通じて、その出来事のセンセーションを高めようとした。ダブは、ベース（低音）をきわめてよく理解した上で、あるトラックでは、ベースライン自体がその中に折りたたまれているような感覚を作り出し、スピーカーに深い周波数を与え、その振動板がゼロになるまでスローダウンしているのを聞いているような感覚に囚われさせたり、力強く振動させ、そこにそれ自身の消失や生存のコピーを含んでいるようにも感じさせたりする。同じことは音楽のユーザーにも起こりうる。ダブや、ＢＰＭがその何倍にもなるジャングルのような音楽は、非常に広い意味での医療現場の手術の状況の中でユーザーが学び移動するための日常的な訓練を供給する。音響的無意識は、進行の複数のレイヤーによって集合的に生産され、制御され、強化される物質性である。それは、受信側には、可鍛性を与え、能力を付加する。これは、根本的に合成的な音楽である。そうした音楽は、どのような速度、どのような周波数の振動数のスペクトラムもその全体が、その創造的な力に従わせることができることを明らかにする。

　ひとたびデジタル化されると、あらゆる波形は単に時間と周波数の調整の方向性に合わせられるだけではなく、同時にアルゴリズム的に操作可能になる。それゆえ、声は音の独立したカテゴリーではなくなるのだ。それは、「空気の単なる動き」[58]として自らを構成することができる。つまり——ソフトウエアやハードウエアがもたらす道具やフィルター、能力の認識論的機能にもかかわらず——それは、少なくとも、身体と深く結びついている声よりも潜在的な身体のはるかに広範な位相空間への道筋を獲得しているのである。サンプリングされた声は、インデックス的な記号というよりも、リズムを持ったミックスの一部になるのだ。

巻き戻し——ブジュが自分の喉を歪める《クィアにする》

　もしドラムン・ベースやジャングル、テクノ、その他のデジタル化された声が、重力圏からの脱出速度に達し、怪物的な存在にまでなるとしたら、そこには——特に、ラガにおいて——さらに検討すべきヴォーカル[59]の変異の領域が存在する。ダンスホールのＤＪは、海賊ラジオで聴くことができる声の中でも最も力強いスタイルを発明してきた。そして、それは今でもロンドンのラジオだけで聴くことができるし、もともと海賊ラジオに関わっていたＤＪたちによって用いられている。

　声は、人を殺すことができる。あるいは声は破壊することができる。声は、引き裂かれてはいるが弾力性のある身体から爆発するように加工することができる。カタストロフから生まれた、最も強力で活性化された声がヒップホップの中で聴くことができるのは、おそらく、初期のバスト・ライム[60]などのものすごく速いテンポ（ストンピング）のトラックである。そこでは、喉と声が、マーヴェル・コミック社の漫画に見られるようなハイパーマッチョなものになってしまっている。ダンスホールにおいて、最も突然変異したもので危険なまでにハイパーマスキュリンな声は、ブジュ・バントンの声である。食道は、喉頭の音量／速度の波形に、その典型的な切迫した特徴を与えるために低く抑えられている。ハードコア（ナパーム・デス、デヴィエイティッド・インスティンクト、ラーム、セプティック・デス）の喉を切り裂くような、ゆがめられた叫びは、耳の穴のまわりの振動する肉の部位を包み込むように、メロディを与えられ、歌となり、スローダウンしている。ファルセットボイスを持つレッド・ラットとブジュがかつてデュエットした曲[61]において、声が変容していく中で、どのように各部分が文字通り演奏されるのか、つまり、サウンドシステム、アンプ、エコーボックスのメディア・エコロジーの諸要素が、単にこの声のための場を用意するだけではなく、それが表面的には有機的であり続けながらも、部分的に声の中に包摂されていくのかを聴くことができる。引き裂くような喉から生まれた声を切り刻んで、狡猾に、しかし十分礼儀正しく、決して不愉快なやり方でなく甘いメロディへと変容させることによって、ダンスホールからソウルへ、トースティング（DJ）からウィスパリング（囁くような声）へと移行した女性のヴォーカリストたち[62]は、空気を振動させているのである。このような声の機械化は、その「ヴォーカル」という領域のみで起こるのではなく、その音をともに構成する他の音も含めて進められる。音楽は、異なった時間とあり方によって、その固有の統合的な性質を感じることによって、音の中にある声の変容を増幅させるのだ。これと比較すると、以前のガラージュに典型的に見られた、ヴォーカルがはっきりとした「成熟した」音の不自然なまでの甘さは、とても古くさく聴こえるし、全く記憶に残らない。声にとって、電子的になること――これはデジタルになることではない――は、すでに自らが機械《マシニング》になることを意識させるのである。

………（中略）…………

　これらのメディアのダイナミクスの集合体の地点において、MCは何をするのだろうか。マイクに向かってしゃべる。叫ぶ。電話をかける。文章を読み上げる。スタジオにいるＤＪやその他の連中を盛り上げる。そして、またマイクに向かってしゃべる。曲目の紹介はほとんどしない。例外は、初公開のダブプレートか、ずっとリクエストされていた曲を紹介するときだけだ。語彙は徹底的に抑制されている。命令、リクエスト、反応、主張、宣言、といったところだ。しばしば、声は、熱狂的にメールのヘッダーを読んだり、場所から場所への移動や文章にいたるまでのプロトコルを読んだり、テキスト化されたスタッフの名前を積荷目録のように読み上げたり、黒人のコックニーなまりの鼻にかかったしゃべり方でビートに乗せて、オペレーションシステムのＵＮＩＸコマンドだけからなる命令文を読んだりする。市場競売人のように、新鮮だよ、新鮮だよ、新鮮だよ、なんていうかけ声もある。単にハードコアであるということは滑稽なことで、いつ最後に聞いたのかも思い出せないようなとんちんかんで、幼稚なライムやジョークや冷たいスタジオの中で紅茶に向かって叫んだりする言葉、退屈してセクシーな女性に対する叫びの中に見いだすようなものだ。次に、ＭＣは聞き取ることができない。ＤＪに対して呟いたり、曲と曲の間を埋めたり、場を和ませたりするだけだ。

ＭＣの声は、曲の派生物の中と間にのみ存在している。カンフー映画から盗んできた痛ましく目前に控えた死の恐怖と告知のようなものだ。女性を演じる電子の肺の山から絞り出された母音。既存のどんな消火器にも追跡できないようなすばやい一撃。店頭で入手可能な山のようなサンプル音源からのクリップ。小さなゼンマイ仕掛けのあひるのように繰り出されるフレーズ。まるで人が一生かかっても聴きとれないほどの回数の同じ楽曲が再生されているかのように、そして、それが実際にできる――死ぬまでかけ続けるという単純な事実を楽しむだけのために、こうしたインチキくさい、馬鹿げた一節が作られ再生される。ただそれが聴かれるという理由だけのために。

退屈さ、つまり多くのＭＣのろくでもないほどの予想可能な性質というものは、これが表面的には異なった二つの言語の機能を混同している結果である。この二つは、ＭＣの長所を強化しているものでもある。それは、海賊放送局のスイッチ・システムとしてのＭＣの役割と、ハイプの誘発者としての彼または彼女の機能である。リクエストを読み上げ、叫ぶという単純な仕事を考えてみよう。ディレイや録音、転送といった単純なデータ管理の仕事に関わることで、それは情報のエコロジーとなっている。テキストや電話は、放送のために正しい時間にきちんと受信される必要がある。その叫びは、予定されているフリースタイルのライムに合うだろうか？　DJは、この曲の間に何をしているのだろうか？　次に何をミックスしようと考えているのだろうか？　ビートはここから変化するのだろうか？　この曲の盛り上がりはどこだろうか？　おしゃべりをかぶせてもいいのだろうか？　これは挑発だろうか？

ある意味では、MCの声は、コール&レスポンスの小世界に単純に生きている。けれども、この操作の厳しい様式を認識することで初めて、表面的には制限をされている領域から突然とMCが跳躍するのを聴くことができる。仕事中に彼らの携帯や母親の携帯を通じてMCが呼び出す対話者や、電話には出られないけど留置所などで聴いていることを知っている人々が、群れをなしたり、大集団になったり、小集団になったり、いなくなったりするということは、彼らが十分な視聴者を獲得しているということだけを意味しているのではない。もちろん獲得はしているのだが、重要なのは「情報とコミュニケーションの繁栄」[63]が、情熱や冗談、ライムやその他の要素によって可能になったということなのだ。憔悴、反復、不安、誇張、幸福。つまり、MCは秘書のような役目を果たすとともに、言語のカタストロフによってこの単純な情報提供者という役割を破壊するのである。ラジオから吐き出される語句、宣言、嘆願、命令は、発話の行為であり、一時的な専制によってメディア・エコロジーの異なった要素の間の関係を作り上げる行為である。それは、この暴力の創発、MCの位置自体を大きく乗り越えた結果なのだ。この声の速度、熱気、流動性、そして技術の中ですべてが宣言となるのだ。

電話、SMS

電話と、電話の最近の機能の多様さについて語るために、過去の多様な特徴を取り上げることは意味があるだろう。あるひとつのエピソードが、経済的、社会的規範がアフォードする構築的な力学と媒介者、そして組織を通じて、ブレヒトやエンツェンスベルガー[64]、ブライアン・ウィンストンがメディアの「ラディカルな潜在性」[65]の抑圧や交信と認識したものへと引き戻す。一八七七年後半に、フォノグラフが「発明」された。文字通り「音の引き出し」であるこの装置は、ロウ紙またはスズ箔を振動させる針が取り付けられた振動板からできていた。エジソンと彼の協力者の機械工、ジョン・クルージ、そしてデモンストレーションを見せられた『サイエンティフィック・アメリカン』の編集者の頭に浮かんだのは、電話によって送られたメッセージを録音できないかということだった。エジソンとクルージがやったことは、振動するメディウム（たとえば、らっぱ型補聴器）で音を捕捉することと、その振動を別のメディアに送ることによって音それ自体を視覚的に再現することという、二つの既に確立した技術を組み合わせることだった。このようなメディアには、糊で固めた馬の髪、カーボン紙に触れている振動するフォーク、煙の残留物に覆われた一枚のガラス、そして最も有名なロウ管が含まれていた。

録音装置としてのフォノグラフのエジソンの発展と平行して、チャールズ・クロス――彼の仕事は、後にエミール・ベルリナーによって完全に実現されるのだが――は、グラモフォンと呼ばれるようになる機械を製作する。これは、あらかじめ録音されていたものを大量生産する音の技術であり、それを再生する技術だった。当初電話のメッセージの録音機として認識されたエジソンの装置は、あまりにもちゃちゃちだったので市場を獲得することはできなかった。彼の会社は結果的に、スピーチをさまざまな形で録音する機械としてその目的を再設定しようとした。書物の音読。言語の教育素材。公的議事録の録音機材。そして最終的には、速記の代替品にしようとしたが失敗した。それに比べて、グラモフォンは、あらかじめ録音された音楽のリビドー的な動力へと発展した。[66] このように電話と音楽の技術は歴史を通じて密接に関連している――電話の相手を待っている時にアンサリング・マシンが奏でる音楽がすべてというわけではない。むしろ、それらは相互に、そして別々にメディア・エコロジーのひとつの次元、ここで検討されている決定的な部分を特徴づけているのである。ひとつの技術の発展の結果は、しばしば全く別々の技術の間の相互的な領域を作り出し、様々な形で一緒に発展させることを可能にし、その結果その結合的な構成をいくつかその発話の規模や動機や様態によって形成し、領土的一貫性を獲得することがある――そして、それは逆におそらく、メディア的、社会的、政治的、経済的、情熱的、あるいは美的な配置の登場によって、構造上の大変化に従うのである。

………（中略）………

本章の冒頭のところで、私は、海賊ラジオのメディア・エコロジーの要素のリストを並列的に取り上げた。ここで言いたかったのは、そのどの要素も、そしてどの要素の組み合わせも、無限の可能性のレイヤーへの道筋を供給しうるということだった。ここで、こうしたレイヤーに接近することができる手段としてのテクノロジーの特定の物質的特性をしっかり考慮しなければならない。もし私たちがこのリストの要素を全体の中の一つの尺度で判断しようとすると、その対象物——（本書が次章以降で議論しようとしている）感覚的効果——は、ばらばらになってしまうかもしれない。ホイットマンの詩が愛の中に保持していたように、こうした要素は、私たちが自分自身を失ってしまうような合理性の新しい世界へのドアを供給する一方で、それぞれの構成要素は、より小型で、分子的で、物資的であるのと同時に、よりずっしりとなるような機会を供給しているのかもしれない。重要なのは、細部である。おそらく、メディア・テクノロジーをめぐる議論はどれも、しばしば「直接的な」説明の習慣に合わせ、それを用いることを必要としている。インターネットの構築と発展に対する重要な参考資料を提供している「リクエスト・フォー・コメンツ（RTF）」（訳者注：特にプロトコルやフォーマットを扱う技術仕様の保存、公開形式）は、ここでパラダイム的な例である。[67] それは、読者に対して極めて明快であり、十二分に説明的であり、しかも書き換え可能なものだ。このような説明はいつも策略的なものである。それはたいがい、事実と部分から抽出された明快さから、あらゆる反論をあらかじめ排していると主張する。しかし、策略的なものは機能するのだ。携帯電話の詳細の発展のある特定の段階を以下簡単に説明することで期待しているのは、きちんとその声を活用することだが、同時にそれがどのように統合されたのかを明らかにすることである。

………（中略）………

海賊ラジオ局において電話の使い方は、声、テキスト、そして呼び出しである。ここで興味深いのは、最後の二つである。呼び出しは、受信者や送信者にとって無料で使え、非常に早く比較的多くのフィードバックの信号を得ることができる過程の電話アーキテクチャーの利用として発展した。MCが、楽曲をかけるために、リクエストをするために、聴取者に電話をかけるように呼びかける。呼び出し音の数を設定して（たいがいは一回である）すぐに切るように呼びかけるのである。その時の答えはイエスである。電話の数が当初想定したところにまで達すると、その曲はもう一度かけられる。メッセージはたいしたことはない。人々は単にその楽曲を聴きたいけれども、スタジオにいるわけではない。聴取は集団的に行われ、ある種の楽曲には流行《ハイプ》があり、フィードバックの仕組みがあり、その流行が増幅される。家庭の利用法では、呼び出しは、誰からも電話をかけてほしくなく、留守番電話サービスのボイスフィルタリングを使っていない人に連絡を取るために用いられる。「三回電話をならしてくれたら、あなただってわかるから」。それはパスワードとして機能しているのだ。この場合、呼び出し音は、ユーザーにアクセスを増やそうとしているわけではない。呼び出し音がアクセスなのだから。つまり、呼び出し音を送ることは、このメディアの次の段階への進化を目的とするのではなく、他のメディアを包摂するより広いプロセスの一部として再分節化することを目的としているのである。

これと比較してSMSは、すでにメディアの集積物の内部で機能している。アルファベット、数字、音声、言語。システムとしては、その流行は、メディアの文化的行為と経済的な活動の両方の存在の間の相互作用の結果でもある。メッセージ一通は、実際に普通の電話で話をするよりも安価である。[68]その登場は、経済的圧力の下でコミュニケーションのための回路を見いだすということによって条件づけられている。このように規制の中のコミュニケーションは、SMSの重要な「レッスン」の多くのレベルに存在している。

SMSは、無線通信、電報、電話を経由して復活した電報で使われていた圧縮した記述形式との間の歴史的な相互接続を結びつける。キーパッドの各キーの多様な使用法、各メッセージの一六〇字制限、そして電話の小さな画面で一度に見ることができるテキスト量の制限によって与えられた規制は、電信的な語法によって形づくられる。この電信的な語法では、圧縮が次のような形で行われる。次に来る文字が予想される（並列されている語やその文章が置かれている文脈による使用法によって決定されるような）語を意味する際には無駄な母音の省略が行われる。あるいは、同音同綴の語や部分的に同音の語を示すのに数字を用いる（たとえば8（エイト）をate（エイト＝食べた）として使う）。案内広告で用いられる圧縮したフレーズに似たような基本的文章を頭文字で表す。この区分や意味は、カテゴリー化よりもむしろ対話的な合意と利用を通じてはじめて生み出される。これらはすべて、混乱した新造語辞典とテキスト・プロトコルによって微細な形で作られるのだ。[69]言語は、アルファベット文字のセットを深い連想の塊へと再発明するのである。

この発明において、キーパッドの自由と制限の強固な組み合わせが、あるスケールにおいては、象徴的で、言語的で、対話的である多数性の別のインデックスに対する構成的なアクセスを供給する。電話は、またテレコミュニケーション・システムと仕事と生活の中の長期にわたる変化における特定の現在進行中の変容との接続も提供する。電話は、また別のスケールでは、同じ対象の中で結合する。場所のグローバル化するシステムの入口。市場。統治性。アイデンティティ化。許可。懲罰。運動の鈍化。これらは、関係性のいくつかの次元が電話の中に圧縮されたものである。このスケールでは、文章入力は、何百万もの接続と調節がなされるような微視的な機会を供給する。ここで――携帯電話がロンドンの海賊ラジオの文脈における使われ方において――ファイナンスの統合的巡回点のひとつとして再設置された瓦解した帝国の首都の非合法的の都市文化は、その細部（そこにはレアメタルであるタンタルも含まれる）[70]を詳細に分析すると、部品の原材料を供給する戦争の拡大と直接的に結びついている。海賊ラジオは非合法であるが、皮肉な名前を持つ、というか皮肉な機能を担っている「文化産業」の生産と再生産の基盤と今日ではなっている。この「文化産業」は、文化研究によって解釈されているストリートのイノベーションに多くを負っているのだ。このようなリンクを追ってみると、文化は、こうした名前によって示される潜在性やプロセス、つまり矛盾し、交錯する歴史のアフォーダンスから生まれることがわかる。文化は、それを作り出すメディアの応訴の特定の事象の内外から常にひねり出されるのである。

本稿の海賊ラジオの分析は、併置されたその構成物を追いかけることで行われてきた。それぞれの要素は、「多数性のインデックス」として説明された。多数性のそれぞれの要素は、あまりにもいろいろなものがあり、すべてを扱うことはできない。それらは、指針を与えられ、移動の通過点となる。次章からは、この多数性のインデックスは、異なった方法、異なった状況において分析されることになる。読者は、また別の接続をしていくことになるだろう。テキストの外側で行われていること、それを抑圧しているもの、何とかして私がより厚みを持った記述を行い、知覚できるようにしたいと考えているものは、作業として残されている。本書を読み続けるために、ラジオのスイッチを入れ、送信機を作ろう。

ロンドンの現在の海賊ラジオのばらばらの集団的主体性は、生産の多様なネットワーク、それが機能している多様な場所、そして多様なメディアの形式を通じて配列されている。それは、ある瞬間には合法であるが、次の瞬間には非合法であるような関係性を通じて機能している。集団的な財産であるかと思えば、私的な財産にもなり、また私的な知的所有権が侵犯される。けれども、それは、屈服を拒絶するシーンとダイナミックな意志によって究極的には支えられているのだ。それは、公共的なものであり、放送であり、そしてフィルタリングはあるが、ある一つの方向に送られることによって再び公共的なものとなるメディアシステムである。それはトポロジー的にも発明を行う。それは、経済や投資として表現される根本的な暴力のダイナミクスと同時に、そこから逃れようとする可能性にも組み込まれている。それは、技術的な基準の多面的な抗争、多様な歴史的条件によって形作られコード化された上で登場し、利用されているメディアの間の多面的な抗争の最中に発展する。海賊ラジオは、音楽生活の範囲によって機能し、変化する。それは、音楽が作り出し、音楽がその一部であるようなシーンによって生み出された音楽のスタイルやジャンルの発信源でもある。それは、力強いスタイル上のイノベーションが、手強いミクロな保守主義に交錯するかもしれないような流れの場でもある。メディア・エコロジーとしては、スタイルの変化にもかかわらず、海賊ラジオは一貫しており、新しいものをうまく付け加えたり、他のメディアシステムよりも一歩先に進んだ機械の使い方を行ったりしながら、継続している。さまざまな性格と動機をもった集団が一緒に運営しているのだが、彼らは自分たちの一定の役割を果たしたり、その役割を越えたりしながらも、いろいろな形で集団的に活動することができるという能力によって、お互いを理解している。また彼らは、リビドー性や言語、リズムや技術の流れを結びつけながら、出来事を維持するための苦労と費用を共に負担することができる人々なのだ。ほとんど付随的ではあるが、本質的でもある法律の侵犯から、独占に打撃を与えるまで食い込んでいくような能力まで、それは常に世間で思われている以上のものなのだ。しかし、最も本質的なことは、ロンドンやその他の場所の海賊ラジオは、ビートやリズム、そして生活の輝く爆発の中に忍び込むすばらしい能力によって形成され、自らを作り出して来たことにあるのだ。

Title : "The R, the A, the D, the I, the O" in *Media Ecologies: Materialist Energies in Art and Technoculture* (MIT Press, 2005) Chapter 1, pp. 13-54 Author: Matthew Fuller

注

1 Vito Acconci, "Public Space, Private Time," in W. J. T. Mitchell, ed., *Art and the Public Sphere*, University of Chicago Press, Chicago, 1990, pp. 158–176.

2 Simon Reynolds, *Energy Flash: A Journey through Rave Music and Dance Culture*, Picador, London, 1998, p. 234. 大衆的・実験的運動としてのハードコアの創造的力に関する中心的議論は重要だが、本書はいくつか詳細において問題点がある。その一例は、Praxisレコードに関する非常に不正確な記述である。この速くて、変則的で、手触り感のあるテクノに特化したレーベルをファシズム的で武装的なボーイカルチャーとして紹介している。この告発はアナロジーを用いた曖昧な主張を用いてなされている。Praxisu系の雑誌における この説明に対する反駁［Datacide（http://datacide.c8.com/)］以外にKodwo Eshun の *More Brilliant Than the Sun*（Quartet, London, 1999）におけるアンダーグラウンド・レジスタンスについての一連の議論は、〈非人間的な〉高速サウンドのより生産的な説明を供給している。

3 『メディア・エコロジー』末尾の以下の資料を参照。Appendix A in this volume, "Nonexhaustive List of Pirate Radio Stations Received in Central London in 2001–2002."

4 Gilles Deleuze, "Whitman," in *Essays Critical and Clinical*, trans. Daniel W. Smith and Michael A. Greco, Verso, London, 1998, p. 57.（＝邦訳ジル・ドゥルーズ「ホイットマン」『批評と臨床』守中高明、谷昌親訳、河出文庫、二〇一〇年、一一四頁）。また次も参照。Gilles Deleuze and Claire Parnet, "On the Superiority of Anglo-American Literature," in *Dialogues II*, trans. Hugh Tomlinson and Barbara Habberjam, Continuum, London, 2002.

5 I.e., Mark Leyner, *I Smell Esther Williams, Fiction Collective Two*, Boulder, 1983; My Cousin, My Gastroenterologist, Flamingo, London, 1990.

6 J. G. Ballard, "Notes Towards a Mental Breakdown," *Re/Search* No. 8/9, San Francisco, 1984, pp. 84–87.

7 Walt Whitman, *Selected Poems*, Penguin Popular Classics, London, 1996, pp. 128–135.

8 *Ibid.*, p. 165.

9 以下のAOLの分析を参照。"MY News" by Korinna Patelis, "E-mediation by America- Online," in Richard Rogers, ed., *Preferred Placement: Knowledge Politics on the Web*, Jan van

Eyck Academy Editions, Maastricht, 2000, pp. 49–64.

10 Gilles Deleuze, *Pure Immanence: A Life*, trans. Anne Boyman, Zone Books, New York, 2001, p. 30.

11 Patelis, “E-mediation by America-Online.”

12 Deleuze, *Pure Immanence*, p.58.

13 ここで〈管理＝制御〉とは次の三つを示すものとして理解される。サイバネィクスの制御能力（ノーバート・ウィーナー）。支配の動機を構成する権力への意志の一要素（Herrschaft）（ニーチェ）。そしてバロウズが、彼の「Ah Pook, and in Other Texts」などインターゾーン三部作で示そうとした管理のダイナミクスと代理人。

14 John Hind and Stephen Mosco, *Rebel Radio: The Full Story of British Pirate Radio*, Pluto Press, London, 1985.

15 ATP, p.409.（＝邦訳ドゥルーズ、ガタリ『千のプラトー――資本主義と分裂症』宇野邦一他訳、河出文庫、下巻、二〇一〇年、一三四頁）。

16 Lynn Margulis and Dorion Sagan, *What Is Life?*, Weidenfield and Nicholson, London, 1995, p. 185.

17 Manuel De Landa, *War in the Age of Intelligent Machines*, Swerve Editions, New York, 1991, p. 6.（＝邦訳マニュエル・デ・ランダ『機械たちの戦争』杉田敦訳、アスキー、一九九七年）。

18 物質性をめぐる複雑な議論において、「質量―形相モデル」という語は、アリストテレスの形而上学から取られている。この限界を越えて思考するというドゥルーズとガタリの試みは、たとえばジルベール・シモンドンの次のような著作に触発されたものである。*Du mode d’existence des objets techniques*, Editions Aubier-Montaigne, Paris, 1989. また以下の論考も参照。Gilbert Simondon, “The Genesis of the Individual,” in Jonathan Crary and Sanford Kwinter, eds., *Zone 6: Incorporations*, Zone, New York, 1992. 肉体性の理論に関連したこの用語について有益な議論はここで見られる。Adrian MacKenzie, *Trans- ductions: Bodies and Machines at Speed, Continuum*, London, 2002.「質―形相モデル」についての議論は以下も参照。John Protevi, *Political Physics: Deleuze, Derrida, and the Body Politic, Athlone*, London, 2001. 特に本論に関連した領域としては。Alistair Welchman, “On the Matter of Chaos” in Pli—*Warwick Journal of Philosophy, vol. 4, nos. 1*, 2, pp.137–158.

19 Manuel De Landa, “The Machinic Phylum,” in V2, ed., *Technomorphica, V2_ organisation for the unstable media*, Rotterdam, 1997, p.39.

20 Bjork, cited in Brian Belle Fortune, *All Crew Muss Big Up: Journeys through Jungle Drum and Bass Culture*, second edition, All Crew, London, 2000, p.35. ヒンドとモスコの『レベルラジ

オ』以降のロンドンの海賊ラジオの最近の状況の文献を探している人には、この本のラジオに関する章は有益である。

21 ***ATP***, p.411.（邦訳、下巻、一二八頁）。

22 Friedrich Kittler, ***Gramophone, Film, Typewriter***, trans. Geoffrey Winthrop-Young and Michael Wutz, Stanford University Press, Stanford, 1999.（＝邦訳、フリードリヒ・キットラー『グラモフォン・フィルム・タイプライター』石光泰夫、石光輝子訳、ちくま学芸文庫、二〇〇六年）。

23 Tim Westwood, foreword to Hind and Mosco, Rebel Radio.

24 建築の題材とした議論の中で扱われているこの領域のフーコーの議論は有益である "Space, Knowledge, and Power," in *Michel Foucault: The Essential Works, volume 3, Power*, ed. James D. Faubion, trans. Robert Hurley et al., Allen Lane, The Penguin Press, 2000, pp. 349-364. おそらく最小限度の制御を行うことで社会を支配することは困難になりつつあり、異種混淆的な組織形式のレイヤーを通じて機能させる必要性によって、統一的フレームワークは時代遅れになっている。たとえば、英国政府は、君主制的、封建的、ブルジョア的、自由民主主義的、経済合理主義的で、官僚的な形式と実践のレイヤーからなる。しかし、その一方で、このように異種の要素にハーモニーを奏でさせるという傾向は、はっきりと見ることができる。国際貿易の合意やインフラストラクチャーのような構成的編成、そして多民族化のパニックに対する警察力強化はその一例である。

25 「器官なき身体」と題された『千のプラトー』の章において、それは次のように生起している。「閉塞すること、閉塞されることも、なお一種の強度とは言えないか。それぞれの場合において、流通するもの、流通しないもの、流通させるもの、流通させないものを規定することだ」邦訳、上巻、三一三頁。

26 Armand Mattelart, ***The Invention of Communication***, trans. Susan Emanuel, University of Minnesota Press, Minneapolis, 1996, p.221.

27 Broadcasting Act 1990, Public General Acts and Measures of 1990, Part III, London: HMSO 1991, section 172, clause 4 (3) .

28 *Ibid*., clause 4 (3AB).

29 非合法の放送活動に関する規定（詳細は、原文注を参照。翻訳では省略）。

30 Stuart Hall, "Encoding/Decoding," in S. Hall et al., eds., ***Culture, Media, and Language***, Centre for Contemporary Cultural Studies and Hutchinson University Library, Birmingham, 1980, p. 128. 本論を発展した議論を含むホールの仕事の有益な研究として以下を参照。Chris Rojek, ***Stuart Hall***, Polity, Cambridge, 2003.

31 Claude Shannon and Warren Weaver, *The Mathematical Theory of Communication*, University of Illinois Press, 1963.(＝クロード・E・シャノン、ワレン ウィーバー『通信の数学的理論』植松友彦訳、ちくま学芸文庫、二〇〇九年)。

32 Hall, "Encoding/Decoding," p.129.

33 *Ibid*., p.138.

34 「コード化／脱コード化」モデルのこの特別な契機は、コリン・スパークの次の文脈が有益である。Colin Sparks in "Stuart Hall, Cultural Studies, and Marxism," in David Morley and Kuan-Hsing Chen, eds., *Stuart Hall: Critical Dialogues in Cultural Studies, Routledge*, London, 1996.

35 Jim Jarmusch, dir., Ghost Dog: The Way of the Samurai, 1999.(ジム・ジャームッシュ監督『ゴースト・ドッグ』一九九九年)。

36 Ricardo Dominguez, "The Ante-Chamber of Revolution: A Prelude to a Theory of Resistance and Maps," *CTheory*, http://www.ctheory.net/text_file.asp?pick=203.

37 Norbert Wiener, *The Human Use of Human Beings: Cybernetics and Society*, Free Association Books, London, 1989, p.33.（＝邦訳ノーバート・ウィーナー『人間機械論――人間の人間的な利用』第2版、鎮目恭夫、池原止戈夫訳、みすず書房、二〇〇七年)。

38 粉川哲夫のＨＰに基本的な情報が掲載されている（http://anarchy.k2. tku.ac.jp/.)。

39 ベルトルト・ブレヒトは、その短い著作「コミュニケーション装置としてのラジオ」を創造的な超過物、闘争の形式としてのメディア技術のユートピア的・唯物論的探求のための提案として位置づけている。Neil Strauss and David Mandl, eds., "Radiotext(e)," *Semiotext*(e) *no. 16*, New York, 1993. また以下の論考も本稿といくつかの論点を共有しているので参照。"An Example of Paedagogics (Notes to Der Flug der Lindberghs)," John Willett, ed., *Brecht on Theatre*, Methuen, London, 1978.

40 Hans Magnus Enzenberger, "Towards a Critique of Media," in *Raids and Reconstructions: Essays in Politics, Crime, and Culture*, trans. Michael Roloff et al., Pluto Press, London, 1976.

41 この一連のパフォーマンスで、アーロン・ウィリアムソンAaron Williamsonが使用したソフトエウアはドラゴンのNaturally Speakingである。http://www.lhsl.com/naturallyspeaking/

42 Aaron Williamson, *Hearing Things*, BookWorks, London, 2001, p. 41.

43 Aaron Williamson, *Hearing Things, performance, Beaconsfield*, London, Friday,March 2, 2001.

44 アヴィタル・ロネルは、アレクサンダー・グラハム・ベルの幼少期のエピソードを紹介している。それによれば、あのような会話装置の発明は、父親によって彼とその弟のためのプロジェクトとして与えられたらしい。父親がロンドンを訪問し、ファーバーの発話機械「ユーフォニア」を見てからのことだ。キットラーとロネルは共に、電話とその先駆者の物質的想像力における、生き生きとして実質的な情報を提供している。Avital Ronell, *The Telephone Book: Technology, Schizophrenia, Electric Speech*, University of Nebraska Press, 1989, p.315. 自動人形の歴史については次の著作が有益。いくつかの有名な自動人形の内部構造がここでは記述されている。Gaby Wood, *Living Dolls: A Magical History of the Quest for Mechanical Life*, Faber and Faber, London, 2002.

45 このシミュレーションの多くは現在リバースエンジニアリングの形式で起こっている。神経ネットワークが声を「聞き」、同じ音を生成する。機械的方法で発話を実際に再生する研究は現在なお進行中である。例えば澤田秀之の仕事を参照。http://www.eng.kagawa-u.ac.jp/~sawada/.

46 ヘルムホルツの会話シンセサイザーは、ハーレムのテイラー美術館で公開されているが、全く異なったアプローチをしている点で興味深い。身体の喉と口を再創造する代わりに、このシンセサイザーは音叉を用いている。音叉は、そこに取り付けられた、ピアノの鍵盤のようにもので動かされる電気磁石によって振動するように作られている。その結果、この機械は、一連の唸り声、後にヘルムホルツが「共振体」として理論化した音を生成することに成功した。Helmholtz, Herman J.F, *On the Sensations of Tone as a Physiological Basis for the Theory of Music*, trans. Alexander J. Ellis, Dover, New York, 1954.

47 Kittler, *Gramophone, Film, Typewriter*, p.24.

48 Aaron Williamson, "Solo Boy," in *A Holy Throat Symposium*, Creation Press, London, 1993, p.65.

49 *Ibid.*

50 *Ibid.*

51 彼の死んだパートナー、スコット・ラ・ロックとのKRS ONEのラップ "I knew his breath was one with my breath." *on Return of the Boom Bap*, Jive Records, 1993.

52 Nas, "I Gave You Power," on *It Was Written*, Columbia Records, 1996.

53 KRS ONE, "I Can't Wake Up," *on Return of the Boom Bap*, Jive Records, 1993.

54 El-P, "Stepfather Factory," on *Definitive Jux Presents 2*, DefJux, New York, 2002.

55 こうした流れについて先述のDatacide以外に以下のサイトを参照。Hyperdub, http://www.hyperdub.com/.

56 合成音声を用いたポピュラーソングの録音は、対照的に一九五〇年代後半から行われてきた。マックス・マシューズは「ミュージック」と呼ばれた一連のプログラムを作っている。これはピッチと時間、ヴォリュームを制御することで基本的な音声化を可能にしたものだった。以下を参照。Max Matthews, “Bicycle Built for Two,” on *Early Modulations, Vintage Volts, Caipirinha Music*, cat. no. CAI-2027. 音声合成との関係で教務深い分析として。Natalie Jeremijenko, “Dialogue with a Monologue: Voice Chips and the Products of Abstract Speech,” available at http://www.cat.nyu.edu/natalie/VoiceChips.pdf/.

57 Walter Benjamin, “The Work of Art in the Age of Its Technological Reproducibility,” *Selected Writings*, volume 3, 1935–1938, Harvard University Press, Cambridge, 2002, pp. 101–133.（＝邦訳ヴァルター・ベンヤミン「複製技術時代の芸術作品」『ベンヤミンコレクションI——近代の意味』浅井健二郎他訳、六一九頁）。

58 Alexander Graham Bell, cited in Avital Ronell, The Telephone Book, p.322.

59 念のために注釈。ジャマイカ発のダンスホール／ラガの文脈では、「ＤＪ」は英米ではＭＣまたはラッパーと呼ばれる人を意味する。ターンテーブルを回すのは「セレクター」である。

60 ジャ・ルールのラップの声と彼の普通に話す声やあるいは、五〇セントの弾丸ラップの緩い不明瞭な声の特別な称賛とを比較せよ。ルーツ・マヌーヴァは、おそらく自分の声を最もドロドロに、ズタズタに、陽気に、そしてどんよりと混ぜあわせたラッパーである。あれこれのスタイルから歌が生まれ、影響されたことに注意を払う必要がある。

61 Red Rat featuring Buju Banton, “Love Them Bad,” on Oh No, It’s Red Rat, Main Street Records, 1997.

62 例えば次の楽曲を参照。Sticky, featuring Ms Dynamite “Boo,” London Records, 2001, or several tracks by Mis-Teeq.

63 Jean-Jacques Lecercle, *The Violence of Language*, Routledge, 1990, p.51.

64 Hans Magnus Enzenberger, “Constituents of a Theory of Media,” trans. Stuart Hood, in *Raids and Reconstructions*.

65 Brian Winston, *Media, Technology, and Society: A History: From the Telegraph to the Internet*, Routledge, London, 1998.

66 *Media, Technology, and Society*, Winston, pp. 60–64. この中でウィンストンは、一九世紀後半の音声録音技術の発展にもかかわらず、実際の技術の応用について誰も具体的なアイデアがなかったことを紹介している。それを軌道に乗せるためには、音楽の蓄積と再生システムとしてのグラモフォンのような主体的で組織的な「発明」を必要としたのである。

ウィンストンの書物はこのような状況の記述が素晴らしい。おそらくもっと驚くべきなのは、アンティキラ島の物語である。この洗練された時計仕掛けの装置は、おそらく天測航法に用いられていたが、紀元前七六年頃海に沈んでしまい、一九〇一年にダイバーによって発見された。この発見物に対する最初のまとまった記事。Derek J. de Solla Price, "An Ancient Greek Computer," in *Scientific American*, June 1959, pp.60-67.

67 「リクエスト・フォー・コメンツ」はインターネット・エンジニアリング・タスクフォースによって維持されている。http://www.ietf.org/.

68 英国の四大メジャーネットワークにおいて一メッセージあたり一〇から一二セントが標準である。メッセージのコストは大部分、ネットワークの接続費であって回線使用料ではない。ダイアルアップ式ＳＭＳの価格をビットあたりで比較すると違いは明白である（二〇〇一年現在）。

69 数多くの小さなブックレットが存在し、レジやワンコインショップで販売されている。例えば、*LUVTLK! Ltle bk of luv txt*, Michael O'Mara Books, London, 2001.

70 以下を参照。Steven Fyffe, "Tantalum Carnage Continues in the Congo," *Electronic News*, http://www.e-insite.net/electronicnews/index.asp?layout=article& articleid=CA91083.

訳者解題

本章は、マシュー・フラーの『メディア・エコロジー：芸術とテクノカルチャーにおける唯物論的エネルギー』Matthew Fuller(2005), *Media Ecology: Materialist Energies in Art and Techno-culture*, MIT Press: Cambridge の第一章に収められたThe R, the A, the D, the I, the O: The Media Ecology of Pirate Radio の抄訳である。

マシュー・フラーは、現在ロンドン大学ゴールドスミスカレッジ文化研究センター教授。大学ではデジタルメディアやソーシャルメディア、クリエイティヴ産業を教えている。メディアの中心がコンピュータとインターネットへ移行した後登場した、新しいメディアの研究者として今最も期待される理論家である。

理論的には、ドゥルーズとガタリを中心とするフランス・ポストモダン思想を基本的な枠組みとして依拠しつつ、マクルーハン以降のキットラーやボルツなどメディア理論を批判的に発展させている。メディアアートをはじめとする現代美術やサブカルチャー、都市空間論までその議論の領域は幅広い。とりわけ、コンピュータプログラムやシステム、ネットワークの技術的動向に通じており、テクノロジーの次元をしっかりと踏まえた上でメディア批判理論を組み立てているところに最大の特徴がある。

訳者が最初にマシュー・フラーに会ったのは、一九九〇年代半ばである。おそらくロンドンのＩＣＡでネットカルチャーのシンポジウムで話をしているのを見たのが最初だと記憶している。当時フラーは、アカデミックな大学の研究者ではなく、『Underground』などフリーペーパーを発行するパンキッシュなメディア・アクティヴィストであり、後にモングレル（現YoHa）というアートユニットを結成するグラハム・ハーウッドや横小路松子たちと積極的にアートやメディアのプロジェクトを行っていた。当時のプロジェクトの代表的なものにI/O/Dというウェブ・ストーカー（ウェブ上のリンク関係を可視化する）プログラム開発などがある。オランダのヘアート・ロフィンクやドイツのピット・シュルツなどが中心だったネットタイムというメーリングリストをはじめ、インターネットを通じた新しい政治や文化の試みがさまざまな形でなされていた時期である。

二〇〇〇年代に入ってから、マシュー・フラーは本格的にアカデミズムに入り、理論家として国際的に評価されるようになる。とりわけ、彼が中心となって提唱している「ソフトウエア・スタディーズ」は、これまでのメディア研究のパラダイムを決定的に変えるものとして注目を集めた。

私たちの生活が情報やメディアに取り囲まれ、深く浸食されていることはさまざまな論者が論じているとおりである。情報やメディアが、私たちの政治や経済、文化に与えている影響は計り知れない。しかし、その情報インフラにあるソフトウエア、ＯＳやアプリケーション、アルゴリズムは、多くの場合に不可視であり、とりわけ人文学においては中立的なテクノロジーの領域として見なされていた。ソフトウエア・スタディーズは、こうしたソフトウエアの領域を文化的なものとみなし、そこに潜む不可視の政治や権力関係を明らかにしていこうというものである。

本論考は、ラジオという比較的古いメディアを論じたものだが、やはりソフトウエア・スタディーズの文脈で理解することができる。特にメディア研究の文脈で重要なのは、この論文が方法論として、スチュアート・ホールの「コード化／脱コード化」に代表されるような形式／内容の二元論を拒絶していることだろう。海賊ラジオは、単にメッセージをラジオ局から視聴者に伝える「メディア」ではない。それは、国家や法、テクノロジーや別のメディア（電話やＳＭＳ）、ＤＪやミュージシャン、リスナーや都市空間がいろいろな形で交錯する政治的文化的アリーナである。こうした見方に立てば、海賊ラジオが、最近のデジタルメディアのネットワークの構造を含み込んでいたことが見えてくるだろう。

恐れ（スペクトルは語る）

ブライアン・マッスミ　伊藤守 訳

精神、言語、四肢の束の間の一時的な麻痺、人の存在の心の奥底に及ぶ深遠な動揺、私たちが、脅し／萎縮(intimidation)と呼ぶ自己剥奪……ある社会から別の社会へと移るあらゆる過渡期に生じるのは、社会の発生的状態(a nascent social state)である。

――ガブリエル・タルド[訳注1]

未来はより良い明日になるだろう。

――G・W・ブッシュ（の言葉と考えられている）

警報システム

二〇〇二年三月、ブッシュ政権の新しい国土安全保障局は、華やかさで満ちた色別基準のテロ警報システムを導入した。緑は「低い」、青は「やや低い」、黄色は「高い」、オレンジは「かなり高い」、赤は「深刻」。アメリカは、それ以来ずっと黄色（高い）とオレンジ（かなり高い）の間を揺れている。人々の生活はどうみても永続的に不安なまま、スペクトルの最高度の赤い区域にとどまってしまい、平穏の青－緑は過去のものになった。「安全」は、スペクトルのひとつの色に値しさえしない。安全は、知覚のスペクトルから抜け落ちてしまったようだ。危険であることが新しい常態である、とそのスペクトルは語っている。[1]

警報システムは人々の漠然とした不安を測定するために導入された。9・11の直後、人々の恐怖心は、今にも起こりそうな再攻撃についての、大袈裟だが腹立たしほど曖昧な政府の警報に対する反応として、政府の力では制しきれない程に揺れ動いた。警報システムは、この恐れをモジュレート（調節）するために編み出された。色を上げ、それから緊張し過ぎる前に、あるいはもっと悪い事に、慣れが反応を鈍らせる前に色を下げる。タイミングがすべてだ。恐怖疲れよりも恐怖が少ないこと自体が、人々の関心事の論点になった。すべての国民の情動の調節(affective modulation)が今やますます時間に対して過敏な政府の、公式かつ主要な機能となったのである。

知覚的な刺激への自己‐防衛的な反射‐反応が（そのシステムは全国民を訓練するために設計された）、個々人の神経システムに中央政府の活動を直接接続する。ネットワーク化された神経過敏症となり、すべての住民をひとかたまりの量として登録する分散化された神経ネットワークとなった全国民は、色のレベルの間の急激な変化を伴ったリズムのなか、全域的な当惑の状態に移行する。彼らを分割する地理的で社会的な差異を超えて、国民はこうした状況に情動的に調律されている。この一団として登録された国民の変化は、相互の社会的な模倣のように、またそれぞれ皆に対して提案されたモデルの模倣のように、人々が似たように行動し始めることを必ずしも意味しない。「模倣は形式を変え、調律は情態(feeling)[訳注2]を変える」[2]。情態に対する同じ調節に接続されることで、身体は必然的に同じような行動をするというのではなく、一致して反応するようになる。彼らの反応はたくさんの形式を取れたし、実際に取った。彼らが共有したのは中枢神経だった。このようにして、神経ネットワークは何と身体によって体細胞的に変化させられた身体に移し変えられた。

そこには、確認するためのものや模倣するためのものは何もない。脅威の位置も性質も出所に関しても曖昧なまま、イデオロギー的にも、観念的にも、どんな形も表わさない警報は、まったく価値のないわずかな内容を提示したのである。警報は意味作用なき信号なのだ。警報がはっきりと提供するのは、「活性化曲線」なのだ。つまり、時間の経過にそった感覚の強度の変動である。[3] 警報は、主体の認識には向けられておらず、むしろ身体の刺激感応性(irritability)へと向けられている。知覚的な刺激は、確実な内容を伝えたり形式を再生産したりするより、直接の身体の感応性(responsiveness)を活性化することに使用されている。

それぞれの身体の反応は、すでに‐獲得された反応のパターンによって主として決定されているようだ。色別警報は、反応に向けた（身体の）諸傾向の次元に置かれた身体に向けられている。警報システムは、どんな直接的な方法においても、主体的な位置取りの装置ではない。それは、身体に‐照準された傾向を誘因するメカニズムなのだ。身体は、政府による知覚的な刺激の放出では直接コントロールしえない、厳格な性質を超えた、行動に駆り立てられるだろう。個々人は、それぞれ独自の方法で、情動的なモジュレーションへの彼らなりの調律を必然的に表出するだろう。第二の局面においては、誘因された結果として生じた行動の差異を通して、個々人は他者との関係において彼／彼女自身の位置を主観的に占めるだろう。反省の契機は、議論や遡及的な再検討がなされるなかで、その後にやってくるだろう。警報システムは、前主観的な次元において、全国民に向かって直ちに発せられる。つまり、身体の傾向あるいは趨勢の次元において――発生初期の状態にある反応に向けて発せられる。色の変動は、状況の変化に応じて調律された特定の行動にみられる既存の形態を再獲得する傾向が展開する過程で、身体の（これまでの）諸傾向をつまずかせてしまう。各々の身体の個別性は、即座の神経反応において反射的に（つまり無反省的に）それぞれ自らを演じる。警報システムが操作するモードは、身体的な行動のもとで、自己－表出の方向性を指示するのだ。それはひとつのコミュニケーションであるより、その結果が正確には前もって決定されえない――しかし、その移ろいやすい色合いにおいて発生すると規定されている――行動にむけた潜在性がアシストされながら発芽する過程なのである。

警報システムは、政府が多大に宣伝する、９・11の直後に劇的に公約されたテロとの「戦争」を可視化するために設計された。世界貿易センターの崩壊は、メディアの創成期であったケネディ大統領の暗殺以降（そして最近では湾岸戦争ショーとのみ比較可能だった）見られなかった強烈さをもってテレビ画面に全国民を釘づけにさせた。一九九〇年代後半のインターネットの華々しい隆盛のひとつの帰結として、廃れつつあるメディアという広く行き渡った考えの反駁を確信させるように、危機の時代にテレビは再び情動の自然発生的な大衆調節のための知覚上の焦点となっている。地上波テレビは、情報源としても家族の娯楽の要としてもウェブに取って変わられたが、実際には社会的に決定的な転換点において、集合的な情動の調節のための特権的な回路として復活する役割を取り戻した。テレビは出来事(event)[訳注3]のメディアとなった。テロ警報システム（それとともにテレビが役割を取り戻した）は、強制ではなく情動を調節する自発性を捕捉しながら、社会の出来事－メディアとしてのテレビの背に乗ろうとしている。自発性の捕捉は、何か自発性ではないものへそれを変換する事だ。つまり、習慣的な機能として。警報システムは、統治的－メディアの機能として、情動調節に、視聴する国民を習慣化する構成要素となったのだ。

説得や議論から情動の活性化へ

こうしたテレビの情動的な役割への飼いならしは、数多くのさらなる諸変換を成し遂げる。ひとつには、権力の作動に厳密な知覚のモードの操作を与えることで、一面では、統治すること、そしてテレビという、両者をつなぎ合わせた。こうして政府は国民の神経システムと身体的な諸表出へ信号を通じて接近する方法を手に入れ、そのことによって以前には決して見られなかった直接の効果を恒常的に生産し、これまで伝統的に依存していた論証的な調停を回避させることを政府に可能にしたのである。証拠も、説得も、議論さえない極限において、政府のイメージの産出は(反)応 (re)action を引き起こす事ができる。しかし、公の政府の機能が効果の即時性という点で獲得した成果は、結果の均一性という点ではその成果を失うことになる。仮に上手くいったとしても、警報システムは人々に確かに行動することを決心させるが、明確な内容や模倣できる形式を欠く活性化曲線としての誘因するもの、あるいは誘導物質の性質は、その性質によって、**どのような** (what) 反応を指示するのか、正確には決定しえないのである。ある意味で、それは「この変化を認識することは」政治のリアリティを把握するための入場手続きのようなものである。つまり、政府がその中で行動してきた社会環境は、公式の演説ないしイメージの創出とそれらへの応答の内容や形式との間にあたかも一対一の対応関係があるかのような、観念の蜃気楼を作り出してきた。しかし、確実なのは、国民の社会的文化的な多様性、そして前提を共有しない多くの分節化された差異のもとでの統治からの離反は、一方では証拠、説得、議論、他方では結果として生じる反応の形式との間のリニアな原因‐結果関係、この双方を当てにするどんなイニシアティブも――もし実際あるとしても――失敗し、あるいは孤立した事例においてのみ成功するということを帰結する、ということだ。アメリカ人の政治家がおこなう公式の演説に孕まれた矛盾に‐好意的な多元主義が、実際に長く承認されてきた（例えば事実、G・W・ブッシュが、故郷である南部の車製造の労働者たちに向かって、中部アメリカの生活の苦しい家族の世話をする人々の一員としてテキサス‐なまりのゆっくりとした話しぶりで演説し、「他方で」基金設立晩餐会［における彼のスピーチ］では、彼の「［支持基盤」が「資産家、そしてより多く所有する資産家」[4]であることを物語っている）ことは明らかである。観念化作用の立場の観点から主体に焦点を当てる代わりに、情動性にかかわる身体の性質に焦点を当てることは、支持あるいは信念を媒介することから、直接的な（身体の）**活性化**（activation）へと、政府の機能を切り替えることなのだ。警報の状態はそれ以外の何であろうか？　純粋な活性化の不確定性に方向を定めることは、政治家の知力の限度を超え、努力の欠如によるものではなく、高度に偶発的であるために、またそれ故に高度に可変的な、表面には表れない共通－多因子によって引き出された反応の性質が最終的に規定される、ということを仮定する。政府の対テロキャンペーンの要としての警報システムの設立は、政治的な効果の産物が、仮にそれらが直接に広範囲に及ぶとしても、非線状で共通－原因であるような仕方で展開しなければならない、ということを前提にしているのである。つまり、まさに複雑なのだ。このような情動的な方法で統治性をテレビと結びつけることによって然るべき場所に置かれた権力の知覚のモードは、本来偶発性を伴っていた統治の機構に複雑な諸システムを結びつけることになる。そこでは、入力が出力とは必ずしも一致しない。というのは、特定の信号を処理するなかで、迂回、鈍化、増幅、あるいは干渉の諸パターンといったあらゆる様式が生じるかもしれないからである。情動を伴いながら、知覚的に投げかけられると、偶然の出来事は政治的に作用するようになる。政治的な不確実性の原理は、**語用論的**（pragmatically）に打ち立てられる。それは、権力のメカニズムが作用する全体の環境が準安定（metastable）[訳注4]であることを認めることである。ここで述べた準安定とは、均衡しているがいつでも揺らぎはじめる状態にあること、暫定的に安定しているが興奮しやすい状態にあること、を意味している。[5]

脅威、恐れ

色別警報システムが私たちに告げる不確実性の語用論の必要性は、権力の対象の性質における変化に結びつけられている。その行使の無形性と無内容性は、権力がもはや対象をもたないということを全く意味しない。それは、権力の対象が、無形であり、無内容である、ということを意味する。つまり、9・11以降、統治性は自らを**脅威**（threat）へと作り変えたのである。脅威とは知りえないものである。仮に脅威の詳細が知られるとしたら、それは脅威にはならない。それは――警察が「我々は状況を把握している」とテレビで言う時のような――状況となるだろうし、その状況は操作可能である。脅威が不確定である限り、脅威は十全に脅威となる。仮に脅威に形があるとしたら、それは実体的な形ではなく時間の形式である。つまり、未来性としての時間の形式である。そういったものとしての脅威は**まだ** (yet) 何ものでもない——ただ切迫する不気味さである。それは未来性という形式であり、しかし、それ自体を現前化することなしに現在を満たすための潜在能力をもっている。その未来の切迫した不気味さは現在に影を投げかけ、そして、その影が**恐れ** (fear) である。脅威は、現在における変化の、未来の原因である。未来の原因は実際には原因ではない。というのも、それは潜在的な原因、あるいは擬似原因であるからである。脅威は、擬似原因的に、現在に作用する潜在的な力をもった未来性である。政治のメカニズムが脅威をその生業にする時、それはこの潜在性をその対象とし、操作のモードとして擬似原因性を採用するだろう。その擬似原因の操作は、セキュリティーの名によって行われる。それは、それ自らを警報という記号で表わす。

その対象が潜在的であるために、セキュリティーの実施が持ちえる唯一のアクチュアルな効力は、現在に向けて脅威を現前化することであり、恐れの前‐効果である。擬似原因と理解される脅威は、哲学的に最終的な原因の一種としてみなされるだろう。原因が**擬似** (quasi) である理由のひとつは、脅威と脅威の効果の間には逆説的な相互依存状態があるということだ。異なった時間に属すにも関わらず、擬似原因とその効果の間に一種の同時性がある。脅威は、恐れの発生を引き起こし条件づけるという意味で恐れの原因である。しかし、恐れなしに脅威は効果を発揮する。つまり、脅威は、純粋に潜在的なままに留まり、現実の存在を操作することはできない場合でも、脅威は効果を発揮する。未来性になることを止める事なく、現在に未来性を至らせる効果的な表出のもとで未来が直接差し出される一種のタイム‐スリップのなかで、因果関係は二つの極で即時的に作用するという点で、双方向的なものとなる。二つの極は現在と未来という別々の時制にあり、現勢的なものと潜在的なものという別々の存在論的なモードにあるが、恐れと脅威は、それぞれが［全体の］一部なのである。つまり、それらは同じ出来事の分離不可能な次元にある。その即時性において両方の時制を維持することで、出来事は、**超‐時間的** (trans-temporal) であるといえる。その超時間性が潜在的なものと現勢的なものの間の通路を保持するため、それは——現在と未来の間での瞬間的な円環の中で、知覚可能な最小のものよりもずっと小さな間隔において効果を与えられるリアルな変容という――**プロセス**(process)である。それは諸間隔の最も小さなものより小さなものの中にあるため、おそらく超時間的よりむしろ**内在－時間的**(infra-temporal)と特徴づけるのがもっとも良いだろう。

ウィリアム・ジェームズの名高い議論にあるように、恐れは身体を直撃し、身体が意識的に恐れを登録する前に、身体に反応を強いる。身体が恐れを登録する時、すでに進行中の身体の反応から生じる実在化としてである。つまり、私たちは恐れを感じるから走るのではなく、走るから恐れを感じるのだ。[6]ジェームズは、「意識された恐れ」と呼ぶ。私たちは、恐れがそれと一緒になって現れる反応とは異なって、恐れが恐れから見えるかたちで広がり、恐れそれ自体として感じられる以前に、すでに非意識的に恐れを経験し始めているのだ。恐れは麻痺させせえるし、たびたび実際に麻痺させるので、反応よりも**活性化**(activation)という言葉の方が合っている。活性化が存在する時、反応の場において興奮があり、反応への態勢準備があり、明確な形態を取りえないかもしれない緊張した反応の発端状態がある。特定の反応が姿を現すところでは、その始まりは、情動を伴った、未だ区別のない状態のままにあり、そのぼんやりした情態－反応－現れ(feeling-acting-coming on)の中にあり、脅威のタイムスリップによる現在とも未来とも決定されない未決の、持続性のない瞬間のうちにあるだろう。それは、システムにとっての打撃となるだろう。というのは、身体を再起動する態勢に保つとはいえ、即時性が身体の諸活動の継続的な流れから身体を直ちに分離するからである。

脅威というタイムスリップにおける純粋な活性化の次元にある恐れは、経験の強度であり、まだ経験の内容ではない。脅威は、身体の敏感さと身体を取り巻く環境との間のいかなる分離も許さない直接性をもって、神経システムを攻撃する。神経システムは、危険の開始に直接繋がれている。**状況のリアリティとはまさにこうした**［神経システムの］**活性化である**(The reality of the situation is that activation)。ある反応が誘発された場合、時の経過の線に沿って状況を延長しながら、活性化が続く。恐れは、流れの勢いを恐れそのものへ集中し、各々の連続する歩みを補給し集積し一連の段階を通して活性化を移動させながら、経過の線に沿って進む。恐れは、反応が自然な経過であるかのように、雪だるま式に増大する。恐れは、状況のリアリティを連続的に進展させ移動させる連続性を確保するダイナミックな反応の取り込みである。これが恐れの活性化であり、突然の激しい恐怖の流れに突き進んでいく。[7]「恐れを経験するというよりも」**恐れの中に経験がある** (the experience is in the fear)。それはひとつの経験の内容として存在する恐れというよりは、反応の取り込みのなかにある恐れなのだ。その発端では、恐れの情動と身体の反応は、識別できない状態にある。反応が展開するにしたがって、二つは分岐し始める。反応は線状であり、段階的で、消散するものであり、それ自体を使い尽くす。反応は突然の激しい恐怖の線にそって進んでいく。他方で、情動の強度は累積的である。情動の強度は、反応が展開するのと同じように加速度的に増加し、反応の進行が止まっても転がり続ける。反応の進行の後の情動の強度の回転は、反応から情動の強度を解放する。そして情動の強度自体が現れる。それが反応から区別されて明白に恐れの**情態** (feeling) として登録するのは、たった今、過ぎ去った反応の停止-点においてである。そうした情態とともにはっきりと登録するのは、状況のリアリティである――それは根本的に、情動的であったし、かつ情動的な性質に留まっている。状況のリアリティは――愛や倦怠、怒りに対比され、恐れの展開として存在する――その情動的な**質** (quality) である。

知覚、反省、想起

この次元において、経験の内容としてある恐れというよりも、恐れの中に経験がある、と述べることは、勢力の-蓄積、反応の-推進、リアリティの-登録という操作が**現象的ではない** (not phenomenal) と述べることと等しい。それは、その中に-ある経験ということだ。言い換えれば、経験の**内在性** (immanence) なのだ。だが、強烈なリズムの-停止という状態で、その経験は、その質を登録しながら、自らを表出し、現れ出る。その経験の展開は、それから、他の線に沿って続いていく。なぜなら、経験は、以前はショックでしか受け止められなかった状況の詳細を身体が認識し始めることができる、「反応の」一時的休止という余裕を伴ってのみ、存在するからだ。身体は周りをよく見回し、警告の原因を明確に特定し、さらなる反応が必要かどうかを取り巻く環境をじっと見て把握する。身体は**知覚する** (perceive) ことを開始する――状況を構成要素に分別し、各々の構成要素を他のものと相対的に位置づけ、認識可能な形態の恒常性を結びつけるのだ。空間的な広がりの中に配置された諸対象は、それらを覆っていた恐れからそれら自身を区別して、姿を現し始める。このことは、**反省** (reflection) を可能にする。たった今起きたことは、遡及的検討の下に置かれ、客観的な環境として位置づけられる。脅威の所在は、これまでの経過を逆に辿るかたちで捜される。突然の激しい恐怖の原因は、その環境にある諸対象の中で念入りに調べられる。自己防衛に役立つさらなる経過あるいは対象の調査指示が目録に記載される。これらの知覚と反省は、**想起**(recollection)の中に集約されていく。そしてそこでは、それらの強度が最終的に消失する。強度の低減へと向かうこの第二の取り込みにおいて、つまり反応の強烈なリズムの－停止において、恐れ、そしてその状況、さらに状況のリアリティが、経験のひとつの内容になるのは、まさにこの地点においてだ。

　あのぞっとするような恐ろしい情態(that fearful feeling)のリアリティは、まさに知覚の中に包み込まれた、**あの恐れの情態**(feeling of that fear)となる。[8] 知覚は反省に包まれ、そして今度は、反省が記憶の中で取り上げられる。想起において、情動の展開は、情態が生まれる際に共にあった反応によって印づけられた閾を通過した後の、別の次元で、別のモードに折り返される。閾は、いくつかの総計に基づいた転換点である。そしてそれは、非現象的な、「恐れの」その中に－ある経験が、現象へと転換する場であり、経験の内容へと移行しながら、内在性がある内面性へと翻訳される。つまり強烈なリズムの－停止において、出来事の情動の質は、反応から離れて、その純粋さの中に顕れるが、そうなる時、情動の質は定量可能なものになるのだ。反応を伴う不明瞭さのうちで、情動の質は状況の総体であった。状況は今や、情動を、その連続的な進行の故に不活発化した反応から枝分かれさせる。状況は、さらに、知覚された対象の**集合**(collection)、それから再び知覚とは異なる反省、そしていくらかの、あるいはこれら全ての構成要素からなる想起に分割する。強烈なリズムの－停止における情動の純粋さの中に現れる恐れは回想され、数多い経験の構成要素のひとつとなる。それは、可算的な経験の構成要素となるのだ。反応における情態のダイナミックな統一として始まる経験は、今や、特定の要素の集合なのである。全体は分割可能となり、経験が全域的に存在していたことは今や経験の諸部分のひとつと見做される。経験のひとつの内容として、この恐れは、思い出された他の状況における、他の恐ろしい出来事と、比較可能になる。「そうなれば」恐れは、より恐いとか、あまり恐くない、という風に見做すことができるようになる。かつて恐れが強度であった場所で、今や恐れは測定可能なマグニチュードとなる。恐れは依然として状況を質的に性格づけているとはいえ、二つの方法で、恐れの質はいまや定量可能なものとなる。つまり、数あるもののうちのひとつとして数えられ、そして、相対的な等級を割り当てられえる。強度において は、恐れは身体を通してのみ生きられる。身体的に生きられるので、恐れは拒否できないものであり、直接のそして即座の活性化であった。恐れは強制的であり、その強制は活性化の推進と一体のものであった。［しかし］今や、恐れは、他の経験とのあいだで、経験のひとつの内容として、その場を確保する。恐れは、外部からも不活発なものとして接近されるようになる。恐れは、他の構成要素に並行して位置づけられ、それらと比較される。質として、恐れには依然として、ある把握不可能なままに留まっている。だが、それと共に、恐れが導く知覚の、そして知覚が生じた際にはその分化派生体であった諸対象は、今やずっとしっかりした、信頼のおけるものにみえるようになる。遡及的に、諸対象はその出来事の認識されたリアリティのなかでより大きな領域を占めるようになる。［この時］感情（emotion）は、出来事のたんなる主観的な内容としては周辺化される。その上、主観的なものと客観的なものの間で別の分岐が生じる。そしてこの分岐が想起を構造化するのである。

予期、それ自身を再生産する感情

仮に出来事が詳しく述べられるとしたら、その語りは、主観的な登録とパラレルな軌跡の上に、客観的に生じたことの道筋を置くだろう。つまり、［主観的、客観的という二つの項の成立が］自己－分化（self-differentiating）の展開による構成体であるを見過ごして、あたかもこの二重性が出来事の始まりから作動していたかのように物語るようになるだろう。身体［に起きたこと］を物語る（the narrating Body）パーソナルヒストリーは、プライベートであると定義された主観的な内容と正反対の、客観的であると定義された内容と結びついた公式の姿を提示しながら、この二重性と折り合いをつけなければならない。私的な内容は、詳しく述べられないかもしれないし、あるいは他者への気遣いといった理由で、また困惑を避けるために、編集されるかもしれない。そして、感情的な内容は、動揺し、客観的な語りにとどめ置くことから逸脱しはじめるかもしれない。出来事についての二つの－軌道の語りは、その並行性を失うかもしれない。感情が二次的に推量されるような地点では、感情的な内容の活発さは減少する。つまり、「私は本当には恐くなかった——ただ、びっくりしただけだ」といった具合に。身体の感応の即時性から生じたときでさえも、あたかもそこから区別可能であるかのように、さらには、経験の主体が感情を持つのか拒否するのかを選べるかのように、感情はおぼろげなものになってしまう。感情がそこから情動的に生じる活性化–出来事から、このように感情を区別しえるものとして扱うことは、感情を表象の次元に置くことである。それは、感情を、根本的にはじめから主観的な内容として扱うことである。つまり、基本的に、観念として扱うことになる。それ自身をただの観念に還元するなら、自身に対して感情を表象する私的な主体は、感情をもつことができるし、合理的で操作可能な距離にある外部と導線で繋がれた関係にある身体と同様に、感情が発生する偶発的な外部空間も保持しているのだと想定すること、そのことが一見すると筋の通ったことになるだろう。それは、感情を不安なく制御可能なようにみせることになる。

しかしながら、脅えなき驚きは、猫なき唸り、のようなものだ。直接の活性化と制御された観念化の分離、あるいは身体の局面での情動と理由づけ可能な主観的な内容としての感情の分離は、鏡のこちら側を写さない反射する不思議の国である。ジェームズは、こうした主張を挫折させる論点をいち早く作り上げた。「観念的な感情が身体的な徴候(symptoms)[と無関係に生じ、あるいは]に先行するようにみえる場合、その観念は徴候それ自体の表象(representation)にすぎない。すでに血の光景を見て失神した事のある人は、外科手術の準備を見て制御しがたい心の落ち込みや不安をもつかもしれない。彼は、そういう情態を予期し、そしてその予期がそういう情態の発生を促進する。」[9] 彼がここで表象と呼ぶものは、明らかに**再**–現前(re-presentation)である。つまり、心の落ち込みは感情の予期である。彼は、恐れを抱きながら走るような場合において、感情が生じる最初の段階では「私たちの身体上の諸変化を感じることが則ち感情**である**」[10]と論じている。そうして、予期は、同様に身体の諸変化の引き金となる。そういった身体の情動的な再活性化は恐れの再出現にいやおうなく発展する。私たちが杜撰に感情の観念あるいは観念としての感情と考えるものは、実際、記号と身体の刺激反応の間の遭遇で引き起こされた、情動的な出来事の予期した反復である。外科の例では、血が恐れの記号として機能する。赤い警報のように、血は身体を直接活性化する。しかし、その文脈は、走って逃げる必要を未然に回避する。あなたは手術台の上で麻痺しているその人ではないのであり、あなたは正確に血に反作用する状態にいる。このことは、なぜ実際に逃走することが的をはずしたことなのか、その理由でもある。文脈の特定の性質は、運動を実行することを抑制する。だが、身体の活性化は、**すでに** (already) 初発の形態においても運動であった。実際に自己自身を表出する運動の失敗は、反応の現働化の後の、反応の一時休止において段階的に導入されるべき適切な感情の展開を妨げるものではない。ここにあって、文脈上の制限のために、身体は前もって一時休止を割り当てる。このコンテクスでは、感情の出現は、反応を**阻止する** (preempt) のだ。現実の反応は短絡させられる。それは**無**–反応化 (in-acted) される。つまり、反応は自身の活性化された潜在性に包まれたままに留まるのである。感情の発展は、いまや完全に、潜在的な反応と結び付けられるのだ。したがって、実際の運動を通じた回路なしで、感情はそれ自身を再生できるようになる。つまり、感情は、**無**–反応 (in-action) を通じて、演じられることが可能となるのだ。

潜在的な原因としての感情、恐れを感じること自体の恐れ

ブッシュの色彩警報システムが保証する情動の訓練の重要な部分は、現在の危険がないとはっきりわかっているコンテクストにおいてさえ、恐れの記号への予期した情動の反応を国民の身体に根づかせることにある。これは、著しく脅威の範囲を拡張する。サンフランシスコにあるゴールデンゲートブリッジ空爆計画の疑い（初期の警報のエピソードのひとつ）についての警報は、アトランタで直接的な影響を及ぼすことができる。なんら活動することなく、情動の出来事を上演することは、明らかに政治的な制御上の利点をもつ。

脅威の範囲は、別の方法でも拡張される。反応と関係なく、感情が予期それ自体の中で上演可能になる時、感情は**その独自の脅威** (its own threat) になる。感情は、独自の潜在的な原因となる。「私は、身の毛もよだつような恐怖の事例を聞いた……それについて患者は、彼女を捕らえるものが何よりも**恐れそれ自体の恐れ** (the fear of fear itself) であるようだ、と告白した。」[11] 恐れ［の感情］が、恐れ自体の擬似原因となる時、不安に満ちた反応が実際に生起するコンテクストの限界を難なく迂回することが一層可能となり、さらにそうすることで、それぞれの位相の展開を繰り返す必要性をより定期的に迂回することができるようになる。各位相は、情動のプロセスの短絡において、互いに嵌め込まれていく。恐れがそれ自身の前–効果となる時、情動的な出来事は、ますますしっかりと、脅威のタイムスリップの周りを回転することになる。「われわれは明らかに、いかに感情が、私たちがいわゆるその効果と呼ぶものとをもって、始まり、かつ終わるか、を明瞭に理解する。」[12] 感情としての恐れは、再潜在化される。それの最終結果としての出現は、原因として、脅迫的に、環で結ばれるように、開始点に折り返されるのである。この事は、別の転換点を指示する。今や、恐れは、恐れを誘発する外的な記号の欠如においてさえ潜在的に自己－原因となりえる、という転換点である。このことは、恐れ［の感情］をそれだけ一層抑え切れないものにするため、恐れは被験者に「捕りつく」かの如きものとなる。恐れが経験の情動的な環境となり、それは経験の周りに強制的にあのタイム－スリップを巻き付けていく。感情になることを止めずに、恐れは、その中に－あるとでもいうべき、存在の情動的な環境となる。すなわち、自己－原因であり、そして全ての環境として。つまり、恐れが経験の基盤と背景を接収するようになるのだ。自己－原因の基盤となり、かつ不安に襲われた存在の背景を包み込むような、こうした形で再潜在化された感情を、**情動的な色調あるいは気分**(affective tone or mood)（反応、生気溢れる情動、純粋な情動、そして本来の感情から等しく明確に区別されるものとして）と呼ぼう。

全体的な色調となった恐れの再潜在化は、抑制された感情として、物語的に目立たものとはならないようになる、ということを意味するわけではない。恐れを抑制する努力は、恐れによる主体の所有を軽減するために、実際、倍加されなければならない。しかし、それは悪循環とでもいうべきものとなる。努力が成功すればするほど、主体の実存は、このプロセスに結びつけられる。再潜在化された恐れの背景に対する主観的な内容としての恐れをもつことは、**ひとつの生き方**(a way of life)となる。いかに幾度も恐れが抑制されるとしても、恐れの自己－再生する潜在能力は不気味に現れ続けるために、恐れはいつもその抑制を超過することになるだろうし、その不気味な現れが周囲の気分を規定することになるのだ。感情的生活の内容としてはっきり特徴づけられた、どんな特定の恐れも、比較的曖昧なあるいは恐れがそこから出現する一般的情動の背景から姿を現すだろう。恐れは明らかに過剰である。つまり、感情として恐れが実際に生じる場合はいつでも、恐れはすでに情動的な雰囲気として存在してしまっているのだ。いたるところで、恐れは二重の－特徴をもつ。つまり、一方では曖昧なものとして、そして他方では明らかに特徴づけられるものとして。また一般的であり、そして特定のこととして。そして一方では自身に対する存在の基盤として、また他方ではひとつの生き方として、である。恐れは、それ自身との擬似原因的な関係のなかで、過剰なまでに、自己－充足した――存在の自律した力――となるのである。恐れが、**存在生成的** (ontogenetic) になるのだ。[13]

この恐れの自律化は、記号－感応 (sign-response) の短縮した回路における反応の先取りに由来し、その次に生じる自然な一歩である。恐れの発展は、先取りが可能にするところの、恐れの実際の文脈からの自立に条件づけられている。恐れ自体が怖がらせている時、自己－原因としての恐れの潜在能力は、いかなる外的な記号の欠如においてさえ誘発できることを意味する。政治的に、恐怖の自律化は、その位相で獲得された制御を無効にする危険を冒す。つまり、恐れは、今や**それ自体制御がきかなくなる** (run away with itself)。恐れは、自己－推進する能力をもつのだ。この事は、予測不可能性の賭け金を増やす。解き放たれた恐れが導く先は、警報の放射装置［があること］を推測することである。危険の記号が恐れの情動的な出来事を誘発する必要がもはやなくなるかもしれないところで、(恐れの自己－原因による) 反復と増加はそれ自体それを乗り越えるための諸条件の因子を供給するようになるのである。記号は (背景) 基盤 (back)ground を用意する。

思考－記号、恐れの感情の自己－抽象化

恐れの自己－推進が記号反応に先立つことができるというのは、ただ表層的なことにすぎない。パースによれば、「直接の知覚を超える全ての思考は記号**である** (is)」。[14] 恐れが恐れの恐れそれ自体である時、その情動のプロセスの再誘発は、思考－記号[訳注5]を条件にしている。この誘発は、依然として身体的な活性化を伴っている。「私たちの内部のすべての情態に対応して、ある運動 (motion) が私たちの身体に生じる、と考える理由がいくつかある。思考－記号 (the thought-sign) のこうした特性は、それが**記号の意味に論理的に依存するものではない** (no rational dependence upon the meaning of the sign) から、私が記号の**実体的な質** (material quality) と呼ぶものと対比されるかもしれない。しかし、思考－記号が存在するためには、そのような身体の運動が**感じられる必要性が必ずしもない** (it is not essentially necessary that it should be felt in order that there should be any thought-sign.) という限りでは、その特性は実体的な質とは異なる」[15]。

いったん恐れが自己－推進となるとき、恐怖に占有された人に対するコントロールを回復する唯一の方法は、恐れ

を感じないことであると考えなければならない。ジェームズが荒っぽく言うように「噴き出し口に栓をしろ」。要するに、恐れを抑えることだ。私たちは皆、子供の頃にどうやるかを教えられている。「私たちが子供たちに自分たちの感情を抑制することを教える時は、それは彼らにより多く**感じ**(feel)させるためではない」[16]。

感情は猛烈に高まることはない。というのは、制御される必要がある、自己–推進的な恐れ［の感情］は、硫黄で処理された内容(sulphurous content)ではなく、再潜在化された原因だからである。恐れは強化のための実質をもたない（たんなる強化のための効果）。それゆえ、子供たちにより多く感じさせるためではなく、「実際にはまったくその反対である。彼らはより多く**考えさせる**(think)ためである」（前掲書）。感情を鎮めることは、より狭い短縮された回路において、より多くの思考–記号を産出することである。それは今や現実的な反応であるというだけではなく、迂回された情態それ自体なのである。身体的な活性化は必然的に生じ続ける。しかし、強化するための「より多くの」感情はない。それは量的なものではない。パースの認識によると、それは身体の実体的な**質**(quality)である（身体の刺激反応のモード）。それは**無感覚**(unfelt)なままで過ぎていくかもしれない。思考–記号は、今や、それが「（記号の意味に）論理的に依存性するものではない」という場合の根拠である、計算不可能な質的な無感覚(qualitative un-feeling)と強く連結されているのである。恐れは、［何かを感じているということがないという意味での］いまだ経験せざるもの(unexperience)の論理的な消滅地点の周りをますますしっかりと循環するようになる。この消滅地点は、現象的なもののまさに限界に横たわっている。この限界への恐れの通路は、それが行くことができるかぎりでもっとも接近した潜在化を携えている。恐れの擬似原因性は、最小限の現実的な必要条件あるいは調停の局面を伴いながら、質的–実体的な無意識と思考–記号との間で、可能な限りもっとも短縮された回路の中を循環できるようになる。それは、その存在生成的な諸力の自律性を強化しながら、その有効性を増大させるのである。

パースが「記号の意味に論理的に依存するものではない」と言う場合に、彼が意味していたのは「思考を決定する…その特定の場合にのみ、なぜ思考記号が生じるのかを説明する思考の内容には何もない」[17]ということである。言い換えると、それが生まれる際に、思考が思考–記号と論理的に関連づけられるのはその文脈においてではあるにせよ、恐れの思考－記号がなんらかの文脈と論理的な関連をもつ必要などない、ということだ。論理的に思考記号と関係する思考が生じるかもしれない文脈とのどんな論理的な結合(application)も、恐れの思考－記号には必要ないということだ。「もし仮にそういった根拠との関係があるなら、もし仮に思考が本質的にそれらの対象と思考－記号との結合（それが論理的に文脈によって関連づけられる際の対象）に制限されているとしたら、思考はそれ自体とは別の思考を含意してしまう。」思考を決定する根拠との関係なしに、思考はすでに生じ、しかし、そうなる時に、思考は自身だけを含意する。恐れは、**自己－抽象化される**(self-abstracted)。恐れは、排他的に自己－内包するようになる。恐れは、それ自身の自律した思考となる。それは、今や思考が及ぶところならどこにでも大胆に行くことができる。そして、思考は**注意**(attention)が向かうところならどこにでも及ぶことができる。身体的な無感覚の運動（パースが「感覚」と呼ぶもの）と注意は、思考の「無比の構成要素」である、と彼は言う。「注意というのは、それによってある時点での思考が別の時点での思考に結合され、関係づけられる力のことである……注意とは、思考－記号の純粋な指示的結合(pure demonstrative application)[訳注6]のことである。[訳注7]」自己によってのみ決定され、自己自体だけを包含する思考の場合、明白に注意と接合している思考は思考それ自体となる。思考において、実際の文脈あるいは他の思考からも独立して、恐れは、徹底的に自己－関係的なものとなる。恐れは明示的に自身を表わす。

注意、その下であらゆるものが恐れの徴候となる

このことは、恐れの再潜在化された情動的気分の背景に振り向けられた**注意の技術**(techniques of attention)が、この事態に対応した身体の活性化の無感覚と一緒に、恐れの思考－記号を純粋に、指示的に、再生するかもしれない、ということを暗示している。恐れは、その反応、コンテクスト、外的な記号、論理的な内容あるいは意味、そして大事なことを言い忘れていたが、それ自体の情態から、ほぼ完全に自律して（注意の気まぐれにのみ付随して）抽象化されるかたちで、潜在化の頂点に到達したのである。

私たちは、今や、恐怖が恐怖を煽るものなしでも生じる、不思議の国の世界にいる。つまり、情態なき身体の活性化、とジェームズが主張したのはそのことで**である**(is)。私たちは、恐れがそれなしでも存在している現象の消失点で、恐れがチェシャ猫の－ような存在[訳注8]のみを「映し出している」

情動の鏡の別の側へと移動してしまったのだ。

恐れは、今や、情動的な色調としての、あるいはひとつの生き方のための包括的な文脈としての役割を果たすなかで、存在の非現象的な背景として、あるいは［前述の恐れの］その中－にある経験の外部のものとして、作動することが可能となる。また、恐れは、特殊な生の現象を伴う内容として特徴づけられることで、依然として封じ込められることも可能である。さらに加えて、いまだ恐れに必然的に付随している身体の活性化に妨害されないプロセスを通じて、自己－充足的なものとして、純粋に自己－指示的に機能することができる。これらのモードのどれか、あるいはそれらのどれかの組み合わせが、いかなる所定の点で作動するのかは、作動している外的な徴候の形態、外的記号が増殖する文脈の性質、こうした諸文脈で生活する諸身体に刻印されこれまで培ってきた抑制力、そして作動状態にある注意の技術（例えば、それがメディアによって組織された時、特に（メディアの）小型化とデジタル化に促進されて、社会的な領野を通して技術が広範に普及した時）に依存している。

この恐れをめぐる旅において、私たちは何度も、潜在的な原因から潜在的な原因へと循環する航路を辿り、その都度、それぞれの環において、ヴァーチャルリアリティの度合いが高まることを見てきた。最初の回路では、私たちは、多様なモードへと自己－差異化する展開を見てきた。つまり、活性化から反応－における－情態へ、反応－における－情態から情動の純粋な表出へ、情動の純粋な表出から知覚と反省と想起の分岐へ、それから情動的な抑制の方へ、という展開である。さらに、そのプロセスは、自身の抑制の超過を通して、かつその超過の中で、自身へと回帰しながら続くプロセスでもあった。［さらに］そのプロセスは自身を記号、さらに思考－記号に結びつけた。それぞれの回路で、擬似原因の力は拡張する。拡張のモードは、持続するプロセスの位相として連続して発生する。しかし、第一の環における情動の興奮の閾を超えると、（拡張の）モードの出現は付加的に出現した。分岐化は、潜在的にそれぞれ処理し合いながら、あるいはいくつかのケースでは、互いに影響を与えながら、協同的な作動の諸次元にかかわっていた。その諸位相は、連続して出現するけれども、それらは複雑な重層した様態を形成するために結合しながら作用する。この全般的なプロセスは、付加的で、配分的である。

もし仮に、異なる位相化が最初の活性化から展開していたとしたら、それらの多様性の全ては、すでに活性化のうちに、つまりその発端に——**潜在的なもの**(potential)

に――あったということになる。そうした活性化の強度は、その潜在的なものの内在性であった。構造の中で層化されるよりも、異なる位相化は、即時的に、潜在的に、共－生起(co-occurring)する。第一の走行の、反応－における－情態において、異なる位相化は、互いに実際上識別できない状態で、すべて一緒に進行する。それらは、ダイナミックな重なり合いのなかで活発に融合させられる。このことは、潜在的な原因による出来事の再活性化において、モードの多様性が再－融合することを意味する。それらは、互いに共有された潜在的なもののなかで互いに逆戻りする。それらは、**脱位相化**(diphase)し、あるいは脱分化し、段階的に後退するか、あるいは再－展開するようになる。[18]別の経験の場合には、多様性の展開へ向かって自己－差異化することもある。経験は自身を再生するのだ。別の現実的な脅威の打撃は、(恐れの)再出現を引き起こすだろう。しかし、それ自身が始まりとも終わりともなり、あるいは脅威それ自体ともなる恐れの創発的で自己－再帰的な能力が与えられるならば、脅威の潜在的なるものの記号(血の光景のように)が効果を発揮するようになるかもしれない。思考－記号も、例えそれが論理的に(思考－記号の合理的な決定要素からの独立性があるなら)脅威や恐れの思考－記号ではないとしても、また再び(恐れの)出現を引き起こすかもしれない。一度恐れが、存在の基盤となると、すべての変化がひとつの形質又あるいは諸形質の組み合わせの下で、経験を再生起するのだ。恐れの背景であるモードに向けた注意のもとでの、あらゆる変化／移行は、経験の再生起と経験の変化を誘発する警報の存在生成の推進力をもたらすかもしれない(ベンヤミンが「ショック」と称したもの)。

集団的個人化の自己－推進モード、ファシズム

ジョージ・ブッシュの色別警報システムは、恐れの存在生成的な諸力を一方で拡張しながら、同時に恐れの多様性を利用し助長するために設計されている。それは、再生起する基盤としての生成－自律(becoming-autonomous)を内包しながら、恐れのスペクトラム全体を想定しているのだ。複雑な情動的調整を基盤とした政府の記号－行為(sign-action)は、測りきれない権力のひとつの戦術となる。このことは、情動的な経験が再度現出するレベルで、コミュニケーションの政治を、個人を「占有する」能力を持った権力に結びつけるのだ。言い換えると、情動の調節は、ギルバート・シモンドンが「前－個体的」と呼んだ次元で、

共－選択的に(co-optively)作動する。シモンドンは、**前－個体的なもの**(pre-individual)[訳注9]という言葉で、「個体的なものの内部」ではなく、むしろ「個体的なものと集団的なものとの間の境界、主体と世界のあいだの境界」を意味する。[19] その境界は、活性化可能な身体——人間の生の生成的な「実体的な質」であるところの、身体の刺激反応性である。

それゆえ、情動的に自己－再生する道筋のなかで「互いに共鳴状態にある反応と感情」は、まさに次のように記述されるだろう。「それらを取り囲む上位の個体的なものが存在するにちがいない。つまり、この個体化は集団的なもの(of the collective)の個体化である」。[20] 個人の生が私的な語りと表象において、内包されたものを溢れさせる時——それぞれの生が情動的にそうする傾向にあるように——、生命は、集団的なものの限界へと向かって一直線に進む。そこでは、それは、多くの位相化された存在生成の次なる反復へと向かって、そこからそれが生じる潜在的なものに敏感に再結合するだろう。「主体は、集団的なものの個体化のなかでのみ自身と一致することができる。」これは、境界が、諸位相が互いに次の展開へ向かって折り重ねられるところだからである。あの内在性において、生がその情動の潜在性と一致するのは、そこなのである。より良いことに、あるいはより悪いことに。

警報システムは、集団的な個体化を調整するための道具である。マスメディアを通して、それは、特異的に再個体化するための潜在性の角度から、全国民へ自らを提示する。このシステムは、社会のある形態から別の形態へと移行するための集団的な個体化を誘引するために、ガブリエル・タルドの述べた脅威という社会の発生的状態に、政府の記号行為を再中心化するのである。全ては良い方向に、とブッシュは言う。未来は、より良い明日になるだろうと彼は約束する。アメリカはより強くより安全な場所になるだろう、と。

しかし、明日の未来は、潜在的な原因として、いま、ここに、ある。そして、アメリカは昨日よりも強くも安全にもなっていない。むしろ、もし何かあるとすれば、かつてないほど危険になっているということだ。というのは、明日の約束が、今日、ここにある、という形態は、絶えず－現前する脅威だからである。このことは、誰も完全に制御できない、非線形的な、そして疑似原因の作動に基づく現働化を条件にする。しかし、反対に、その諸作動は、集団的に生まれてきた特異な存在である、彼／彼女の身体的なポテンシャルのレベルで、個人それぞれを、そしてすべての個人を、占有することを可能にするのである。その効果／結果(effect)は、非常に不確定なものになる。確かなのは、恐れそれ自体が――生き方――になり続けるだろうということだ。システムが発展を支援する恐れの基礎づけと囲い込みは、恐れを、処理されるべき存在生成的な力に変える自律性［を構築する傾向］へ向かう。その処理は、私たちがファシズムと呼ぶ、非理性的で、恐れに－基づいた集団的な個体化の自己－推進モードを含んでいるに違いない。なぜそれが生**じてしまいかねない**(should)のかを説明する思考の内容には何もないが、そういった種類の社会へ向かう通路は、けっして排除しえないポテンシャルを抱えているというべきだろう。ブッシュ政権が差し出した、無反応の中の－恐れは、それが政治的にきわめて強力であるのと同じくらいに、きわめて無謀な戦術なのである。

紛らわしいが、おそらく、同じ情動の、それ自体が作動する存在生成的な基盤でのみ、おそらく闘いがおこなわれるだろう。

Title “Fear(the Spectrum Said)”in *Position* 2005 Volume 13,no.1,pp.31-48.
Author : Brian Massumi

＊節に分かれていない原文を、読者の便を考え、9節に分けて、それぞれの節の内容を端的に示す小見出しを付記した。

＊原文がイタリック体で表記されている語句については、太字で表記し、原文も表記した。

＊一部訳者が語句を補った箇所がある。それは［ ］で表記した。

原注

1 「未来はより良い明日になるだろう」という発言は、インターネットや報道機関で流通しているブッシュ語録のひとつ。この発言の典拠は疑わしい。実際には、ジョージ・ブッシュSrの副大統領だったダン・カイルの発言のようだ。しかし、ジョージ・W・ブッシュの発言として、公式に彼の発言資料の中に記録されている。警報システムの始まりから二〇〇四年の三月までの警報のレベルの双方向性の推移表は、www.cnn.com/SPEIAL/2004/fighting.terror. 参照。

2 Daniel N. Stern, *the Interpersonal World of the Infant* (New York: Basic Books, 1985), 142.

3 活性化の輪郭の概念についてはStern, *The Interpersonal World*,57-59. を参照。

4 ジョージ・W・ブッシュは、二〇〇〇年八月一九日にニューヨークのアルフレッド・スミス記念晩餐会で演説した。

5 準安定性 metastability についてはGilbert Simondon, *L'individu et sa genese physico-biologique* (Grenoble,Million,1995),72-73,204,5; そして *L'individuation psychique et collective*(Paris: Aubier,1989),49-230-31. を参照。

6 「こうした粗野な感情について考えるために私たちにとって自然な方法は、なんらかの事実についての心的な知覚が、感情と呼ばれる心的な情動を刺激し、そして精神の後者の状態が身体的な表出を引き起こすと考えることである。しかし逆に、私の理論は、刺激を与える事実の知覚に身体の諸変化が即時的にしたがい、そしてそこで生じる諸変化についての私たちのフィーリングが感情であるというものだ。財産を失って嘆き悲しんだり、熊に出会ってぎょっとして走り出したり、ライバルに侮辱されれば、怒り、殴る、と常-識は教える。ここで私が正当化しようとする仮説は、この秩序の連続性が不正確であることを示す。ある心的な状態は他の心的状態によって即座には喚起されることはない。身体的な表出がまず両者の間に介在しなければならない。そしてより合理的な言い方は、われわれは泣くから悲しく感じ、殴るから怒りを感じ、震えるから恐れを感じるのであって、悲しいから泣き、怒るから殴り、恐ろしいから震えるのではないということである……この語の厳密な意味において、どんなに私たちの心的な生活が私たちの身体上の枠組みと絡みあっているのかを今までになく、それはより深く認識させる。」William James, *Principles of Psychology*, vol. 2(New York: Dover, 1950), 449-50,467.（『心理学』今田寛訳、岩波書店、一九九三年、二〇四—二〇五頁、一部改訳）

7 「性質の継続性のための主要な基盤」としての情動については、Alfred North Whitehead, *Adventures of Ideas*(New York:Free Press,1938), *183-84*（=『観念の冒険』ホワイト

ヘッド著作集第12巻、山本誠作・菱木政晴訳、松籟社、一九八二年）及び *Brian Massumi, Parables for the Virtual* (Durham, NC: Duke University Press,2002),208-18　を参照。

8 この公式は、ホワイトヘッドの「情感的色調 affective tone の性格づけとしての感覚されるもの」の理論化に暗示されている。「経験は、あのかぐわしい感じとして始まり、そして心性によってあの臭さの感じへと（知性によって）展開される」とホワイトヘッドは述べる。このことはさらに、「他の感覚されるものと同格のものとして……直接的知覚とみなされる」「気分」と私たちが呼ぶ「情感的色調」に当てはまる。言い換えれば、哲学的に情動と感情の理論と知覚の理論は、厳密に一致する。情感的色調〔＝情動的色調〕という概念はこの論文の後半で議論される。Whitehead, *Adventures of Ideas*, 246.（＝『観念の冒険』ホワイトヘッド著作集第12巻、山本誠作・菱木政晴訳、松籟社、一九八二年、三三八頁）。

9 William James, "What is an Emotion?" *in Essays in Psychology*, vol.13 of The Works of William James (Cambridge, MA: Harvard University Press, 1983), 177.（＝「情緒とは何か」『論文集』世界大思想全集、今田恵訳、河出書房、一九四六年、一二二頁、一部改訳）

10 James,"What is an Emotion?" 170.（＝「情緒とは何か」一一六頁、一部改訳）

11 James,"What is an Emotion?" 177.（＝「情緒とは何か」一二一頁、一部改訳）

12 Ibid.（＝「情緒とは何か」一二二頁、一部改訳）

13 存在の基盤と生き方としての恐れについては、Brian Mussmi, "Everywhere You Want to Be : Introduction to Fear," *in The Politics of Everyday Fear*, ed. Mussmi (Minneapolis: University of Minnesota Press, 1993), 3-38. 参照。

14 C. S. Peirce, "Pragmatism," *in The Essential Peirce* : Selected Philosophical Writings, vol.2 (Bloomington: Indiana University Press,1988),402（強調は引用者）（＝『記号学』パース著作集2、内田種臣訳、勁草書房、一九八六年、一八六―一八七頁、一部改訳）。

15 前掲書（強調は引用者）（＝『記号学』パース著作集2、一八七頁、一部改訳）。

16 James, "What is an Emotion?"179.（＝「情緒とは何か」 一二三頁、一部改訳）。

17 この節の全ての引用は、C.S.Peirce, "Some Consequences of the Four Incapacities," *in The Essential Peirce*, vol.1(Bloomington: Indiana University Press, 1992),44-46.

18 脱位相化については、Simondon,*L'individu et sa genese physico-biogique*,232,234-35. を参照。

19 Simondon, *L'individu et sa genese physico-biologique*,232,234-35.

20 節の全ての引用はSimondon, *L'individuation psychique et collective*,108.

訳注

1 Gabriel Tarde, *Les Lois de l'imitation* (Paris : Les empêcheurs de penser en rond / Seuil, 2001), pages 145-146.（＝『模倣の法則』池田祥英、村澤真保呂訳、河出書房新社、二〇〇七年、一三六―一三七頁、一部改訳）

2 原文でFeelingと表記されている語については、基本的に「情態」と訳し、文脈に応じて一部「感じている」と訳した。それは、身体的な変化が起こった瞬間に、鮮明にか漠然にか、感じられる／感じている内的な状態を指している。

3 マッスミはこの出来事(event)を二重の意味で用いている。一つは、通常の意味での「出来事」であり、目の前で実際に起きた事象を指す。第二は、対象世界の劇的な一瞬の変化や運動に巻き込まれた身体が、それを意識化・対象化する「現勢化」の過程を起動させる時間的な余裕を与えられていないなかで、通常の「現実」「リアリティ」を担保している身体性が変容し、一気に状態の総体に組み込まれ、主体と客体が融解し、両者が入れ子状態になるなかに生起する事態を指す。詳しくは、伊藤(2013)を参照されたい。

4 マッスミがここで指摘する「準安定」(metastable)はシモンドンの概念である。シモンドンは、これまで「個体化」が「個体から出発して個体化」を考える従来の視点を批判する。この従来の視点に対して、個体と別の対象や環境との緊張状態を有しているシステムにおいて決定的な不均衡(disparation)が生じた場合、意識化されない、しかし実在(reel)のレベルにおいては明確に潜在(virtual)するポテンシャルが現働化し、新たな個体化が生まれる、という視点をシモンドンは提出した。安定した均衡状態でもなく、均衡状態が失われた状態でもなく、二つの項がつねに緊張関係を孕みながら変化し続ける過程が「準安定」である。

5 思考－記号(thought-sign)はパースの用語である。それは、パースの述べるところに従えば、「後続する思考に対して何かを示唆する、つまり、後続するものに対する何かの記号」にほかならない。では、思考－記号は何の代わりをするのか、何を名指すのか。パースは次のように述べる。「現実の外部のものが考えられている時は、疑いもなく、外部的なものである。しかし、思考は同じ対象についての以前の思考によって規定されているから、その先行する思考を表示することを通じてそのものに関連するだけである」と。

(『記号学』パース著作集2、内田種臣訳、勁草書房、一九八六年、一八〇―一八一頁）本文の引用箇所は、この上記の論述のすぐ後に展開される。

6 パースは記号の性質を考える時、以下の二つの性質を挙げる。第一は、「記号というものは、それによって意味される(signified)ものと同一ではなくて、ある観点では違っているから、それ自身には属しているがその表意機能とは関係のない特性をもっていなければならないことは明らかである。そういうものを私は記号の実体的な質(material quality)と呼ぶ」と指摘する、「実体的な質」をもつという性質である。第二は、「記号は同じ対象の別の記号かあるいはその対象そのものと（理性においてではなく現実に）結合されることができなければならない」という性質である。その上で、「直接あるいは他の記号との結合による、記号とその対象との、こうした実在的で物理的な結合」を、パースは、「純粋な指示的結合」と定義する。本文の引用は、この論述の後に続く文章である。

7 原文には引用頁が明記されていないが、邦訳頁を示す(『記号学』パース著作集2、内田種臣訳、勁草書房、一九八六年、一八九頁)。

8 ルイス・キャロルの『不思議の国のアリス』(1865)に登場する猫のことである。チェシャ猫という名前は「チェシャ猫のように笑う」(grin like Cheshire cat)という慣用句に由来する。

9 「前-個体的なるもの」(pre-individual)はシモンドンにとってきわめて重要な概念である。すでに訳注の4で指摘したが、シモンドンは「個体化」が個体だけでなされるとは考えない。個体化が生ずる地平あるいは土台になっているのは都市や共同体といった環境やメディア環境であり、これら他の項と個体の緊張関係で個体化を考えるわけである。つまり、個体化の前提には、「前-個体的なるもの」が深くかかわっているとともに、これら社会的・集団的な環境と個体の緊張に満ちた相互作用のもとに「個体化」が進展すると考えられている。その意味で、「集団的個体化」という概念が提起される。こうしたシモンドンの思索は、ドゥルーズやベルナール・スティグレールに多大な影響を与えている。

訳者解題

Brian Massumi は現在カナダのモントリオール大学の教授を務めている、フランス現代思想、哲学、特にジル・ドゥルーズの哲学の研究者である。哲学的な思索を背景に、現代のデジタル・メディア環境が及ぼす社会的・思想的課題や美学・芸術上の諸課題に斬新なアプローチをおこなっている。主著に、

Parables for the Virtual: Movement, Affect, Sensation, Duke University,2002. *Semblance and Event: Activist Philosophy and the Occurrent Arts*, MIT Press, 2011 がある。また、ジル・ドゥルーズとフェリックス・ガタリの共著『千のプラトー』の英訳者であり、ドゥルーズとガタリの思想の入門書ともいえる *A User's Guide to Capitalism and Schizophrenia: Deviations from Deleuze and Guattari*, MIT Press, 1992 の著者でもある。本論文は、雑誌 *The Position 2005* に掲載された Fear(Spectrum Said) の全訳である。彼にもっとも深い影響を与えているドゥルーズはもとより、ウィリアム・ジェームズやチャールズ・S・パースといったアメリカの哲学者、そしてドゥルーズや現在メディア研究や現代哲学の分野でもっとも精力的に研究を進めている一人であるベルナール・スティグレールに大きな示唆を与えたジルベール・シモンドンを参照しながら、高密度の、緊張感ある思索を展開し、かつそれが現実の政治的・社会的論点と鋭く切り結ぶ、彼の思索の魅力とその独自性を遺憾なく発揮した論考と言えるだろう。

この論考では、現代文化における「不安」、特に「9・11同地多発テロ」以降のアメリカにおける「不安」がテーマ化されているわけだが、しかし本稿を一読していただければ理解できるように、単純な個人の生理的・身体的な不安が問題化されているわけではなく、あくまで今日のデジタル・メディア環境（本稿では主にテレビが考察されているが、今日のソーシャルメディアを含めたメディアの全体的な環境を考える上でも十分に示唆的だ）が創り出す「不安」「恐れ」が主題化されている。操作する主体が不透明なまま、あるいは特定できないまま、データ処理によって数値化された表示が引き起こす「不安」である。そこでは、「……せよ」という指令や、「……するな」といった禁止のメッセージが発せられているわけではない。しかし、私たちはその数値に否応なく「不安」を感じ、メッセージなきメッセージの呼びかけに反応し、情動を発してしまうのだ。この事態が象徴的に示すように、意識化されない「潜在性」のレベル、無意識のうちに作動する身体の運動、これらにマッスミは現代のメディアと権力の密やかな関係性を、そしてメディアを媒介した政治的リアリティの変貌を、読み取るのだ。「運動」と「潜在性」そして「情動」、これまでメディア文化研究で十分検討されてこなかったこれまで諸要因を組み込みながらメディア文化研究の新しい地平を開拓する論文といえる。彼の論考の翻訳としては、すでに「災害の半減期」（長原豊訳『現代思想』二〇一一年五月号）、「潜勢の政治と先制の優越」（長原豊訳『現代思想』二〇〇七年二月号）がある。また、マッスミに論究した文献として、酒井隆史×松本潤一郎「対談　情動の政治学　身体は何を欲しているか」『談』（二〇〇六年、七六号）、ならびに伊藤守『情動の権力』（せりか書房、二〇一三年）などがある。

オーディエンス概念からの離陸

群衆からマルチチュードへ、移動経験の理論に向けて

伊藤　守

近代社会がその輪郭を示し始め、新聞や印刷物が大量に消費されるようになった一九世紀後半の社会、一方で近代社会から「ポスト近代社会」への移行期と言われるほど大きな変貌を遂げつつある二一世紀前半の現代社会、この二つの社会が一〇〇年を隔てて重なり合って見えるのは、私の幻覚あるいは錯誤にすぎないのだろうか。

「錯誤にすぎない」と切って捨てることは容易だろう。近代社会にようやく離陸しはじめた一九世紀の社会と近代社会の効率性や合理性を凌駕するほど高度に「発達」した現代社会が相同的であるはずがない。あるいは新聞が多くの読者を獲得した程度の社会とデジタルメディアという高度なテクノロジーを通じて縦横に情報を発信できる現代社会との間にはいかなる類似性も存在しないはずだ、と。

だが、本当に「錯誤にすぎない」のだろうか。たしかに一〇〇年も隔たった社会に相違が存在するのは当然のことだ。しかし、両者になんらかの類似性や相同性がないか、検討してみる価値は十分に存在するように思えるのである。また、その検討から、両者に挟まれた二〇世紀を位置づけ直してみること、また、ラジオとテレビが伝える情報をリビングという固定した空間で聴取し視聴することが一般化した時代に形成され、メディア研究の前提ともされてきた視座や概念を反省するために有効な補助線を描き出すこともできるのではないか。そうした期待を抱きながら検討を試みたいのである。

1　モバイルメディアを携帯する集合的主体は誰か

移動と運動の経験

ケイタイ端末やi-phoneに代表される電子テクノロジーの小型化と高性能化によって、家庭、通勤通学の移動空間、労働環境、そしてレストランやバーといった空間など、あらゆる場所で、あらゆる時間帯で、モバイルメディアが用いられている。

朝、ケイタイの目覚まし音で起床する。通勤通学の際には、身体的な移動を可能にする高速度の電車の中で、モバイルメディアの画面を見つつ、電車のドアの上部に設置された液晶パネルの小さなスクリーンに映る映像を見ながら、そして時には窓の外に広がるビルや木々が高速で水平方向に移動するパノラマ的な風景に目を向ける。次の瞬間にはツイッターで情報を送信する。職場ではデスク上のPCを見ながら企画書を作成し、メールの送受信が繰り返される。昼食時にはまたツイッターで「つぶやき」、友人からのメールに返信。仕事が終わり、きらびやかな映像を映し出した巨大なスクリーンがいたるところに設置された街に出る。人で溢れた街路でも無意識のうちにケイタイを取り出してメールのチェック。友人と待ち合わせ、居酒屋に入りタッチパネルで料理を注文。帰宅後もまたフェースブックで友人と情報交換する。そして一日が終わる。

このあまりにも一般化した日常生活の出来事なり営みが指し示しているのは、大量の情報が高速移動しているというにとどまらず、空間的な境界を横断するプロセスのなかに人間自身が組み込まれているということだ。モバイルメディアと一体化した人間自身が運動と移動の動態の一部と化している。この情報と人間の運動は、もちろんドメスティックな空間内部に閉じているわけではない。移民や労働力のグローバルな移動そして観光やツーリズムなど、国境を越えて移動する人々、しかも電子的テクノロジーと身体が密接に接合した人間の移動も意味している。

ジョン・アーリー(John Urry)は、このような情報の移動、人間の移動、モノの移動が常態化した社会を描き出すためには、従来の社会学の方法論的規準を見直し、静止や固定を暗に意味する家や定住・居住のメタファーよりも、ホテルやロビーや旅といった複雑な移動のイメージを喚起するメタファーを活用した新しい理論の構成こそが焦眉の課題であると指摘する。移動や旅という問題系を社会学の理論化の焦点とすること、そしてそのことを通じて、〈社会的なるもの〉の実質を捉え直すことを主張する。[1]

さて、こうした一般化した風景をふまえながらここで考えたいのは、モバイル端末を文字通り携帯して、自宅から、職場から、そして路上から、バーやレストランから次の目的地へと移動し、その間つねに情報を発信しつづける彼らは、そして私たちは、いったい何者だろうか、ということだ。ケイタイを手にして移動し続ける多くの人々をどう名付け、どう規定すればよいのか。モバイルメディアの「ユーザー」だろうか？　「ネットユーザー」だろうか？

たんなる「モバイルメディア・ユーザー」なのか？

　この問いに対して、もちろん一つの正しい解答が与えられるわけではない。マーケティングの視点からすれば、上記のように「ユーザー」という概念がもっともふさわしいのだろうし、社会学者のアーリーの眼には「移動者」という名がもっともふさわしいと見えるだろう。このようにさまざまな名を付与することは可能だ。しかし、そうした複数の選択肢が存在するとしても、モバイル端末を手にした彼ら彼女らの歴史的位置を照らし出すための名称として、「ユーザー」や「移動者」といった概念を用いることで、明晰な理解が得られるとは私には到底思えないのである。ましてや、ケイタイを手にして移動し続ける私たちをいまさら「オーディエンス」と呼ぶ人はもはや誰もいないだろう。元々ラテン語の〈audienia〉〈audient〉に由来し、〈音〉や〈声〉に耳を傾け、聴くこと、聴く者を指す、「オーディエンス〈audience〉」という概念で考えてしまったのでは、情報を発信する能動的な個人と現在の情報環境の変容を見誤ってしまうだけだろう。これまでメディア研究において前提とされた「オーディエンス」そして「ユーザー」や「移動者」といった概念が、モバイルメディアと一体化した集合的主体が内包する潜在力やその社会的位置を的確に把握する用語として不十分であるとするならば、ではいったい、いかなる概念が適切なのだろうか。いかなる概念が提起されるべきなのだろうか。

　あらたな概念を見つけ出すために以下で試みる作業はあまりに迂回すぎると思われるかもしれない。しかし、冒頭で述べたように、新聞が多くの読者を獲得し、その内容が瞬く間に人々の会話を通じて拡散していった一九世紀の社会に眼を転じてみたい。ベンヤミンが第二帝政期のパリを考察の対象とした際に、「読書する公衆としての群衆」が成立したと述べた、あの時代である。この時期に社会の前面に登場した、「移動」する多数者たる「群衆」や「公衆」という集合的な主体類型、そして彼らが相互に作用しあう様を捉えた――ジョルジュ・ルフェーヴルが「心的相互作用」と呼んだ――タルドの「模倣」概念が、今日のメディア・テクノロジーと集合的主体がしっかりと結びついた複合体が織りなす情報現象・社会現象を考える上できわめて示唆に富むと考えるからである。それら概念の現代的アクチュアリティをすくい上げてみたいのだ。[2]

2　一九世紀のメディアと群衆

包摂されざる集合的主体としての群衆と都市

すでにメディア論の古典の位置を占める『世論と群衆』は一九〇一年に出版された。タルドが死去した一九〇四年の三年前の刊行であり、タルド晩年の著作である。

この本の歴史的位置を測定し、かれが何を見ていたのか、を明らかにするために、当時のフランス社会の状況をまず振り返っておくべきだろう。フランス社会が近代社会としての輪郭が与えられ始めた一九世紀である。

歴史家の喜安朗によれば、一九世紀前半の五〇年の間にパリの人口は五〇万人から一〇〇万人に倍増する。

これほどの短期間での人口激増は前例のない異常ともいえるものである。ところが、前述のように都市基盤の整備がこの人口増大に追いつかず、パリは都市としての骨格を失ったかにみえた。

それに旧体制を支えていた社団がフランス革命によって解体されたことがパリの住民の流動化に拍車をかけ、新しい社会的結合関係を求める人びとは「セルクル」(サークル)という通称で呼ばれていた出会いの場を形成するようになる。……そうなるとアソシアオンのなかには、社会変革を考える知識人のもとで労働者などの民衆が活動するものや、労働者のみによる思想的結社、また共和主義者による革命結社が出現する。それに加えて自発的なストライキ運動も規模を拡大し、多様な社会運動がパリ社会を動揺させていく。

こうして骨格を失ったかにみえるパリに蓄積される貧困、コレラ流行のもたらすパニックは民衆蜂起の発生を予感させる状況を生み出し、多様な社会運動と革命結社の動きが、これと並行していて、都市の危機は空前のものとなる。(喜安 2009:7-8)

喜安はこうした状況を、「パリ統治の危機は、パリの歴史を通じて、もっとも深刻なものであった」と特徴づけている。この不安と危機が最終的に一八四八年の二月革命とそれによる政治的混乱や労働者の蜂起に繋がることは、よく知られている通りである。つまり、一八四三年生まれのタルドの時代が、農村部から都市への人口の移動、都市の貧困層の拡大、そしてこうした状況のなかでの都市部の労働者層による「社会的結合関係」や「政治的結社」の創出、さらにそうした緩やかな紐帯を背景とした政治的蜂起やストライキが多発した激動期であったことだ。

この激動はもちろん四八年の二月革命で収束したわけではない。その年の一二月にはルイ・ナポレオンが大統領に選ばれ、翌年のクーデターを経て、五三年にフランス社会は第二帝政下におかれる。「官僚的・軍事的装置として強化された」ボナパルト国家において、民衆、労働者、農民が自発的に自然発生的に立ち上がり、「産業的コミューン」といった斬新なスローガンを打ち上げるまでに至る経緯を、アンリ・ルフェーヴルは「パリ・コミューン」で詳細に描いた。

第二帝政下において生産と資本の集中と集積が急速に進むなか「経済学者が繁栄と呼んだこの状態から利益を受けるのは地主、地方ブルジョアジーのわずかな層」であった。「三〇〇分割地農民の大部分は劣悪な経済環境におかれ、あるいはほぼ万人の農民が自己に所属する土地を完全に、そのうち六〇万人は窮乏にさらされている」(H・ルフェーヴル 1965=2011:152)と記述している。さらに「パリの労働者のわずか十パーセントだけが、職人的あるいは半職人的企業ではない大産業で働き、言葉の正確な意味でのプロレタリアートを構成」(同書 134)していたにすぎず、「この期間のフランスの労働者、とくにパリの労働者は、少数の場合を除いて、極めて低賃金しか受け取る」ことしかできなかったという。それに加え、一八六二年、オースマン男爵によるパリ改造によって、パリ中央区に住んでいた労働者や職人は移転させられ、「セーヌ県でパン券の権利をもつ人々は一〇〇万人以上」と推定された。その結果、「彼らはできるだけ自分の家の外で、したがって(なぜそうしてはならないのか)酒屋や、カフェや、酒場で暮らす」ことになったという。アンリ・ルフェーヴルの指摘にしたがえば、「いわゆる耐久消費財も、社会保障も、休暇も余暇も存在しない」状況下で、「自然発生の諸条件、すなわち、自己の道と表現を探し求める革命的本能の諸条件」が生まれ、アナーキストからプルードン派および固有の社会主義者にいたるまでの幅広い、未組織の、多様な集合的主体が「反国家主義的な運動」に立ち上がる状況が形成された。各地でストライキや騒動が頻発し、騒動は暴動に変わる。『模範的な『プロレタリア独裁』の樹立としても記憶される」(河野健二)一八七一年のパリ・コミューンはこうした経緯の後に成立したのである。
一七八九年の大革命を念頭において書かれたジョルジュ・ルフェーヴルの『革命的群衆』の叙述は、いま対象としている一九世紀における群衆のありようとさほど変わらなかったのではないだろうか。彼は次のように記述している。

食糧危機の時には、行く先々で、船や荷車のまわりには人だかりができ、行く手をさえぎったり略奪したりするのである。物乞いが拡がり、やがては乞食の集団が徘徊し始める。しかし、何物にもまして怖るべきは、大都市で、パン屋の店先にひきもきらさずにつめかける人々の「行列」であった。蜂起する結集体に早変わりするのに、これほど適した集団はないからである。（G・ルフェーヴル 1934=2007:24）

上記の「これほど適した集団」とジョルジュ・ルフェーヴルが述べた集団こそ、群衆にほかならない。この人々の集まりは、意識的に形成されたものではない。しかし、なんらかの外的条件や要因がそこに介在するやいなや、その集合体は蜂起する集団に変貌する。これが群衆の特性にほかならない。[3]

こうした事例を彼はいくつも上げる。全国三部会が招集されるときに開かれる「小教区の選挙集会」であり、そこでは「第三身分に属するひとりひとりが、心の中で反芻していた不満のすべてを総ざらいに並べ立てた」。あるいは、「中央からのニュースを待ち受けたり、代議士や好意的な情報提供者からの手紙が読み上げられるのを聴いたりしようと、街の中で自然に出来上がった人だかり」だ。これも一人一人が結集しようとして集まったわけではない。しかし、いったん不満が表現され、手紙が読み上げられるや、「革命的な行動に決起する集団へと変貌した例が多い」とジョルジュ・ルフェーヴルは述べている。あるいは「路上の群衆のなかにいる労働者」である。そこに政治的ニュースが伝えられるや指導する者がいなくとも、かれらは行動に立ちあがる。

意識的に集合したわけでもなく、指示を出す指導者やリーダーが存在するわけでもなく、いわば未組織の労働者や農民や手工業者や職人が、たまたま人盛りができた場所で、行動に立ちあがる「群衆」の行動にいちはやく注目したのが、ル・ボンであり、タルドであった。[4]

タルドの議論については以下で検討を加えるとして、ここで確認すべきは次のようなことがらだろう。つまり、一見すると、反社会的な、混乱した状況と考えられる「群衆行動」の主体は、その多くが都市に流入してきた貧困者や広義の労働者であり、かれらはいまだ労働規範を内面化せず、資本の時間的・空間的な包摂からも逃れた集合的な主体であった。さらにアンリ・ルフェーヴルが指摘するように、しだいに組織されつつあった「労働運動を政治的議会主義と既存の社会・経済的な枠組みのなかに統合することをめざす」ドイツのビスマルクの戦術とは異なり、選挙制度を媒介にした政治的正当性のヘゲモニックな調達回路に労働者を包摂しようとする動きはフランスには存在しなかった。つまり、彼らは近代社会の労働・資本、家族、政治といった各システムがいまだ十分制度化されてはいない段階において、それらのシステムに十分なかたちでは包摂されない主体であったということだ。

この彼らにとって、教会の前の広場や路上といった「都市」の空間は、「彼の行動を社会化しているもろもろの制度から、しばらく間、自由に」なれる特異な空間として機能した。都市の内部に生成した集合的な社会的主体である「群衆<crowd. foules>」は、経済学的な範疇で言えば、貧困者や未組織の労働者層といえようが、それは私生活や労働といった「私」と「公」の空間から離れた特異な「都市」の空間に生成する未組織の集合体なのである。繰り返し指摘すれば、かれらは政治的主張を公的空間に発信する制度的な回路を持たないなかで、新聞といったメディアや日常の会話による「心的相互作用」を通じて内面化された「集合心性」をバックにしながら、身体的パフォーマンスや暴力を通じてしか貧困や政治的抑圧への不満を訴えることができない存在であったということだ。

読書する公衆としての群衆と「都市／メディア空間」

「群衆」のこうした特徴に加えて、この時期の社会変化として看過できないのは、すでに引用した「中央からのニュースを待ち受けたり、代議士や好意的な情報提供者からの手紙が読み上げられるのを聴いたりしようと、街の中で自然に出来上がった人だかり」ができたと述べるジョルジュ・ルフェーヴルの記述からも示唆されるように、郵便・通信システムの発達に基礎を置いた新聞や印刷物やニュースという当時の最新メディアの普及である。一九世紀、パリのような大都市では、二〇〇紙もの新聞が発行され、識字率の向上のもとで、労働者や一般の民衆にも広く新聞が読まれる状況が生まれた。近代新聞の原型とも言われる『プレス』が刊行されたのが一八三六年である。政治論説が中心のそれまでの新聞スタイルを変えて、流行や風俗そして文芸欄を中心にした紙面は多くの読者を獲得していく。こうした「新しさ」を身上にした新聞や政治新聞そして政治的パンフレットなど、様々な「プレス」が発行され、タルドが「純粋に精神的な集合体で、肉体的には分離し心理的にだけ結合している個人たちの散乱分布」と見なした「公衆 <public>」が広範囲に成立した。

「本質的には肉体の接触からうまれた心理的伝染の束」とタルドが形容した「群衆」と、「肉体的には分離し心理的にだけ結合している」とタルドが述べた「公衆」を混同してはならないと、タルドは繰り返し強調する。しかし、その相違はけっして対立的なものではない。「公衆」とは「散らばった群衆とでもいうべき」ものであるという彼の認識からもそのことは伺える。

たしかに、「群衆」と「公衆」を分け隔てる相違は存在する。「公衆の成立は、群衆の成立よりもずっと進んだ精神的・社会的な進化を前提とする。純粋に抽象的で、しかもきわめて現実的な集団——精神化され、進化し、いわば第二段階の力をもつにいたった群衆——が前提する、純粋に観念的な被暗示性、あるいは接触なき伝染は、それよりずっと粗野で幼稚な社会生活が幾世紀も幾世紀もつづいたのちに、ようやくうまれえた」（タルド 1901=1964:16）とタルドは論述する。「公衆」は「群衆の成立よりもずっと進んだ精神的・社会的な進化を前提と」しているのであって、その点に両者の違いがある。

だが、「公衆」は「第二段階の力をもつにいたった群衆」でもある。それは、「印刷、鉄道、電信という、たがいに相補的な三つの発明が結合して、新聞という恐るべき威力が成立した」時代に、「体をふれあいもせず、たがいに見も聞きもせず」、しかし「同じ新聞を読む」ことで、「信念や感情が似かよっている」「おびただしい数の他人にもこの一瞬に、この考えが分け与えられているという自覚」をもった「群衆」なのだ。ル・ボンがいわば「都市空間」に生起した「群衆行動」に注目したのに対して、タルドはあくまで、身体的な接触を媒介する都市と、地理的に離れていながらも、同じ情報を持つことで、「いま」と「ここ」を共有していると感じさせる空間、言い換えればメディアが媒介する精神的結合の空間が、相互に重層化した「都市／メディア空間」に着目しているのだ。

では、「第二段階の力をもつにいたった群衆」である「公衆」はいかなる性格を有し、いかなる行動を行う主体なのか。ル・ボンが『群衆心理』のなかで「衝動的で動揺しやすく、興奮しやすい。暗示を受けやすく軽信である。感情が誇張的で単純である」と指摘し、きわめて否定的に特徴づけた群衆の特徴をそのまま継承している。そうみなしてよいのだろうか。前述のように、かれが「被暗示性」や「催眠術」といった用語を用いていることからも理解されるように、たしかに群衆の性格を公衆が引き継いでいるとタルドが認識していたことは確かだろう。しかし、ここで重要なことは、別の論考でも示唆したが（伊藤 2012:120）、タルドが「被暗示性」や「催眠術」といった概念を、人間存在の否定的な側面、ネガティブな存在の在り方を表現するものとして一面的に用いたのではなく、強い意志や明晰な論理に心が打たれる、あまりの美しさに心が奪われる、センセーショナルな文体に心が躍る、といった誰もが日常的に経験する生の営み、その意味で存在の根底を照射するコンセプトとして提示していることだ。

さらに重要なことは、「公衆」が、新聞を購読し、記者が書いた記事を読む、たんなる読者や「受け手」（タルドは記者の活動を「上からの暗示」「遠くからの暗示」と表現する）ではなく、「上からの暗示をこもごもに交換しあう」発言者としても見なしていることだ。「公衆」とは、「遠くからのはたらきかけ」とともに「身近な接触からのはたらきかけ」の結節点として存在する、情報の受容者でありかつ発信者なのである。上述したように、タルドの目はあくまでこの「都市／メディア空間」に向けられているのだ。

タルドの認識は、上記したジョルジュ・ルフェーヴルのそれとも一致していると言うべきだろう。彼は、純粋な集合体としての群衆（路上の群衆のような）が一致した行動に立ち上がる集積体へと変貌する契機あるいは基盤に「心的相互作用」が存在することを強調したが、この「心的相互作用」が機能するうえで、「語らい <conversation>」がもっとも重要な働きを演じていることを主張しているからである（G・ルフェーヴル 1934=2007:36）。タルドも同様に、新聞に代表される媒体からの情報が受容され、それが「語られ」、次々に変容しながら情報が拡散していく、その結節点において繰り広げられる「会話」の重要性を特段に重要視する。多くの人々にばら撒かれた新聞の情報は、都市の街頭や路上で繰り広げられる「会話」「語らい」を通じても至るところに拡散し、波状的に広がっていく。

言い換えよう。あくまで流動的な、不規則な、予測もつかない経路を辿りながら、情報が次々と伝播していく結節点として、タルドは「公衆」を把握していたのである。

静かな水面に複数の水滴が落下したとき、互いに干渉しあいながら複雑な波形を描くさざ波のように、さまざまな記事が読まれ、その暗示がさまざまな読者でこもごもに交換され、あるいは予測もつかない経路を辿ることで、暗示が強化され、あるいは暗示が解体されるような、「読者する読者公衆としての群衆」のミクロな営みが社会の動態を構成する。場合によっては、それらの無数の営みが大きなうねりとなり、流行現象や熱狂、政治的蜂起や突発的な威嚇・暴動さえも生み出す。そのメカニズムを把握するための装置、それが「模倣」という概念である。

模倣現象に生成する律動的対立と情動

模倣とは「ある精神から別の精神にたいする距離を隔てた作用という意味と、ある脳内におけるネガを別の脳内における感光銀板によって写真のように複製する作用という意味」（タルド 1890=2007:12）であるとタルドは指摘する。後者の意味での狭義の模倣は、ある人物の思想や感情に感化され同じ思想や感情を抱くようになるということだろう。一般に私たちが模倣という場合に思い浮かべる事態である。それに対して、前者の「ある精神から別の精神にたいする距離を隔てた作用という意味」という意味での広義の模倣は、ある人物の思想や感情にふれることで、反発を感じたり、異論を唱えたり、あるいは同感したり、いずれにしてもある作用からの影響を受けている状態を指している。

ところで、広義の模倣であれ、狭義の模倣であれ、ある精神から別の精神にたいする距離を隔てた作用によって、何が伝播され、何が複製されるのか。タルドによれば、それは、「精神的傾向のエネルギー」あるいは「心理的渇望のエネルギー」である「欲求」、そして「知的把握のエネルギー」「心理的収縮のエネルギー」と規定された「信念」である。「…しよう」「…したい」といった欲求、「…こそ正しい」「…こそ便利だ」といった信念、これらが言語的メッセージとともに伝播され、何らかの作用を及ぼす。それらはエネルギーであることにおいて、集中したり、分岐したり、連続した流れとして現出し、つねに「強度」を伴っている。この「強度」を伴ったエネルギーがある精神から別の精神に向けられる。そのとき、ファッションの流行、新規の発明品の爆発的な流行、世論や政治的主張の伝播が一気に進行する。

しかし、模倣は、単純に、ファッションや主義主張が単純に反復され再生産されることを意味しない。タルドによれば、模倣は、すでに示唆したように、「きわめて特殊な種類の反復」にほかならない「対立」さえも内包し、「対立」の後に「順応」へと続く動的な過程である。

「対立」は三つの種類に分けられる。第一は、欲求や信念の強弱の度合の差（その意味での対立）がある場合である。お腹がすいた子どもの「すぐに食事がしたい」という欲求の強度とたしかにお腹はすいているが「もう少し後で食事をしよう」という親とが対立する場合を想起しよう。あるいは、ある主張に強く共感し、社会運動に自ら参加する人物、それに対して同じように主張に共感はするが、それほど強い共感ではなく、運動への参加などしたくないと考える人物との差異を想起しよう。いずれもが「程度の対立」である。第二は、「系列の対立」とタルドが指示するものである。ある人物がある人に愛情を募らせても、その相手がその人物に友情しか抱いていない場合を想起しよう。お互いの欲求の質的な相違（その意味での対立）がある場合である。しかし、その対立は、愛情の強さが相手を変えて相互に愛情を抱く関係に変化して「順応」にいたる可能性もあるだろう。第三は、「記号の対立」である。それは、ある人物への愛情が嫌悪へ変化する一方で、他者は逆に嫌悪が愛情に変化するケース、あるいはある政党への支持が一転して嫌悪や拒否に変わる場合である。これは、「程度の対立」ではなく、「系列の対立」でもなく、独自の対立をなしている。

さらに、いま述べた三つの対立の種類にかんして、タルドは「模倣」の過程にもう一つの側面を見る必要があると主張する。それは、対立する要素（支持と嫌悪、愛と友情）が連続的に変化する「律動的対立」のケース、それに対して対立する要素がある一定の期間にわたって持続的に維持され、長期にわたり対立が継続する「闘争的対立」の場合、という二つの側面である。

たとえば、日本の文脈でいえば、「55年体制」と言われた自民党と社会党の長期にわたる対立は典型的な「闘争的対立」といえる。両者の支持層はそれぞれの政党への支持を長期にわたって維持し、相互に変化することはなかった。これに対して、「律動的対立」は、AとBとの作用（あるいはA、B、C、D・・・多数の要素の間の作用関係）のなかで対立要素が連続的に変化する状態を指す。したがって、AとBという二つの項に限定して考えても、「程度の対立」の場合、AとBの間で強－弱、弱－強、弱－弱、強－強という四つの典型的なケースを極にして、強度の差異による無数のケースが生成する。

「諸力が交互に往復する」プロセスである「律動的対立」

は、「二つの力が遭遇したり衝突したり、あるいは均衡したりする闘争的対立よりも、いっそう理解しにくい」現象である。しかし、この不規則に動き回る諸力の働きは「正確な反復がおこなわれるための条件そのものであり、また、反復によってヴァリエーションが生まれるための条件」ともなる。ある状態が均衡状態にある場合でも、その内部に微細な差異が存在することをタルドは指摘しているが、「律動的対立」とはこうしたつねに生成変化する諸力の状態そのものといえる。

さらに留意すべきは、この「律動的対立」がいかなる条件で成立するのか、ということだ。タルドはこの点について多くを語らない。だが、上述したように、人口が過剰な大都市のなかで、流動的な、不規則な、予測もつかない経路を辿りながら、情報が次々と伝播していくような、情報回路の多元性が成立した環境が構造化されるなかで、つまり読者公衆たる群衆が広範囲に成立しうる状況が生起した歴史的状況を前にして、「闘争的対立」とは区別される「律動的対立」という概念の着想をタルドが得たことは疑えない。異質な、異なる情報が多元的に移動し、その異なる複数の情報が同時的に受容されるような環境があってこそはじめて「律動的対立」が生まれる。

個人の感情や情動、個人の意見や主張が発信され、その大量の情報の波のなかに個人の感情や情動や意見が巻き込まれることで、一瞬のうちに、しかも時間を追うように個人の感情や情動や主義主張が刻々変化する事態の成立である。「律動的対立」の論理にしたがえば、AとBの二つの項でみれば、前述のように、両者の間で強ー弱、弱ー強、弱ー弱、強ー強という四つの典型的なケースが生まれるが、その四つのケースなかには、「弱ー弱」「強ー強」という類似の現象が強い強度をもって生成する事態、そしてさらには「弱ー弱」から「強ー強」へ、「強ー強」から「弱ー弱」へ、と一瞬のうちに事態が反転するプロセスも生起するだろう。

タルドが概念化した「公衆」そして「模倣」とは、一九世紀後半に生じた、複数の情報が乱反射しながら「律動的対立」が生起する特異な情報現象を照射するためのキーコンセプトなのだ。

3 「ポストフォーディズム」社会におけるマルチチュード

分子的な微粒子状の情報移動と熱狂現象

よく知られるように、「読書する公衆としての群衆」や「模倣」といった概念群が内包する現代的意義をもっともよく理解していたのはドゥルーズである。彼の「モル的」そして「分子的」といった概念もタルドの思考に触発され導き出されたと考えてよい。

「分子的な微粒子状の流れ」とドゥルーズが述べる情報の流れは、情報を流し始めた最初の公衆やそれを中継し、模倣する無数の公衆の意図や意志など無関係に情報が増殖し、彼らが制御できない独自の自律性とリアリティを構築していく。タルドが見た「模倣」現象そのものである。それは、多くの人々を混乱や不安に陥れ、一方では「うわさ」や一種の「催眠」状態に巻き込む。あるいは広範囲の「流行」現象を生起させる。そして、時には「熱狂」や「蜂起」といった事態さえ生起させる。

組織された集合体内部の理路整然とした「モル的」な情報の流れとは対照的に、情報が予測できない経路を辿りながら、拡散する「分子的な微粒子状」の流れは、階級、党派、性、そして国境といった社会のさまざまな境界や制度の壁を越境していくだろう。またその流れは、境界の内と外、境界の上と下、あるいは左右に分かたれたなかに生まれる二項対立（賛成と反対、支配と被支配）を揺るがし、社会秩序を根底から揺さぶるだろう。その意味で、この情報の流れは、従来のスタイルに修正を加える開放性を具備している。

しかし、その開放性や新しい社会の布置を生み出す力能は単純に肯定できるようなものではない。このことを、タルドも熟知していた。「まったく精神的なもの」である公衆の行動は、愛情によって生気を与えられることもあれば、憎悪によっても生気を与えられる。増幅された嫌悪が「分子的な微粒子状」の流れとなって拡大する過程は、他者を暴力的に、しかも集合的に圧倒的な力をもって排除する可能性をつねに孕んでいるからである。

「分子的な微粒子状」の流れは、原初的な「社会性」あるいは「社会的集合性」を構成する契機である。しかし、それは一方で、排除と暴力という契機も内包する。そのアンビバレントな特性にドゥルーズやタルドの目は注がれていたのであり、「社会とは模倣であり、模倣とは一種の催眠状態である」というタルドの指摘は、「社会性」が成立するその始原に、信念と欲望の「分子的な微粒子状」の流れによる反復と模倣があることを示唆するために語られた命題なのだ。

デジタルメディアと接合する集合的主体の位置

このようにタルドの議論を位置づけてみると、タルドやドゥルーズが指摘する「模倣」や「反復」という現象、さらに模倣現象のなかにタルドが観察した「律動的対立」が、一〇〇年近い時間を経過したいま、私たちの目の前で生成している情報現象そのものではないか、と指摘する誘惑に私は抗しきれない。

現在、急速に拡大しているネット型の情報の移動は、個々の主体によるボトムアップ型の情報の流れを構成し、さまざまな社会的境界を横断し、国境すらやすやすと越境していく特性を持っている。さらに、発信された情報が、次々に、さまざまな回路を通じて、どこに向かって、どのように伝わるのか、それら一連の情報伝達の過程はきわめて不確定で、独自の拡散性と散逸性を持っている。複数の、数えきれない情報が瞬時に流れ、情報の移動は広範囲である。しかも、それぞれの結節点で情報は補完され、差異化され、予測不可能な効果を生み出しながら流通する。

こうしたツイッターやフェイスブックを活用した個人発の情報の流れは、マスメディアが伝えない、日常生活で生起する様々な問題を広く社会に知らせ、社会問題を認識する契機を創り出す契機となることもある。あるいは、保守派のアルマデネチャド政権に対する抗議活動が一般市民や学生とりわけ女子学生を主体に組織されたイランの「緑の運動」において、ツイッターやフェースブックが未組織の市民や学生を運動に巻き込む重要な触媒となったことをアレズ（2011）は詳細に論じているが、デジタル・メディアが媒介したネットワークを基盤にする社会運動の生起はイランにとどまらない。二〇一一年に起きたエジプトの一〇〇万人規模と言われる反政府デモにおいてもソーシャルメディアが運動の拡大に大きな役割を果たしたことはよく知られている通りである。一人の個人が発信した情報が拡散し、その情報を受容した多くの人がまた情報を転送する過程で、これまで顔を合わせることもなく分散して存在した数万・数十万の人たちがデジタル・ネットワークを介して共時的に「いま」と「ここ」を共有し、路上や街頭に繰り出し集合し、社会運動や反政府運動を一気に拡大していく。

その一方で、この多元的な情報の流れは、これまで圧倒的な好感をもたれていた人物に対する評価を、一つの情報が流通するだけで、一瞬のうちに嫌悪や罵倒の対象に変えてしまうような「律動的対立」を帰結する強度の同質性を生み出してもいる。

そうしたデジタル・ネットワークを媒介した情報の移動の特徴は、タルドが新聞による情報発信とそれを媒介する人々の「会話」や「語らい」にその原初形態をみた模倣現象の特性そのものではないだろうか。

しかし、ここで強調しておくべきは、分子的な微粒子状の情報移動とでもいうべき「情報の流れ」が社会システムにとって無視できない事態として成立しているという点で、一九世紀と二一世紀との間にある種の同型性が存在するということ、それ自体が重要なことがらではないということだ。そのことだけが問題なのではない。

むしろより重要なのは、新聞という近代システムと接合した地点に生成した読者公衆としての群衆という社会的な集合的主体が近代の諸制度にいまだ〈包摂されざる主体〉であることと見合うように、いま私たちの前にいる多くの集合的主体も同じような布置関係におかれているのではないかということだ。最後にこの問題にアプローチしよう。

モバイルメディアを携帯する「マルチチュード」？

情報テクノロジーの革新と結合したポスト・フォーディズム的産業構造の成立は、すでに多くの論者が指摘するように、情報サービス産業の拡大を帰結し、知識やコミュニケーションそして感情をも資本蓄積の資源に転嫁する一方で、パート労働、非正規労働、派遣労働、任期付雇用など、不安定な労働者層をグローバルな水準で大量に生み出している。

自らの知的活動やコミュニケーションを資源に労働する多くの知的労働者は、仕事と余暇、労働と趣味、公と私、といった境界が曖昧化した時空間のなかでの労働に従事する。デザイン制作、画像制作、プログラム制作など知識産業や情報産業といった幅広い業種が交錯し混在する分野で労働する人たちである。あるいは医療や福祉やサービス産業にとって必須のものとなった感情労働に従事する労働者たちがいる。国境を越えて飲食店や看護の現場で働く多くの移民労働者たちもまたこうした労働の担い手でもある。さらに言えば、看護や育児や教育に従事しながらも賃労働とはみなされず不払い労働に従事する労働者たちもいる。ポストフォーディズム的産業の進展とグローバル化の進行の過程で生み出された、多様な、特異性を帯びた、未組織の、労働主体である。[5] かれらを、ネグリとハートがマルチチュードと呼んだ特異な社会的主体と重ね合わせて見ることは十分に可能だろう。

かれらは強固な組織的基盤をもたず、既存の制度的回路を通じては自らの社会的・政治的主張を公的空間に伝えることができない。いわば、ポストフォーディズム的産業構造へと変貌したグローバル資本主義の進展から生まれたこの集合的な主体は、従来の社会システムの構造的枠組みには包摂されない、制度的枠組みを越えた社会的主体である。「群衆」あるいは「公衆」とは、前述したように、近代の諸制度にいまだ〈包摂されざる主体〉として位置づけうる対象であった。それに対して、今日生起しているのは、ベクトルが反転して作動したかのように、近代の諸制度から弾き出され、かつ同時に諸制度を食い破るような、その意味で両義性を体現する集合的な主体の生成という事態である。

だが、この主体はそれだけで語られてはならない、もうひとつの側面を有していないだろうか。それは、最初の節で指摘したように、かれらがモバイル端末を手にして、自宅から、職場から、そして路上から、バーやレストランから、さらには国境さえも越えて移動しつつ、情報を発信し続ける存在でもあるということだ。かれらは、リビングや自室でテレビからの情報を消費するたんなる情報の受容者ではない。他者の発言や情動に対してすぐさま応答し、敏感に反応しながら、プライベートなことがらや不満や怒り、そして政治的意見をも社会的空間に発信する主体でもある。彼ら彼女らのこうした行動もまた、かれらの社会的性格の重要な特性として把握しておく必要があるだろう。デジタル・ネットワーク上の情報の送受信を通じて、ジョルジュ・ルフェーヴルが指摘した「心的相互作用」、タルドが述べた「模倣」がおこわれ、「集合心性」が形成される、ネットワーク上の群衆とでもいうべき存在である。[6]

従来の社会システムの構造的枠組みには包摂されず、制度的枠組みを越えた社会的主体であると同時に、無数に広がる情報回路の結節点として情報を発信し、編集し、再創造する集合的な主体。私には、現在の液状化した社会に布置化された集合的な主体と一九世紀にタルドがみた「群衆」「公衆」の位置が重なって見えてくるのである。両者の構造的な近似性である。

もちろん〈包摂されざる主体〉と〈包摂から弾き飛ばされた／包摂を食い破る主体〉という主体の間に存在する歴史的差異や、それぞれの主体が接続されたテクノロジーの差異を無視することはできない。とはいえ、両者はともに、制度の周辺に構造的に布置化された集団的な主体と言う点でも、分子的な微粒子状の情報移動の結節点として機能しているという点でも、相同的な位置を占めている。冒頭で一九世紀の社会と二一世紀の社会との間に相同的な関係性が存在すると述べた根拠はこの二つの集合的主体の社会システムに占める布置の類似性にほかならない。

一九世紀の文脈から成立した特異な主体を、タルドは「公衆」と呼び、ベンヤミンは「読書する公衆としての群衆」と呼んだ。それと重なり合うように見える現代の集合的な主体を私たちはどう名付けることが可能なのだろうか。[7]

Audience/Communicationという概念の歴史的射程

長きにわたり、メディア研究は「送り手」や「受け手」あるいは「オーディエンス」といった概念によって、メディアに媒介された情報の移動と社会現象を捉えてきた。しかし、「オーディエンス」や「コミュニケーション」といったメディア研究にとって不変とも思える概念が、有線・無線通信の発達そしてラジオからテレビへと続く放送の開始といったメディア技術の進歩はもとより、代議制や社会保障・福祉制度の確立など近代社会の諸制度が多くの人々をシステムの内部に包摂しえた、この時期の社会的文脈や歴史性に規定された概念であることをあらためて反省する必要がある。

そのことは、この小論で示したように、一九二〇年代にマス・コミュニケーション研究が制度化され、「オーディエンス」や「コミュニケーション」といった概念が不変のものとして定着するはるか以前に、「群衆」や「公衆」そして「模倣」といった概念を通じてメディアに媒介された情報の移動と社会現象を捉える試みが存在したことを想起すれば一層明らかとなる。

すでに述べたように、聴くことを指す、元々ラテン語の〈audienia〉〈audient〉に由来する古フランス語を起源として生まれた「オーディエンス」概念や、ラテン語の〈communion〉を起源としつつキリスト教の影響下で聖杯拝受を通じた「共同性」という意味を強く内包した「コミュニケーション〈communication〉」概念を自明のものとしてもはや考えることができない局面にメディア研究は立たされている。[8] 繰り返すならば、「送り手」と「受け手」の二つの項の間で、つまり二項の間の関係に閉じたかたちで、単一のメッセージの移動を捉える、従来のコミュニケーション・モデルでは理解できない情報現象が生まれ、ラジオとテレビを特定の空間で聴取・視聴することを前提としたオーディエンス概念では捉えきれないテクノロジーと人間の接合の構造が成立しているからである。[9] 自明視し、前提としてきた、これらの概念から離陸して思考する「冒険」が求められているのだろう。「群衆」「公衆」そして「模倣」といった概念の新たな読解は、その離陸のための一つの試みである。

注

1　この移動の社会学を構想するためにアーリーが採用する戦略は、ドゥルーズが展開した身体ー機械接合系の議論と近接している。アーリーによれば、現代の社会関係とはすでにテクノロジー、テクスト、記号、イメージ、物理的環境といった複数の契機が「相互接続」するなかで形成され、再形成され、人間の能力の大部分は、これらの非人間的な構成要素との接続によって現実化されている。したがって、人間と非人間的な要素が接続した結節点に照準しながら、その結節点自体が可動的で、境界を容易に越境することから生成する一連の事態を、重要な社会的事象として、また個人の新たな身体経験としても、記述する方向が目指されねばならない。ドゥルーズの指摘にしたがうならば、機械と人間の接合の新たな「配置＝配列（assemblage = agencement）」から生成する出来事を記述する新しいスタイルの模索である(Urry2000=2006:26-36)。

2　「群衆――十九世紀の文学者たちにこれ以上正当な権利をもって近づいてきた対象はなかった。群衆は読書の習慣をもつようになっていた広汎な層において〈読者〉公衆というかたちで形成されはじめていた」（ベンヤミン 1939=1995:435）とベンヤミンは「ボードレールにおけるいくつかのモティーフについて」の中で述べている。また「パリ――十九世紀の首都」の中では、都市を語るアレゴリー詩人のまなざしと遊歩者のまなざしを重ね合わせながら、それが「疎外されたまなざし」であり、「大都市への、そして市民階級への敷居の上にいる」、つまり「そのどちらにもまだ完全には取りこまれてはいない」状況からのまなざしであると指摘した上で、「彼は（遊歩者は）群衆のなかに隠れ家を求める」（ベンヤミン 1935=1995:346）のだという。「群衆とはヴェールであり、見慣れた都市は幻像と化して、このヴェール越しに遊歩者を招き寄せるのである」と。遊歩者にとって群衆とはヴェールであるとのベンヤミンの認識図式はここで詳細に論ずることはできないが、市民階級にはいまだなりえず、市民階級への敷居の「こちら側」にいるのが読者公衆としての群衆であることだけは確認されよう。

　また芳川は、「ベンヤミンが『遊歩者』と『群衆』というタームでそれぞれ示唆したものを、バルザックはすでに『通行者』という一つの言い方で指示していた」と指摘し、バルザックが「遊歩者にも群衆にもなる前の、第一帝政期の都市の通行人の姿」（芳川 1999:41）を描写していたことを詳細に論証している。遊歩者、群衆は、まぎれもなく「通行者」、移動する者の系譜に位置づけられる。詳細な「群衆論」は別途書かれることになるだろう。

3　ジョルジュ・ルフェーヴルは『革命的群衆』のなかで、駅の周辺とか工場が終わり人がどっと街路や広場にできる、諸個人の、自覚されていない一時的な「群衆」を、純粋状態にある「群衆」として、「集合体<agregat>」と規定する一方で、統一的な行動を共にとることを諸個人が自覚した「群衆」を「結集体<rassemblement>」と規定し、この双方の間には中間的な性格の多くの結合形態が存在することを指摘した。それが「半意識的集合体<agregat semi-volontaire>」である。このそれぞれの段階で「心的相互作用」から生成する「集合心性」のはたらきを重視した。

4 ル・ボンの群衆論についてはここではふれない。すでにジョルジュ・ルフェーヴルによる的確な批判が加えられているからである。ジョルジュ・ルフェーヴルは、群衆による集合的行動にいちはやく注目した点でル・ボンを評価するが、フランス革命において、指導者に唆された盲目的な「群衆」、無自覚な「暴徒」が登場したとして断罪するル・ボンの視座が、群衆概念を明確にすることもなく、「心的感染」といった曖昧な概念で集合的現象を個人意識のレベルで捉える皮相な議論にすぎないとして批判を加えている。
　他方で、「心的相互作用」や「集合心性」のはたらきを重視するジョルジュ・ルフェーヴルの視点が、革命期の民衆の行動を共通の感情や理性的な判断にもとづく自覚的な連合として捉える主知主義的・理性主義的議論をも批判するものであったことを看過してはならない。

5 本文で指摘した、ポストフォーディズムの経済体制の下で成立したグローバル権力とその内部から生み出された労働主体をマルチチュードと概念化したのは、言うまでもなく、ネグリとハートである。マルチチュードが、多様な、特異性をもつ、未組織の労働主体であるのは、水嶋(2011)が的確に指摘したように、マルチチュードが、一方では工業労働者のみを対象とした、すなわち既存の労働組合や政党組織によって組織され、社会保障といった制度に包摂された狭義の意味での「労働者階級」からも、さらに他方では賃労働者を念頭に置いた広義の意味での「労働者階級」からも区別される、社会的主体を指しているからである。

6 「帝国」というネットワーク状の権力に対抗する特異な集合的主体としてネグリとハートが規定するマルチチュードをモバイルメディアというテクノロジーと接合された主体と見なすことは可能であり、かつ必要なことである。日本社会における雇用形態別雇用者数の推移を見る限り(総務省統計局ホームページ「長期時系列データ」参照)、正規の職員・従業員の低下(二〇〇九年三五〇〇万人)とパート・派遣・契約社員等の増加(同年二〇〇〇万人弱)傾向という実態を考慮すれば、「モバイルメディアを携帯した」「路上や街角ですれ違う」多くの人びとが、賃金差別や雇用保険への加入すら拒否された〈社会の諸制度から弾き飛ばされた／諸制度を食い破る存在〉であると想定することは実体的な根拠をもちえている。

7　「モバイルメディアを手にするマルチチュード」と規定したいという思いもあるが、もちろんこうした規定はネグリやハート自身のマルチチュードの規定から逸脱したものとして強い批判に晒されるだろう。ネグリとハートによれば、「マルチチュードは一群の特異性からなる」主体であり、差異を排除した統一性を象徴する〈人民〉とは対照をなしている。また他方では、「マルチチュードは多種多様なものであるとはいえ、バラバラに断片化した、アナーキーなものではない。その意味でマルチチュードの概念は、群衆や大衆や乱衆といった複数の集合体を指示する他の一連の概念とも対比されなければならない」（ネグリ・ハート 2004=2005:172）と明確に指摘しているからである。「（群衆や大衆や乱衆といった）これらの主体は、自分自身では行動できず、誰かに導いてもらわなければならないという意味で、根本的に受動的な存在なのである。……他方のマルチチュードは、特異性同士が共有するものにもとづいて行動する、能動的な社会的主体である」と。グローバル権力に対抗するマルチチュードと、現代の日本社会に生成した未組織の周辺化された、そしてモバイルメディアを携帯する労働者を実体として重ね合わせてみることは可能だが、社会的文脈やその政治意識の違いを考慮すれば、単純に同一視することはできない。未組織の周辺化された、そしてモバイルメディアを携帯する労働者がマルチチュードへと現勢化していくのか、それともまったく別のベクトルの方向へ向かうのか、その両義性を照射するコンセプトが必要なのだ。

8　語源と語義を示す事例の豊富さで有名な『オックスフォード英語辞典』（OED）によれば、〈audience〉は元々ラテン語の〈audienia〉〈audient〉に由来する古フランス語を起源としている。〈audienia〉〈audient〉とは、言うまでもなく〈音〉や〈声〉に耳を傾け、聴くことを指している。それは、第一義的には「聴くこと、話されたことに注意を振り向けること」を意味し、「法廷における聴く行為」、「君主あるいは政府の構成メンバーに対する聴取」、「身を入れて聴く個人」という多義的な意味を内包している。これらの意味の上に、「本や新聞の読者」「演劇やテレビ番組の観客や視聴者」という今日私たちが一般的にイメージする〈audience〉概念が成立している。

この語の由来から浮かび上がる重要な論点は、〈audience〉という概念が、その根本のところで、一心に耳を傾け、その声や音に注意を振り向ける、〈聴きとる〉〈聞き入る〉という特異な行為様式をその概念の根底に内包していることだ。つまり、それは漫然とした状態で音や声が聞こえるといった状態や様態を指しているわけではない。

さらに言えば、聴くという行為は、対面状況にあるパーソナル・コミュニケーションのみを指しているわけではない。すでにマクルーハン(Marshall McLuhan)が詳細に論じたように、西欧社会において、本は声を出して読まれるべきものであり、かつ写本という書く行為においてすら声を出して読むという行為を伴っていた。〈聴きとる〉とはそれ故に対話のみを指すわけではなく、書物を書く、書物を読む、ということとも深くかかわっている。では、書物と声との強い結び付き、その背景には何があったのか。

キリスト教初期の教父時代、および、中世紀における音読に関する考察をおこなったドム・ジャン・ルクレールの「学問愛と神への憧れ」からマクルーハンは以下の文章を引用する。彼の著作のなかで、もっとも重要な論点のひとつをなす箇所である。「もしいかに読むかを知ることが必要になるとすれば、それはまずなによりも、〈聖典の朗読 lectio divina〉に参加できるようになるためのものであった。この営みはなにから成り立っているのであろうか。どのように読みはなされるのか。これを理解するためには、〈legere 読む〉および〈meditari 瞑想する〉という二つの語が聖ベネディクトにとってもっていた意味、そして全中世期を通じてもち続けていた意味を想起する必要がある。これら二つの語が表現していたものを理解して初めて、中世修道院文学の特徴的な性格のひとつが明らかにされるであろう。……略……中世においては古代におけると同様、ひとびとは今日の読者家とはちがって主として眼では読まず、口唇と耳で読んだのである。彼等は見たものを発音し、それを耳で聴く。その結果、頁を読むことは「頁の声」を聴く、ということになる。それはまさに聴覚的読書であった。つまり〈legere 読む〉は同時に〈audire 聴く〉をも意味していたのである」(McLuhan 1962=1986:140)。

この引用に続いて、マクルーハンは、音読という読書行為と密接に結びついた、聴くという行為が、いかに瞑想、祈り、学び、記憶、といった中世的な理念体系の中心に位置していたことを指し示すために、次の文章も記述している。「これはたんに書かれた語の視覚的記憶をもたらすだけにとどまらない。発音された語の筋肉感覚的記憶および耳にした語の聴覚的記憶がそこから生じるのだ。〈meditatio 瞑想〉とは全身全霊をいまのべた意味での記憶術に捧げることである。したがって、〈meditatio 瞑想〉は〈lectio 朗読〉と表裏一体なのだ。それはいわば肉体と精神に聖なるテキストを銘記する営みである」(McLuhan 1962=1986:141)。

マクルーハンが注視したルクレールの引用文から理解さ

れるのは、繰り返すことになるが、〈legere 読む〉ことが同時に〈audire 聴く〉ことを意味しており、この〈読む〉と〈聴く〉の一体性が、〈読む〉こと、そして〈瞑想〉することと、この両者の表裏一体性を生み出していたことである。そして、〈読む〉と〈聴く〉の、この一体性こそが、「肉体と精神に聖なるテクストを銘記する営み」であったということだ。聴き取られるべき声にこそ〈真理〉が宿る、とする西欧社会に歴史的に脈々と流れてきた思想的水脈である。言い換えれば、そこにあるのは、単一のテクスト――聖なるテクスト、聖書――から発する単一の声に、身を入れて聴き入ることから真理が開示する、という構図である。

　こうした〈audience〉概念に累積する歴史的厚みを対象化することなく、「オーディエンス」という概念を用いてきたこと自体が問われるべきことがらなのだろう。

9

　もちろん、「送り手」「受け手」という二項から組織されたコミュニケーション・モデルや〈audience〉という概念を再考する試みがなかったわけではない。たとえば、ジョン・ハートレイ(John Hartley)は「不可視のフィクション」と題された論考において、コミュニケーション研究の中で自明視されてきた〈audience〉とは、学者やジャーナリストなど批判的な知識人が語る言説、放送局や視聴率調査会社などテレビ産業が語る言説、あるいは政治的・法的システムが提示する言説など、さまざまな諸制度がその時々の利害関心にもとづいて描いた、いわばフィクションとしての「オーディエンス像」にすぎないと指摘した。(Hartley 1987) 彼は、〈audience〉を実体的なものとして考える従来の視点を批判したのである。またイエン・アン(Ien Ang)も、視聴率計測の対象として、あるいはメディア研究者によるヒアリング調査の対象者として位置付けられてきた〈audience〉とは、経済上の、あるいは研究上の、それぞれの関係者（の諸制度）の利害関心の下で捉えられた像にすぎないのであり、オーディエンス研究とはけっして政治的にも学問的にも中立的なものではないことを指摘した。(Ang 1991) その上で、彼女は、〈audience〉に関する言説を、特定の文化的・政治的な文脈に規定された問いかけ＝視座から構築された一つの像にすぎないものとして批判的に読み解きつつ、（自身のアプローチすらその規定性を免れないことを自覚しながら）〈audience〉の多様な側面を明らかにすることに大きな意義を認めたのだった。

　メディア研究内部からの、ハートレイやアンに代表される指摘は、〈audience〉として捉える既存の枠組みが前提としてきた歴史社会的な文脈を対象化する、貴重な論点の提示であったといえる。しかし、ハートレイやアンが指摘したことがらよりも、より広がりをもつ歴史的な視点から、

<audience>概念が内包する前提が問い直されるべきだったといえる。

引用参照文献

Ang,Ien (1991) *Desperately Seeking the Audience*, Routledge.

Ang,Ien (1996) "On the Politics of Empirical Audience Research", in Ang,I. *Living Room Wars*, Routledge.（=2000, 山口誠訳「経験的オーディエンス研究の政治性について」吉見俊哉編『メディア・スタディーズ』せりか書房）

Benjamin,Walter(1935) Paris, *die Hauptstadt des XIX*. Jahrhunderts.（=1995, 浅井健二郎監訳・久保哲司訳「パリ—十九世紀の首都」『ベンヤミン・コレクション1』ちくま学芸文庫）

Benjamin,Walter(1937) *Uber einige Motive bei Baudelaire*.（1995, 浅井健二郎監訳・久保哲司訳「ボードレールにおけるいくつかのモティーフについて」『ベンヤミン・コレクション1』ちくま学芸文庫）

Hardt,Michael&Negri,Antonio (2000) *Empire*, Harvard University Press.（=2003, 水嶋一憲・酒井隆史・浜邦彦・吉田俊実訳『帝国—グローバル化の世界秩序とマルチチュードの可能性』以文社）

Hardt,Michael&Negri,Antonio(2004) *Multitude: War and Democracy in the Age of Empire*, Penguin Press.（=2005, 幾島幸子訳，水嶋一憲・市田良彦監訳『マルチチュード：〈帝国〉時代の戦争と民主主義』ＮＨＫ出版）

Hartley,John(1987) "*Invisible Fiction: Television Audiences, Paedocracy, Pleasure*", Textual Practice 1(2)

McLuhan,Marshall(1962) *The Gutenberg Galaxy: the making of typographic man*, Toronto University Press.（=1986, 森常治訳『グーテンベルグの銀河系—活字人間の誕生』みすず書房）

McLuhan,Marshall(1964) *Understanding Media: The Extension of Man*, McGraw-Hill Book.（=1987, 栗原裕・河本仲聖訳『メディア論：人間拡張の諸層』みすず書房）

Lefebvre,Georges(1934) *FOULES REVOLUTIONNARES*（=2007 二宮宏之『革命的群衆』岩波書店）

Lefebvre,Henri(1965) *LA PROCLAMATION DE LA COMMUNE* (26 mars 1871), Gallimard.（=2011, 河野健二・柴田朝子・西川長夫訳『パリ・コミューン』岩波書店）

Tarde,Jean-Gabriel (1898) *Les Lois Sociales: Esquisse d'une Sociolagie*, Felix Alcan.（=2008, 村澤真保呂、信友建志訳「社会法則」『社会法則／モナド論と社会学』河出書房新社）

——(1895) *Monadologie et Sociologie in Essais et melanges Sociologiques*, Lyon-Paris, Storck et Masson.（=2008「モナド論

と社会学」『社会法則／モナド論と社会学』河出書房新社）
——(1890) *Les Lois de l'imitation : etude sociologique.*（=2007 村澤真保呂、池田祥英訳『模倣の法則』河出書房新社）
——(1901) *L'Opinion et la Foule.*（=1964 稲葉三千男訳『世論と群集』未来社）
Deleuze,Gilles & Guattari (1980) *Mille Plateaux : Capitalisme et schizophrenie*, Les Editions de Minuit.（=1994 宇野邦一、小沢秋広、田中敏彦、豊崎光一、宮林寛、守中高明訳『千のプラトー：資本主義と分裂症』河出書房新社）
Deleuze,Gilles (1968) *Difference et Repetition*, Presses Universitaires de France.（=1992 財津理訳『差異と反復』河出書房新社）
Deleuze,Gilles & Guattari (1972) *L'ANTI-CEDIPE : Capitalisme et schizophrenie*, Les Editions de Minuit.（=2006 宇野邦一訳『アンチ・オイディプス：資本主義と分裂症』河出書房新社、河出文庫）
Deleuze,Gilles (1988) *Le Pli : Leibniz et le baroque*, Les Editions de Minuit.（=1998 宇野邦一訳『襞：ライプニッツとバロック』河出書房新社）
Urry,John(2000) *Sociology Beyond Societies: Mobilities for the twenty-first century*, Routledge.（=2006, 吉原直樹監訳『社会を越える社会学：移動・環境・シチズンシップ』法政大学出版局）

アレズ・ファクレジャハニ（2009）「われわれは無限大だ：世界でも稀なイランの抗議運動にみる新たな市民のネットワークと社会編成の力」『現代思想』二〇〇九年一二月号
伊藤守（2013）『情動の権力：メディアと共振する身体』せりか書房
喜安朗（2009）『パリ　都市統治の近代』岩波新書
水嶋一憲（2011）「帝国とマルチチュード」『社会学ベーシックス9　政治・権力・公共性』世界思想社
芳川泰久（1999）『闘う小説家　バルザック』せりか書房

原　宏之（はら　ひろゆき）

1969年生まれ。現在、明治学院大学教授。専攻は、哲学・比較思想史。主要著書に『バブル文化論』（慶應義塾大学出版会、2005年）、『表象メディア論講義——正義篇』（慶應義塾出版会、2006年）、訳書にブノワ・ペータース『デリダ伝』（白水社、近刊）など

毛原大樹（けはら　ひろき）

1982年生まれ、アーティスト、京都メディア研究会共同代表、アナログ電波、ラジオ、テレビを用いたアートプロジェクト多数。これまでの仕事として、「コジマラジオ」(2007年～)、「町中アート大学」(2009年)、「最後のテレビ」(2011年～)など。

水嶋一憲（みずしま　かずのり）
1960年生まれ。現在、大阪産業大学経済学部教授。専攻は、メディア文化研究・社会思想史・社会哲学。著書に『グローバリゼーションと植民地主義』（共著、人文書院、2009年）、『アジアのメディア文化と社会変容』（共著、ナカニシヤ出版、2008年）ほか。翻訳に、アントニオ・ネグリ、マイケル・ハート『〈帝国〉――グローバル化の世界秩序とマルチチュードの可能性』（共訳、以文社、2003年）、アントニオ・ネグリ、マイケル・ハート『マルチチュード――〈帝国〉時代の戦争と民主主義』（共監修、NHK出版、2005年）ほか多数。

林　香里（はやし　かおり）
1963年名古屋市生まれ。現在、東京大学大学院情報学環教授。専攻は、マスメディア、ジャーナリズム研究。主要著書：『〈オンナ・コドモ〉のジャーナリズム　ケアの倫理とともに』（岩波書店、2011年）。『マスメディアの周縁　ジャーナリズムの核心』（新曜社、2002年）。『テレビ報道職のワーク・ライフ・アンバランス　13局男女30人の聞き取り調査から』(谷岡理香と共編著、大月書店、2013年)。翻訳書、ドミニク・カルドン『インターネット・デモクラシー　拡大する公共空間と代議制のゆくえ』（林昌宏と共訳）ほか。

堀口　剛（ほりぐち　つよし）
1981年生まれ。専攻はメディア論、メディア史。東京大学大学院学際情報学府博士課程／武蔵野大学・大妻女子大学非常勤講師。主な論文として、「『編集者』が『作者』になるとき―三浦展という事例から」（南後由和・加島卓編『文化人とは何か？』東京書籍、2010年）、「戦時期における岩波文庫の受容―古典と教養の接合をめぐって」(『マス・コミュニケーション研究』72号、2008年)、がある。

若林幹夫（わかばやし　みきお）
1962年生まれ。現在、早稲田大学教育・総合科学学術院教授。専攻は、社会学、都市論、メディア論、時間 - 空間論。著書に『メディアとしての電話』（共著、弘文堂、1992年）、『郊外の社会学――現代を生きる形』（ちくま新書、2007年）、『増補　地図の想像力』（河出文庫、2009年）、『〈時と場〉の変容――「サイバー都市」は存在するか？』（NTT出版、2010年）、『モール化する都市と社会』（編著、NTT出版、2013年）など。

藤田結子（ふじた　ゆいこ）
現在、明治大学商学部、専攻は、文化社会学、メディア研究。著書に『文化移民―越境する日本の若者とメディア』（新曜社、2008年）、『現代エスノグラフィー』（北村文との編著、新曜社、2013年）。

大山真司（おおやま　しんじ）
1971年生まれ。Lecturer Department of Film, Media and Cultural Studies Birkbeck, University of London. 専攻は、メディア論・カルチュラル・スタディーズ・クリエイティブ産業論。最近の論文: “Beyond Western Views of Creativity and Innovation.” In The Handbook of Management and Creativity, edited by Chris Bilton and Stephen Cummings. London: Edward Elgar Publishing, 2014. 他

編者紹介

伊藤　守（いとう　まもる）

1954年生まれ。早稲田大学教育・総合科学学術院教授、専門は社会学・メディア文化研究、社会情報学。著書に『記憶・暴力・システム』（法政大学出版局）、『情動の権力』（せりか書房）、『ドキュメント　テレビは原発事故をどう伝えたか』平凡社新書、『ネグリ、日本と向き合う』（共著、ＮＨＫ出版新書）、『公共圏と熟議民主主義』（共著、法政大学出版局）、『テレビニュースの社会学』（編著、世界思想社）など。

毛利嘉孝（もうり　よしたか）

1963年生まれ、東京芸術大学准教授、専門は社会学、文化研究・メディア研究、主著に『ストリートの思想：転換期としての1990年代』（NHK出版）、『増補ポピュラー音楽と資本主義』（せりか書房）、『文化＝政治：グローバリゼーション時代の空間の叛乱』（月曜社）など。

アフター・テレビジョン・スタディーズ

2014年4月23日　第1刷発行

編　者　伊藤守　毛利嘉孝
発行者　船橋純一郎
発行所　株式会社 せりか書房
〒101-0064　東京都千代田区猿楽町1-3-11 大津ビル1F
電話 03-3291-4676　振替 00150-6-143601　http://www.serica.co.jp
印　刷　信毎書籍印刷株式会社
装　幀　工藤強勝

ISBN 978-4-7967-0331-4